历史文献与传统文化
第二十六辑

陈广恩　主编

商务印书馆
创于1897　The Commercial Press

图书在版编目（CIP）数据

历史文献与传统文化. 第26辑 / 陈广恩主编. — 北京：商务印书馆，2022
ISBN 978-7-100-20523-8

Ⅰ.①历… Ⅱ.①陈… Ⅲ.①文化史－中国－文集
Ⅳ.①K203-53

中国版本图书馆CIP数据核字（2021）第245753号

历史文献与传统文化
第二十六辑
陈广恩　主编

商 务 印 书 馆 出 版
（北京王府井大街36号　邮政编码 100710）
商 务 印 书 馆 发 行
三河市尚艺印装有限公司印刷
ISBN 978－7－100－20523－8

2022年2月第1版　　　开本 880×1230　1/32
2022年2月第1次印刷　　印张 13 1/8

定价：98.00 元

本刊由暨南大学中华文化港澳台及
海外传承传播协同创新中心资助出版

目　录

Catalogue

Research on Lingnan Culture

Book Review · Book Preface

Exploration of Literature and History Eduction

文献考辨

《宋史·艺文志》正史、编年、别史、史钞类辨正

顾宏义

（华东师范大学古籍研究所）

  摘　要：《宋史·艺文志》主要依据宋四部《国史·艺文志》增删修订而成，故在很大程度上反映出宋朝国家藏书情况。但因元代史臣编纂《宋史》时间较为匆促等原因，使《宋史·艺文志》中存在诸多舛误、脱漏之处。虽历代学者对此多有辨正，但其中讹误仍多，故本文即据相关史料对《宋志·史部》之正史、编年、别史、史钞四类中存在的讹误等情况予以辨析考证。

  关键词：《宋史·艺文志》；正史；编年；别史；史钞；辨正

  宋太祖赵匡胤通过"陈桥兵变"创立宋朝，有鉴于唐末五代时期，藩镇割据混战，武人势力激增，"安定国家，在长枪大剑，安用毛锥"[①]之论盛行，天子"大位"也成为武人的"贩弄之物"[②]，君主屡遭非命，国祚短暂，故为防止"黄袍加身"事件再次发生，"艺祖（指太祖）革命，首用文臣，而夺武臣之权，宋之尚文，端本乎此"[③]，继太祖为帝的宋太宗进而认为"王者虽以武功克定，终须用文德致治"[④]，强调"教

---

① （宋）司马光：《资治通鉴》卷289"后汉隐帝乾祐三年"，北京：中华书局，1956年，第9422页。

② 《资治通鉴》卷281"后晋高祖天福二年"，第9178页。

③ （元）脱脱等：《宋史》卷439《文苑传序》，北京：中华书局，1985年，第12997页。

④ （宋）李焘：《续资治通鉴长编》卷23"太平兴国七年十月癸亥"条，北京：中华书局，2004年，第528页。

化之本，治乱之源，苟无书籍，何以取法"①，以扭转唐末以来重武轻文之社会风气。于是"兴文教、抑武事"，"以文化成天下"，遂成为有宋一代贯彻始终的基本国策。因此，重视总结历史之经验教训的宋廷编纂有卷帙繁富之"官史"。同时，因当时经济发展、雕版印刷技术普及、文籍传布也较前代便捷，故民间私家史籍之编修亦颇为兴盛。陈寅恪先生有"中国史学莫盛于宋"②之誉，柴德赓《史籍举要》亦称宋代"文学之士，著述极富，史学发达，专著之外，继以杂史笔记应有尽有"③。元末史臣编纂《宋史》，其《艺文志》主要依据宋朝撰修的太祖、太宗、真宗《三朝国史》，仁宗、英宗《两朝国史》，神宗、哲宗、徽宗、钦宗《四朝国史》与南宋高宗、孝宗、光宗、宁宗《中兴四朝国史》等四部《国史·艺文志》加以增删、修订而成，即所谓"宋旧史，自太祖至宁宗，为书凡四。志艺文者，前后部帙，有亡增损，互有异同。今删其重复，合为一志"，并增以"宁宗以后史之所未录者"④。而宋朝四部《国史·艺文志》又主要依据宋朝不同时期之崇文院三馆等藏书目录编成，故其所收录历代书籍远较当时私家藏书目录丰赡，从而在相当程度上反映出宋代史学著述文献之基本状况。但因元史臣编纂《宋史》时存在疏漏并失之删正等原因，使《宋志》中存在诸多舛误、脱漏之处。历代学者对此多有辨析正误，较著名者如陈乐素《宋史艺文志考证》⑤、顾吉辰《宋史比事质疑》《宋史考证》有关《艺文志》部分⑥等，但《宋志》中仍时见讹误之处，且相关考辨

① 《续资治通鉴长编》卷25"雍熙元年正月壬戌"条，第571页。
② 陈寅恪：《金明馆丛稿二编》，上海：上海古籍出版社，1980年，第240页。
③ 柴德赓：《史籍举要》，北京：北京出版社，1982年，第125页。
④ 《宋史》卷202《艺文志·序》，第5033—5034页。按：《宋史·艺文志》，以下简称《宋志》。
⑤ 陈乐素：《宋史艺文志考证》，广州：广东人民出版社，2002年。
⑥ 顾吉辰：《宋史比事质疑》，北京：书目文献出版社，1987年；顾吉辰：《宋史考证》，上海：华东理工大学出版社，1994年。

亦存有不确之处。因此，本文乃据相关史料以辨正《宋志·史部》之"正史""编年""别史"与"史钞"诸类中存在之衍脱讹异，并及中华书局点校本之舛误。因宋代书籍在抄刊流传中，往往一书存在多种版本，且诸本间分卷多异，致相关文献、书目所记载、引录的诸著作之卷数多不一致，故本文对此，除有史料明确证明《宋志》有讹误者外，一般不予辨正。

正史类

赵抃《新校前汉书》一百卷

《崇文总目》卷三著录《新校前汉书》一百卷，云"余靖等校正"。《玉海》卷四三、卷四九《嘉祐重校汉书》云"熙宁二年八月六日，参政赵抃进新校《汉书》印本五十册及陈绎所著《是正文字》七卷"。则赵抃实为进书者。

杨齐宣《晋书音义》三卷

杨齐宣《晋书音义序》云"《晋书音义》，余内弟东京处士何超字令升之所纂也"，则本书何超所撰，杨齐宣乃撰序者。

魏澹《后魏书纪》一卷本七卷

《隋书·经籍志》（以下简称《隋志》）作一百卷，《旧唐书·经籍志》（以下简称《旧唐志》）、《新唐书·艺文志》（以下简称《新唐志》）作一百七卷。按：疑"本七卷"当作"本一百七卷"，脱"一百"二字。

张太素《后魏书天文志》二卷本百卷，惟存此

《宋志·天文类》著录《后魏天文志》四卷，未著撰人。当为一书重出。

颜师古《隋书》八十五卷

《旧唐志》题魏徵等撰。《新唐志》题"颜师古、孔颖达、于志宁、

李淳风、韦安化、李延寿与德棻、敬播、赵弘智、魏徵等撰"。《郡斋读书志》（以下简称《晁志》）卷五云"魏徵等撰纪五、列传五十五，长孙无忌等撰志三十"。《直斋书录解题》（以下简称《陈录》）卷四称魏徵、颜师古等撰，又据《隋书》宋天圣二年刊本跋，魏徵等于贞观十年正月上进《隋书》纪传五十五卷；太尉长孙无忌等于显庆元年五月上进《五代史志》三十卷。《宋志》当据此著录。

柳芳《唐书》一百三十卷　《唐书叙例目》一卷

《新唐书·柳芳传》云"肃宗诏芳与韦述缀辑吴兢所次国史，会述死，芳绪成之，兴高祖，讫乾元，凡百三十篇"。故《崇文总目》卷三作韦述撰。

刘煦《唐书》二百卷

刘煦，两《五代史》本传与《玉海》卷四六《唐书》引《中兴书目》、《晁志》卷五、《陈录》卷四等皆作"刘昫"，是。

欧阳修、宋祁《新唐书》二百五十五卷　《目录》一卷

曾公亮《新唐书进表》与《晁志》卷五、《陈录》卷四皆作二百二十五卷。《玉海》卷四六《嘉祐新唐书》引《国史志》作"二百二十五卷、录一卷"。《东都事略》卷六五《宋祁传》作"纪、志六十卷，列传一百五十卷"。然陆心源《皕宋楼藏书志》卷十九《正史》著录北宋杭州刊本《唐书》二百五十五卷，云："卷末有'《唐书》凡二百二十六篇，总二百五十卷：十三志，五十篇，五十六卷；三表，十五篇，二十二卷；列传一百五十篇，一百六十卷；录二卷'等字，凡五行。"又著录宋刊中字本《唐书》二百五十五卷，"盖南宋官刊本"。

张泌《汉书刊误》一卷

张泌，据《玉海》卷四九《景祐汉书刊误》引《书目》等，当作"张佖"。

《三刘汉书标注》六卷刘敞、刘攽、刘奉世

刘攽《汉书刊误》四卷

《陈录》卷四著录《三刘汉书标注》六卷，云："又本题《公非先生刊误》，其实一书。公非，贡父自号也。《汉书》自颜监之后，举世宗之，未有异其说者，至刘氏兄弟始为此书，多所辨正发明。"据《玉海》卷四九《景祐汉书刊误》云"《汉书标注》六卷，刘敞、攽、奉世标注误失"。似两者并非一书，《陈录》云云疑误。按：刘敞字原父、刘攽字贡父为兄弟，刘奉世为刘敞之子。

《汉书刊误》，《遂初堂书目》作《刘氏两汉刊误》。据《宋史·刘攽传》《东都事略·刘攽传》云刘攽著有《东汉刊误》等。《玉海》卷四九《景祐汉书刊误》云刘攽撰《东汉刊误》四卷，又《晁志》卷七著录刘攽《西汉刊误》《东汉刊误》各一卷。按：《宋志》下文著录不知作者《西汉刊误》一卷，当属刘攽所撰者；此处《汉书刊误》乃合《西汉》《东汉》二书而为一者。

吕夏卿《唐书直笔新例》一卷

《晁志》卷七著录《唐书直笔》四卷，又《唐书新例须知》一卷，云"记《新书》比《旧》增减志传及其总数"。《陈录》卷四著录《唐书直笔新例》四卷，云："纪、传、志各一卷，摘旧史繁阙。又为《新例须知》附于后，略举名数如目录之类。"按：《四库全书总目》（以下简称《四库总目》）卷八八著录《唐书直笔》四卷，云："前二卷论记、传、志，第三卷论旧史繁文阙误，第四卷为《新例须知》，即所拟发凡也。唯晁氏作《唐书直笔》四卷、《新例须知》一卷，而此本共为四卷，或后来合并欤？"则知《晁志》所云《唐书直笔》四卷，前三卷分"论纪、传、志之修改"，各为一卷，第四卷"论旧史繁文阙误"，而《新例须知》单行为一卷。《宋志》所载一卷者，即《新例须知》。

吴缜《新唐书纠缪》二十卷

《晁志》卷七作《唐书辨正》。

张昭远《朱梁列传》十五卷

张昭远，因避后汉高祖刘知远讳，故止称张昭。按：《宋史》有《张昭传》，又《崇文总目》卷二作《梁列传》。

韩子中《新唐史辨惑》六十卷

宋王观国《学林》卷三《唐史疑》云："近时有《唐史辨疑》一帙，疏《新唐史》之舛误，其事数百，颇为详悉。"似即本书。

富弼《前汉书纲目》一卷

富弼，官拜宰相。《宋史》有传。按：诸书皆未云富弼尝撰《汉书纲目》，疑《宋志》此处或有脱误。

《西汉刊误》一卷 不知作者。

《玉海》卷四九《景祐汉书刊误》云："《西汉刊误》一卷，传以为仿之书。"《晁志》卷七著录刘仿《西汉刊误》一卷、《东汉刊误》一卷。按：上文有刘仿《汉书刊误》四卷，此当属其书之部分。

王旦《国史》一百二十卷

按：即王旦于大中祥符九年二月所上之太祖、太宗《两朝国史》。

吕夷简《宋三朝国史》一百五十五卷

《续资治通鉴长编》（以下简称《长编》）卷一〇九"天圣八年二月癸巳"条、《玉海》卷四六《天圣三朝国史》与《晁志》卷五、《陈录》卷四皆作一百五十卷。则此处称"一百五十五卷"，疑衍"五"字。按：《群书考索》卷十七《国史类》亦称"至是修《真宗史》成，增纪为十，志为六十，传为八十，总百五十五卷"。然合纪、志、传计乃一百五十卷，似同《宋志》衍"五"字。

李焘、洪迈《宋四朝国史》三百五十卷

《陈录》卷四同。《容斋三笔》卷十三《四朝史志》云："《四朝国史》本纪皆迈为编修官日所作，至于淳熙乙巳、丙午，又成列传百三十五卷，惟志二百卷，多出李焘之手。"又《宋志·编年类》

著录洪迈《四朝史纪》三十卷、《列传》一百三十五卷，合志总计三百六十五卷，而非三百五十卷。据《南宋馆阁续录》卷四《修纂》云淳熙七年十二月"国史院上《四朝正史志》一百八十卷"，十三年十一月"国史院上《四朝国史列传》一百三十五卷"。则称"志二百卷"者，似属概数。又《玉海》卷四六《淳熙修四朝史》载，于《四朝正史》志一百八十卷、列传一百三十五卷外，又云"目录二卷"；合纪计三百四十七卷，亦非三百五十卷。

《宋名臣录》八卷

《宋勋德传》一卷

《宋两朝名臣传》三十卷

　　《玉海》卷五八《本朝名臣录》引《书目》云作《本朝名臣录》八卷、《本朝勋德传》一卷，皆不知作者；又著录不知作者《两朝名臣传》三十卷，云"《真宗》《仁宗实录》中后妃、诸臣等列传"。按：改书名"本朝"作"宋"，及书名前加"宋"字，乃元史臣所为。

《咸平诸臣录》一卷

　　《玉海》卷五八《本朝名臣传》引《书目》作《咸平诸臣传》，云"起雷有终，迄路振，凡三十九人"。

张唐英《宋名臣传》五卷

　　《挥麈录·后录》卷二载张唐英"尝述《仁宗政要》上于朝，又尽作昭陵朝宰执近臣知名之贤诸传于其中，今世所谓《嘉祐名臣传》者是也，特《政要》中一门耳。然印本亦未尽焉"。《玉海》卷五八《本朝名臣传》云张唐英"因纂录天圣至嘉祐名臣世家谱牒次第，撰为五十列传"。《通志》卷六五《艺文略》、《晁志》卷八作《嘉祐名臣传》，又《方舆胜览》卷六七作《昭陵名臣传》。

编年类

胡旦《汉春秋》一百卷 《问答》一卷

《东都事略·胡旦传》称其著《汉春秋》七十卷。又,《崇文总目》卷二著录《汉春秋问答》一卷,云"胡旦与门人撰"。《通志》卷六五《艺文略》称"胡旦与门人郄羽问答"。

皇甫谧《帝王世纪》九卷

原书十卷。《玉海》卷四七《晋帝王世纪》引《书目》云皇甫谧"著《帝王世纪》并《年历》合十二篇,起太昊帝,迄汉献帝";又云今存九卷,"阙《周中》一卷"。

《竹书》三卷荀勖、和峤编

《遂初堂书目》著录作《竹书纪年》。《玉海》卷四七《晋竹书纪年》引《唐志》云《纪年》十四卷,又引《中兴书目》云:"止有第四、第六及《杂事》三卷,下皆标云《荀氏叙录》,一《纪年》,二《纪令应》,三《杂事》,皆残缺。"即本书。

萧方等《三十国春秋》三十卷

王应麟《困学纪闻》卷十三云:"萧方等,梁元帝子,为《三十国春秋》,以晋为主,附列刘渊以下二十九国。《通鉴》晋元兴三年引方等论,《纲目》但云'萧方',误削'等'字。"按:《纲目》,指朱熹所撰《资治通鉴纲目》。洪迈《容斋四笔》卷八《历代史本末》亦误称"萧方、武敏之《三十国春秋》"云云。明周婴《卮林》卷四《述洪》,"方等字实相,乃取西方书命名者。作《三十国春秋》三十一卷,《隋书》讹为'万等',二《唐》《宋史》皆作'萧方',是指'等'字为'辈'也"。则宋人纂《国史·艺文志》时已误删"等"字。又按:下《霸史类》重出萧方《三十国春秋》三十卷。

孙盛《晋阳秋》三十卷

原作《晋阳春秋》，点校本删"春"字。按：赵与峕《宾退录》卷三："晋简文母郑太后讳阿春，晋人避其讳，皆以《春秋》为《阳秋》。后传：孝武下诏，依《阳秋》故事上尊号。孝武母李太后传：何澄等议服制曰：'《阳秋》之义，母以子贵是也。'若《褚裒传》：桓彝目之曰：'有皮里阳秋。'《荀弈传》：张闿、孔愉难弈驳陈留王出城夫，谓'宋不城周，《阳秋》所讥'。则皆事在郑后之前，晋之史官追改以避之耳。故孙盛辈著书曰《晋阳秋》。"

杜延业《晋春秋略》二十卷

杜延业，唐秘书省正字。《陈录》卷四引《馆阁书目》作"杜光业"，《玉海》卷四一《晋春秋略》引《中兴书目》作"杜公业"。未详孰是。按：下《史钞类》重出杜延业《晋春秋略》二十卷。

王通《元经薛氏传》十五卷

王通，隋末人。卒，门人薛收等"议谥曰文中子"，传附《旧唐书·王勃传》。薛氏即薛收，唐初官金部郎中。两《唐书》有传。按：洪迈《容斋续笔》卷一《文中子门人》因考辨王通与门人事迹，多有"不合于史"处，故以为王通《中说》"或者疑为阮逸所作，如所谓薛收《元经传》亦非也"。张淏《云谷杂记》卷四进而称《中说》，"或者疑其书为后人所附益，故抵牾如此。盖龚鼎臣尝得唐本于齐州李冠家，则以甲乙冠篇，而分篇始末皆不同。又本文多与阮逸异，则附益之说，庸或有之"。而《晁志》卷十作十卷，云："隋王通撰，唐薛收传，皇朝阮逸学。……按《崇文》无其目，疑逸依托为之。"《陈录》卷四作十五卷，"称王通撰，薛收传，阮逸补并注。案河汾王氏诸书，自《中说》之外，皆《唐艺文志》所无。其传出阮逸，或云皆逸伪作也"。又按：下《传记类》重出《王通元经薛氏传》十五卷。

崔龟从《续唐历》二十二卷

《新唐志》云"韦澳、蒋偕、李荀、张彦远、崔瑄撰,崔龟从监修"。

丘悦《三国典略》二十卷

《新唐志》、《崇文总目》卷二著录三十卷。《玉海》卷四七《唐三国典略》引《中兴书目》作二十卷,云"凡三十篇,今本二十一以下缺"。

《帝王照录》一卷

未著撰人名氏。《晁志》卷五作唐刘轲撰《帝王镜略》。《陈录》卷四作刘轲《帝王照略》,云"《唐志》及《馆阁书目》有刘轲《帝王历数歌》一卷,疑即此书也"。按:宋人因避宋太祖之祖赵敬讳,而改"镜"字为"照"。

王起《五位图》三卷

《旧唐书·王起传》云其兼太子侍读,为太子广《五运图》。所著有《五纬图》十卷。《新唐书·王起传》称"又使广《五位图》,俾太子知古今治乱"。则《五位图》又名《五运图》,"纬"当为"位"之讹。《新唐志》著录《王氏五位图》十卷,又著录《广五运图》,注"卷亡"。当为一书重出。《玉海》卷一二九《唐五位图》引《中兴馆阁书目》作《王氏五位图》三卷。按:下《别史类》有王起《五运图》一卷,一书重出。

马永易《元和录》三卷

《遂初堂书目》《晁志》卷六作《元和朋党录》。按:马永易,《陈录》卷五作"马永锡",误。

韦昭度《续皇王宝运录》十卷

《新唐志》著录《续皇王宝运录》十卷,云"韦昭度、杨涉撰"。《通志》卷六五《艺文略》云"杨岑作《皇王宝运录》,止于宪宗,而昭度续其后,记唐末乱世事"。按:下《别史类》著录杨岑《皇王宝运录》三十卷。

程正柔《大唐补记》三卷

　　程正柔，当作"程匡柔"，盖宋人避太祖讳而改作"正"字。按：《陈录》卷五著录《大唐补记》三卷，云"南唐程匡柔撰"。《通志》卷六五《艺文略》云"唐程柔撰"。因避讳而去"匡"字。《宋志·历算类》著录程柔《五曹算经求一法》三卷、《宋志·别集类》著录程柔《安居杂著》十卷，似同一人。又按：下《宋志·别史类》重出程光荣（原注：一作"柔"）《唐补注记》（原注："注记"一作"纪"）三卷。因避讳改"匡"为"光"，"荣"字疑抄误。又，"补纪"亦写作"补记"，《资治通鉴》（以下简称《通鉴》）卷二五二注引程匡柔《唐补记》。

《唐高祖实录》二十卷许敬宗、房玄龄等撰

　　《旧唐志》云房玄龄撰，《新唐志》云"敬播撰，房玄龄监修，许敬宗删改"。按：《陈录》卷四作敬播撰，云"今本首题'监修国史许敬宗奉敕定'，而第十一卷题'司空房玄龄奉敕撰'，不详其故"。

《唐太宗实录》四十卷许敬宗撰

　　《旧唐志》著录房玄龄《太宗实录》二十卷、长孙无忌《太宗实录》四十卷。《新唐志》著录《今上实录》二十卷，敬播、顾胤撰，房玄龄监修；又著录长孙无忌《贞观实录》四十卷。按：《唐会要》卷六三《国史》云贞观十七年，司空房玄龄、许敬宗、敬播等"上所撰《高祖》《太宗实录》各二十卷"。至永徽元年，长孙无忌等上《贞观实录》二十卷，"起贞观十五年，至二十三年五月"。故《晁志》卷六著录唐许敬宗等撰《唐太宗实录》四十卷。《陈录》卷四云："今本惟题'中书令许敬宗奉敕撰'。盖敬宗当高宗时用事，以私意窜改国史。《中兴书目》言之详矣。但今本既云许敬宗撰，而以为恐止是玄龄、无忌所进，则不可考也。"

《唐高宗后修实录》三十卷

《陈录》卷四云刘知幾、吴兢撰，云"案《志》，令狐德棻撰，止乾封。知幾续成之，故号'后修'"。

《唐武后实录》二十卷

《新唐志》、《玉海》卷四八《唐则天实录》引《书目》作《则天皇后实录》。《通志》卷六五《艺文略》作《则天实录》。《崇文总目》卷二、《晁志》卷六、《陈录》卷四作《唐则天实录》。《陈录》又云"案《志》，魏元忠等撰，刘知幾、吴兢删正。今惟题兢撰"。

《唐睿宗实录》十卷 又五卷 并刘知幾、吴兢撰

据《新唐志》，刘知幾撰《太上皇实录》十卷，而五卷者乃吴兢所撰，名《睿宗实录》。《玉海》卷四八《睿宗实录》引《中兴书目》云《睿宗实录》十卷，"又五卷，知幾、兢等撰。……其书互为详略"。

《唐玄宗实录》一百卷 元载、令狐峘撰

《新唐志》云令狐峘撰，元载监修。

《唐建中实录》十五卷 沈既济撰

《新唐志》《崇文总目》卷二、《通志》卷六五《艺文略》、《陈录》卷四及《册府元龟》卷五五六皆作十卷。《玉海》卷四八《唐建中实录》引《书目》作十五卷。

《唐武宗实录》二十卷

《唐宣宗实录》三十卷

《唐懿宗实录》二十五卷

《唐僖宗实录》三十卷

《唐昭宗实录》三十卷

《唐哀帝实录》八卷 并宋敏求撰

按：上述六书计一百四十三卷，然《宋史·宋敏求传》云其"补唐武宗以下六世实录百四十八卷"。《玉海》卷四八《宋朝续唐录唐朝

补遗录》引《书目》云"《会昌实录》二十卷,《宣》《懿》《僖》《昭实录》各三十卷,《哀帝实录》八卷,合一百四十八卷"。注:"今《懿宗》二十五卷。"按:会昌,唐武宗年号;唐哀帝,即唐哀宗。然《宋志》著录《懿宗实录》实作二十五卷,故合计一百四十三卷,而非一百四十八卷。

《五代梁太祖实录》三十卷张衮、郄象等撰

郄象,当作"郄殷象"。按:《旧五代史》卷十八《敬翔传》、卷五八《李琪传》及《册府元龟》卷五五七等云史臣李琪、张衮、郄殷象等奉诏修撰《太祖实录》。宋人因避太祖父讳而去"殷"字。又,郄象,《崇文总目》卷二、《通志》卷六五《艺文略》作"郄象"。

《五代唐懿宗纪年录》一卷

按,"懿宗",《五代会要》卷十八《修国史》、《旧五代史》卷四〇《明宗纪六》与《通志》卷六五《艺文略》等皆称"懿祖"。

《五代唐献祖纪年录》一卷

《五代会要》卷十八《修国史》、《旧五代史》卷四〇《明宗纪六》与《册府元龟》卷五五四云《懿祖》《献祖》《太祖纪年录》共二十卷。《通志》卷六五《艺文略》著录《后唐懿祖纪年录》一卷、《后唐献祖纪年录》二卷、《后唐太祖纪年录》十七卷。按,疑《宋志》"一卷"为"二卷"之讹。

《五代唐废帝实录》十七卷张昭等同撰

按:张昭,即张昭远。

《五代晋高祖实录》三十卷

《五代晋少帝实录》二十卷并窦贞固等撰

《陈录》卷四云窦正固等撰。按:宋人避仁宗嫌名讳,改"贞"作"正"。

《五代汉高祖实录》十卷苏逢吉等撰

《五代会要》卷十八《修国史》云汉乾祐二年，敕贾纬、王伸宜"同修《高祖实录》，仍令宰臣苏逢吉监修。至其年十月修成《实录》二十卷"。《旧五代史》卷一〇二《汉隐帝纪中》与《崇文总目》卷二、《通志》卷六五《艺文略》等亦作"二十卷"。《陈录》卷四著录十七卷，云"书本二十卷，今缺末三卷。《中兴书目》作十卷"。则《宋志》乃合二卷为一，故作十卷。

《五代汉隐帝实录》十五卷

《五代周太祖实录》三十卷并张昭、尹拙、刘温叟等撰

张昭，即张昭远。《五代会要》卷十八《修国史》云显德五年，张昭远等修《太祖实录》三十卷上之。

《五代周世宗实录》四十卷宋王溥等撰

《长编》卷二建隆二年八月"庚申，史馆上《周世宗实录》四十卷，赐监修国史王溥、修撰官扈蒙器币有差"。

《南唐烈祖实录》二十卷高远撰

陆游《南唐书》卷九云高远"自保大中预史事，始撰《烈祖实录》二十卷"。按：《陈录》卷五作十三卷，云"阙第八、第十二卷"。

《后蜀主实录》四十卷并李昊撰

《宋史·李昊传》云"广政十四年，修成《昶实录》四十卷"。《通志》卷六五《艺文略》著录李昊等撰《后蜀孟后主实录》八十卷。则《宋志》"后蜀主"当作"后蜀后主"。

《宋太祖实录》五十卷李沆、沈伦修

沈伦，旧名义伦，因避太宗讳而去"义"字。《宋史》有传，云太平兴国五年，"史官李昉、扈蒙撰《太祖实录》五十卷，伦为监修以献"。又《宋史·真宗纪一》云咸平元年九月，"诏吕端、钱若水重修《太祖实录》"；二年六月，"宰臣进重修《太祖实录》"。《玉海》卷

四八《咸平重修太祖实录》云真宗咸平"二年六月丁巳书成，凡五十卷，并《事目》二卷，平章事李沆监修上之"。则李沆所进者乃重修，故《宋志》作"李沆、沈伦修"，不确。按：史称沈伦所进者为"旧录"或"前录"，李沆所进为"新录"或"后录"。

《真宗实录》一百五十卷晏殊等同修

《玉海》卷四八《乾兴真宗实录》云"乾兴元年十一月癸酉，命翰林承旨李维、学士晏殊修撰《真宗实录》。……天圣二年三月癸卯，书成，凡百五十卷，事目五卷。癸卯，钦若等诣承明殿以献"。《宋史·仁宗纪一》载天圣二年三月癸卯，"王钦若上《真宗实录》"。

《神宗实录朱墨本》三百卷 旧录本用墨书，添入者用朱书，删去者用黄抹

《宋史全文》卷二五上云《神宗实录》尝先后"三次重修"。《晁志》卷六著录吕大防等撰《神宗实录》二百卷，云"起藩邸，止元丰八年三月，凡十九年"。又著录《神宗朱墨史》二百卷，云绍圣中，又加重修，"宣和中，或得其本于禁中，遂传于民间，号'朱墨史'云"。《陈录》卷四著录《神宗实录朱墨本》二百卷，云"其朱书系新修，黄字系删去，墨字系旧文，其增改删易处则又有签贴"。又《宋史·范冲传》云"冲之修《神宗实录》也，为《考异》一书，明示去取，旧文以墨书，删去者以黄书，新修者以朱书，世号'朱墨史'"。则"朱墨本"乃绍圣间所修，而此"删去者用黄抹"者，即下文高宗绍兴年间由赵鼎、范冲三修之《神宗实录》二百卷，重出。又按：诸书皆称其书二百卷，《宋志》作"三百卷"，疑误。

《宋高宗日历》一千卷

《文献通考》（以下简称《通考》）卷一九四《经籍考》作《高宗日历》，云"李焘等修进"。

《孝宗日历》二千卷

《南宋馆阁续录》卷四《修纂》云绍熙元年八月十日，国史日历所

上《孝宗皇帝日历》二千卷。《宋史·杨万里传》云《孝宗日历》成，参知政事王蔺以"故事"俾兼实录院检讨官杨万里"序之，而宰臣属之礼部郎官傅伯寿。万里以失职力丐去"。则此书乃杨万里等修撰。

《光宗日历》三百卷

《玉海》卷四七《嘉泰光宗日历》云庆元六年二月"上《太上日历》三百卷"。至嘉泰二年十一月，"秘书监曾晈等请再修润，以《光宗日历》为名"。

《宁宗日历》五百一十卷　重修五百卷

《南宋馆阁续录》卷四《修纂》云嘉泰二年十一月，国史日历所上《宁宗皇帝日历》五百十卷；嘉定十四年五月，国史日历所上重修《宁宗皇帝日历》五百卷。然《玉海》卷四七《嘉定日历》云嘉泰二年十一月，上《今上日历》五百十卷；至嘉定十四年五月，"上改正《今上日历》五百十卷"。按：嘉泰、嘉定皆为宁宗年号，故"宁宗日历"当即"今上日历"。《宋史·理宗纪二》称淳祐二年正月，右丞相史嵩之等进《宁宗玉牒》《日历》等。则"宁宗日历"之名当定于理宗淳祐时。

《神宗实录二百卷》赵鼎、范冲重修

此即高宗绍兴年间三修之《神宗实录》，与上文《神宗实录朱墨本》重出。

《神宗实录考异》五卷范冲撰

《宋史·范冲传》云"冲之修《神宗实录》也，为《考异》一书，明示去取，旧文以墨书，删去者以黄书，新修者以朱书，世号'朱墨史'"。赵鼎《忠正德文集》卷四《重修神宗皇帝实录缴进表》云"所有《神宗实录》二百卷，并《考异》二百卷，谨缮写成册，除已各先进五十卷外，其余卷帙谨随表上"。《陈录》卷四著录赵鼎、范冲等撰《神宗实录考异》二百卷，云"《考异》者，备朱、墨、黄三书，而明著其去取之意也。阙百六十一至百七十一卷"，则五卷之书，乃汇总说明"朱、墨、黄三书"取去之由者。

《哲宗实录》一百五十卷

《徽宗实录》二百卷并汤思退进

　　《哲宗实录》先后两次重修。《玉海》卷四八《绍兴重修哲宗实录》云："初元符三年，诏修《哲宗实录》，至大观四年四月成书。绍兴……八年六月九日癸亥，左仆射监修赵鼎、修撰勾涛、秘书少监尹焞、著作郎张嵲、佐郎胡珵、校勘朱松、李弥正、高闶、范如圭等以重修哲宗元丰八年至元祐八年《实录》上之，至九月甲午书成。起绍圣元年，至元符三年，通前录为一书，成一百五十卷。"《晁志》卷六著录蔡京《哲宗前录》一百卷、《后录》九十四卷，又著录绍兴时《重修哲宗实录》一百五十卷。则《宋志》题"汤思退进"者误。

　　又，《陈录》卷四著录《徽宗实录》一百五十卷，云"监修宰相汤思退等上。自绍兴七年诏修，十一年先成六十卷，至二十八年书成。修撰官历年既久，前后非一人。至乾道五年，秘书少监李焘请重修。淳熙四年成二百卷，《考异》百五十卷，《目录》二十五卷。今百五十卷者，前本也"。则汤思退所进者为一百五十卷本，二百卷本乃李焘重修者。《宋志》误。

《高宗实录》五百卷傅伯寿撰

　　《玉海》卷四八《庆元高宗实录》云"庆元三年二月五日上二百八十卷，起藩邸，至绍兴十六年，修撰傅伯寿等。嘉泰二年正月二十一日，又上二百二十卷，起十七年至三十二年，修撰袁说友等"，计五百卷。《陈录》卷四同。则傅伯寿所撰进者仅初进之二百八十卷。《宋志》"傅伯寿"下疑脱一"等"字。

《宁宗实录》四百九十九册

　　据《宋史·理宗纪》，《宁宗实录》实分次上进：淳祐五年二月丁丑，范钟等上进《宁宗实录》等。景定二年三月戊寅，贾似道等上进

《孝宗实录》《光宗实录》《宁宗实录》等。四年六月庚午，宰执进《宁宗实录》等。

《理宗实录初稿》一百九十册

《宋史·度宗纪》载咸淳四年八月壬寅，奉安《理宗实录》等，"贾似道、叶梦鼎、马廷鸾各转两官，诸局官若吏推恩有差"。十二月癸巳，"史馆状《理宗实录》接续起修"。按：元苏天爵《滋溪文稿》卷二五《三史质疑》云"理、度两朝事最不完，《理宗日历》尚二三百册，《实录》纂修未成，国亡仅存数十册而已"。

《理宗日历》二百九十二册 又《日历》一百八十册

据《宋史·理宗纪》《度宗纪》，当时多次上《日历》等。按：元苏天爵《滋溪文稿》卷二五《三史质疑》云元史馆有"《理宗日历》尚二三百册"。

《德祐事迹日记》四十五册

按：元末危素《说学斋稿》卷三《昭先小录序丙戌》云其尝于"国史院史库得《德祐日记》"云云。

刘蒙叟《甲子编年》二卷

《宋史·刘蒙叟传》、《通志》卷六五《艺文略》作《五运甲子编年历》三卷。《玉海》卷四七《景德甲子编年历》引《中兴书目》作二卷，注引《实录》作三卷。

龚颖《运历图》三卷

按：下《别史类》有龚颖《年一作运历图》八卷，当属一书重出。《崇文总目》卷二亦作《年历图》八卷，然《通志》卷六五《艺文略》、《晁志》卷五作六卷。

王玉《文武贤臣治蜀编年志》一卷

《蜀中广记》卷九三云"宋王禹玉《文武贤臣治蜀编年志》一卷，见《宋史·经籍志》"。然《玉海》卷五七《庆历文武贤臣治蜀编年志》引《书目》云"一卷，庆历初，王玉纂，章惇为序"。按：王玉，事迹不详。王禹玉，即王珪，神宗朝宰相。章惇，《宋史》有传。则此王玉，当非王禹玉，《蜀中广记》云云误。

武密《帝王兴衰年代录》二卷

《崇文总目》卷二作《帝皇兴废年代录》。按：下《别史类》有武密《帝王年代录》三十卷，似为一书重出。

《五代春秋》一卷

未著撰人名氏。按：下《别史类》有刘攽《五代春秋》一部，云"卷亡"。检刘攽撰有《五代春秋》十五卷。与此当属同名异书。《玉海》卷四一《五代春秋》引《书目》云尹洙撰《五代春秋》一卷。《通志》卷六五《艺文略》作二卷。《读书附志》卷上作五卷。本书当为尹洙所撰，收入《河南集》，作二卷。

《十代编年纪》一卷并不知作者

《玉海》卷六二《十代兴亡论》云"《杂家》：朱敬则《十代兴亡论》十卷。魏、晋至周、隋"。按：本书名"十代"，或即指此。

司马光《资治通鉴》三百五十四卷

《晁志》卷五、《陈录》卷四云《资治通鉴》二百九十四卷、《目录》三十卷、《考异》三十卷，正三百五十四卷。

《通鉴前例》一卷

《玉海》卷四七《治平资治通鉴》云"乾道间，光曾孙伋分类三十六例为《前例》，又为四图"。胡三省《通鉴释文辩误》云"又有《通鉴前例》者，浙东提举常平茶盐司板本，乃公休之孙伋所编"，则此书为司马伋撰。

《历年图》六卷

《玉海》卷五六《治平历年图》作五卷，云"今本六卷，……盖晚年所修"。

《通鉴节要》六十卷

《通志》卷六五《艺文略》作《资治通鉴节》。《晁志》卷五作《通鉴节文》。《黄氏日抄》卷三八《晦庵先生语类续集·历代史》云"温公无自节《通鉴》，今所有者是伪本"。

《帝统编年纪事珠玑》十二卷

点校本以为司马光撰。《读书附志》著录《编年纪事》十一卷，云"刘攽因司马温公所撰编次"。《玉海》卷五六《治平历年图》云"刘攽易其名曰《帝统编年纪事珠玑》，第为十卷，以著论为一卷，总十一卷。首卷序三皇讫皇朝世次大略，《历年图》所无"。又卷四七《历年图》云刘攽《编年纪事》十一卷。则本书乃刘攽所撰。

《历代累年》二卷

《陈录》卷四作《累代历年》二卷，云"司马光撰，即所谓《历年图》也。治平初所进，自威烈王至显德，本为图五卷，历代皆有论。今本陈辉晦叔刻于章贡，为方策以便观览，而自汉高帝始"。则本书属陈辉改编本。

司马康《通鉴释文》六卷

《陈录》卷四作二十卷，《读书附志》卷下作二十八卷。

李焘《续资治通鉴长编》一百六十八卷

《陈录》卷四云其书一百六十八卷，然"册数至余三百。盖逐卷又自分子卷，或至十余"。《读书附志》卷上作九百四十六卷，云"太祖至英宗一百七十五卷，神宗朝二百二十八卷，哲宗朝二百二十卷，徽宗朝三百二十三卷"。又《玉海》卷四七《乾道续资治通鉴长编》云李焘淳熙十年上进《长编》九百八十卷，计六百四册，又"其修换事，总为目一十卷"，又"《举要》六十八卷，并卷总目共五卷。已上四种，通计一千六十三卷，六百八十七册"；并引《会要》作六百八十七册；引《书目》作一百六十八卷。故一百六十八卷者，以一年为一卷，再视篇幅大小而分子卷至九百八十卷。

《混天帝王五运图古今须知》一卷

《宋政录》十二卷

《宋异录》一卷

《宋年表》一卷　又《年表》一卷

　　点校本以为皆李焘撰，然周必大《（李焘）神道碑》《宋史·李焘传》等所述李焘所撰著述中未尝言及，疑皆非李焘所撰。按：《通志》卷六五《艺文略·杂史类》著录佚名《宋朝政录》十二卷；《实录类》著录佚名《本朝政录》十二卷。《玉海》卷四九《三朝圣政录》引《书目》云"《皇朝政录》十二卷，纪太祖、太宗、真宗三朝圣政，以三朝相臣姓氏各附卷末。不知作者"。当即此《宋政录》。又，下《故事类》有不知作者《三朝政录》十二卷，当属一书重出。

吕祖谦《大事记》二十七卷

　　《宋史·吕祖谦传》云其修《大事记》，"未成书"。《陈录》卷四著录吕祖谦《大事记》十二卷、《解题》十二卷、《通释》一卷。《四库总目》卷四七作《通释》三卷，《陈录》作一卷者不确。则《宋志》所云卷数乃合《解题》《通释》而计者。

朱熹《通鉴纲目》五十九卷　又《提要》五十九卷

　　《读书附志》卷上著录《资治通鉴纲目提要》，云"存其纲而去其目，如《春秋》之经也"。按：《提要》乃《纲目》"去其目"而仅存"纲"者。

《宋圣政编年》十二卷不知作者

　　《朱子语类》卷一二八云《圣政编年》乃"书坊人做，非好书"。《建炎以来系年要录》（以下简称《要录》）卷三八注引杨氏《圣政编年》云云。知撰者杨氏，然未详其名。

汪伯彦《建炎中兴日历》一卷

《晁志》卷六、《陈录》卷五、《玉海》卷四七《建炎中兴日历》及《三朝北盟会编》卷一六五引《上建炎日历表》、《要录》卷一二九、《宋史·汪伯彦传》皆作五卷。按：《宋志》作"一卷"者疑误。

徐度《国纪》六十五卷

《陈录》卷四作五十八卷。《玉海》卷四七《淳熙国纪》作一百卷。

李心传《建炎以来系年要录》二百卷

《宋史·李心传传》称《高宗系年录》。《郡斋附志》卷上作《建炎以来中兴系年要录》。《山堂肆考》卷一二三《中兴系年录》作《高宗中兴系年录》。《四库总目》卷四七云"《文献通考》作《系年要记》，《宋史》本传作《高宗要录》"。按：《宋史》本传不作《高宗要录》，清馆臣云云不确。

王应麟《通鉴答问》四卷

《四库总目》卷八八作五卷，云其为"未成之本也"，且以书中多舛误，"与应麟所著他书殊不相类，其真赝盖不可知。或伯厚孙刻《玉海》时伪作此编，以附其祖于道学欤？然别无显证，无由确验其非"。

胡安国《通鉴举要补遗》一百二十卷

胡寅《斐然集》卷二五《先公行状》、《宋史·胡安国传》作一百卷。

李心传《孝宗要略初草》二十三卷

《续古今考》卷十五云李心传撰有《高孝系年要录》。按：此当续《要录》而作，仅成"初草"。

洪迈《太祖太宗本纪》三十五卷

《容斋三笔》卷四《九朝国史》云淳熙间"迈承乏修史，……遂请合九朝为一，寿皇即以见属。……迈既奉诏开院，亦修成三十余卷矣"，后去国而遂已。按：此三十余卷当即洪迈所修《九朝国史》之未成稿。

又《四朝史纪》三十卷

又《列传》一百三十五卷

　　《容斋三笔》卷十三《四朝史志》云"《四朝国史》本纪皆迈为编修官日所作,至于淳熙乙巳、丙午,又成列传百三十五卷。惟志二百卷,多出李焘之手"。按:上《正史类》有李焘、洪迈《宋四朝国史》三百五十卷。

黄维之《太祖政要》一十卷

　　黄维之,初名伟,后以字为名,更号叔张。《闽中理学渊源考》卷十二《提学黄维之先生伟》云其"绍兴二十七年第进士,除太学录,迁国子监簿。转对,进所撰《太祖政要》"。按:《玉海》卷四九《绍兴太祖政要》引《书目》云"一卷,绍兴中秘书郎张戒采摭太祖圣政之大者,立题著论,为十四篇上之"。两者当非一书。

别史类

王瓘《广轩辕本纪》一卷

　　《新唐志》作三卷。《通志》卷六五《艺文略》作王权撰《广轩辕本纪》三卷;卷六七《艺文略》作王瓘撰《广黄帝本行记》一卷。明白云霁《道藏目录详注》卷一作《广黄帝本行记》,云"唐阆州晋安县主簿王瓘进"。按:《广轩辕本纪》似为省称;"王权"当为"王瓘"之误。

《汲冢周书》十卷

　　按:上《书类》重出《汲冢周书》十卷。《晁志》卷六云"晋太康中汲郡与《穆天子传》同得,晋孔晁注"。《崇文总目》卷二作孔晁注《周书》。

赵晔《吴越春秋》十卷

《隋志》、《旧唐志》、《新唐志》、《晁志》卷六作十二卷。《崇文总目》卷二、《玉海》卷四一《吴越春秋》引《中兴书目》作十卷。《吴都文粹续集》卷一徐天祐《吴越春秋序》称"今存者十卷，殆非全书"。按：下《霸史类》重出赵晔《吴越春秋》十卷。

司马彪《九州春秋》十卷

《隋志》同。《旧唐志》、《新唐志》、《崇文总目》卷二、《陈录》卷五作九卷。《史通》卷一《六家第一》云司马彪撰《九州春秋》，"州为一篇，合为九卷"。按：下《霸史类》重出司马彪《九州春秋》九卷。

《汉书问答》五卷

未著撰人名氏。《新唐志》、《通志》卷六五《艺文略》称沈遵撰。《崇文总目》卷二作沈遵行撰。《古今合璧事类备要》后集卷四四唐杨炯《庭菊赋序》有"颜强学、沈遵行以博闻兼侍读"云云。按：撰者似为唐人沈遵行，《新唐志》脱"行"字。

刘珍等《东观汉纪》八卷

《隋志》作一百四十三卷，《旧唐志》《新唐志》作一百二十七卷，皆题曰《东观汉记》。《陈录》卷七著录刘珍、刘骃骏等撰《东观汉纪》十卷，云"今所存惟吴汉、贾复、耿弇、寇恂、冯异、祭遵及景丹、盖延九人列传而已。其卷第凡十二，而阙第七、八二卷"。《玉海》卷四六《汉东观记》引《中兴书目》著录八卷，云"唐吴兢家藏已亡十六卷，今所存止邓禹、吴汉、贾复、耿弇、寇恂、冯异、祭遵、景丹、盖延九传"。按：今传本为二十四卷。

孔衍《春秋后语》十卷

《册府元龟》卷五五五、《新唐志》云孔衍撰《春秋时国语》十卷、《春秋后国语》十卷。按：《春秋后语》乃属省称。

元行冲《后魏国典》三十卷

　　《陈录》卷五同。《旧唐书·元行冲传》、《唐会要》卷六三《修前史》与《新唐志》、《崇文总目》卷二作《魏典》。

《金陵六朝记》一卷

　　未著撰人名氏。朱绪曾《开有益斋读书志》著录尉迟偓《金陵六朝记》二卷。《也是园书目》作尉迟偓《金陵六朝记》三卷。案：尉迟偓，南唐人。撰有《中朝故事》二卷。

李匡文《汉后隋前瞬贯图》一卷

　　按："李匡文"，当为"李匡乂"之讹。《旧唐书》卷二五《礼仪志五》、《册府元龟》卷五九三有"太子宾客李匡乂"云云。《四库总目·资暇集》云"旧本或题李济翁，盖宋刻避太祖讳，故书其字。……或作李乂，亦避讳刊除一字。……《文献通考》一入杂家，引《书录解题》作李匡文；一入小说家，引《读书志》作李匡乂，而字济翁则同。陆游《集》有此书跋，亦作李匡文。王楙《野客丛书》作李正文，然《读书志》实作匡乂，诸书传写自误耳"。

袁皓《兴元圣功录》

　　《新唐志》、《崇文总目》卷二作三卷。按：《宋志》当脱"三卷"二字。

刘肃《唐新语》十三卷

　　按：即《大唐新语》。

《唐总记》三卷

　　按：下《谱牒类》著录《唐书总记帝系》三卷。未详可是一书。

渤海填《唐广德神异录》四十五卷

　　按：广德，唐年号。"渤海填"三字不辞，似有脱误。《太平广记》引录此书颇夥，《白孔六帖》等亦引作《广德神异记》。

欧阳迥一作"炳"**《唐录备阙》十五卷**

欧阳迥,后蜀宰相,入宋为翰林学士、左散骑常侍。《宋史》有传。《长编》卷二、卷六、卷一二等作"欧阳炯"。《崇文总目》卷二、《通志》卷六五《艺文略》"欧阳炳"。按:据《礼部韵略·贡举条式》,"炯"字属太宗嫌名讳,故改作"迥"。"炳""炯",形近而讹。

裴潾《大和新修辨谤略》三卷

《新唐志》作裴潾《太和新修辨谤略》三卷。《崇文总目》卷二作李德裕等撰《太和辨谤录》三卷,云宪宗时命沈传师、令狐楚等撰《元和辨谤录》十卷,"太和中,德裕以其文繁,删为三卷"。《陈录》卷五亦云令狐楚等撰《元和辨谤略》十卷,"德裕等删其繁芜,益以唐事,裁成三卷,太和中上之。集贤学士裴潾为之序。元和书今不存,《邯郸书目》亦止有前五卷"。则裴潾乃撰序者。又"太和"同"大和",唐文宗年号。按:下《传记类》有李德裕《大和辨谤略》三卷,一书重出。

程光荣一作"柔"**《唐补注记》**"注记"一作"纪"**三卷**

按:程光荣,当作"程匡柔",因避宋太祖讳而改"匡"字为"光","荣"字似抄误。又按:上《编年类》有程正柔《大唐补纪》三卷,即本书重出。

南卓《唐朝纲领图》五卷

《新唐志》、《崇文总目》卷二、《通志》卷六五《艺文略》作一卷。按:下《故事类》著录南卓《纲领图》一卷,重出。

《唐纪年记》二卷

《崇文总目》卷二著录佚名《唐至五代纪年记》五卷。《通志》卷六五《艺文略》著录《唐至五代纪年记》二卷。按:疑为一书。

《高峻小史》一百十卷

《崇文总目》卷二同。《新唐志》作《高氏小史》一百二十卷,云

"初六十卷，其子迥厘益之"。《陈录》卷四作一百三十卷，云"本书六十卷，其子迥分为一百二十。盖钞节历代史也。……今案《国史志》凡一百九卷，目录一卷。《中兴书目》一百二十卷，止于文宗。今本多十卷，直至唐末。峻，元和人，则其书当止于德、顺之间。迥之所序，但云分六十卷为百二十，取其便易而已，初未尝有所增加也。其止于文宗及唐末者，殆皆后人传益之，非高氏本书"。

张询古《五代新说》二卷

《新唐志》作张绚古《五代新记》。《崇文总目》卷二作张绚古《五代新说》。《晁志》卷六作张询古《五代新说》，云"以梁、陈、北齐、周、隋君臣杂事，分三十门纂次"。按：下《小说家类》有张说《五代新说》二卷，"张说"似误，且脱"古"字，疑属一书重出。

又，《说郛》卷五五收载徐铉《五代新说》，序云"余咸亨之始，著作东观，以三余之暇，阅五代之书。后与好事者谈，或以叙存录目，余搦管随记疏之，因而诠次，遂加题目，名曰《五代新说》三十篇，分为两卷"。按：咸亨为唐高宗年号，题"徐铉"当属托名。

刘轲《帝王历数歌》一卷

《陈录》卷四著录《帝王照略》一卷，云"唐洺州刺史刘轲撰。伪蜀冯鉴注，并续唐祚以后。《唐志》及《馆阁书目》有刘轲《帝王历数歌》一卷，疑即此书也"。《晁志》卷五作《帝王镜略》。

裴庭裕《东观奏记》三卷

按：《通志》卷六五《艺文略》、《晁志》卷六作"裴廷裕"。《陈录》卷五作"裴延裕"。按："延"字当误。

《新野史》十卷题"显德元年终南山不名子撰"

《玉海》卷四七《唐太和野史》云："《志·杂史》：公沙仲穆《太和野史》十卷，起大和，尽龙纪。《会要》：龙纪中，有处士沙仲穆纂《野史》十卷。"按：所谓《新野史》，似相对公沙仲穆《野史》而得名。不名子，名里不详。

胡旦《唐乘》一作"策"七十卷

《长编》卷一〇五、《东都事略·胡旦传》《宋史·胡旦传》与《玉海》卷四七《唐乘》皆作"唐乘"。按："策"字形近而讹。

王皞《唐余录》六十卷

按：下《传记类》重出王皞《唐余录》六十卷。

李匡文《两汉至唐年纪》一卷

李匡文，当作"李匡乂"。《崇文总目》卷二、《通志》卷六五《艺文略》著录唐李康乂撰《两汉至唐年纪》一卷。按：李康乂，因避宋太祖讳而改"匡"作"康"。

陶岳《五代史补》五卷

《晁志》卷六、《陈录》卷五作《五代补录》。

刘直方《大唐机要》三十卷

《通志》卷六五《艺文略》、《玉海》卷四七《治平唐宋遗史》引《书目》作《唐机要》。

刘放《五代春秋》一部卷亡

《四库总目》卷一五三《彭城集》作十五卷。

刘恕《十国纪年》四十二卷

《晁志》卷七作四十二卷。《陈录》卷五作四十卷。《玉海》卷四七《皇朝十国纪年》引《书目》云"本四十二卷，今存止四十卷"。按：下《霸史类》重出刘恕《十国纪年》四十卷。

常璩《华阳国志》十卷

《隋志》、《通志》卷六五《艺文略》、《晁志》卷七作十二卷。《旧唐志》作三卷。《新唐志》作十三卷。《崇文总目》卷二作十五卷。《陈录》卷五作二十卷。《玉海》卷一六《晋华阳国志》引《书目》作十卷。按：下《霸史类》重出常璩《华阳国志》十二卷。

李清臣《平南事览》二十卷

晁补之《鸡肋集》卷六二《资政殿大学士李公行状》作《平南事鉴》。按："鉴"字似是。

《真宗圣政纪》一百五十卷

未著撰人名氏。按：《王氏谈录》云丁谓撰。《通志》卷六五《艺文略》云丁谓等修。《玉海》卷四八《天禧圣政纪》云天禧四年十一月，"命钱惟演、王曾编次，丁谓等参详"。则本书乃王曾、钱惟演领衔，丁谓等纂修。

又《政要》十卷

未著撰人名氏。按：《长编》卷九九"乾兴元年九月戊子"条云仁宗"召辅臣，出《政要》十卷，泣而示之曰：'朕躬阅先帝《圣政纪》，掇其事之要者纂为此书'"。又《玉海》卷二八《乾兴真宗政要》所云略同，称《真宗政要》。则此书乃属仁宗御纂。

仁宗《观文览古图记》十卷

《挥麈后录》卷一云："仁宗即位方十岁，章献明肃太后临朝。章献素多智谋，分命儒臣冯章靖元、孙宣公奭、宋宣献绶等采摭历代君臣事迹为《观文览古》一书，祖宗故事为《三朝宝训》，十卷，每卷十事。又纂郊祀仪仗为《卤簿图》三十卷。诏翰林待诏高克明等绘画之，极为精妙，叙事于左，令傅姆辈日夕侍上展玩之，解释诱进，镂板于禁中。元丰末，哲宗以九岁登极，或有以其事启于宣仁圣烈皇后者，亦命取板摹印，仿此为帝学之权舆，分锡近臣及馆殿。"《玉海》卷五六《庆历观文鉴古图》云："庆历元年七月戊申朔，出御制《观文鉴古图记》以示辅臣。（原注：绘列百篇，合为十卷）初，康定二年七月己卯，命图画前代帝王美恶之迹可为规戒者，号曰《观文鉴古图》，上自为记，凡十二卷，（原注：《艺文志》云十卷。）百二十事，每事帝自为一篇，始黄帝梦风后力牧，终长孙皇后赏魏玄成谏。庆历四年二月丙辰，御迎阳门，召辅臣观之。《书目》：《观文鉴古图》十卷，康定二年仁宗亲述，并为之序。《会要》：庆历四年二月二十三日丙辰，御崇政殿，西合四壁各张画图前代帝王美恶可为规戒者，命两府观之。"又卷二八《治平仁宗御集》引《书目》云仁宗御撰有《观文鉴古图述》十卷；卷三二《庆历观文鉴古图述》引《书目》云"仁宗御集有《观文鉴古图述》十卷。仁宗康定二年，采撷前代君臣故实可为鉴戒者，分列为图，随事亲述，并序"。《长编》卷一三二庆历元年七月戊申朔条云仁宗"出御制《观文鉴古图记》以示辅臣"，又《王氏谈录》称"《观文鉴古图》，庆历四年"。《要录》卷八六载高宗言："朕昨日见毛刚中所进《鉴古图》，乃仁宗皇帝即位之初，春秋尚幼，故采古人行事之迹，绘而成图，便于省阅，因以为鉴也。"综上，仁宗幼年继位，刘太后命儒臣孙奭、冯元等编纂《观文览古》一书，述历代君臣事迹百则，并"绘而成图"。此后，仁宗事述一记而序之，于庆历元年七月"以示辅臣"。其所谓十二卷者，疑图文分册，图十卷，御述并序二卷。而"命图画前代帝王美恶之迹可为规戒者"于崇政殿西合四壁，则至庆历四年方成，"命两府观之"。则"百二十事"者，疑因十二卷而误传。又哲宗初，宣仁太后"命取板摹印"，似将仁宗述记与图相配，故仍为十卷，题《观文鉴古图记》。按：下《故事类》有仁宗《观文鉴古图》十卷，当为一书重出。

丁谓《大中祥符奉祀记》五十卷 《目》二卷
又《大中祥符迎奉圣像记》二十卷 《目》二卷

《长编》卷九〇"天禧元年十一月辛亥"条载翰林学士李维等上新修《大中祥符降圣记》五十卷、《迎奉圣像记》二十卷、《奉祀记》五十卷。《玉海》卷五七《大中祥符封禅记奉祀记祀汾阴记》云祥符初诏李宗谔、丁谓及彭年纂录《封禅记》五十卷，三年十月书成，"丁谓等上之，帝为制序。祀汾阴礼毕，亦诏谓等撰记，六年八月丁丑成五十卷。七年谓与李维等又作《迎奉圣像记》二十卷、《降圣记》五十卷、《奉祀记》五十卷。天禧元年十一月辛亥，维等以献"。按：据《宋史·丁谓传》及《宰辅表》，丁谓于大中祥符九年罢参知政事，拜平江军节度使，知升州。天禧初徙保信军节度使，三年复参知政事。则《宋志》作"丁谓"者不确。

李维《大中祥符降圣记》五十卷 《目》三卷

按：下《神仙类》有丁谓《降圣记》三十卷，重出。然作"三十卷"，当为"五十"之讹。又《晁志》卷八作"丁谓撰"，亦不确。

王钦若《天禧大礼记》五十卷 《目》二卷

《宋史》卷八《真宗纪》、《长编》卷九一"天禧二年正月戊午"条及《玉海》卷五七《天禧大礼记》、卷九三《天禧大礼记》皆作四十卷。

李淑《三朝训览图》十卷

《渑水燕谈录》卷八云："皇祐中，仁宗命待诏高克明辈画三朝圣迹一百事，人物才寸余，宫殿、山川、车马、仪卫咸具。诏学士李淑等撰次序赞，为十卷，曰《三朝训鉴图》。"《玉海》卷三二《皇祐三朝训鉴图序》云："皇祐元年二月，内翰李淑、知制诰杨（亿）[伟]编纂，成十卷，御制序。"按：作"训览"，或为初名。又按：下《故事类》有李淑《三朝训鉴图》十卷，又有仁宗制序《三朝训鉴图》十卷，合此当为一书三出。

张商英《神宗正典》六卷

《玉海》卷四九《政典》云"大观四年，张商英撰《神宗政典》六卷，三十篇"。《九朝编年备要》卷二七、《能改斋漫录》卷十三《乞编皇宋政典》、《玉海》卷五一《元丰中书备对》等皆作"政典"。按：作"政典"是。

林希《两朝宝训》二十一卷

洪适《盘洲文集》卷二八《两朝宝训序》云其书"凡七十有六门，成二十卷"。《通志》卷六五《艺文略》、《陈录》卷五及《群书会元截江网》卷三〇亦作二十卷。按：下《故事类》有吕夷简、林希进《五朝宝训》六十卷。《玉海》卷四九《元丰两朝宝训》云："或取三朝、两朝粹为《五朝宝训》。"

舒亶《元丰圣训》三卷

按：下《故事类》有林虙《元丰圣训》二十卷。似非一书。

《六朝宝训》一部卷亡

点校本以为本书亦舒亶著，误。按：《宋史·徽宗纪一》云元符三年十一月丁卯，"诏修《六朝宝训》"。《九朝编年备要》卷二五云："初，命（蔡）京校《五朝宝训》以备经筵。……京寻言：'非敢有所改也，但欲增神宗故事为《六朝宝训》。'诏从之。"又许翰《襄陵文集》卷一有《陈良弼为六朝宝训书成及职事修举可特转阶官二等制》。则本书乃徽宗时蔡京等编纂。

杨九龄《正史杂论》十卷

按：下《文史类》重出杨九龄《正史杂编》十卷。

《河洛春秋》二卷

未著撰人名氏。《新唐志》著录包谞《河洛春秋》二卷，载"安禄山、史思明事"。按：下《传记类》有包谞《河洛春秋》二卷，重出。

李筌《阃外春秋》十卷

按：下《兵书类》重出李筌《阃外春秋》十卷。

瞿一作"翟"**骧《帝王受命编年录》三十卷**

王禹偁《小畜集》卷二〇《送翟骧序》曰："土龙尝策名江表有年矣，皇朝平吴之明年，始归于我，兵革之后，旅食于京师，悬于养亲，不暇择禄，因随伪官署一簿于雷夏，考满，改一尉于彭城，折腰作吏

六七年，混无名之徒，食有道之禄，士龙耻之。八年，复举进士科中
第，迁从事于广陵。广陵即其里也。"或即此人，字士龙，广陵人。

钱信《皇猷录》一卷

钱信，吴越王钱俶异母弟，淳化初改名俨。《宋史》卷四八〇有
传。《玉海》卷五八《淳化皇猷录》云："淳化元年十月庚午，金州观
察使、判和州钱俨献《皇猷录》一卷。"

《历代鸿名录》八卷

未著撰人名氏。按：《通志》卷六五《艺文略》称"伪蜀李远撰，
记帝王称号"。

韦光美《嘉号录》一卷

《新唐志》、《崇文总目》卷二、《通志》卷六五《艺文略》作"韦
美"。又《资治通鉴考异》卷二引韦庄美《嘉号录》云云。按：韦美，
当作"韦光美"，因避宋太宗讳，或去"光"字，或改作"庄"。又，
下文有韦光美《帝王年号图》一卷，似为一书。

《历代君臣图》二卷

未著撰人名氏。按：《玉海》卷五六《景德历代君臣图》云景德
三年九月，"草泽许可献《治平书》、《历代君臣图》"。当即本书，又
《崇文总目》卷二、《通志》卷六五《艺文略》作三卷。

龚颖《年一作"运"历图》八卷

按：上《编年类》有龚颖《运历图》三卷，似属一书。

张敦素《通记一作"纪"建元历》二卷

《新唐志》、《崇文总目》卷二、《通志》卷六五《艺文略》皆无
"通记"二字。

柳璨《补注正闰位历》三卷

《新唐志》、《崇文总目》卷二、《通志》卷六五《艺文略》无"补
注"二字。

王起《五运图》一卷

按：上《编年类》有王起《五位图》三卷，当属一书重出。

曹玄圭《五运图》一作"录"十二卷

《新唐志》作曹圭，《通志》卷六五《艺文略》作曹珪，皆题曰《五运录》。《崇文总目》卷二著录唐曹圭《五运录》二十卷。按：因宋人避其圣祖玄朗讳而去"玄"字。

《纪年志》一卷

《通志》卷六五《艺文略》著录《五运纪年志》一卷，或即本书。

武密《帝王年代录》三十卷

按：上《编年类》有武密《帝王兴衰年代录》二卷，似为一书。

郑伯邕《帝王年代图》一卷

《通志》卷六五《艺文略》著录郭伯邕撰《帝王年代图》一卷，"讫隋"。按：《事物纪原》卷一《五运》有"冯鉴《续事》始引徐秀《帝王年代图》云"。当属别一书。

焦璐《圣朝年代记》一作"纪"十卷

《新唐志》作《唐朝年代纪》。《旧唐书》卷十九上《懿宗纪》、《通志》卷六五《艺文略》作"焦潞"。又《宋志》下《小说类》有焦潞《稽神异苑》十卷。按："圣朝"当属原书名。

韦光美《帝王年号图》一卷

按：疑与上文韦光美《嘉号录》为一书。

李昉《历代年号》一卷

《通志》卷六五《艺文略》称"李昉等奉诏撰"。《陈录》卷五作李昉《历代年号并宫殿等名》一卷，云其"在翰苑时所纂"。

郑樵《通志》二百卷

按：下《文史类》著录郑樵《通志叙论》二卷。

陈傅良《建隆编》一卷一名《开基事要》

《读书附志》卷上著录陈傅良《开基事要》十卷，云"亦曰《建隆编》"。《陈录》卷四作《建隆编》一卷，云"庆元初，在经筵所上"。

蔡幼学《宋编年政要》四十卷

又《宋实录列传举要》十二卷

《读书附志》卷上著录蔡幼学《国朝编年政要》四十卷。《通考》卷一九七《经籍考》著录《国史编年政要》四十卷、《国朝实录列传举要》十二卷，引《中兴艺文志》云"幼学采国史、实录等书，为《国朝编年政要》以拟纪，起建隆，讫靖康。又为《国朝实录列传》以拟传，起国初，止神宗朝"。《玉海》卷四七《国朝编年政要》所载略同。按：元史臣改"国朝"为"宋"。

赵甡之《中兴遗史》二十卷

《陈录》卷四作六十卷。

楼昉《中兴小传》一百篇

《陈录》卷五著录《绍兴正论》二卷，云"序称潇湘野夫，不著名氏。录文武官不附和议及忤秦桧得罪者"。又著录楼昉《绍兴正论小传》二十卷，云"以《正论》中姓名，仿《元祐党传》为之"。《读书附志》卷上作《绍兴正论》一卷，云"潇湘樵夫序，不知其为谁也"。则本书亦名《绍兴正论小传》。

史钞类

孙玉汝《南北史练选》十八卷

《容斋续笔》卷十一《孙玉汝》云"荣王宗绰书目有《南北史选练》十八卷，云孙玉汝撰"。

《史略》三卷

未著撰人名氏。按：《新唐志》著录杜信《史略》三十卷。《崇文总目》卷二作三卷。

杨侃《两汉博闻》十二卷

《陈录》卷十四著录《两汉博闻》二十卷，云"无名氏。或云杨侃"。

林钺《汉隽》十卷

林钺，《陈录》卷十四作"林越"，然《通考》卷二二八《经籍考》引"陈氏曰"作"林钺"。《四库总目》卷六五《汉隽》作"林越"，云："案陈振孙《书录解题》载此书，卷数与今相符，而注称'括苍林钺'。《处州府志》亦载林钺。此本则皆作林越，未详孰是也。"按：《陈录》实作"林越"，清馆臣当是据《通考》引"陈氏曰"立说。据《雍正浙江通志》卷一八二引《括苍汇纪》称其"字伯仁，龙泉人。登绍兴二十一年进士，监行在诸司审计司"。故依其字伯仁而言，则似以"钺"字为是。又按：下《类事类》重出林越《汉隽》十卷。

薛儆《晋书金穴钞》十卷

《崇文总目》（四库本）卷三作《晋史金穴抄》。

荀绰《晋略》九卷

《晋书·荀绰传》称其撰《晋后书》十五篇。《隋志》《旧唐志》作《晋后略记》，《太平御览·经史图书纲目》《新唐志》、《通志》卷六五《艺文略》作《晋后略》。按：《宋志》当脱"后"字。

杜延业《晋春秋略》二十卷

按：上《编年类》重出杜延业《晋春秋略》二十卷。

赵氏《六朝采要》十卷

赵氏，失名。按：下《类事类》有不知著者《六朝采要》十卷，乃一书重出。

孙甫《唐史论断》二卷

　　《读书附志》卷上著录《唐史论断》二卷，《陈录》卷四作三卷。
《四库总目》卷八八《唐史论断》云其撰《唐史纪》七十五卷，论
九十二篇，其《论断》"此本仅三卷。盖本从《唐纪》钞出别行，非
其旧帙。故卷数多寡，随意分合，实无二本也"。按：《晁志》卷七作
《唐史要论》十卷。

石介《唐鉴》五卷

　　《通志》卷六五《艺文略》、《玉海》卷四九《元祐唐鉴》同。石
介《徂徕集》卷十八《唐鉴序》、罗从彦《豫章文集》卷十一《议论
要语》作三卷。

范祖禹《唐鉴》十二卷

　　范祖禹《范太史集》卷十三《进唐鉴表》、卷三六《唐鉴序》与
孙觌《鸿庆居士集》卷三二《读唐鉴》、《通志》卷六五《艺文略》、
《陈录》卷四、《宋史·范祖禹传》同。《晁志》卷七作二十卷。《四库
总目》卷八八《唐鉴》作二十四卷，云其书十二卷，后吕祖谦"为作
注，乃分为二十四卷"。按：作"二十卷"者，疑误。

又《帝学》八卷

　　按：下《儒家类》重出范祖禹《帝学》八卷。

陈季雅《两汉博议》十四卷

　　《通考》卷二〇〇引《中兴艺文志》同。《读书附志》卷上、《玉
海》卷四九《淳熙汉规》作二十卷。

乔舜《古今语要》十二卷

　　乔舜，即乔匡舜，避宋太祖讳而删"匡"字，南唐给事中。徐铉
《骑省集》卷八《洪州掌书记乔匡舜可浙西掌书记赐紫制》有"敕乔匡
舜"云云。陆游《南唐书》卷八有《乔匡舜传》。《通志》卷六八《艺
文略》云"伪唐乔舜封撰"。"封"乃衍字。按：下《类事类》有乔舜

封《古今语要》十二卷，重出。

郑昈《史隽》十卷

《钱通》卷六引作《南北史隽》。

朱黼《纪年备遗正统论》一卷

《陈录》卷四作《纪年统纪论》，云"黼从陈止斋学，尝著《记年备遗》，……而撷其中论正统者为《统纪论》，是编叶水心序之"。按：《通考》卷一九三《经籍考》著录《纪年统论》一卷、《纪年备遗》一百卷。

《唯室先生两汉论》一卷 陈长方

《唯室集》卷五宋胡百能《陈唯室先生行状》云其著有《两汉论》十卷。《陈录》卷十八作《唯室两汉论》一卷。

王谏《唐史名贤论断》二十卷

按：下《文史类》重出王谏《唐史名贤论断》二十卷。

程鹏《唐史属辞》四卷

按：下《文史类》重出程鹏《唐史属辞》四卷。

《名贤十七史确论》一百四卷 不知作者

《陈录》卷十五著录《历代确论》一百一卷，云"不知何人集。自三皇、五帝以及五代，凡有论述者，随世代编次"。明吴宽《家藏集》卷四四《名贤确论序》作《名贤确论》一百卷。《四库总目》卷八八著录《历代名贤确论》一百卷，云其"所采诸家论著，皆至北宋而止。其书芟宏作芟洪，犹避宋宣祖庙讳，则理宗以前人所作也。考《宋史·艺文志》有《名贤十七史确论》一百四卷，盖即此书。唯此本较少四卷，稍为不合。或史衍'四'字，或刊本并为百卷，以取成数，均未可知。观其评骘人物，自三皇以迄五季，按代分系，各标列主名。其总论一代者，则称通论以别之。虽不标十七史之名，而核其始末，恰应十七史之数。其为即《宋志》之所载，益足证矣"。

胡旦《五代史略》四十二卷

《东都事略·胡旦传》、《长编》卷一〇五"天圣五年十二月辛卯"条、《玉海》卷四七《五代史略》皆作四十三卷。按："二"字疑误。

韩保升《文行录》五十卷

《崇文总目》卷二作《文行史》。

李埴《续帝学》一卷

《玉海》卷二六《嘉定续帝学》云其"续（范）祖禹之书为十卷"。

郑少微《唐史发挥》十二卷

宋魏仲举编《五百家注昌黎文集·评论诂训音释诸儒名氏》云：橘林石悆字敏若，"议论见《唐史发挥》。或以《发挥》为郑少微作"。按：郑少微，字明举，成都人。传附《宋史》卷四四三《刘泾传》。

陈天麟《前汉六帖》十二卷

按：下《类事类》重出陈天麟《前汉六帖》十二卷。

陈应行《读史明辨》二十四卷　又《读史明辨续集》五卷

《读书附志》卷上著录《读史明辨》三十卷，云："伊川、元城、龟山、了斋、横渠、屏山、横浦、五峰、东莱、南轩、止斋、致堂十二先生史论也。"按：疑三十卷者乃合正续二集而言。

《何博士备论》四卷何去非

《玉海》卷二五《元丰平蛮方略》云其著《备论》二十八篇，十四卷。《陈录》卷十七作四卷。则十四卷者，二篇为一卷。按：下《兵书类》有何去非《备论》十四卷，重出。

《叶学士唐史钞》十卷不知名

按：叶学士，似指叶适。

唐仲友《唐史义》十五卷　又《续唐史精义》十卷

《苏平仲文集》卷五《说斋先生文粹序》称其著有《诸史精义》百卷。《玉海》卷四九《淳熙汉规》云唐仲友撰《两汉精义》《唐书精义》。则"唐史义"中，当脱一"精"字。

李石《世系手记》一卷

李石《方舟集》卷十《自叙》云尝"作《世系手记》三卷一百篇者，如汉人百两篇之义"。

《两汉著明论》二十卷

《通志》卷六五《艺文略》作《前后汉著明论》。

《纵横集》二十卷

按：下《总集类》有李纬《纵横集》二十卷，当属一书重出。

《十三代史选》五十卷

按：下《类事类》有不知作者《十三代史选》三十卷，当属一书重出。

《议古》八卷

未著撰人名氏。按：《宋史·李弥逊传》云其尝撰《议古》。似非一书。

《国朝撮要》一卷

按：下《职官类》重出不知作者《国朝撮要》一卷。

《约论》十卷并不知作者

《遂初堂书目》著录《了斋约论》。《陈录》卷十七著录《约论》十七卷，云陈瓘撰。按：了斋，陈瓘自号。似为一书。

李焘《历代宰相年表》三十三卷

《通考》卷二〇三引李焘自序作三十四卷。周必大《文忠集》卷六六《敷文阁学士李文简公焘神道碑》、《玉海》卷一二〇《乾道左右丞相》作二十三卷。

龚敦颐《符祐本末》一十卷

龚敦颐，后因避宋光宗讳，改名龚颐正。《两朝纲目备要》卷七云"颐正，和州历阳人，本名敦颐。……尝著《符祐本末》三十卷。……光宗受禅，改今名"。《建炎以来朝野杂记》乙集卷十三《龚颐正续稽古录》亦作三十卷。按：疑"一十卷"乃"三十卷"之讹。

《事林广记》版本述略*

陈广恩

（暨南大学中国文化史籍研究所）

摘　要：《事林广记》是宋末陈元靓编纂的一部百科全书型日用类书。该书内容十分丰富，保留下来宋元明时期社会生活的方方面面的资料，包括大量的插图。现存《事林广记》的各种版本共计有 21 种之多，其中 12 种收藏在日本。至今公开的版本仅有 4 种。《事林广记》现存 21 种版本"无一完全相同"，其内容和编排的变化，是不同时期社会变迁的体现。因此《事林广记》的各个版本均有其文献价值，为研究宋元明时期的社会历史，尤其是宋元明社会生活史提供了宝贵资料。

关键词：《事林广记》；版本；日藏；考述

《事林广记》是宋末福建人陈元靓编纂的一部日用类书，初名《博闻录》。至元朝初期，因为《博闻录》被列为禁书，书坊遂以《事林广记》为名刊刻流传。该书被认为是日用类书的滥觞之作，在宋元明时期曾非常流行，至今流传下来的版本不少。

关于《事林广记》的版本，较早研究的是胡道静。胡道静在中华书局 1963 年影印椿庄书院本的前言中，介绍了《事林广记》的 6 种版本，分别是椿庄书院本、积诚堂本、和刻本、翠岩精舍本、成化

---

* 本文属于 2018 年度国家社科基金重大项目"日本静嘉堂所藏宋元珍本文集整理与研究"（批准号：18ZDA 180）的阶段性成果。

本、明临江府刻本。^①其后森田宪司对日本所藏《事林广记》的版本进行了比较细致的考察，他将日藏版本分为元刻本、明刻本、和刻本三类，并就至顺时期的刊本进行了比较，同时对各种版本之间的关系做了梳理。作者指出元刻本有内阁本（西园精舍本）、书陵部本（积诚堂本），明刻本有洪武刊本（梅溪书院本）、翠岩精舍本、弘治五年进德精舍本、弘治九年进德精舍本、尊经阁文库本、大木文库本。^②宫纪子对日本在古籍普查过程中新发现的《事林广记》版本做了专题研究，并列举出《事林广记》的版本共有 17 种。^③严绍璗在其《日藏汉籍善本书录》中著录的《事林广记》，共有 9 种，加上和刻本为10 种。^④王珂综合以上学者尤其是宫纪子和严绍璗的调查成果及相关书志，将《事林广记》的版本分为元刊本、明刊本、刊刻年份不详之本、明钞本、日本睿山文库藏本、和刻本 6 类，共计 20 种。^⑤王珂的论文是目前为止关于《事林广记》版本调查最为详细的成果，但还存在不少问题。

笔者在以上学者研究的基础上，通过对国内外所藏《事林广记》版本的调查和目验，统计出《事林广记》流传下来的版本共计有 21种，它们分别是：宗家文库本、椿庄书院本、西园精舍本、积诚堂本、大岛文库本、梅溪书院本、翠岩精舍本、南京图书馆本、山东图书馆本、尊经阁本、云衢菊庄本、弘治五年进德精舍本、弘治九年进德精

① 胡道静：《事林广记》前言，陈元靓：《事林广记》，京都：日本中文出版社，1988 年影印元椿庄书院本（以下简称椿庄书院本），第 20—27 页。
② 〔日〕森田宪司：《关于在日本的〈事林广记〉诸本》，《事林广记》附录，北京：中华书局，1999 年，第 566—572 页。
③ 〔日〕宫纪子：『モンゴル時代の「知」の東西』上册，名古屋：名古屋大学出版会，2018 年，第 74—165 頁。
④ 严绍璗：《日藏汉籍善本书录》，北京：中华书局，2007 年，第 1019—1021 页。
⑤ 王珂：《〈事林广记〉版本考略》，《南京师范大学文学院学报》2016 年第 2 期。

舍本、成化本①、敬贤堂本、和刻本、明抄残存四卷本、明抄残存一卷本、睿山文库本、三井寺本、梵蒂冈本。②此外还有《古今书刻》中著录的明临江府刻本。以上21种版本中，目前公开的版本仅有椿庄书院本、西园精舍本、积诚堂本、和刻本4种。笔者查阅了这21种版本，而明临江府刻本很可能未流传下来。

　　以上21种版本，有刻本和抄本两种形态。各版本时间跨度很长，从中国的元朝一直到日本的江户时代，但从内容和版本流变来看，元明两朝的版本有明显的不同，其后的抄本也多依据元明的版本而来，因此我们可以把以上21种版本分为元本和明本两大系统。

一、元　　本

　　元本主要包括元朝时期的各种刻本、日本依据元朝刻本翻刻的和刻本、依据元朝版本抄录的各种抄本。

（一）和刻本

　　和刻本是指在日本刊刻的《事林广记》，刊刻时间是元禄十二年，由京都洛阳书肆中野五郎左卫门和今井七郎兵卫刊行。元禄是日本东山天皇的年号，元禄十二年即清康熙三十八年（1699）。和刻本是根据元泰定二年（1325）的版本翻刻的，而泰定二年的版本是经过增补的刻本。和刻本卷首有日本江户时代著名儒学家宇都宫由的（1633—

---

①　宫纪子指出这个版本收藏在台北的图书馆、南京图书馆、剑桥大学图书馆，但笔者核查过南京图书馆的藏本，证实并非成化本。

②　因《事林广记》各个版本保留下来的信息并不一致，因此无法按照同一个标准如刊刻书坊、藏书机构等对各版本进行统一命名，只能混用多个标准。参见拙文《日本宗家文库所藏元刻本〈事林广记〉初探》，"文献、制度与史实：《元典章》与元代社会"国际学术研讨会暨2018年中国元史研究会年会论文，第104页注释12，此处仅列各版本名称。

1707）撰写的序文。宇都宫由的，名的，字由的，号邇庵，别号顽拙，周防国（今日本山口县）人，曾出仕岩国藩。他与相国寺的长老、对马岛的雨森芳洲（1668—1755）等人有交际。雨森芳洲也是江户时代的儒者，通晓汉语和朝鲜语，曾担任对马藩的官员，为对马藩与朝鲜的外交做出了一定贡献。在收藏宗家文库本《事林广记》的对马历史民俗资料馆前面的广场上，矗立着两通有关雨森芳洲的石碑。一块上刻"诚信之交邻"，下刻"雨森芳洲先生显彰碑"；另一块是关于雨森芳洲的生平事迹的介绍之碑。由此也可见雨森芳洲在日本与朝鲜交往中的重要地位了。据宇都宫由的序文可知，在和刻本刻印之前，日本即有写本传世，但写本"字画漫漶，而疑事最多矣"①。因故其后书坊觅得泰定二年的增补本，请人加了训点，而后刊行。作为元代泰定二年增补本的翻刻本，我们可以将和刻本视作元本。②

　　日本各图书馆收藏最多的《事林广记》版本是和刻本，很多公私藏书机构均有收藏。日本汲古书院在1976年出版了长泽规矩也所编《和刻本类书集成》，其中第一辑就收有和刻本。上海古籍出版社1990年将《和刻本类书集成》影印出版。中华书局1999年又将和刻本与积诚堂本合成一本影印发行。凤凰出版社2012年出版的金程宇主编的《和刻本中国古逸书丛刊》，也录有和刻本《事林广记》（这是内藤湖南的批校本），可见和刻本在国内已比较常见。这个版本和椿庄书院本，可以说是《事林广记》最为流行的版本。和刻本尽管是泰定二年增补本的翻刻本，但泰定二年的增补本，实际上更多地体现的是元初中统、至元年间的社会信息，增补的成宗、武宗、仁宗、英宗及泰定

① 〔日〕宇都宫由的：《和刻本〈事林廣記〉序》，〔日〕長澤規矩也編：《和刻本類書集成》（第一輯），東京：汲古書院，1976年，第173页。
② 关于和刻本的具体情况，请参阅笔者所撰《和刻本〈事林廣記〉札记二则》，刘迎胜主编《元史及民族与边疆研究集刊》第35辑，上海：上海古籍出版社，2018年，第310—316页。

帝诸朝的信息几乎没有。从这一点（体现的社会信息）来看，和刻本可以视作是元代诸本中最早的版本。

（二）宗家文库本、三井寺本、睿山文库本

1. 宗家文库本

宗家文库本收藏在日本长崎县立对马历史民俗资料馆，书中无版刻时间，也未刊刻书坊名称，故不清楚这个版本的具体刊刻时间和地点。这个版本及下文将要介绍的三井寺本、睿山文库本，是日本近些年来在古籍普查中新发现的版本。宫纪子对该版本进行了专题研究，认为该本是现存屈指可数的版刻精美的建安小字本。[1]

宗家文库本原书 20.7 厘米 × 13.7 厘米，前集卷一首页版框 17.2 厘米 × 11 厘米，第 3 册首页（前集卷十二首页）版框 16.8 厘米 × 11 厘米，可见每卷的版框并不完全相同。版框四周单边，有界。半页 12、13、14 行不等，行 21、22、24 字不等。细黑口，双黑鱼尾。版心刻写"记前一""前四""前十二""后一""续三"等字样，以示书名、集别及册数，下刻页码。该本共 10 册，每册封面上贴有资料馆的藏书标签："宗家文库，汉籍，中国刊本。"分类号为 C-4，1-1（-10，即 10 册）。封面上直接题写书名《事林广记》及本册内容，个别页面已磨损不清。整套书已严重破损，因故经过修补（仅第三册未经修补）。从第三册来看，书根题写书名及该册卷数的起止数，如"事林广记""十二之廿一"。

宗家文库本按前、后、续、别分为四集。书前仅有总目，列有全书的类别，共 51 类。各集再无目录。全书存 80 卷，其中前集 21 卷，后集 22 卷，续集 20 卷，别集 17 卷。对照目录来看，已缺失 7 卷，缺

---

[1]　〔日〕宫纪子：『モンゴル時代の「知」の東西』上册，第 81 頁。

失部分分别是续集卷 16《文艺类·蒙古字书》、卷 21—23《医学类》、别集卷 2—3《官制类》。宫纪子推测缺失的原因，是五山僧留学元朝时，将这部分与蒙元社会和日常生活密切相关的内容，从原书中拆下来随身携带所致，其说有理。但也有可能是其书在流传至日本之前，即已被人将这几卷拆下。

从内容、版刻等方面来判断，宗家文库本是元刻本无疑。该本与三井寺本、睿山文库本的内容很接近，三个版本应该有共同的来源。笔者对该本的版本情况、文献价值等有过专门的讨论。[①] 就版本反映的具体内容来看，它应是介于和刻本与元末诸版本之间的本子。

2. 三井寺本

收藏在日本滋贺县大津市比睿山三井寺。三井寺又称御井寺、圆城寺，是日本天台寺门宗的总本山，与延历寺同为天台宗寺庙。三井寺藏本是日本天正十四至十五年间（明万历十四至十五年，1586—1587）的抄本。抄本大部分字体稚拙，但有些地方字体端正秀丽，可见该抄本并非同一人所抄。第 4、5、6 册没有校改的痕迹，其他各册均有校改。该抄本是《事林广记》所有版本中最新发现的本子，由日本京都大学武田时昌教授发现，其后宫纪子在著作中有著录。[②] 目前，武田时昌和宫纪子正在从事该版本的研究。[③]

三井寺藏本按前、后、续、别分为四集，共 14 册，其中 1—6 册为前集，7—10 册为后集，11、12 册为续集，13、14 册为别集。各册所包含的具体类目如下：第 1 册：前集卷 1 "天文"，卷 2 "历候"，

---

① 陈广恩：《日本宗家文库所藏〈事林广记〉的版本问题》，《隋唐辽宋金元史论丛》第七辑，上海：上海古籍出版社，2017 年。

② 〔日〕宫纪子：『モンゴル時代の「知」の東西』上册，第 149 頁。

③ 樱井智美教授和陈柳晶博士曾前往三井寺查阅过该版本，并提供给笔者查阅的信息和资料。在此向两位表示衷心的感谢！

卷 3 "节序"；第 2 册：卷 4 "地舆"，卷 5 "郡邑"，卷 6 "方国"；第 3 册：卷 7 "胜迹"，卷 8 "仙境"，卷 9、10 "人事"；第 4 册：卷 11 "人事（治家法度）"，卷 12、13、14 "人事"，卷 15 "家礼（昏冠）"；第 5 册：卷 16、17 "家礼"，卷 18 "仪礼（乡礼）"；第 6 册：卷 19 "农桑"，卷 20 "花果"，卷 21 "竹木"；第 7 册：后集卷 1 "帝系"，卷 2 "年纪"，卷 3 "历代"；第 8 册：卷 4、5、6 "圣贤"；第 9 册：卷 7 "圣贤"，卷 8 "宫室"，卷 9 "刑法"，卷 10 "文籍"，卷 11 "仪礼（拜见新礼）"；第 10 册：卷 17 "服饰"，卷 18 "器用"，卷 19 "音乐"，卷 20、21 阙；第 11 册：卷 7、8、9 "禅教"，卷 10 "文艺"；第 12 册：卷 21 "医学（药品）"，卷 22 "医学（炮制）"，卷 23 "医学（药忌）"；第 13 册：卷 1 "官制（官制源流）"，卷 2 "官制（官职新制）"；第 14 册：卷 3 "官制（朝官俸给）"，卷 4 "国典"，卷 5 "货宝"。

三井寺本版框四周双边，有界。半页 12、13、14 行不等，行 19、21、22 字不等。白口，无鱼尾。版心上、中、下部分别题写书名（《事林》）、卷数（如"卷之二"）、页码。全书虫蛀亦较严重。每册封二，往往用墨笔题写该册的卷数和相应的类目。各册书末空白页上，也多有墨笔题字，内容是关于抄写时间、校改及编排情况、收藏者、该册类目起始等方面的信息。其中"天正十四历""天正十四岁丙戌""天正十五历丁亥"等字样，应该是指抄写时间。天正十四、十五即万历十四、十五年，分别为丙戌和丁亥年。

别集卷 5 之后书末空白页上题写：

> 右此别集，一向不足，不知卷数，虽寻类本不得之。从第一《官制类》至第五《货宝类》，凡五帖。调两卷，以卷数略项（？），曰前六，后五，续四，别二，合而十七，为意（？）书

端（？）焉。

由此段题写来看，大概天正时期，该抄本《事林广记》的别集就已残
缺不全。根据题写中"从第一《官制类》至第五《货宝类》，凡五帖"
来看，三井寺本别集从《官制类》至《货宝类》，一共应是五卷，这
种编排与睿山文库本相同，而与宗家文库本从《官制类》至《货宝类》
的九卷不同。对照三井寺本与睿山文库本，二者内容一致，两本的行
数、题头一致，甚至连文中空格、错字也一致（如两本别集卷五末页，
也就是《货宝类》的末页，理宗"大宋通宝"之下，注释为"宝□元
年"。所缺字当为"庆"字，大宋通宝乃理宗宝庆元年所铸。三井寺
本"宝"后空格，而睿山文库本"宝"后亦空格；元朝"至元通行宝
钞"之下，三井寺本和睿山文库本都将"中统钞"抄作"中统钔"（见
图一），所以宫纪子认为三井寺本可能是睿山文库本的底本是有道理
的。[①]三井寺本抄录不清楚或者讹误之字，睿山文库本往往以空格处
理，大概抄录者对这些文字难以辨认，因故空缺。这种情况还导致睿
山文库本抄录过程中出现新的错误，如《官制类》"尚药局"，三井寺
本将"藥"字抄作"藥"，不但字迹不工整，且抄录者将该字下面的
"木"抄成了"示"，字的上下间距也拉得太开。睿山文库本遂将尚药
局抄成了"尚□示局"。大概抄录者将"藥"字当作上下两个字，上面
的字不认识，因故空格，只抄了下面的"示"字，致使出现新的讹误。
这个例子颇能说明睿山文库本很可能就是抄自三井寺本的。再者三井
寺和延历寺都在比睿山，二者同属天台宗寺庙，两寺人员抄录对方寺
庙的藏书应该是很容易的事情。樱井智美教授和陈柳晶博士调查比对
的结果，也认为三井寺藏本和睿山文库本应该是同一个版本。

---

① 〔日〕宫纪子：『モンゴル時代の「知」の東西』上册，第 149 頁。

三井寺本	睿山文库本
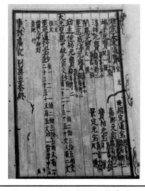	

图一　三井寺本、睿山文库本别集卷五末页

从三井寺本的题写来看，似乎当时的抄写者（或收藏者）对全书的编排重新做了调整，将全书编为 17 册，其中前集 6 册，后集 5 册，续集 4 册，别集 2 册。对照现存各集各卷，前集 6 册齐全，后集存 4 册，大概是残缺了 20、21 两卷的缘故。续集则缺失卷 1—6、11—20 共 16 卷内容。这些缺失的内容和现存续集各卷，原书应该一共编为 4 册，今仅存 2 册。后集和续集缺失的内容，应该是天正以后逐渐散佚的。

3. 睿山文库本

睿山文库本收藏在日本滋贺县大津市比睿山延历寺睿山文库，共 8 册，是江户时代的抄本。每册封面贴有标签，其中第一册标签上标明：睿山文库：部数 271，书册 1693（从 1693—1700，共 8 册）。有"昭和五年七月一日寄托"字样。首册封面下方墨笔题写"惠心院所藏"。

原书 27.7 厘米 × 20 厘米，版框 17.1（17.7）厘米 × 22.5（22.4、22.2、22.8）厘米。半页 12—14 行不等，行 20—24 字不等。四周双边，有界。无鱼尾，白口。版心自上而下分别题写书名、卷数略称（如"事林""续之七""别第三"）和页码。各册书根墨笔题写书名、集别及卷数，如"事林广记前集一之六"，扉页墨笔题写集别及卷数，如"前集一至六""续集合二卷有"等。该本虫蛀十分严重，有些页面因此粘在一起，难以翻阅，有的字迹已难辨认，第6册尤其突出。

　　总目书名题为《增新类聚事林广记》，各卷书名不尽一致，有《新编纂图增类群书类要事林广记》《新编纂图群书类要事林广记》《新编纂图群书类聚事林广记》《新编群书类要事林广记》《新编纂图增类群书一览事林全璧》等多种书名，但卷端书名《新编纂图群书类要事林广记》居多，故可以确定该本书名为《新编纂图群书类要事林广记》。

　　如上所述，睿山文库本应是三井寺本的誊抄本。除了别集《官制类》，其余内容与宗家文库本非常接近。《官制类》所载《官职新制》则是其他各本《事林广记》所没有的内容，十分珍贵。宫纪子称这部分内容具有极高的价值①，对此宫纪子、李鸣飞、陈柳晶已有过相关研究②，可资参考。

　　该抄本和三井寺本一样，字体稚拙。不仅如此，睿山文库本误抄、漏抄处亦比比皆是，其中有些错误，是直接沿袭了三井寺本的讹误而来，如别集《官制类·官制源流》中"图列于左"，三井寺本和睿山文库本均抄作"在"；《货宝类》中"中统钞"，两本也均误"钞"为"钊"。也有的讹误是睿山文库本在抄录时出现的，而三井寺本不误，如《官制类·官制源流》中"此吾夫子所谓"，睿山文库本"吾"误为"五"，三井寺本则为"吾"。睿山文库本漏抄的情况，一种是因为三井寺本本身即漏抄，一种是因为三井寺本字迹潦草难以辨识，甚至文字抄录有误所致。

① 〔日〕宫纪子：『モンゴル時代の「知」の東西』上册，第123页。
② 〔日〕宫纪子：『モンゴル時代の「知」の東西』上册，第113—149页；李鸣飞：《金元散官制度研究》，兰州：兰州大学出版社，2014年，第158—170页；陈柳晶：《〈事林广记〉与元代官制研究》，暨南大学2019年博士学位论文，第40—72页。

（三）西园精舍本、椿庄书院本

1. 西园精舍本

西园精舍本收藏在日本国立公文书馆内阁文库。2015 年西南师范大学出版社、人民出版社影印出版的《域外汉籍珍本文库》收录了该版本，从而使这个版本在中国国内正式公开。

西园精舍为元明时期福建建阳余氏刻书堂号之一，又作西园余氏。元明时期余氏刻本誉满天下，叶德辉在《书林清话》中已有论述。但叶氏认为西园精舍"始元至正迄明永乐"①，可能有误。至正（1341—1368）乃元顺帝妥懽帖睦尔的最后一个年号，也是元朝使用的最后一个年号，共计 28 年。但从西园精舍本后集卷二《纪年类》所载"今上皇帝""至顺万万年"来看，该本应该刊刻于至顺时期，因故学界也将这个版本称之为至顺本。至顺（1330—1333）是元文宗、宁宗及顺帝即位之初使用的年号，说明西园精舍至少在至顺时期就开始刻印图书了。

内阁文库所藏西园精舍本的番号为：汉 2995。函号：别 60-1。一函 8 册，按前、后、续、别分为四集。原书 13 厘米 × 20 厘米，版框 11 厘米 × 17 厘米。半页 14 行，行 23 字。四周有栏，上下单边，左右双边。黑口，双黑鱼尾。版心题写书名、集别、页码，如"林前一""林后六""林别三"等。国立公文书馆官网上注明是元西园精舍刊本，毛利高标献上。

西园精舍本首页即书名页上，双行大字竖刻书名《纂图增新类聚事林广记》，顶行刻"西园精舍新刊"。同时在书名左右两侧刊刻对联一副："事物万殊俱类聚，古今一览尽精微。"对联既是对全书内容的一个概括总结，又是对刻本的一种宣传。书名页背面长方形牌记内刻

---

① 叶德辉：《书林清话》，上海：上海古籍出版社，2012 年，第 85 页。

有一段咨文："《事林》一书，资于博物洽闻之士尚矣。道散天下，事无不该，物无不贯，其记载容有能尽之者乎？是编增新补旧，视它本特加详焉，收书君子幸鉴。西园精舍谨咨。"对照椿庄书院本，牌记上亦有同样的咨文，仅是刻印的书坊名称替换为"椿庄书院"而已，说明当时各书坊刊刻《事林广记》时，往往会加上这段带有广告性质的咨文。

西园精舍本与椿庄书院本虽然同为至顺时期刻本，两本类目也基本相同，但并非内容完全相同的两个版本，而是互有残缺、内容多有不一致之处。两个版本类目互有残存之处，如西园精舍本缺续集卷5—9，椿庄书院本则存续集卷5—8，为《文艺类》；别集《货宝类》，椿庄书院本存而西园精舍本残；西园精舍本存续集卷10《医学类》、卷11《卜史类》《选择类》、卷12《卜史类》、卷13《杂术类》，别集卷9《饮馔类》、卷10《面食类》、卷11《兽畜类》，椿庄书院本以上各类均残缺。此外，具体内容的互相残缺就更普遍了，如别集《官制类》卷1，椿庄书院本附载有《皇元朝仪之图》，而西园精舍本该页缺失。以上情况在两个版本中比较普遍。

两个版本同一类目之中，内容编排也多有不同，如续集卷4《文艺类·弈棋原始》部分，西园精舍本就比椿庄书院本多出《迷仙势》《通玄势》《局面总图》《双马饮泉势》等八个版面的内容。从椿庄书院本该卷末页阴刻"四卷终"来看，椿庄书院本该卷并无残缺，是完整的一卷内容，可见书坊在刊刻时原本就没有西园精舍本所编的八个版面。这种情况还有别集《算法类》，西园精舍本于《今起一亩二百四十步积之图》之后，载有"方田"至"圆田"关于田亩计算的图形和方法共三个版面，而椿庄书院本无；别集《茶果类》，椿庄书院本比西园精舍本少了"煎橄榄"至"晒蒜薹"共六个版面的内容；别集《酒曲类》，西园精舍本比椿庄书院本多出"诸酱方""诸品豆豉方"两个类目共 12 条内容，也有椿庄书院本有而西园精舍本没有的内容，如别集卷 4《公理类》，椿庄书院本则比西园精舍本多出《妇人夫亡无子告据改嫁状式》和《应立嗣承继状式》两条公文。

西园精舍本和椿庄书院本中还有一些特有的内容，其史料价值更高，如前集《仪礼类》附载的《习跪图》《大茶饭仪图》，后集《圣贤类》附载的《昭烈武成王像》，《先贤类》附载的司马光、朱熹画像，《武艺类》附载的《步射图》《马射图》，两个版本均有以上各幅插图，但各自的插图却存在很大差异。还有些插图，是两本所独有的，如椿庄书院本续集《文艺类》附载的《打双陆图》《蹴鞠图》，因为西园精舍本此类缺失，因此仅存椿庄书院本的插图；西园精舍本续集卷 4《文艺类》附载的围棋棋局《六部势》和《仙人换骨势》，不仅椿庄书院本无载，而且其他各本《事林广记》亦未见附载，这幅插图仅存于西园精舍本。这类为两种版本所独有的插图，对研究当时的社会生活状况更具价值。

2. 椿庄书院本

椿庄书院本收藏在台湾"国家图书馆"，该本在中国和日本均有影印本出版，《续修四库全书》所录《事林广记》即为该本，因此这个版本是国内学术界使用最多的本子，也最为流行。

该本由元代福建建安书坊椿庄书院刊刻，与收藏在日本的西园精舍本均为至顺时期刻本。两本无论是分集分卷，还是类目和内容编排，在元代各版本中最为接近，因此这两个版本可视为同一个系统的版本。但总体上西园精舍本比椿庄书院本保留得更为完整，版面也更为清晰。关于椿庄书院本，因为已有多种影印本出版，且以往学界研究较多，如胡道静为该本即撰有解题，加之上文讨论西园精舍本时亦有论及，因此此处从略。

（四）积诚堂本、大岛文库本

1. 积诚堂本

积诚堂本是元顺帝至元六年（1340）建阳郑氏积诚堂的刻本。此本中日一共收藏有三部：北京大学图书馆和日本宫内厅书陵部各收藏有一部，为全帙，日本佐贺县武雄市教育委员会收藏有零本一部，仅存一册，为甲、乙两集。中华书局 1999 年将和刻本《事林广记》与北京大学图书馆藏本合成一本影印出版，《中华再造善本》也收有北大所藏积诚堂本。上海古籍出版社 2012 年影印出版的《日本宫内厅书陵部藏宋元版汉籍选刊》，则影印出版了宫内厅书陵部所藏积诚堂本，因此日藏积诚堂本的影印本在国内亦能见到。因为该本国内有收藏，所以以往学界研究中使用亦比较普遍。

积诚堂本的编排顺序与和刻本相同，即按照十天干顺序编排全书内容，分为甲至癸共十集，各集再分上下两卷。这种编排方式仅见于以上两种版本和大岛文库所藏残本，与现存《事林广记》的其他版本完全不同（其他版本均是按照前、后、续、别或者前、后、续、别、新、外分集编排的）。尽管积诚堂本与和刻本都是按照十天干编排分类，但二者完全没有对应关系，积诚堂本打乱了和刻本的编排顺序，二者的类目、内容均有很大不同。

积诚堂本与其他元本在类目设置上亦有较大出入，对此宫纪子已列《〈事林广记〉版本对照表》进行了比较①，兹不赘述。但即便是积诚堂本与其他元本都有的类目，许多地方内容出入也很大，如积诚堂本庚集上卷所收《弈棋类》，不但编排的内容与其他元本有所不同，而且附载的棋局插图也有变化，如象棋棋局，就比西园精舍本多出《三跳涧势》《藏机势》《隐智势》三幅插图。

---

① 〔日〕宫纪子：『モンゴル时代の「知」の東西』，第 118—120 頁。

2. 大岛文库本

大岛文库本收藏在日本石川县金泽市立图书馆。馆藏编号为"特10.0-51"，属于图书馆的贵重书。其中特10.0是分类号，51是番号。该本仅存丁集一册。藏本封皮呈暗黄色。封皮书签墨笔题写书名《事林广记》，下用小字写有"元板"二字。封皮下部靠近书根处有一红色"大"字，不知何意，书根题写《事林广记》。原书22.8厘米×14.6厘米，版框18.2厘米×12.2厘米，上下单边，左右双边，有界。半页16行，行24、25字不等。小黑口，双黑鱼尾。版心题写书名、集别和卷数，如"林丁集上""林丁集下"或者"林丁下"（不尽一致），以及页码，全书虫蛀很严重。

该残本题名《纂图增新群书类要事林广记》。卷上之前有该集目录，分上卷和下卷。目录题名与正文一致。目录之下阴刻"丁集"二字。从目录看，上卷包括《儒教类》《幼学类》《文房类》，下卷分为《佛教类》（正文中为《禅教类》）《道教类》《道教类》《修真类》，各类之下，再列细目。其中下卷目录里出现两个《道教类》，正文中将后一个《道教类》和《修真类》合为一类，改为《道教类·修真》。正文中目录末行注"事林广记丁集目录终"。其中在《道教类》"天师世袭"第"卅七代"和"卅八代"下均有小字"新增"，表示这两代为新增内容。

正文卷上首页及末页书名之下所刻"丁集"，其中"丁"字用墨笔描改为"上"字。大概是收藏者不知原书按照十天干次序分集编排，受其下"卷上"影响，误以为此"丁"当指卷上所致。残本目录首页钤有"瑞龙寺"长形方印、"兼善斋"圆印、"得所托传于人"长形方印等四枚藏书印，卷下末页亦有"瑞龙寺"等四枚藏书印，其中两枚与目录首页藏书印相同，另有一枚是阴刻六角形"长宜子孙"印。可见此本原为瑞龙寺的藏书。瑞龙寺是日本富山县高冈市曹洞宗寺院，由加贺藩第三代藩主前田利常兴建于庆长十九年（1614）。

大岛文库本尽管仅存一集两卷，但据此可知其分类和编排情况。

对照积诚堂本，我们可以发现两个版本无论版式、半页行数、每行字数都一致，甚至连刻字也极为相似，不仔细辨认，甚至会认为二者是同一个版本，但两个版本还是存在差异。大岛文库本在丁集卷上之前有该集上下两卷的目录，而积诚堂本则无。书中《禅教类》，两个版本的《如来演教图》也不尽一致，大岛文库本在如来须弥座下无祥云，而积诚堂本有。积诚堂本在"参禅"后有"护戒"一个条目，大岛文库本则无该条。因故从该条开始两个版本的版式发生了变化，不再一致。至"坐禅"之前，积诚堂本有"东净"一条，大岛文库本则无，两个版本的《老子出关图》差别更大。由此可见，大岛文库本和积诚堂本很可能源于同一种版本，抑或二者的部分版面是相同的。

图二　大岛文库本、积诚堂本《如来演教图》与《老子出关图》

二、明　本

明本系统保留下来的刻本和抄本比较多，根据内容和版本流变关系，大致可分为四类。梅溪书院本是明代最早的刻本，在明代版本中影响也最大，其后很多明代的刻本以及抄本，无论是内容，还是编排方式等，均源自梅溪书院本。这一类版本除了梅溪书院本，还有翠岩精舍本、南京图书馆本、山东图书馆本、尊经阁本、云衢菊庄本、弘治五年进德精舍本、弘治九年进德精舍本、梵蒂冈本、明抄残存四卷本等。因为这一类版本最多，我们可以统称之为梅溪书院本系统。第二类为成化本，只有一个版本。第三类是敬贤堂本、大木文库本。第四类是明抄残存一卷本，也仅有一个版本。

（一）梅溪书院本系统

1.梅溪书院本

梅溪书院本收藏于日本庆应义塾大学图书馆贵重书库。[①]该版本按照前、后、续、别、新、外六集分类，每集1册，共6册。全书夹在两块木板之间。原书25.3厘米×15.7厘米，版框20.2厘米×13.1厘米。四周双边，有界。半页18行，行27、29、30、32字不等。小黑口，双黑鱼尾。版心题写书名及分集，如"事前""事后"，也有版心于分集后加刻卷数，如"事后五"等。前集目录后刻有长方形牌记，双行镌刻"洪武壬申仲春梅溪书院重刊"12字，可知该本为洪武二十五年（1392）梅溪书院刻本。

该本每册为红色封皮，但磨损、褪色都很严重。每册封皮上墨笔

---

① 感谢庆应义塾大学斯道文库住吉朋彦教授和北京师范大学蒋义乔教授，在我查阅庆应大学所藏《事林广记》时提供的热心帮助。同时这个版本收藏在庆应大学图书馆，而并非斯道文库，这是两个不同的藏书机构，不少中日学者均误以为藏在斯道文库之中。

题写书名《事林广记》。书名下以小字注明分集，如"前""续"等。书名旁题写本册包含的具体类目。第 1 册封面下部靠近书根处题写"共六册"三字。书根题写"事林"二字，及每册册数。全书有总目，其后为前集目录，但前集目录第一页第一面已残缺，目录从第二面"节序类"开始。书中有些字迹残缺之处，用墨笔描补过。

总目书名题为《增新类聚事林广记》，各集目录书名又题为《纂图增新群书类要事林广记》，而正文中每卷卷端、卷末书名均题为《新编纂图增类群书类要事林广记》。因此，梅溪书院本的书名可以确定为《新编纂图增类群书类要事林广记》。每册首页，往往钤有"龙眠""秋闲""和凤""春岛书库之记""能门安田元藏图书记""备前河本氏藏书记""庆应义塾图书馆田中萃一郎遗书"等藏书印记。此外，每册末页还钤有"令瞻"之印。

此本日本东洋文库和韩国奎章阁亦有收藏。东洋文库藏本两函 10 册。每函又套有两个书函，里面的一个为印花青绿色书函，外套蓝色书函。书函书脊上题写书名和集别，书名为《新编纂图增新群书类要事林广记》，当误"增类"为"增新"。藏本封皮为橙黄色，无书签题名。该本比庆大藏本虫蛀、破损更为严重，亦经修补。修补后的规格是 26.6 厘米 ×15.9 厘米，修补前原书应是 23.2 厘米 ×14.8 厘米，版框与庆大藏本相同。与庆大藏本相比，东洋文库藏本无总目，但存前集目录首页。首页钤"东洋文库"长形朱文方印、"郎园秘笈"白文方印。郎园乃叶德辉别号，可见此本曾为叶德辉藏书。东洋文库藏本缺新集，且无庆大藏本前集目录末页上的牌记。不知何故，庆大藏本刻有牌记的地方，东洋文库藏本被人刻意覆盖，并且覆盖的痕迹十分明显。

韩国奎章阁藏本，因为没有实地查阅，具体版本情况尚不清楚。奎章阁的网站上，注明这个版本的书名为《新编纂图增类群书类要事林广记》（与书中各卷书名一致），是元版覆刻本，但刊年未详，说明这个版本牌记所在的页面可能已经残缺，或者像东洋文库藏本一样没有牌记。存2卷1册（可见该本是残本，仅存2卷）。原书23.6厘米×15.5厘米，匡郭（即版框）四周双边，半页20.2厘米×12.7厘米，有界。半页18行，行30字。版心上下内向黑鱼尾。其中版框规格与笔者对庆大藏本的测量结果略有出入。宫纪子指出，这个版本和庆大藏本都是洪武二十五年梅溪书院刻本。笔者委托汉城大韩国古代史研究所郑东俊教授，用奎章阁藏本的胶卷印制了其中部分页面，但所印页面大都漫漶不清，有的地方字迹甚至已无法辨认，尚不清楚是胶卷的缘故，还是原书已然如此。此本钤有"首尔大学校图书"藏书方印。经过与庆大藏本对比，两个藏本应该是同一个版本，但奎章阁藏本在续集卷四《先贤类》下，又有"先贤类"三字（单行小字），这是庆大本所没有的。不知奎章阁本此三字是后人书写的，还是原版原来就有。如果是后者，那么奎章阁本应该和庆大本就不是同一个版本了，此问题须待查阅奎章阁原本之后才能确定。

梅溪书院本是《事林广记》明代版本中最早的本子。其后大部分明代版本，无论是分集分类，还是内容编排，均继承了梅溪书院本，所以梅溪书院本应该是明代版本中最为重要的版本。

森田宪司曾提出一个问题，《事林广记》的元刻本有关法制的部类《刑法类》《公理类》，在明刻本中消失了，于是他产生了疑问："不知为什么有关新时代的法制也没有记述，这也是很有趣的一个问题。"[①] 王珂针对森田之问，认为明初朱元璋连续颁布《大诰》《大诰续编》《大诰三编》《大诰武臣》，要求户户有此一本，且三令五申有司不得传刻有误。在这种背景下，"私刊坊刻"的《事林广记》，自然不敢画蛇添

---

① 〔日〕森田宪司：《关于在日本的〈事林广记〉诸本》，《事林广记》附录，第568页。

足，招灾致祸，梅溪书院本中遂不设《刑法类》《公理类》，"也就可以理解了"①。

　　窃以为朱元璋颁布的《御制大诰》，与《事林广记》中的《刑法类》《公理类》，无论是编纂内容还是目的，均不相同，不宜相提并论。《御制大诰》主要罗列的是明初的诽谤皇帝、结党乱政，官员玩忽职守、贪赃枉法等典型案件，以及处罚案犯的严刑酷法，其目的是朱元璋要将《大诰》变成对臣民进行政治教育的范本，以此强化其绝对权威和专制统治。而《事林广记》元刻本中的《公理类》，与其说体现的是元代的法制，不如说是元代法律类公文写作的模板。《公理类》首先简要介绍了六部的职责，然后就是《告状新式》，即各类诉状的写法，这是《公理类》的主要内容，可见《公理类》更像是应用文的写作指南。这类性质的写作指南，梅溪书院本编在《翰墨类》之中。至成化本，则用《尺牍筌蹄》替代《翰墨类》编入书末，其内容全是各类应用文的活套。元代版本中没有《翰墨类》，其首次出现即为梅溪书院本，可见明代版本专门设立了应用文写作指南这样一个类目。至于元代版本中的《刑法类》，尽管明代版本中没有相应的专门类目，但《刑法类》的相关内容，如关于婚姻和丧葬等第的规定、官员服色及其品级、官员封赠、居官丁忧、官民仪礼、诸色回避等，在明代版本的一些类目，如《家礼类》《仪礼类》《官制类》中，均有收录。由此可见，森田宪司提出的关于明代法制在明版《事林广记》中没有记述，其实是不确切的。体现元代社会资讯的《刑法类》《公理类》，被明代版本删除，正是《事林广记》在流传过程中不断增减改编的一个典型案例。明代版本有相关内容的记载，只不过被分别编入相应的类目之中罢了。

---

① 王珂：《〈事林广记〉版本考略》，《南京师范大学文学院学报》2016 年第 2 期。

森田宪司根据梅溪书院本外集《饮馔类·诸国食品》的一部分混入《面食类》内容，并且错简的行数同梅溪书院本同叶的行数一致，因此认为梅溪书院本所据原本并非至顺本（即西园精舍本），而是在至顺本与梅溪书院本之间还有一个版本。[①] 对此王珂提出质疑[②]，但并未做进一步的解释。笔者以为梅溪书院本所依据的原本，很可能就是西园精舍本，二者之间不一定还有一个版本。我们先看看森田所谓的错简情况。

梅溪书院本在外集卷五《面食类》"平坐大馒头"与该细目的"缕馅"之间，混入了本来属于《饮馔类·诸国食品》中的"女真鹌鹑撒孙"至"回回哈里撒"12条细目。因为这一错乱，导致《饮馔类》与《面食类》相接的前后三个版面出现了衔接问题。仔细分辨，问题均出在这三个版面的左边半版，且三个半版都是最后5行出现了误刻，也就是本该在《饮馔类·诸国食品》"女真挞不剌鸭子"之后，接着刻"女真鹌鹑撒孙"至"回回哈里撒"12条细目，但书坊却刻了《面食类》一个版面的内容，然后才是《诸国食品》的12条细目。笔者以为出现这种情况，应该不是梅溪书院本依据的原本出现了问题，而很可能是书坊在刊刻时，为了追求速度而疏忽所致。因为梅溪书院本《饮馔类》和《面食类》两个类目，内容与西园精舍本完全相同，只不过西园精舍本这两类分别编在别集卷9和卷10两卷之中。椿庄书院本这两类已佚，积诚堂本则只收录了《饮馔类》，而积诚堂本的《饮馔类》，内容与西园精舍本和梅溪书院本的《饮馔类》也完全相同。由此可见，积诚堂本依据的应该就是西园精舍本的《饮馔类》，只不过删去了《面食类》罢了。而这两个类目所在的版框，西园精舍本是半页14行，积

---

① 〔日〕森田宪司：《关于在日本的〈事林广记〉诸本》，《事林广记》附录，第568页。
② 王珂：《〈事林广记〉版本考略》，《南京师范大学文学院学报》2016年第2期。

诚堂本是半页 16 行，梅溪书院本则是半页 18 行，三个版本行数均不一致。晚于梅溪书院本的翠岩精舍本，也收录了《饮馔类》和《面食类》，并且都编在外集下卷之中，但翠岩精舍本这部分内容的行数，是半页 19 行。而翠岩精舍本显然是直接继承了梅溪书院本，因为上述梅溪书院本中《饮馔类》和《面食类》的混入现象，也被翠岩精舍本原封不动地继承了下来，而没有做任何的校对和修改。可见不同行数的版本，是可以存在直接的继承关系的。由此，梅溪书院本的《饮馔类》和《面食类》，应该是照录了西园精舍本的内容，只不过在刊刻过程中出现了错误。这种情况，在私刊坊刻的图书中在在皆是。

2. 翠岩精舍本

翠岩精舍本收藏于日本三菱集团岩崎氏创立的静嘉堂文库，一函 6 册。全书按前、后、续、别、新、外分为六集，每集 1 册。分集分册与梅溪书院本相同。但翠岩精舍本每集之中，仅分为上下两卷，分卷与梅溪书院本不同。前集封皮上题写书名《群书类要事林广记》，并注"共六本"。其余各册封皮均未题写书名和册数。原书 29.6 厘米 × 18 厘米，版框 21.6 厘米 × 13.4 或 21.4 厘米 × 13.6 厘米不等。版式四周双边，有界。半页 18、19 行不等，行 28、29、31、32 字不等。黑口，双黑鱼尾。版心刻写"事前上""事续下"等书名、集别、卷数略称及页码。书前有总目，总目与梅溪书院本的总目完全相同，翠岩精舍本应该是直接将梅溪书院本的总目置于书前，而不是重新刊刻一份新的总目。总目书名题为《增新类聚事林广记》，后集下卷卷末、别集下卷卷端和卷末，书名又题为《新编纂图增类群书类要事林广记》。除此之外，其余各集各卷书名均题为《纂图增新群书类要事林广记》。可见，翠岩精舍本的书名可以确定为《纂图增新群书类要事林广记》，与梅溪书院本不同。书根题写书名《事林广记》和册数。书中钤有"毛晋""汲古主人""汲古阁""归安陆树声叔桐父印""毛晋私印""子晋""毛氏子晋""东吴毛氏图书""子晋书印"等藏书印。可见该本曾是毛晋藏书，后转由陆心源收藏。

前集目录后有长方形牌记，双行镌刻"永乐戊戌孟春翠岩精舍新刊"12字，可知该本是永乐十六年（1418）建阳刘氏翠岩精舍刻本。翠岩精舍乃建阳刘君佐的书坊，"始元延祐至明成化"①，前后刻书达一个半世纪之久。该本书末又附有人形牌记，上刻"吴氏玉融书堂刊"七字。前揭王珂文据此怀疑翠岩精舍本可能是书贾以两部残本拼凑而成。翻检原书，可知翠岩精舍本残缺了外集《兽畜类》"鯼鱼"之后的内容。对照梅溪书院本，可知残缺的内容为"鯼鱼"之后"犤牛"至"鳞虫之属"部分，这部分内容只有一个版面，因此不存在将两部残本拼凑而成的现象。至于翠岩精舍本为何出现两个不同书坊的牌记，尚不清楚其中缘由，或许吴氏玉融书堂当时也刊刻过《事林广记》，翠岩精舍在刊刻时，为节省成本和时间，于是将随手得来的吴氏玉融书堂刊刻的最后一个版面附在翠岩精舍本之后，也无视中间残缺的内容，直接付印。抑或属于两个书坊的合作，亦未可知。

翠岩精舍本应该是以梅溪书院本为原本重新编类的，二者内容基本一致。如前集卷下《地舆类》和《郡邑类》，两本目录和正文中对应的内容并不吻合，但两本的目录和内容却完全一致。其中《地舆类》目录所列细目为：舆地纪原、历代国都、历代国都图、历代舆地图、大明混一图、地理名数、尧五服、舜十二州、禹九州、周六乡六遂、秦四十郡、汉十三部、晋十九道、唐十五道、宋四京。而两本正文中的实际内容并没有历代国都图和大明混一图。《郡邑类》目录所列为明代直隶府州和13个布政司，但两本的正文中实际上也都没有该类的具体内容，这显然是翠岩精舍本沿袭梅溪书院本所致。再根据其他类目，

① 叶德辉：《书林清话》，第85页。

我们也能够看出翠岩精舍本几乎是全盘继承了梅溪书院本。

不过两本也有不一致之处。除了讹误、漏刻之外，有的地方内容也有所不同。如翠岩精舍本新集目录及卷上首页，因原本残缺，收藏者于是抄补了残缺部分，但抄补的目录，与梅溪书院本目录出入很大，当是抄补者没有见到梅溪书院本，依据的是其他版本所致。外集卷下目录中，《酒曲类》之后的一个版面已佚，翠岩精舍本抄补的情况也是如此。再如翠岩精舍本新集卷上《卜史类》"掷卦定爻象歌"，梅溪书院本歌诀中的小字注释，被翠岩精舍本统统删去，并且后者补入了一些图形进行注解。新集《武艺类》，两个版本均附载有《步射图》和《马射图》，两幅插图中武士的挽射动作完全相同，关于步射、马射动作要领的解说文字也完全一致，但有趣的是两幅插图中武士的相貌、服饰、站姿、射姿却不尽一致。梅溪书院本中的武士是蒙古人的相貌和服饰（包括发式），而翠岩精舍本则替换为汉人；梅溪书院本的《马射图》，也比翠岩精舍本更富有张力，更加传神。

翠岩精舍本有残缺之处，如新集卷下《蒙古译语》部分，对照梅溪书院本，可知从《人事门》"孩儿"一词之后，至《时令门》"明也"一词之前，其间《君官门》等 17 门的内容已佚；外集卷下《牧养类》"养鸡"之后，至《医疗须知》中的"马膈痛方"之前也已不存。

此本在《明代版刻综录》里亦有著录，书名为《纂图增订群书类要事林广记》，分为前、后、续、别、新、外六集，集各 2 卷，乃"明永乐十六年建阳书林刘君佐翠岩精舍刊"。杜信孚指出，前集目录后有"永乐戊戌孟春翠岩精舍新刊"牌记①。作者依据的是《南京图书馆善本卡片目录》，但笔者查阅南图藏本，仅存一种版本，并非永乐

---

① 杜信孚纂辑，周光培、蒋孝达参校：《明代版刻综录》，第 6 册第 6 卷 171 号，扬州：江苏广陵古籍刻印社，1983 年，第 13 页 a 面。

十六年翠岩精舍本，抑或南图原有收藏，其后亡佚。

3. 尊经阁文库本

收藏于日本前田家族私家藏书机构尊经阁文库。笔者查阅了文库所藏影印本，共4册（原书8册，影印本每册包括原书两册），封面题写书名《事林广记》及册数。其下用括号注"元版"。每册首页钤印两枚："前田氏尊经阁图书记"大方印、"尊经阁章"方印。东洋文库有该本的影印本，书函上题名为《纂图增新群书类要事林广记》，注明是明初刊本。

全书分为前、后、续、别、新、外六集。书前有总目，与梅溪书院本的总目完全一致，但二者并非同一刻版。各集再无目录，每集分为上下两卷。这种分集分卷的编排方式，与翠岩精舍本完全相同。总目书名题为《增新类聚事林广记》，各集各卷的书名大部分题为《纂图增新群书类要事林广记》，但也有例外，如前集下卷、后集上卷、续集上卷、别集下卷题为《新编纂图增类群书类要事林广记》。据此，该本书名可以确定为《纂图增新群书类要事林广记》，与翠岩精舍本一致。原书26.8厘米×16.4厘米。版框四周双边，有界。黑口，双黑鱼尾。半页18、19行不等，行28—31、33字不等。版心刻"事前上""事外下"等书名、集别、卷数简称及页码。

影印本第2册（原书第4册）封二，有日本学者永山近彰的题识："此书之中有大明皇帝文字，其为明刻也可以征矣。昭和六年（1931）三月。"此外，东洋文库所藏该本影印本书函内，附有记文一篇，共9页，用东洋文库研究部10厘米×20厘米方格稿纸竖行书写。该文封面题为：

　　尊经阁文库藏　明刊本
　　纂图增新群书类要事林广记　觉

昭和六十三年六月十八日

秩父记

其后 8 页的内容依次是：

书名：包括总目、各集名称。

撰者朝代：引用《四库全书·岁时广记》提要，《十万卷楼丛书·岁时广记》提要，指出陈元靓为南宋理宗时人。

刊年：指出续集下卷的扉页上有永山近彰的题识，所以判断该本是明刊本。

记事：引证书中前集下卷《地舆类·舆地纪原·历代国都》、续集上卷《帝系类·历代统系·历代歌·历代帝王传授正统之图·历代源流》，以及《纪年类·历代纪年》，别集下卷《道教类·汉天师世家》等内容，以及永山氏的识语等，说明尊经阁文库藏本是明刊本。

结语：朱鉴的卒年问题。朱鉴和陈元靓是同时代人。从洪武的年号可以看出，后人增补过。因此认为该本《事林广记》乃宋陈元靓撰，明阙名增补，明刊。

追记：东洋文库藏《事林广记》有两种：其一，元禄十二年刊本，10 册；其二，明初刊本，15 册。

撰写记文的秩父，应该是东洋文库的研究人员，其具体情况尚不清楚，秩父应该是姓氏。永山近彰和秩父均对尊经阁文库藏本的版本时代提出质疑，是因为《尊经阁文库汉籍分类目录》将该本著录为元刻本，藏本的封面上也标注是"元版"。笔者在尊经阁查阅该版本时，就此专门咨询过文库的工作人员，但工作人员坚持认为这个版本是元本。严绍璗《日藏汉籍善本书目》亦著录为"元刊本"，大概是沿袭了《尊经阁文库汉籍分类目录》的错误。藏本中明代国号、年号、人物事迹等信息，明确告诉我们该本是明刻本无疑，永山近彰和秩父也据此纠正了尊经阁文库的著录错误。

　　尊经阁文库本与翠岩精舍本非常接近，无论是编排方式，还是收录的内容，乃至版式、半页行数等，均基本相同，但两个版本的多幅插图均有所不同，内容方面也有差异。总体上来看，翠岩精舍本刊刻精良，而尊经阁文库本较为粗糙，且错误极多。在刊刻时间上，可能尊经阁文库本比翠岩精舍本要晚一些。

　　4. 云衢菊庄本

　　收藏在日本天理大学附属天理图书馆。一函 6 册，分前、后、续、别、新、外六集，每集 1 册。蓝色封皮，书签题写书名《事林广记》及集别，如"事林广记前集"等。严绍璗认为这是日本室町时代文人的墨迹。[①] 藏本部分页码虫蛀严重。原书 25.1 厘米×15.2 厘米，版框 21.2 厘米×13.4 厘米或 21.3 厘米×13.5 厘米不等。版框四周双边，有界。大黑口，双黑鱼尾。半页 16 行，行 37、38 字不等。版心题写"事林前集""事林续集"书名、集别简称以及页码。书根题写书名、集别及册数。每册书背下部题写"共六"二字（表示册数）。该本不像其他版本那样是每卷单独编页，而是每集统一编排页码，这是云衢菊庄本的一个显著特点。

　　每册封二钤有图书馆椭圆形藏书印章。印章上刻"天理图书馆"，中间是编号，下刻"昭和廿八年二月一日"，大概该书是昭和二十八年（1953）二月一日收藏于天理图书馆的。另外每册首页、末页均钤有"天理图书馆藏"朱文长印。

　　首册起始为前集目录，书名题为《纂图增新群书类要事林广记》。其后是总目，书名题为《增新类聚事林广记》。总目之后又是前集目录。可见总目一页，被夹在前集目录的两页中间，装订顺序有误。六

―――――――――

①　严绍璗：《日藏汉籍善本书录》，第 1021 页。

集各有目录。全书除了续集正文集首书名题为《新编纂图增新群书类要事林广记》之外，其余各集目录、各卷书名均同前集目录，因此该本书名可以确定为《纂图增新群书类要事林广记》。前集目录后有"弘治辛亥季秋云衢菊庄新刊"双行牌记，说明该本是弘治四年（1491）的刻本。

云衢菊庄本各集的分卷比较凌乱。后集、别集、新集、外集四集，目录、正文均不分卷，各集均为一卷。前集目录亦未分卷，但正文又分为两个部分，应该为上下两卷，只是在正文第二部分卷首注明前集"下卷"（卷末亦未注"下卷"），前一部分并没有"上卷"字样。续集目录分为"卷之前""卷之后"两个部分，不按上下而按前后分卷，但正文又不分卷。每集（即每册）末页书名之后，只有别集、新集后有"终"字，其余各集均无"终"字，而外集末行书名后则用"毕"字。

由此可见，云衢菊庄本与明代较早的梅溪书院本、翠岩精舍本的编排方式已有不同，不仅如此，书中的内容也有不同程度的改编。如三本前集目录完全一致，但正文中的内容却有了明显变化。三本均无《郡邑类》，而云衢菊庄本前集下卷《地舆类》中的"地理名数"和"地理沿革"两类，却均增补了不少新的内容。如"地理名数"中增补了"三世""三世间""三界""三千大千世界""三十八天"等一些佛教术语，以及"天台二奇""金华三洞""关中八水""武夷九曲""蜀山六图""潇湘八景""燕山八景""桃源八景""西湖十景""书林十景"等景致名称；"地理沿革"中，增加了"蜀二州""宋二十二州""魏十二州""吴五州""元十二省""元二十二道"等行政区划，但增加的内容不但有重复之嫌，而且很凌乱，如以上增补的行政区划，增补在"宋四京二十三路"的"河北东路"和"河北西路"之间，不伦不类。云衢菊庄本增补的内容，笔者拟另撰文探讨。

5. 弘治五年进德精舍本

进德精舍是明代建阳詹氏书坊名号，又称"三峰精舍"。弘治五年（1492）进德精舍本收藏于日本山形县米泽市市立图书馆，四函 12 册，为该馆所藏善本。全书分为前、后、续、别、新、外六集。各集均有目录（外集除外）。除了前集目录不分卷之外，其余各集目录均分"卷之上"和"卷之下"，正文多分为上下卷，但也有例外，如前集分"上卷"和"卷之二"，续集又分"卷之一"和"下卷"，有些凌乱。总目书名为《增新类聚事林广记》，各集书名，有五处题为《新编纂图增类群书类要事林广记》，其余均为《纂图增新群书类要事林广记》，可见全书书名使用也不统一，但可以确定为《纂图增新群书类要事林广记》。

每册书签上墨笔题写书名、集别和分卷，如"事林广记前集上""事林广记新集下"等，其中集别和分卷为小字。书中钤有"米泽藏书"朱文长形方印。原书 26.8 厘米 ×16.2 厘米。版式四周双边，有界。半页 18、19 行不等，行 29、31 字不等。小黑口，双黑鱼尾。版心刻写"事前上"等书名、集别、卷数简称及页码。个别天头、地脚处有墨笔题字。前集目录后有长方形牌记，双行镌刻"弘治壬子孟冬吉旦詹氏进德精舍新刊"16 字，可知该本是弘治五年詹氏进德精舍的刻本。

弘治五年进德精舍本外集上卷为单独抄补的一册，说明原来的刻本已经遗失了该卷。抄补依据的版本是和刻本，是根据书前总目目录，对照和刻本中的相应类目进行抄录的，因此分集分卷与该本其他各册完全不同。如该册开篇是《宫室类》插图，抄录的是和刻本乙集卷一《燕京图志》的内容（主要是几幅插图），其后所抄书名和分集分卷为"京编分门纂图事林广记卷之二　乙集"。核对和刻本，可知"京"乃"重"之误抄，且和刻本"卷之二"，应该是"卷之一"之误刻（卷之二为《朝京驿程》),可见抄录者也没有注意到和刻本的错误。另外该册抄录的内容分别来自和刻本戊集卷6—9,癸集卷10—11。和刻本这几卷,正好对应弘治五年进德精舍本外集目录中的《衣服》《器用》《音乐》《音谱》《茶果》等类。可见抄补的这一册,可能是抄补者找不到其他更好的版本作为依据,而只好用和刻本中的相应类目代替,自然内容与原本也就大相径庭。

严绍璗误以为此本与弘治九年进德精舍刻本是同一个版本,他在《日藏汉籍善本书录》中注明该本是"明弘治九年詹氏进德精舍刊本",但又说牌记中的刊刻时间是"弘治壬子"①。弘治壬子即弘治五年,弘治九年乃丙辰年,可见这是同一书坊的两个不同年份的刻本。

与弘治五年进德精舍本刊刻时间最近的版本,是云衢菊庄本,两者相差一年。对照两本,可知二者分类和内容基本一致,但编排已有较大不同。弘治五年进德精舍本六集之中,每集再分上下两卷,这与云衢菊庄本不同。具体内容及编排刊刻方面,如云衢菊庄本后集《花卉类》目录中,与弘治五年进德精舍本目录相比,漏刻了"桂花、茉莉、素馨、栀子"4个细目。前集《地舆类》,弘治五年进德精舍本延续了梅溪书院本和翠岩精舍本的内容,并无云衢菊庄本补充的内容。再如别集《道教类》附载的《老子出关图》和《老子变现图》,两个版本都将两幅插图合并在半个版面之内,上半部是《老子出关图》,下半部是《老子变现图》,但云衢菊庄本的《老子出关图》,比弘治五年进德精舍本要粗糙许多,并且云衢菊庄本将图名与插图分开刊刻,图名在前半版;云衢菊庄本《老子变现图》有图名,而弘治五年进德精舍本则无图名。

———————
① 严绍璗:《日藏汉籍善本书录》,第1021页。

云衢菊庄本	弘治五年进德精舍本

图三　云衢菊庄本、弘治五年进德精舍本《老子出关图》与《老子变现图》

6. 弘治九年进德精舍本

弘治九年（1496）进德精舍本收藏于日本国立公文书馆内阁文库，一函4册，其中第三册因为残损严重已做过修补。书函书签题写书名《纂图增新群书类要事林广记》，书根题写书名《事林广记》及册数。此本原为木村蒹葭堂旧藏本。原书14.4厘米×25.4厘米，版框13.3厘米×20.8厘米。四周双边，有界。半页19行，行30—34字不等。黑口，双黑鱼尾。版心题写"事前上""事外下"等书名、集别、卷数简称及页码。该本因版框和书脊的间距过小，乃至出现有的页面版框被订入装订线之内，造成无法阅读的现象，这是书商为了节省纸张，尽可能降低刻印成本使然。《明代版刻综录》亦著录有该本，注明为"明弘治九年建阳书林詹氏进德精舍刊"①，书名《事林广记》，存前、续、别、新、外集，集各两卷。

---

① 杜信孚纂辑，周光培、蒋孝达参校：《明代版刻综录》，第4册第4卷358号，第51页b面。

　　该本每册封面贴有带红色花纹边框的书签，其上题写书名《事林广记》及分集分卷。全书以春、夏、秋、冬四季分为四册，这种分册编排方式在所有《事林广记》版本中也是独一无二的。每册分集分卷与四季的对应关系是：前集上下、后集上下 —— 春，续集上下、别集上下 —— 夏，新集上下 —— 秋，外集上下 —— 冬。每册封面均贴有四张图书分类标签，其中两张标明"汉书门"和"汉书"的标签，均钤有"主务消印"朱文方印，大概表明这两张标签已经作废。其余两张则标有"内阁文库"字样。此外每册封面还钤有"昌平坂学问所"长方形墨印和"蒹葭堂藏书印"长方形朱印。四册起始目录页（即总目和续、新、外集目录）首页，均钤有"蒹葭堂藏书印"长方形朱印、"日本政府图书"朱文方印、"浅草文库"朱文长方印。每册末页钤有"昌平坂学问所"长方形墨印和无印边"文化甲子"朱印。前集目录后有长方形牌记，双行镌刻"弘治丙辰孟冬吉旦詹氏进德精舍新刊"16字，可知该本是弘治九年詹氏进德精舍的刻本，外集末页有"詹氏进德书堂刊"人形牌记。

　　弘治五年和弘治九年的进德精舍本，无论是分集分卷，类目编排，版式排列，都完全相同，甚至是文字刊刻也极为相像，两个版本的内容基本一致，但两个版本也有许多不同之处，如为节省版面，弘治五年本和弘治九年本的续集上卷末页，均未另行刻写书名和卷数，而是紧接正文之后（正文已是最后一行），刻写书名和卷数的略称，但两本略有不同。弘治五年本刻作"事林广记续集卷终"，而弘治九年本作"续集上卷终"。再如续集下卷《文籍类》附载的《河图》《洛书》插图，新集下卷《武艺类》附载的《步射图》《马射图》插图，两个版本之间均有很大差异。此外，对照弘治九年本，可知弘治五年本外集最后一页残缺。因此，这两个版本不仅具有版本学的研究价值，同时也具有相应的历史研究意义，两个版本并不能完全互相替代。

7. 南京图书馆藏本

南京图书馆藏本在其他明本前集目录后刊刻牌记的地方，正好残缺，书末亦无牌记，因故无法确定刊刻时间，也不知刊刻书坊，但属明代刻本无疑。宫纪子认为南图藏有翠岩精舍本和成化本，大概依据的是《明代版刻综录》。《明代版刻综录》著录的《事林广记》有四种版本，除了宫纪子提到的两种之外，还有弘治九年进德精舍本和嘉靖二十年敬贤堂刻本。笔者经过调查与核对，发现南图藏本仅有一种，并且与以上四本均非同一个版本。

南图藏本仅存 4 册（总目目录有前、后、续、别、新、外六集，但实际仅存前、别、续、外集），并非全帙，也说明该本应该是每集一册。每册封面题写书名《事林广记》，其下小字题写集别。总目书名题为《增新类聚事林广记》，第 1 册和第 3 册所附总目题名亦一致。但各集目录和各卷书名均题为《纂图增新群书类要事林广记》。从前集上卷来看，版式四周双边（个别页面有上下单边的），有界。半页 18、19 行，行 31 字，以 19 行 31 字为主。小黑口，双黑鱼尾。版心刻写"事前"等书名和集别简称及页码。

该本的分集、分卷编排方式，与翠岩精舍本完全一致，但明显与翠岩精舍本是两个不同的版本。如前集下卷《地舆类·舆地纪原》叙述至明朝，云"大明皇帝……也"。比翠岩精舍本多了"也"字。《历代国都》之下亦云："大明皇帝……混一，以建康府为应天府，号称京都。""混一"，翠岩精舍本作"昆一"。两本《医疗须知》类目编排也有很大不同。南图藏本书末无人形牌记。总体来看，翠岩精舍本比南图藏本版刻精致，错误也少，因此南图本可能是晚于翠岩精舍本的版本。

南图藏本中钤有多枚藏书印，其中有一枚"妙□文库"长形朱文方印。书中凡是钤此印处，前面两个字均被用墨涂黑，两字中"妙"

字尚能辨认，而第二个字已无法辨认。可能这个"妙□文库"是日本的一家藏书机构，该本曾在日本收藏，其后又回归国内，辗转收藏于南图。此外还有"日揽室"等藏书印。

8. 山东图书馆藏本

一函4册。善本。原书26.6厘米×17.3厘米，前集目录版框20.7厘米×13.5厘米，前集上卷首页版框20.6厘米×13.6厘米，下卷首页版框21.3厘米×13.5厘米，可见即便是同一集，版框也并不完全相同。原书书函后贴有"齐鲁大学图书馆藏书""善"等标签。书中偶有题名《新编纂图增类群书类要事林广记》者，但绝大部分目录和卷端题名均为《纂图增新群书类要事林广记》。

函内夹带两张纸条，是关于版本等方面的信息。一张纸条上墨笔题写：

纂图增新群书类要事林广记，前集二卷，后集二卷
（宋）陈元靓辑
明初刻本
四册

可见该本仅存前后两集各2卷。另一张纸条的内容如下：

此书为明代初期刻本。明初刻书，沿承元代刻书风格，字体仍具赵雪松楷书的韵味，笔画圆润秀雅，传本较稀，在古代书籍中，当属珍品。

这应是山东省图对该藏本的鉴定结果，指出该本为明初刻本，刻字具有赵孟頫楷书之韵味。此外，第3册扉页亦夹带一张纸条，其上

墨笔题写：

> 元板纂图事林广记，一套四册
> 前后集
> 后集欠数叶

　　纸条左下方钤朱文方印"带经堂章"。印章上方钤印为朱文单字"万"。带经堂是清初诗人王士祯的书斋兼藏书楼，说明该本曾是王士祯的藏书，后收藏于山东省图书馆。纸条上的题字，是否是王士祯所书，已不得而知，但认为该本是"元板"，则显然有误。此外书中还钤有"齐鲁大学图书馆藏书"朱文方印、"山东省图书馆珍藏"白文方印、"八千卷楼藏书之记"朱文方印。八千卷楼是清末四大藏书家之一丁丙家族的藏书楼，可见该本也曾被丁丙家族收藏。

　　山东图书馆藏本版式为细黑口，双黑鱼尾。版心刻"事前上""事后下"等书名、集别、卷数简称及页码。版框四周双边，有界。半页18、19行不等，行29、30、31字不等。书内无牌记，因故无法确定刊刻书坊和时间。

　　该本所存前集两卷分别是：前集上卷《天文类·太极 天文》《历候类》《节序类》，下卷为《地舆类·舆地纪原 历代国都地理名数》《方国类·方国杂志 异邦习俗 海隅风土》《胜迹类》《仙境类·仙灵胜境》。后集两卷分别是：《人事类·治家法度 传家远虑 莅官政要》《家礼类·冠昏丧祭》之《冠礼·冠礼总叙 婚礼·婚礼总叙 丧礼 居丧杂仪》，下卷是《仪礼类·乡仪 新礼接谈》《农桑类·农桑本务》《花卉类·花卉名品》《果实类》《竹木类》。后集下卷已缺前12页，第13—15页版框为上下单边，左右双边。

　　从所存前后两集及分卷情况来看，该本应该和翠岩精舍本的编排方式一致，也是按照六集分类编排，各集再分上下卷。与翠岩精舍本相比，该本的讹误现象比较普遍，书坊也疏于校对。如前集目录中，第二页首三行所刻"福建布政司"至"云南布政司"，与第一页末三行完全一致，显系重复，而第一页是半页 19 行，第二页变成了 18 行，这有可能是书坊将随手找到的《事林广记》其他版本残版的目录拼在一起之故（翠岩精舍本两页均是 19 行）。再如前集上卷《天文类》第六页"二十八宿宫分之图"下，《隋书·天文志》后"注云"，误为"生云"；《天文类》中"霜说"之后的"露说"，误为"雾说"；下卷《地舆类·地理名数》中"河东化外州"，误"河"为"酒"；《胜迹类》"古贤屋宅"，误作"古贤至宅"；后集上卷《家礼类·昏礼》中"国朝礼制"下，"公侯品官纳采问名纳吉礼物"，"问名"误为"间各"；《丧礼》中"国朝礼制"下，"公侯品官丧礼"，误"官"为"言"；等等。

9. 梵蒂冈图书馆藏本

梵蒂冈图书馆也收藏有《事林广记》刻本，伯希和和高田时雄称之为"实用知识小百科"，收藏于 Raccolta Prima[①]，藏书目录编号为：R.I.III 332/olim vat lat 3771.4.VII 22。梵蒂冈藏本是残本，仅存后集部分内容、新集和外集，每集分上下两卷。从编排、内容、版刻来看，属于明刻本无疑。版框四周双边，有界。半页 19 行，行 30、31 字。大黑口，双黑鱼尾。书名为《纂图增新群书类要事林广记》，该版本与翠岩精舍本比较一致，也属于梅溪书院本系统。

10. 明抄残存四卷本

收藏在国家图书馆，存别集 2 卷，外集 2 卷，计 4 册。国图将外

---

① 〔法〕伯希和编，〔日〕高田时雄校订，郭可译：《梵蒂冈图书馆藏汉籍目录》，北京：中华书局，2006 年，第 94 页。

集置于别集之前，大概是因为只存 4 卷残本，不知其编排顺序之故。所存别集《道教类》首页、《释教类》末页书名题为《新编纂图增类群书类要事林广记》，其余各卷均题作《纂图增新群书类要事林广记》。残本版式四周双边，有界。半页 12 行，行 26、27、28 字不等。白口，无鱼尾。

全书用小楷抄录，字体工整，端庄秀丽，用笔有力，与睿山文库本和三井寺本迥然有别。四卷均无目录。翻阅残本，可知内容包括别集《儒教类》《学校类》《幼学类》《书法类》《文房类》《翰墨类》（以上上卷）、《道教类》《杂术类》《修真类》《释教类》（以上下卷），外集《宫室类》《器用类》《音乐类》《音谱类》《服饰类》《闺妆类》《茶果类》（以上上卷）、《酒曲类》《饮馔类》《面食类》《牧养类》（以上下卷）。

书中钤有"国立北平图书馆收藏"朱文方印、"子刚经眼"朱文方印、"永宝用之顾子刚赠"朱文长方印。顾子刚曾先后在清华学校图书馆、北平北海图书馆、国立北平图书馆、北京图书馆任职，生前多次捐献藏书给国家，可见该本是顾子刚捐献给国图的。[①]

根据残本存别、外两集推测，原抄本应该是按照前、后、续、别、新、外分编为六集。各集又分上下卷，这种编排体例与明初翠岩精舍本相同。再对照残存内容，大致可以判断出，该本很可能是依据翠岩精舍本或者其后的版本抄录的。就抄录情况来看，误抄、漏抄现象比比皆是，如《儒教类》"晦庵朱先生大学序"，"大"误抄为"人"；《面食类》中的"河西肺"，"河"误为"可"；《饮馔类》"回回即你必鸦"，"即"字空格；等等。

---

① 赵爱学、林世田《顾子刚生平及捐献古籍文献事迹考》一文（《国家图书馆学刊》2012年第3期），罗列顾子刚先生捐献给国家图书馆的古籍文献书单中，即有属于善本古籍的"《纂图增新群书类要事林广记》外集二卷别集二卷，明抄本4册"。

（二）成化本

成化本收藏在台湾"国家图书馆"和英国剑桥大学图书馆。剑桥大学图书馆藏本，是 1911 年由阿须顿购入的。阿须顿，即威廉·乔治·阿斯顿（William George Aston，1841—1911），英国的外交家，曾在日任职多年，同时从事日本历史研究，为西方的日本研究做出了众多开拓性贡献。他在日本收藏的汉籍，其后被剑桥大学图书馆收购。

成化本分为前、后、续、别四集，每集又分为 10 卷，共 40 卷。这种编排体例与上述其他明代版本完全不同。明代其他版本均是按前、后、续、别、新、外六集编排的，而成化本则采用四集分法，这与元代版本的分集方法一致。该本经过增补，增补者是钟景清。出资刊刻者是刘廷宾和陈巨源。钟、刘、陈均是当时福建布政使司的官员。该本书前有福建布政司左参政李昂撰写的序文，序文撰于成化十四年（1478），这也是现存《事林广记》所有国内版本中唯一有序的本子。序文题为《增刊〈事林广记〉序》，台湾藏本和剑桥大学藏本互有残缺处，结合二本，基本可以补全这篇序文。

该本书名，全书亦不尽一致，综合来看，可以确定为《新编纂图增类群书类要事林广记》。版框四周双栏，有界。上下黑口，双黑鱼尾。半页 13 行，行 22 字。版心刻书名、集别及卷数简称，如"广前一""广续三"等，以及页码。成化本增补了不少明代社会新的咨询，删去了梅溪书院本、翠岩精舍本等明初版本中过时的信息，在明代版本中变化比较明显，因而也是《事林广记》明代版本中比较重要的一个本子①。

该本续集卷 10，本应为《器用类》（对照该卷具体内容，可知该

---

① 关于成化本，笔者已撰《剑桥大学所藏明刻本〈事林广记〉》一文（未刊稿）。

卷前两页之后，全为《器用类》内容），但误将后集卷 6《宫室类》前两页刊刻于该卷卷首。续集卷首的目录亦误将卷 10 标为《宫室类》。因为该本后集卷 6 为《宫室类》，两相对照，此处误刻的《宫室类》附载的《宫室之图》，与后集卷 6《宫室类》附载的插图也不尽一致。后集中仅有插图，图下无解说文字，而此处插图下附有《宫室制度》解说文字。该卷《宫室之图》之后，是《世室重屋明堂之图》《朝位寝庙社稷之图》《六寝制图》《九室制图》四幅插图，其中《世室重屋明堂之图》和《朝位寝庙社稷之图》与后集卷 6 的插图一致，《六寝制图》和《九室制图》与后集卷 6 插图则不一致，后者图下有解说文字，而续集卷 10 则无。

《明代版刻综录》著录南图藏有成化本，乃"明成化十四年建阳书林刘廷宾刊"①，作者依据的是《南京图书馆善本书草目》，但正如上文所言，南图并无该本。

（三）敬贤堂本、大木文库本

敬贤堂本现存有三个残本，分别收藏在辽宁省图书馆、安徽博物院和日本东京大学东洋文化研究所。收藏在辽宁省图的残本，存一函 5 册。原书 21.8 厘米×15 厘米，版框 17.7 厘米×12.3 厘米。四周单边，白口，有界。半页 13 行，行 28 字。版心刻集别和卷数，如后集二卷、续集三卷等，其下刻页码。封面、书根均无题字。书中钤有"辽宁省图书馆善本"长形朱文方印、"东北图书馆所藏善本"朱文方印等藏书印。原书虫蛀较为严重，经过修补。

该残本存后集卷二《人事类》《家礼类》《仪礼类》，续集卷三

---

① 杜信孚纂辑，周光培、蒋孝达参校：《明代版刻综录》，第 7 册第 6 卷 348 条，第 36 页 b 面。

《农桑类》（不全）、《花卉类》《果实类》《竹木类》《帝系类》《纪年类》《历代类》《圣贤类》，别集卷四《文房类》《字学类》《图画类》《官制类》，新集卷五《算法类》（不全）、《医学类》《针灸类》《卜史类》《选择类》，外集卷六《释教类》《谨身类》《警心类》《货宝类》《修真类》《茶果类》《酒曲类》《饮馔类》《面食类》《闺妆类》《牧养类》（不全）、《怪异类》。残存各卷存有书名者，或题为《新刊纂图大字群书类要事林广记》，或为《新刊纂图增类群书类要事林广记》，各卷书名不尽一致。全书按前、后、续、别、新、外编为六集，每集再分若干卷。这种编排体例与梅溪书院本相类。

《明代版刻综录》著录该本书名为《新刊纂图大字群书类要事林广记》①，但全书更多的是题为《新刊纂图增类群书类要事林广记》。但书名中"大字"之说，并非虚言。半页 13 行、行 28 字的版式，比其他版本半页近 20 行、每行 30 字左右的布局要稀朗许多，阅读起来自然也比其他版本轻松舒适。

后集卷二首页书名之后，次行刻"书林敬贤堂刊行"。末页牌记，双行大字刻写"嘉靖辛丑孟冬余氏敬贤堂梓"12 字。可知此本乃嘉靖二十年（1541），福建余氏敬贤堂所刊大字本。

安徽博物院的藏本，安徽省图书馆网站上著录为《新刊纂图大字群书事林广记》，六集，余氏敬贤堂明初刻本，存两册，分别是前后二集。这应该就是顾廷龙曾见到过的版本。曾任上海图书馆馆长的顾廷龙，从安徽博物馆（今安徽博物院）见到新入藏的"书林余氏敬贤堂刊"本。②该藏本第一册为前集，卷一书名之后三行，依次刊刻

---

① 杜信孚纂辑，周光培、蒋孝达参校：《明代版刻综录》，第 6 册第 5 卷 139 条，第 38 页 b 面。

② 胡道静：《元至顺刊本〈事林广记〉解题》"补记"，《中国古代典籍十讲》，上海：复旦大学出版社，2004 年，第 178 页。

"西颍□元□编揖""南涧胡□□□校""书林余氏敬贤堂梓行"。其中
"编揖"之前三字当为"陈元靓"无疑。敬贤堂是刊刻该本《事林广
记》的书坊，遗憾的是负责校书的人只知姓胡，已不知其名，他应该
是明朝嘉靖时期人。前集首页、后集卷二首页钤印两枚，分别是"陶
九成藏书印"朱文方印、"宋景濂藏书印"白文方印。清末广东藏书家
丁日昌指出："《群书事林广记》前集卷之一、后集卷之二，宋刊本，
有陶九成、宋景濂藏书诸印……然陶、宋二公藏书，至今尚存，吉光
片羽，固不得以寻常残牍视之矣。"① 或许丁日昌所藏《事林广记》，就
是其后辗转至安徽博物院的这个藏本，因为安博藏本正好存前后两集
两册，与丁日昌所藏前后两集一致。但丁日昌认为《事林广记》是
"宋刊本"，则显然有误。今存《事林广记》最早的刊本，也只存元刊
本。同时，丁日昌认为该本《事林广记》乃陶九成和宋景濂藏本，也
是不正确的。陶九成即陶宗仪，宋景濂即宋濂，二人均是元末明初人，
显然不会是嘉靖时期刻本的收藏者。这两枚藏书印，有可能是好事者
作伪的结果，断不会是陶宗仪和宋濂本人的藏书印。

　　收藏在东京大学东洋文化研究所的残本，藏于大木文库子部类书
类之中，因此日本学者往往称之为大木文库本。该本一函 1 册。全书
有虫蛀及磨损现象。书函书脊处贴有书签，题写书名为《新刊纂图群
书类要事林广记》，原书 24 厘米 × 15.9 厘米，版框 18.2 厘米 × 13
厘米。四周单边，有界。半页 13 行，行 28 字。白口，无鱼尾。版心
刻有"别集四卷"及页码。可见版式与辽宁省图及安博残本一致（至
于版框不一致，可能是笔者测量时选取的版面并不相同所致。《事林
广记》同一个版本，不同版面的版框并不完全相同，这一现象在《事

---

① （清）丁日昌著，张燕婴点校：《持静斋书目》卷 3《子部·类书类》，北京：中华书局，
2012 年，第 294 页。

林广记》的很多版本中均存在）。大木文库藏本钤有"大木文库"长形朱文方印、"东洋文化研究所图书"朱文方印。无独有偶，这个本子也钤有安徽博物院藏本中出现的后人伪造的陶宗仪和宋濂的藏书印。

大木文库藏本仅存别集卷之四部分内容，包括《先贤类》《学校类》《幼学类》《文房类》《字学类》《图画类》《官制类》。可见大木文库残本比辽宁省图和安徽博物院藏残本缺失更多。辽宁省图与大木文库残本的末页，均为《官制类·新设武学》内容，末条为"宁夏中卫儒学"，可见两本该类残缺内容也完全一致（均从"宁夏中卫儒学"以下残缺）。相较而言，大木文库残本比起辽宁省图残本，保存得更为完好一些。

森田宪司指出，在日本的明版《事林广记》都是同系统版本，唯独大木文库本是一个例外。尽管大木文库本只存别集卷四，但在这个版本中"可看到他书没有的内容"，因为是残存的零本，"因此无法判定大木文库本的系统"①。的确，这个版本与梅溪书院本系统有明显的不同，但以上三个藏本不仅版式、行数、每行字数完全相同，而且提行、刻字也一致，甚至辽宁省图残本和大木文库本有的版面，连墨污之处都完全相同。而辽宁省图残本与安徽博物院藏本均在版本中能看到刊刻书坊敬贤堂的堂号，因此这三个残本是同一个版本，即嘉靖二十年敬贤堂刻本。

---

① 〔日〕森田宪司：《关于在日本的〈事林广记〉诸本》，《事林广记》附录，第568页。

辽宁省图残本	大木文库残本
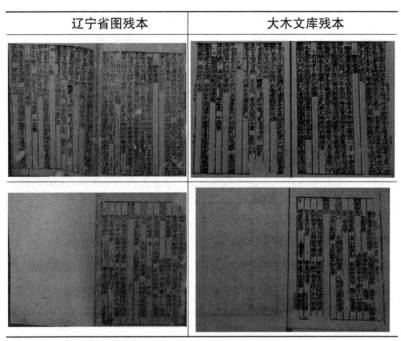	

图四　辽宁省图、大木文库残本末页

（四）明抄残存一卷本

收藏在国家图书馆，存1卷，1册，明红格抄本。所存卷数不注集别，卷数为11。版框四周双边，有界。半页14行，行30字。白口，三黑鱼尾。版心有题字，应是书名、卷数、页码。所存卷11首页书名为《纂图类聚天下至宝全补事林广记》。这一名称，在《事林广记》所有版本中仅此一处，值得注意。首尾页钤有"北京图书馆藏"朱文方印。该抄本和国图所藏残存四卷抄本一样，用工整的小楷抄录，形体方正，颇具笔力。

对照明初梅溪书院本和翠岩精舍本，以及明中期的成化本、敬贤堂本，可知该抄本残存的一卷，对应的是前两种版本续集和成化本后集的《圣贤类》和《先贤类》两个类目，但该抄本中仅《圣贤类》注明类目，《先贤类》部分并无类目名称。抄本中附载的各位圣贤、先贤的画像，与其他几个版本也大相径庭，内容方面亦多有出入，可以肯定该抄本依据的底本并非以上明代其他几个版本。加之该抄本的书名也在其他版本中从未出现过，因此该本依据的底本，有可能是明代另一个系统的版本。

此外，胡道静在椿庄书院本前言中提到《事林广记》还有明临江府刻本，他依据的是明人周弘祖的《古今书刻》[①]，但目前尚未发现这个版本，有可能并没有流传下来。

结　语

以上 21 种《事林广记》的版本，收藏在日本的分别是宗家文库本、西园精舍本、积诚堂本、大岛文库本、梅溪书院本、翠岩精舍本、尊经阁本、云衢菊庄本、弘治五年进德精舍本、弘治九年进德精舍本、大木文库本、和刻本、睿山文库本、三井寺藏本共计 14 种，其中积诚堂本和大木文库本在中国也有收藏，其余 12 种国内均无藏本，仅藏于日本。可见今存《事林广记》的版本，绝大部分收藏在日本。

上文已述，《事林广记》的各个版本，因为均有不同程度的改编，所以每一种版本都均有其独特的文献价值，都值得研究。我们可以从以下几个方面，做一些初步分析。

其一，《事林广记》不仅在宋元明时期十分流行，而且在同时期的日本和朝鲜也备受青睐，而在后来的流传过程中，甚至传播到了欧洲，可见该日用类书流传之广。现存《事林广记》的大部分刻本、抄本收

---

① （明）周弘祖：《古今书刻》，上海：古典文学出版社，1957 年，第 356 页。

藏于日本，日本相关图书中大量征引《事林广记》，即是《事林广记》在日本流行的最好证明。而1443—1477年朝鲜王朝编纂的《医方类聚》，除了大量引用中医古籍之外，另有三种日用类书——《事林广记》《居家必用》《四时纂要》也在征引之列，其中《事林广记》被引37处，《居家必用》被引34处，《四时纂要》被引11处。①《事林广记》的征引次数在三种类书中最多，这也是它在朝鲜颇为流行的一种体现。至今韩国奎章阁仍收藏有明本《事林广记》。从《事林广记》在日本和韩国的流行，也能看出当时日本、韩国社会对中国编纂的日用类书类的图书需求很普遍。

其二，《事林广记》在元明流传过程中，每次刊刻时，均会根据当时社会生活的实际需要，删去过时的内容，增补应时而需的新资讯，因此各本"内容都有出入，无一完全相同"②。可以说，诸本《事林广记》并非是一本内容完全相同的类书的不同版本，而是一部处于不断调整变化过程中的民间类书。从这个意义上讲，诸本《事林广记》更像是不同时代的多部著作，故而以上21种版本均有其不可替代性，它们不但为研究《事林广记》提供了第一手资料，也为研究宋元明时期的社会生活、图书刊刻、文献流传、中外文化交流等提供了宝贵资料，不但有其版本研究价值，更具有历史研究意义。

其三，利用诸本《事林广记》，可以弥补其他版本之残缺，订正其他版本之讹误。如利用西园精舍本，就可以弥补椿庄书院本相同类目之残缺部分。作为元明时期十分流行的一部日用类书，《事林广记》在当时福建建安的书坊中大量刊刻发行，而各家书坊刊刻诸如《事林

① 李倩：《〈医方类聚〉所引中国古代医籍研究》，北京中医药大学2006年硕士学位论文，第14页。
② 胡道静：《事林广记》前言，椿庄书院本，第6页。

广记》等日用类图书，主要目的是"谋利而印"①，因故这类图书的质量往往没有保证，刊刻过程中经常是错误百出。如对照宗家文库本前集卷四《地舆类·历代国都》，可知睿山文库本所抄"大元皇帝奄有天下……都邑之盛，室之美，前古之所未有"一段话中，"室"前脱"宫"字。据宗家文库本前集卷一《天文类·七政之图》，可知西园精舍本该图中"又出西方，二月日而一入"的"二"字，实乃"八"字之讹，而椿庄书院本图中该字，已完全看不出字迹。对照翠岩精舍本别集《道教类》，可知南京图书馆藏本中的《若子变现图》乃《老子变现图》之误，"褐法源流"乃"道法源流"之误。这类例子，不胜枚举。其他类似错简、脱字、衍文等现象，比比皆是。

其四，《事林广记》的一些版本中，保留了不少罕见的史料，其文献价值更高。各本《事林广记》所引宋代及宋以前文献资料，与原书多有不同，有的引文原书已佚，如三国吴徐整《三五历记》，今仅有清人马国翰、王仁俊的辑佚本，因此这类引文的文献价值就很高。再如宗家文库本别集卷13《饮馔类·酒》所载《云腴酒》《霹雳酒法》，其他各本《事林广记》均无记载，而云腴酒的酿造方法也不见于其他相关文献。②宗家文库本和睿山文库本《官制类》附载的《宋朝文武官品之图》和《大元文武官品之图》，未见于其他史料。两幅插图简洁直观地展现出了南宋和金朝的文武散官的官品官阶。明代各本《事林广记》，也不断更替了新的内容，尤其是成化本补充的明代社会信息较多，《尺牍筌蹄》就是仅见于成化本的内容。

其五，对于元史研究而言，各版本中保留的《至元译语》《蒙古字体》，为研究蒙元时期蒙古语言文字提供了珍贵史料。元代版本中保

① 〔美〕贾晋珠著，邱葵等译，李国庆校：《谋利而印：11—17世纪福建建阳的商业出版者》，福州：福建人民出版社，2019年。
② 陈广恩：《日本宗家文库所藏元刻本〈事林广记〉的版本问题》。

留的一些插图，为我们提供了一幅幅生动、直观、形象地展现元代社会生活场景的画面，也是珍贵的史料，如《皇元朝仪之图》《对坐接谈图》《习相跪图》《大茶饭仪图》《步射图》《马射图》等。日本大阪国际大学松田孝一教授，就依据西园精舍本和宗家文库本保留的《皇元朝仪之图》，复原了图中各种器物、仪仗、官员的具体位置，并对该图做了进一步的研究。① 再如元代的官制、刑法、行政区划等方面的资料，也是如此。

总之，对《事林广记》的研究，我们可以按照各个类目，将不同时期的版本放在一起进行对比，看看各个类目在该书流传过程中出现了哪些具体变化，进而分析这些变化产生的原因及其体现出的社会变迁的历史轨迹。在此基础上，对诸版本的变化展开综合分析考察，唯其如此，才能充分挖掘出《事林广记》各个版本的价值和意义。

致谢：感谢日本早稻田大学近藤一成和饭山知保先生、明治大学樱井智美先生、广岛大学船田善之先生、神户女学院小林隆道先生、坂口直树、坂口惠优俪，暨南大学蔺志强先生、内蒙古大学陈柳晶博士，以及对马历史民俗资料馆、睿山文库、国立公文书馆、早稻田大学图书馆、天理大学附属天理图书馆，在笔者查阅资料期间给予的热情帮助。

---

① 〔日〕松田孝一：「『事林広記』「皇元朝儀之図」解說」，『13、14 世紀東アジア諸言語史料の総合的研究 —— 元朝史料学の構築のために』，2007 年；〔日〕松田孝一：「『事林広記』「皇元朝儀之図」解說補遺」，『13、14 世紀東アジア史料通信』第 9 号，2009 年。

《大学衍义补》版本考述*

熊展钊
（海南师范大学历史文化学院）

　　摘　要：现存《大学衍义补》存在诸多版本，其中以弘治元年刻本、陈仁锡评阅本以及四库本三个版本对后世的影响最大。其中，弘治元年刻本是祖本，是陈仁锡评阅本诞生前其他版本《大学衍义补》的底本；清代诸刻本的《大学衍义补》多以陈仁锡评阅本为底本，而民国以来出版的《大学衍义补》又多以四库本为底本。若重新点校《大学衍义补》，应该以弘治元年建宁府刻本作为底本，综合参考其他版本。

　　关键词：《大学衍义补》；版本；弘治元年本；陈仁锡评阅本；四库本

　　丘濬（1421—1495），字仲深，号琛庵，又号玉峰、琼台，别号海山道人，广东琼山（今海口市琼山区）人。明景泰五年（1454）进士，历明英宗、代宗、宪宗、孝宗四帝，官至文渊阁大学士。丘濬著述颇丰，其中尤以《大学衍义补》最为知名。该书自首次刊刻以来，后世不断翻刻、重刻、重印。[①] 笔者以为，各个时期刊刻出版的《大学

---

　　* 本文为海南省哲学社会科学 2021 年规划课题"书籍史视域下的《大学衍义补》研究"，项目编号：HNSK（QN）21-75 系列成果之一。

　　① 中国古籍总目编撰委员会编：《中国古籍总目·子部》（第 1 册），北京：中华书局，2010 年，第 94—95 页。

衍义补》虽存在官刻、私刻等多个版本，但主要还是弘治元年建宁府刻本、陈仁锡评阅本以及四库本三个版本对后世的影响最大。基于此，本文拟考察该书若干重要版本，归纳其系统，希望能为重新点校该书时的底本选择提供若干思考。

一、官刻本《大学衍义补》

关于《大学衍义补》的版本，2010 年出版的《中国古籍总目》一书中，记有 19 种；如果再加上和刻本、朝鲜刻本以及近年发现的新版本，《大学衍义补》的版本当在 20 种以上，这些版本大致可以划分为官刻与私刻两种。

目前可见的《大学衍义补》最早版本为官刻本。然而，丘濬《大学衍义补》在其进呈之时为写本，至弘治元年方才出现刻本。现存各种版本的《大学衍义补》基本上均收有丘濬所撰《进大学衍义补表》与《大学衍义补序》。《大学衍义补序》云：

> 既而出教太学，暇日因采《六经》、诸史、百氏之言，思以补其阙也。缮写适完，而陛下嗣登大宝，盖若有侍焉者。①

而《进大学衍义补表》文末记载，丘濬进献是书在明成化二十三年（1487）十一月十八。② 此年八月，宪宗驾崩，九月孝宗即皇帝位，以明年为弘治元年，献书时间无疑。而丘氏编辑此书时间并无明确说明，只知在他本人出教太学（国子祭酒）之后。关于丘濬担任国子监祭酒的时间，《明史》记为《续通鉴纲目》修成之后，即成化十二年

① （明）丘濬：《大学衍义补·大学衍义补序》，明弘治元年福建建宁府刻本，第 11—12 页。
② （明）丘濬：《大学衍义补·进大学衍义补表》，明弘治元年福建建宁府刻本，第 40 页。

（1476）之后。^①而《明人诗品》说丘濬于成化十三年（1477）迁国子祭酒，与此所记正相符合。^②表明丘濬在成化十三年之后开始编撰《大学衍义补》，至成化二十三年成书，献给新即位的明孝宗。

依据上引《大学衍义补序》，可知丘濬敬献给孝宗的是写本而非刻本，计"四十轶"，唯不见此本流传。另据周洪谟所记，孝宗见此书"甚嘉之"，"书誊副本，发福建布政司著书坊刊行"。弘治元年正月，礼部誊录本亦完成。^③实际上，丘濬自抄本与礼部誊录本可以视作同一版本。全书 164 卷：正文 160 卷、补前书 1 卷、目录 3 卷，未知其他信息。李焯然引黄荫普《广东文献书目知见录》说道：英属加拿大哥伦比亚大学图书馆藏有《大学衍义补》明成化二十三年（1487）的抄本，计有四十册。^④英属加拿大哥伦比亚大学图书馆所藏或是丘氏写本，或是誊录本，亦因未见其书而不得知。

如上文所述，周洪谟受诏负责誊写《大学衍义补》的副本，至弘治元年正月二十五日，既已校对、誊写完毕，并请旨刊印。同年，刻书成，即弘治元年建宁府刻本。该本首都图书馆、北京大学图书馆、故宫以及日本国立公文书馆等 10 余家单位均有收藏。半页 10 行，行 20 字，小字双行同，细黑口，四周双边，单鱼尾。全书 161 卷：正文 160 卷、卷首 1 卷。卷前依次收有丘濬《大学衍义补序》、真德秀《大学衍义序》以及《大学衍义补总目》、真德秀《进大学衍义表》、丘濬《进大学衍义补表》、周洪谟等所上《表》。卷首一卷，补《正心诚意

① 《明史》卷 181《列传第六十九·丘濬》，北京：中华书局，1974 年，第 4808 页；王秀丽：《明代〈续资治通鉴纲目〉研究》，南开大学历史学院 2004 年博士学位论文，第 1 页。
② （明）王兆云辑：《皇明词林人物考》卷 3《丘文庄》，周骏富辑：《明代传记丛刊·学林类》第 14 册，台北：明文书局，1991 年，第 489 页。
③ （明）周洪谟：《太子少保礼部尚书臣周洪谟等谨题为进呈书籍事》，（明）丘濬：《大学衍义补》，明弘治元年福建建宁府刻本，第 44—47 页。
④ 李焯然：《丘濬（原作"浚"）著述考》，中国社会科学院历史研究所明史研究室编：《明史研究论丛》第 6 辑，合肥：黄山书社，2004 年，第 106 页。

之要》。正文 160 卷，卷 1 至 4 为《正朝廷》，卷 5 至 12 为《正百官》，卷 13 至 19 为《固邦本》，卷 20 至 35 为《制国用》，卷 36 至 53 为《明礼乐》，卷 54 至 66 为《秩祭祀》，卷 67 至 84 为《崇教化》，卷 85 至 99 为《备规制》，卷 100 至 113 为《慎刑宪》，卷 114 至 142 为《严武备》，卷 143 至 156 为《驭夷狄》，卷 157 至 160 为《成功化》。

该本是《大学衍义补》的初刻本，与原貌最为接近。但由于此本过于珍贵，各图书馆均视作善本加以保存，民国以来并无影印或点校，乃至晚近各种点校本亦未充分参考此本，故其重要价值还有待于进一步开发。

在弘治元年建宁府刻本之后，还存在一个万历官刻本《大学衍义补》。据《明神宗实录》，万历三十三年十二月己未，神宗谕内阁：

> 朕思孔夫子，继往圣、开来学，笔削鲁史《春秋》，明善恶、顺阴阳；百王不易大法，万世君臣所当诵法者也。已有旨，卿等传示：讲官日每撰写讲章进览。又，朕阅先臣丘濬纂述《大学衍义补》，书古今事理，备具考论，节目精详，有禆政治，嘉阅无倦。已命该监重刊传布，俾天下家喻户晓，用臻治平。卿等撰一文，采序于首，简昭示朝廷明德、新民、图治至意。谕卿等知。①

同月壬戌，内阁撰御制《重刊大学衍义补序》成。上为嘉悦，赐元辅银 40 两，彩缎 3 表里；次辅每银 30 两，彩缎 2 表里，仍各赐酒饭有差。② 至万历三十五年二月戊午，以拟《大学衍义补序》成，赐辅

---

① 《明神宗实录》卷四一六，万历三十三年十二月己未，台北：台湾"中央研究所"历史语言研究所，1962 年，第 11 册，第 7859 页。
② 《明神宗实录》卷四一六，万历三十三年十二月己未，台北：台湾"中央研究所"历史语言研究所，1962 年，第 11 册，第 7862 页。

臣白金 30 两、彩缎 2 表里。① 此外,《明神宗实录》中再无有关刊刻
《大学衍义补》的任何记载,而《酌中志》卷 7 有如下记载:

> 先监(陈矩)每暇,即玩味《大学衍义补》,或令左右诵听。
> 乙巳之冬,奏进二部,请发司礼监重刊。先监卒后数年始完,惜
> 督刻抄写者寡昧无识,其中颇多舛错,至今沿习未正,良可痛也。
> 先监九岁选入,万历丁未年卒,享寿六十有九。②

据此,万历三十三年下诏刊刻的《大学衍义补》在万历三十五年
之后的若干年方才完成。至于具体在哪一年,由于该本流传范围极小
而未知,但绝非万历三十四年。③ 目前仅上海图书馆藏有此本,《中国
古籍总目》还提到了天启四年南监本,现藏于甘肃省图书馆。笔者未
见此书,亦不知其详,置之于此以待来贤。

顺便提及一下四库本。《文渊阁四库全书》收有《大学衍义补》,
《四库全书总目》指出,四库本《大学衍义补》依据的底本是纪昀家藏
本。④ 该本收有万历三十三年明神宗御制《序》,由于《四库全书》只
有手抄而未曾刻板的缘故,无法准确断定纪氏藏本到底是哪一个版本,
是故权且视四库本为官方手写本。

四库本《大学衍义补》,160 卷卷首 1 卷。卷前除明神宗御制
《序》外,还有丘濬《〈大学衍义补〉序》、《进〈大学衍义补〉表》二

---

① 《明神宗实录》卷四三〇,万历三十五年二月戊午,台北:台湾"中央研究所"历史语言
研究所,1962 年,第 11 册,第 8129 页。

② (明)刘若愚:《酌中志》卷 7《先监遗事纪略》,《丛书集成初编》第 3966 册,上海:商
务印书馆,1935 年,第 41—42 页。

③ 李焯然:《丘濬(原作"浚")著述考》,第 106 页。

④ (清)永瑢等:《四库全书总目》卷 93《子部·儒家类三》,北京:中华书局,1965 年,
第 790 页。

篇。正文内容与其他版本无异，此本卷首一卷补《正心诚意之要》，正文 160 卷释治国、平天下之道。另，《摛藻堂四库全书荟要》第 66 至 67 册亦收有《大学衍义补》。该本于卷首、正文外另列目录 1 卷，卷前仅有明神宗御制《序》而无丘氏《序》《进书表》。《摛藻堂四库全书荟要》同样由抄书匠手抄完成而并未刊刻，考虑到《荟要》编撰的过程，该本极有可能与《文渊阁四库全书》本为同一版本。

二、私刻本《大学衍义补》

从现存情况来看，《大学衍义补》的私刻本种类要远多于官刻本。目前所见最早的私刻本《大学衍义补》当属正德元年宗文堂刻本。正德元年，郑氏宗文堂重刻了《大学衍义补》。此本半页 10 行，行 20 字，小字双行同，大黑口，四周双边，双鱼尾。全书 163 卷，目录 2 卷，卷首 1 卷，正文 160 卷；卷前收有丘濬《进大学衍义补表》与《大学衍义补》总目，目录结尾处有"皇明丙寅岁刊行"字样。该本是《大学衍义补》刊刻完成后的第一个重刻本，至嘉靖十二年，宗文堂又重印此本。

至嘉靖三十八年，福建监察御史吉澄等将《大学衍义》与《大学衍义补》二书重刊。此本半页 10 行，行 20 字，小字双行同，白口，四周单边，单鱼尾。吉澄本 161 卷，卷首 1 卷，正文 160 卷；卷前依次收丘濬《大学衍义补序》、吉澄等《重刊大学衍义合补序》、丘濬《进大学衍义补表》、周洪谟等所上《表》以及目录。在目录中，编者强调：右旧本目录 3 卷，书坊删定为 1 卷，今从之。① 该本字体较大，

---

① （明）吉澄等：《大学衍义补目录》，（明）丘濬：《大学衍义补》，明嘉靖三十八年福建吉澄等校勘本，第 84 页。

刊刻清晰。

　　至明末，又出现了如下几种私刻本的《大学衍义补》。一是万历间乔应甲刻本。该本为山西人乔应甲在扬州刊刻，半页11行，每行22字，小字双行同，四周单边，单鱼尾。《古籍总目》记该书为万历三十三年本，而国家图书馆定为万历三十四年，未知孰是孰非，权且称为万历间乔应甲刻本。二是尚德堂本以及文锦堂印本两个本子。因此两种版本均系孤本，世人极其难见，不敢妄作评论，以待来贤。三就是崇祯间陈仁锡评阅本，是继弘治元年建宁府刻本之后，《大学衍义补》的又一个重要版本。该本为明末经筵讲官陈仁锡校正的本子。据陈仁锡撰《大学衍义补序》，末署名为：经筵讲官、前日讲官、左谕德陈仁锡明卿书于白松堂。①《明史》陈仁锡本传，陈"天启二年殿试第三"，"授翰林编修"；"明年丁内艰"，"服阕，起故官，寻直经筵，典诰敕"，因得罪魏忠贤免官。"崇祯改元，召复故官。旋进右中允，署国子司业事，再直经筵。以预修神、光二朝《实录》，进右谕德，乞假归。"②无陈仁锡担任各种职务的具体时间，而清人陈济生所编《天启崇祯两朝遗诗小传》的记载更为详细。据《小传》，陈氏服阕起故官在"天启丙寅"，"充日讲官"；而"崇祯戊辰"，陈仁锡复故官，"庚午迁国子司业，充经筵讲官"。《小传》继续记载说：

　　　　公事两朝，再为讲官，敷陈皆切时务，裨益弘多。迁谕德，掌司经局事。辛未，分较礼闱……壬申，复命假归。甲戌，起南祭酒，未任而卒。③

① （明）陈仁锡：《大学衍义补序》，（明）丘濬：《大学衍义补》，明崇祯五年陈仁锡梅墅石渠阁刊本，第25页。
② 《明史》卷288《列传第一百七十六·文苑四》，北京：中华书局，1974年，第7395页。
③ （清）陈济生：《天启崇祯两朝遗诗·小传》，周骏富辑：《明代传记丛刊·学林类》第10册，台北：明文书局，1991年，第339—340页。

　　将《明史》与《小传》所记对比，二书所记陈仁锡履历大致相同，而《小传》所录时间历历在目。因此，《序》中所谓"经筵讲官、前日讲官、左谕德陈仁锡"具体即崇祯庚午至辛未间（崇祯三年至四年），即陈仁锡本修毕时间。

　　至于陈仁锡评阅本的刊刻完成时间，并无定论。哈佛大学图书馆藏有二部《大学衍义补》，一曰"崇祯壬申"本，一曰"崇祯本"，然二部书中并无刊刻时间的具体记录。题为"崇祯本"者有印二方，即"两朝讲官陈仁锡""白松堂明卿氏"，确实是陈仁锡的私章。根据《明史》及《小传》记载，陈仁锡卒年在崇祯甲戌，即崇祯七年（1634）。据此推测，哈佛大学图书馆藏"崇祯本"刊刻、出版时间应该在崇祯三年至七年间。至于"崇祯壬申"本，卷首有"梅墅石渠阁藏板"字样，确定为崇祯五年陈仁锡梅墅石渠阁刊刻无疑。日本国立公文书馆收有此本，出版时间标记为崇祯五年，故暂且认定陈仁锡评阅本《大学衍义补》刊刻完成的时间在崇祯五年。该本半页10行，每行20字，小字双行同，四周单边，单鱼尾。

　　明末以来的私刻本多以陈仁锡评阅本为底本。宽正四年，日本筱山藩依据陈仁锡评阅本，重刻《大学衍义补》，即和刻本。该本半页10行，行20字，小字双行同，白口，四周单边，单鱼尾。全书161卷，卷首1卷，正文160卷；卷前依次为明神宗御赐序、丘濬《大学衍义补序》、陈仁锡《大学衍义补序》、平安福井軏《大学衍义补序》以及丘濬《进大学衍义补表》、周洪谟等所上《表》《大学衍义补总目》《大学衍义补目录》，出版则在宽正五年。另如道光十七年芸香堂刻本、同治十三年夔州郭氏家塾刻本等，均以陈仁锡本作为底本。

三、《大学衍义补》版本源流及其优劣

在二十余种版本之中，以弘治元年建宁府刻本、陈仁锡评阅本以及四库本三个版本对后世的影响最大。其中弘治元年建宁府刻本是祖本，至于陈仁锡评阅本以及四库本，是后世翻刻、影印、点校《大学衍义补》的主要底本来源。是故，弘治元年本并未得到应有的重视。

（一）现存《大学衍义补》的版本源流

在目前存世的各版本《大学衍义补》中，弘治元年建宁府刻本是其祖本。正如上文考述，丘濬于成化二十三年上呈了写本的《大学衍义补》，即该书的最早写本。同年，礼部开始誊录该本，于次年完成。英属加拿大哥伦比亚大学图书馆所藏或是丘氏写本，或是誊录本；除了黄荫普先生宣称见过此本外，从未再有人提及，而且该书极难得到。因此，弘治元年建宁府刻本实际上成为了现存各版本的祖本。

从弘治元年本诞生后，直至陈仁锡评阅本出现之前，各类翻刻本均以弘治元年本为底本。据《酌中志》卷七"先监（陈矩）每暇，即玩味《大学衍义补》，或令左右诵听。乙巳之冬，奏进二部，请发司礼监重刊"[①] 的记载以及明神宗下内阁谕，表明万历间刻本乃"重刊"，即弘治元年建宁府刻本的重刊。万历间官刻本所依据的底本是弘治元年本无疑。至于宗文堂刻本、嘉靖三十八年吉澄刻本，产生于万历之前，只可能以弘治元年本为底本而别无他选。至于万历三十三年乔应甲本，其刊刻时间也早于万历官刻本，应该也以弘治元年本为底本。

直到陈仁锡本产生之后，各刻本基本上均采用评阅本为底本，如和刻本以及道光十七年芸香堂刻本、同治十三年夔州郭氏家塾刻本等，

---

① （明）刘若愚：《酌中志》卷 7《先监遗事纪略》，第 41 页。

于正文前均录有陈仁锡《大学衍义补序》，应该是以陈仁锡本作为底本的。至于陈仁锡评阅本的底本，或为弘治元年本，或为万历官刻本，但不论哪一个，其根源还是弘治元年本。民国前，《大学衍义补》各版本的源流，如图一：

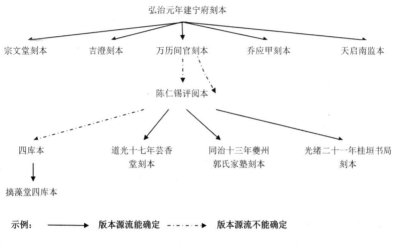

图一　《大学衍义补》版本源流

　　民国以前各版本的《大学衍义补》虽以陈仁锡本为界限，前后所采底本不同。但究其根本，还是弘治元年建宁府刻本。民国以来，《大学衍义补》又被不断地翻刻、出版，还出现了一批点校成果。这些成果主要是以陈仁锡评阅本以及四库本作为底本的。1931 年，海南书局根据陈仁锡评阅本编辑出版了海南书局本；20 世纪末，中州古籍出版社出版的《大学衍义补》以海南书局本为底本，其实也属于该版本体系。2018 年，江苏大学出版社又将陈仁锡评阅本影印出版。

　　再就是四库本，是《大学衍义补》中流传最广、影响最大的版本。1983 年，台湾商务印书馆影印出版了《文渊阁四库全书》本《大学衍义补》。1999 年，京华出版社出版了点校本《大学衍义补》，该书"以乾隆年间四库全书本（简称库本）作为底本，以日本宽正四年（1792）和刻本（简称宽本）与民国二十年（1931）海口市海南书局铅字本（简称局本）作为参校本"①。此本是目前使用最为广泛的版本。2006年，海南出版社"海南先贤诗文丛刊"系列丛书，《丘濬集》中《大学衍义补》依然是以四库本作为底本进行点校的。同时，台湾世界书局于 1988 年影印了"摛藻堂四库全书荟要本"《大学衍义补》，吉林出版集团后来也影印过该版本。具体情况见表一：

表一　民国以来《大学衍义补》版本情况

	海南书局	1931
陈仁锡评阅本	中州古籍出版社	1995
	江苏大学出版社	2018
	台湾商务印书馆	1983
《文渊阁四库全书》本	京华出版社	1999
	海南出版社	2006
摛藻堂四库全书荟要本	台湾世界书局	1988
	吉林出版集团	2006

由此可见，作为《大学衍义补》的祖本 —— 弘治元年建宁府刻本并未得到充分重视，而后出的私刻本，乃至四库本反而成为"重点关注对象"。

---

① （明）丘濬著，林冠群、周济夫校点：《大学衍义补·凡例》，北京：京华出版社，1999年，第 1 页。

（二）各版本的优劣

从目前《大学衍义补》的各版本来看，弘治元年建宁府刻本理应成为后世点校《大学衍义补》的底本。对于古本、旧本的重要性，卢文弨曾说：

> 书所以贵旧本者，非谓其概无一讹也。近世本有经校雠者，颇贤于旧本，然专辄妄改者，亦复不少。即如《九经》小字本，吾见南宋本已不如北宋本，明之锡山秦氏本又不如南宋本，今之翻秦本者，更不及焉。以斯知旧本之为可贵也。①

卢氏所揭示出的文献"新不如旧"的现象同样存在于《大学衍义补》的诸版本中。诚如前文所述，弘治元年本之后《大学衍义补》的各种版本，均依据祖本为底本刊刻、出版。同时，后出诸本反不及祖本，存在较多讹误。笔者将陈仁锡评阅本与弘治元年官刻本进行对校，陈仁锡评阅本较其祖本出现讹误数十处。例如卷二祖本引《左传》曰：成公二年，卫新筑人仲叔于奚救孙桓子。陈仁锡评阅本，检《左传》原文，亦作"救"。陈仁锡评阅本误，将"救"讹为"叔"。再如卷六十九引《学记》，其中"故安其学而亲其师陈仁锡评阅本误。另外，在卷4、卷9、卷11、卷25、卷53、卷72、卷93、卷105、卷112等处，均存在陈仁锡评阅本误改祖本的情况。

当然，弘治元年建宁府刻本也存在错误，如卷26，该卷小标题为"制国用，铜诸之币上"。后世刻本仅正德元年本与之一致，而嘉靖三十八年本、陈仁锡评阅本、和刻本、四库本"诸"均作"楮"。楮，

---

① （清）卢文弨：《抱经堂文集》卷12《书吴葵里所藏宋本〈白虎通〉后》，《抱经堂丛书》本，第69页。

原意为植物名，《说文》曰："楮，榖也。从木，者声。"此处引申为纸币，《宋史》卷421《常楙传》："值水灾，捐万楮以振之。"根据《大学衍义补》卷26的内容，当作"铜楮之币"而非"铜诸之币"。即便如此，作为现存《大学衍义补》各个版本中的祖本，弘治元年建宁府刻本仍具有不可替代的重要价值，以陈仁锡评阅本为代表的私刻本，确实存在不少错误，其版本价值与弘治元年官刻本比，要逊色不少。

至于四库本，虽然在整理、抄写过程中校出刊本的讹误十余条[①]，但由于《四库全书》未曾刊刻而只是由抄书匠抄写而成，抄书的过程中实际又产生了不少新的错误。例如《大学衍义补》卷124引陈澔《礼记集解》卷3，原文其中一句是"班布也马政养马之政令也"[②]。祖本与陈仁锡评阅本均引作"班布马政养马之政令也"，唯四库本引作"班马政布养马之政令也"，显然四库本有误。此类讹误较多，在此不一一列举，而之所以仍有不少学者选择四库本作为底本，据笔者臆测，恐怕与其他版本，特别是弘治元年本不易得有很大关系。至于四库本，由于1986年台湾商务印书馆景印出版了《文渊阁四库全书》，此本极易寻得，是故才有以四库本作为底本点校《大学衍义补》的遗憾。

总之，底本选择的不善会直接影响点校本的质量，进而造成点校本在使用过程中的不少问题。因此，应该以弘治元年建宁府刻本作为底本，综合参考其他版本，重新点校《大学衍义补》，以为学术界提供一个可靠的本子。

---

① （清）王太岳：《四库全书考证》卷49，《丛书集成初编》第91册，上海：商务印书馆，1935年，第2041—2044页。
② （元）陈澔著，万久富整理：《礼记集说》卷3《月令第六》，南京：凤凰出版社，2010年，第127页。

稀见明代类书序跋辑证 [*]

王京州　　鲁梦宇

（暨南大学文学院、中国文化史籍研究所；燕山大学文法学院）

　　摘　要：明代类书存世量大，其价值尚有待系统抉发。其中明人所作类书序跋，不仅是了解明代类书的重要线索，也是撰写叙录和开展研究的文献基础。其中有很多篇目不见于《明别集丛刊》，也不见于明人别集整理本，因此很有辑录整理的必要。这些稀见明人序跋，不止于交待某部类书的成书过程、评说其价值，而且对类书的体制和相关类书文化史均有所论述，对明代文史研究具有重要的参考价值。

　　关键词：明代类书；稀见序跋；辑录考证

　　距今时代愈近的文献，由于存世量浩大，以整体面貌问世的难度就愈大。以诗文来说，《全唐诗》和《全唐文》已见辑于清代，宋元两代的诗文总集亦已于近年相继问世，而明清两代的诗文总集则由于辑录的超大难度，至今尚未启动或虽启动而未毕其功。其中《全明诗》和《全明文》的整理工程即属后者，仅于 20 世纪 90 年代初分别出版数册后便失却下文。沈乃文先生主编的《明别集丛刊》先后出版五辑五百册，共搜集"一千九百十位作者的二千来部著作影印出版"^①，是迄今为止收录明代诗文数量最巨的丛书型总集。

---

*　　本文为国家社科基金重大项目"中国古代类书叙录、整理与研究"（19ZDA245）的阶段性研究成果。

① 　沈乃文：《明别集发凡 ——〈明别集丛刊〉序言》，《版本目录学研究》第四辑，第 36 页。

对于诗文的辑录来说，类书是除别集、总集之外的第三大渊薮。辑录明代诗文的先行者，已认识到类书的辑佚价值，对明代类书做过全面普查和资料索引等工作。① 然而由于这两部总集未克完成，其对于类书文献的利用尚无从窥见。笔者自主持申获国家社科基金重大项目《中国古代类书叙录、整理与研究》以来，因其中第三个子课题为《历代类书序跋汇编》，亦开始关注类书尤其是序跋的辑佚价值。根据朱仙林的考查，现存明代类书达 619 种。② 以每种类书平均包含两篇序跋来粗略估计，则明代类书序跋已不啻千篇以上，其中多数都是明人所撰。且近半数类书序跋不见于《明别集丛刊》，很有辑录整理之必要。

作为子课题，序跋整理虽位列较后，其实却是撰写叙录的必备基础。"明代类书叙录"由朱仙林副教授承担，但由于工作量极大，明代类书序跋的整理仍由我任其责，在整理过程中与仙林教授随时分享所得。鲁梦宇博士在暨南大学任科研助理期间，我便以"明代类书序跋搜集和整理"相托付。具体工作流程是由梦宇博士初步搜访和辑录，将序跋原文识别录入，并进行必要的点校，然后由我细加审校，形成序跋整理的初稿。在整理过程中，我们发现大量类书序跋，不仅不见于明人别集，而且从未进入今人的视野。这些序跋不限于交代一书的缘起，评价一书的价值，而且对类书的体制及类书文化史有所论述，具有较高的学术价值，现从中撷选出十篇，分别加以辑证，供研究明代文史的学者参考。

---

① 参见钱伯城等：《全明文·前言》，上海：上海古籍出版社，1992 年，第 1—2 页。
② 朱仙林：《明代类书存佚考论 —— 以〈中国古籍总目〉著录为例》，《图书馆杂志》2018 年第 2 期。

一、梁寅《群书备数序》

为学而究古今之名物，固小学之一事也，然事有巨细，而理无巨细，物有精粗，而理无精粗。为小学者日记其名数，为大学者从而辨是非、考得失，则通贯唯一理。韩昌黎因论文谓"未有不通此而为大贤君子者"，于名数之学，盖亦然也欤？

吾郡前翰林编修张先生美和，以耄耋之年、淳正之学，而特承天宠，许归田里。其家居也，乐于闲静，务学之心须老如壮，所藏之书累数千卷，手抄目阅，日夕忘倦。寅辱先生与友，每见必商论往来，而其著述之功为尤多，近又以为名物之书若《目会》，若《小学绀珠》，若《小学名数》，因世难散轶，后进罕见，于是旁搜群籍，益广类例，别为一编，名之曰《群书备数》。其书既成，学者欲见之□咸赞其刻之，友生高能象司训清江县庠，假归来见先生，因寓书以刻本见示，属序之。

寅谓是书既行，凡学者固宜家置一帙，奚待于序？然窃喜附名卷左，可无一言乎？是编者，如玄圃积玉，无可抡择而各有其美，君子之为学，于义理之精微，固可以治身心、成德行；于名物之繁赜，亦可以益神智、广聪明。盖学之大小不同，而理无大小也。嗟夫！古书多沦没，后进少见闻，诚可惜也！先生之成书，有《理学类编》，辟入道之门；有《元史节要》，著一代之事；是编者又以示格物之要，先生之惠益髦俊者，其心勤矣夫！其功多矣夫！

洪武戊辰岁秋八月既望，蒙阳八十六翁梁寅谨序。（录自台湾"国家图书馆"藏明万历戊申新都吴昭明校刊本卷首，不见于《明别集丛刊》第一辑影印清乾隆十五年刻本《新喻梁石门先生集》。）

　　按：张九韶《群书备数》，又名《群书拾唾》，二书在《四库全书总目》子部类书类中均作为存目，其中《群书拾唾》在前，《群书备数》在后。馆臣于后者提要称："检核其文，与《群书拾唾》一字不异。盖书肆重刊，改新名以炫俗也。"[1] 然夷考其实，乃《群书备数》在前，《群书拾唾》在后，"书肆重刊"且"改新名"的不是《群书备数》，而是《群书拾唾》。

　　据现存明刻本来看，二书均冠有李登序及张九韶自序，不同之处在于，《群书备数》尚有梁寅序，《群书拾唾》则多钱法重刊后跋。梁寅（1303—1390），字孟敬，临江新喻人。元明之际理学家、教育家，晚年结庐石门山，开门授徒，世称"梁五经""石门先生"，撰有《春秋考义》《诗经演义》《石门集》等。钱法则为明嘉靖时期金陵刻书家。

　　从书名来看，"备数"反映了该书的体例和性质，即《四库全书总目·群书拾唾提要》所谓"仿王应麟《小学绀珠》之例，以数纪事"，而"拾唾"则无所取义。《群书拾唾》将张九韶自纪"因纂辑经史子传所载事之可以数纪者"之"可以数纪者"改为"至为切要者"[2]，其篡改之用心尤为昭然。

　　梁寅撰有类书《策要》，其前则冠有张美和序，张美和即张九韶。二人著述趣味相似，且互为撰写序跋，此可印证梁寅序所说的"每见必商论往来"。序中所论"为小学者日记其名数，为大学者从而辨是非、考得失"，以及"学之大小不同，而理无大小"，确实显示了一位"八十六岁翁"的通贯之识。"因世难散轶""古书多沦没"则反映了元末世乱的信息。

---

① 魏小虎编撰：《四库全书总目汇订》，上海：上海古籍出版社，2012 年，第 4297 页。
② 〔日〕长泽规矩也编：《和刻本类书集成》第四辑影印承应元年十一月昆山馆道可处士覆明刊本《群书拾唾》卷首，上海：上海古籍出版社，1990 年。

二、谢迁《题群书集事渊海后》

右《群书集事渊海》，凡四十七卷，门分汇列，具有条贯，其所采辑，自春秋战国迄于前元，而不著名氏，岂元末丧乱之际，穷居避世，而托志于文字以终其身者，如虞卿之徒欤？夫自有书契来，世愈降而文愈繁，事变纷沓，载在典籍，穷年不能殚其概，此固学者所病。是书上下数千百年，凡世变所有，搜采略备，俾后之博文者，据类考事，一展卷而得之，亦可谓博洽也已。抑君子之学，自博而反说之以究于约，徒博非所贵也。纂是书者，毕力而晦其迹，岂亦不欲以博自名者欤？

计是书流落人间，殆将百余年矣，其不至泯灭者几希。少监贾公，偶得之书肆，购以重价，且欲锓梓以广其传，岂物之用舍，固亦有数欤？贾公雅好文事，日以传达帝命至内阁，间携以相示，恳予为识其后。予愧非博洽者，辞不获，姑书此以塞责，若其间采辑之当与否，则亦未暇论也。

弘治乙丑八月甲子，光禄大夫柱国少傅兼太子太傅礼部尚书武英殿大学士知制诰会稽谢迁题。（录自《原国立北平图书馆甲库善本丛书》影印明弘治十八年贾性刻本《群书集事渊海》卷首，不见于《明别集丛刊》第一辑文渊阁《四库全书》本《归田稿》。）

按：《群书集事渊海》，明初类书，不著撰人名氏。《四库全书总目》子部类书类予以存目，其提要考辨《明史·艺文志》"以为弘治时人编"之误，力证此书出自明初，然而评价不高，斥之为"陈因习见""无足采录"，并称"李东阳及刘健原序亦深致微词"[1]。今检李东

---

[1]　魏小虎编撰：《四库全书总目汇订》，第 4300 页。

阳、刘健二序，其所讥刺指向较泛，对是书反极尽夸誉之能事。谢迁则自道撰序是"塞责"，并称"其间采辑之当与否，则亦未暇论"，则似含有微词。

谢迁（1450—1531），字于乔，号木斋，浙江余姚人，明中期著名阁臣。明孝宗弘治年间，与刘健、李东阳同辅政，政绩卓著，世称"天下三贤相"。"三贤相"同时为此书撰序，显示了当时宦官的炙手可热。谢迁序中所云"贾公"，即倡议刊刻此书的贾性，官司礼监左少监。序称"岂元末丧乱之际，穷居避世，而托志于文字以终其身者，如虞卿之徒欤"，"纂是书者，毕力而晦其迹，岂亦不欲以博自名者欤"，对该书作者进行悬测，颇能见作序者磊落不平之气。

三、康海《博物策会序》

屏石侍御撰《博物策会》十七卷，一百三十六篇，凡海内人物，胜声扬采于今昔者靡有遗矣。区土表灵，挈履比类，盖有传记所不能逮者，岂直为《策会》哉！以示对霍侍御，关中诸生闻之，请于对霍侍御，求得其稿，缮写思传焉。对霍侍御曰："海内后学，孰不欲景行其先哲，顾典册弗具、稽索无繇尔，见孅弗传，非吾志也。"于是属西安府同知高君凤鸣刊之，自春徂夏，工用告成，高君走使以予序诸篇首。

予闻屏石稽古之学久矣，丁酉冬莫，行部过邰，斯须之际，宏才直气，领略过半，古人谓："文章以气为主。"沛然之言，固浩然之气所发也，无是物者能是事乎？吾未之前闻也。夫载纪之书，博则详，约则略，详常患乎其泛，而略常患乎其遗，况比事属辞，数言之下，品藻曲尽，搜据不遗乎？予于屏石侍御，滋有感焉。对霍侍御嘉惠后学之心，与高君乐事趋工之美，皆不可没，因并著于篇。

　　时嘉靖岁次戊戌夏四月丁卯，浒西山人康海德涵序。（录自中国国家图书馆藏明嘉靖十七年刻本《新编博物策会》卷首，不见于《明别集丛刊》第一辑所收明万历十年潘允哲刻本《康对山先生集》，亦不见于贾三强等辑校《康对山先生集》及金宁芬点校《对山集》。）

　　按：康海（1475—1540），字德涵，号对山，西安府武功县人。明代著名文学家，以诗文名列"前七子"。著有诗文集《对山集》、杂剧《中山狼》、散曲集《沜东乐府》等。

　　序中所称"屏石侍御"即《博物策会》的撰者戴璟，字孟光，号屏石，官至金都御史，巡抚广东，著有《广东通志初稿》《五经会同》《群史品藻》等。"对霍侍御"指推动此书刊刻的李复初，号对霍山人，时任监察御史，以钦差巡按陕西。《博物策会》首冠李复初序，其次才是康海序。康序称"博则详，约则略，详常患乎其泛，而略常患乎其遗"，确实道出了类书编纂的两难之境。

四、汪道昆《五车霏玉序》

　　玄黄肇判，书契聿兴，法天上之星榆，纵横三五；冒寰中之形肖，比类鸿纤。自篆籀递新而流派弥远，笃古者或旁搜于钟鼎，居今者多迁就于偏傍。意匠所加，剥蚀高明之丽；学山虽秀，难赓金石之文。如舟运则岸移，若霜矗斯景匿。许浚仪《说文》伟矣，未易开卷了然；王临川《字学》诚勤，耐可乘风斗捷。盛群儒于稷下，肇悦逾工；迷七圣于襄城，形声渐宵。

　　吾郡吴白玄氏荟萃错综，苞孕陶铸。高仆射堂盘之粉，滴茎露以精搜；张燕公记事之珠，对方诸而写照。爰借三余之暑，采兹万玉之林，将使韵合埙箎，味分渑淄。机杼生天孙之锦，联五纬以成文；风云随逐鹿之师，萃四游而合变。区分掌擘，造物为炉，援古传今，营征相凑。不意子云亭下，惊回问字之车；抑知天禄阁中，无假燃藜之烛。钩玄提要，淘汰簸扬，岂漫衍之徒工，宁咄嗟之可辨。昔太叔广长于舌论，挚仲洽饶于笔才，其后广无可纪，虞多所录，时人以比较二君之优劣，甚哉著述之不可少也！橐直数寸，光澈奥隅；弩牙殊纤，劲表百步，何必四库之盈前，二酉之在峙，然后能穷九服之怪奇，悉三寸之精蕴哉！

余识惭窥豹，学愧聚萤，以姻娅之深缘，睹琼瑶之邑制。匿姓名于星烈，横窥篱壁之间；借笺记于唐溪，正值杀青之竟。语云："习服众神，巧者不过习者之门。"白玄氏盖巧而习者耶？余于兹编观其深矣。

姻弟汪道昆伯玉父书。（录自《四库全书存目丛书》影印山东省图书馆藏明万历刻本《五车霏玉》卷首，不见于《明别集丛刊》第三辑影印明万历刻本《太函集》以及《明别集丛刊》第三辑影印明崇祯六年新都汪瑶光刻本《太函副墨》。）

按：《五车霏玉》，旧题吴昭明撰、汪道昆增订。《四库全书总目》子部类书类著录并疑伪，"疑坊刻托名也"[1]。张涤华《类书流别·存佚》亦列入"黜伪"类。[2]

吴昭明，字白玄，除该书外，还校阅刊刻《群书拾唾》，其他生平不详。王重民《中国善本书提要》著录美国国会图书馆藏明万历间

① 魏小虎编撰：《四库全书总目汇订》，第 4303 页。
② 张涤华：《类书流别》，北京：商务印书馆，1985 年，第 88 页。

翻刻本《群书拾唾》，指出原题"临江张九韶美和父编集，新都汪道昆伯玉父增订，吴昭明白玄父校阅"①。可见吴昭明和汪道昆对类书的兴趣是一以贯之的，二人不仅为姻亲且合作有自，且二书均刊刻于钱法之手。以此来看，此书未必出自坊间伪托。

汪道昆（1525—1593），字伯玉，徽州歙县人。嘉靖丁未进士，官至兵部左侍郎，撰有《太函集》《大雅堂乐府》等。吴昭明则湮没无闻，四库馆臣亦一无所考。钱法刊刻该书，伪托汪道昆尚犹可说，为何要托名籍籍无名的吴昭明呢？汪道昆序全文用骈体写就，汪洋恣肆，当确出其手，意绝非坊间陋匠所能造作。

五、王世贞《类隽序》

自汉时学士大夫以经术行能相高，不断断为琐屑之学，即啬夫以利口斥焉，然贰负见表于中山，三觞流迹于洛水，则不克以臆对，而述家所由兴矣。齐、梁之君臣，既务为组织雕缋，不能运独至之意，而一时风靡者，大致有二：应制则巧迟败于拙速，征事则伸多胜于屈寡。至博学宏词之科设于唐，而其用益迫矣。故白氏贱之，而其书曰《白仆》。仆者，役使之也，一曰《白幞》，若取以幞衣也。然学士大夫往往起田舍，远于金匮石室之藏，壮者役于生，而晚者窘于余，其力不能得之；即得之矣，而东西南北朝夕之，是逐夫惠子之五车，纷如而安能以充后乘也？故夫善类者，犹之乎善货殖者也，当其寡以多之用也。

吾友郑山人，年三十余即厌经生业，弃之而杜门为古文辞，吴中号"阛阓诗书"。山人多所假贷，分畧而受之，辄成诵。中

① 王重民：《中国善本书提要》，上海：上海古籍出版社，1983年，第371页。

年而其所为古文辞称于中原，赵康王闻而聘山人，立谈而贤之，曰："生非所谓'行秘书'也耶？"趣授传舍美酒梁肉，大殽已，又曰："生为我成一书，其概若徐坚之《初学记》、欧阳询之《艺文类聚》。"已给笔札，颇出其所藏书，每奏一篇，辄称善。会山人北游京师，即少师华亭徐公而语之故，徐公复大贤之曰："此吾窃有志焉，而未之逮也。"因谓山人："采而唐以前毋略，略惜其遗也；宋而后毋广，广恶其杂也。宁稗而奇，毋史而庸，宁巷而雅，毋儒而俚。"山人拜受教。

又二十年而书成，名之曰《类隽》，以所类靡匪隽者。则康王久捐国矣，徐公亦谢首揆归其乡。而山人老开九襄，然尚能不废其业，一旦以属余曰："吾业启于赵嗣王，已告成矣。吾子好为一家言，以吾之不得当也，虽然其谓我何？"余谢不敏，则曰："子书成而懈，夫豪杰之士，以无事殚力于学则不可，然使途之人，亦或尽染指焉。以立取而立应，而无腐相如之毫也，则亦唯子之功，谓康王诚贤王矣。"刘孝标作《类苑》，而梁武以人主之重，不能见推捌，顾集诸学士为《华林要略》以高之。康王不爱赵赟，与书以共山人笔札，而成山人名，康王诚贤王也！然闻国学汪生，不靳浩费，鸠工登梓，以竟山人之志，则山人之传籍是大且久矣，讵曰小补之哉！

万历甲戌年仲冬，赐进士出身嘉议大夫都察院右副都御史奉敕提督军务兼抚治郧襄三省地方琅邪王世贞撰。（录自《续修四库全书》影印明万历六年汪珙刻本《类隽》卷首，不见于《明别集丛刊》第三辑影印明万历五年经世堂刻本《弇州山人四部稿》、明万历刻本《弇州山人续稿》，今人王学范主编《王世贞抚郧诗文集》亦未收。）

按:《类隽》,郑若庸撰。郑若庸,字中伯,昆山人,客赵康王。赵康王给其笔札,令其仿《初学记》《艺文类聚》,越二十年而成是书。俞安期雅慕此书,以不得见之为恨。[①] 王世贞(1526—1590),字元美,号凤洲,苏州太仓人。官至南京刑部尚书,"后七子"之首,在李攀龙之后,独领文坛二十年。撰有《弇州山人四部稿》《读书后》《艺苑卮言》等。

王世贞此序首先追溯了类书的发展史,从齐梁君臣风靡征事,到唐代的博学宏词科,其中特别讲到了白居易的《六帖》,将善于创制类书者譬之为"善货殖者",其缘由在于"当其寡以多之用",可谓另具只眼。此序最重要的价值在于记录了赵康王朱厚煜和时任少师徐阶的言论,尤其是徐阶所言"采而唐以前毋略,略惜其遗也;宋而后毋广,广恶其杂也。宁稗而奇,毋史而庸,宁巷而雅,毋儒而俚",确可谓创制类书应讲求的不二法门。

六、屠隆《天中记序》

儒者有学有识。学务淹纬,从外博而入也;识妙神解,繇内朗而出也。郑侨知实沈,敬仲知俞儿,曼倩知毕方,更生知贰负,此所谓学也,非博综不办。中郎知爨桐,司空知后鼓,荀公知劳薪,符朗知鸡栖,此所谓识也,神而明之,何暇博物乎?三家之村,囊蚨瓶粟,仅而自给,沾沾足也;中人之产之家,困廪颇充,器具粗俏,亦沾沾足也;至猗顿焉后,货贝泉涌,粟帛山积,玩好炫目,珍宝充庭,亦自沾沾足也。厚薄殊分,小大异观,随其

① (明)沈德符:《敝帚轩剩语》卷上,《四库全书存目丛书》第248册,济南:齐鲁书社,1996年。

所见，亡弗足已，当其我足，复何所须？见物有足于我者，而后奕然自失，故世之沾沾皆起于不见大也。

儒者自周秦、两汉、六朝、李唐，皆务博综，至宋诸公倡为"物丧志、博溺心"之说，而中垒执戟，刘杳、王起诸贤坐废，然苏黄辈洸洋淋漓，尚自矫矫端明，博收善运，不可谓其枵虚。至我朝诸公，返古尚博，力挽宋颓波，然余谓博亦有四：有苦心极力，积少成多，遂总千古；有锐志慄气，稍经渔猎，自命武库；有腹胸百氏，匠意欲吐，浩然洪远；有架庋万卷，临文捡括，托名淹通。胥臣子产，胡其真赝庞杂乎？故贵核实也。

类书无虑数百家，大都博综者所纂辑，而余独喜近时陈晦伯《天中记》。盖往时类书，不过摭经书子史，耳目之所恒睹，以资见闻。又或杂收稗官小说、讨典故之不雅驯者以骋弘博，不狭则陋，识者病之。晦伯所为《记》，悉罗古今之所恒有，而又能广搜耳目之所不及见闻，琅函云笈，奥书秘典，往往而在，吾姑未暇论其识何如，而学则弘巨矣。虽然，此晦伯之碎金杂俎耳，而大全当不在是，学者脱进而窥其大全，则此书亦覆瓿之业也。

万历乙未中秋，东海屠隆纬真甫纂。（录自广陵书社影印清光绪刻本《天中记》卷首，不见于《明别集丛刊》第三辑影印明万历龚尧惠刻本之《白榆集》、明万历刻本之《栖真馆集》，以及明刻本《由拳集》，今人汪超宏主编《屠隆集》亦未加辑录。）

按：《天中记》为明代学者陈耀文编纂的类书，由于详录出处和辑考结合而备受好评，四库馆臣即称赞其"体例较善"和"兼资考据"。陈耀文（1524—1605），字晦伯，号笔山，河南汝宁府确山县人，撰有《经典稽疑》《正杨》《花草粹编》等，其中《正杨》四卷集中反映了他对杨慎学术地位的挑战。

《天中记》明万历间刻本存三序，撰者分别是李荩、陈文烛、屠隆，三序撰写时代迥乎不同，从隆庆三年（1569）到万历二十三年（1595），跨度多达二十六年，正印证了《天中记》成书之绵长和艰辛。其中屠隆序撰写时代最晚，他不仅为该书撰序，还实际参与了校勘工作，各卷卷端除题写撰者陈耀文外，还题有"四明屠隆维贞甫校"可证。

屠隆（1543—1605），字长卿，号赤水，浙江鄞县人。明代文学家、戏曲家，著有《白榆集》《由拳集》《凤仪阁乐府》等。屠隆此序从学识大小的辩证关系出发，进而分析历朝士人在"博综"方面的不同薪向，对当代人"自命"和"托名"深致贬评，从而托显陈耀文《天中记》的迥非寻常。文末称"此晦伯之碎金杂俎耳，而大全当不在是"，则体现了屠隆不执迷于类书的通达观念。

七、陈继儒《词林海错叙》

　　江阴夏茂卿先生，念母老，谢公车不上春官，识者拟之尹和靖、陈白沙，而茂卿笃素回俗，喜著书，其名山之藏，群玉之赋，秘不示人，而时时出其《栖真》《法喜志》《茶董》《酒颠》《女镜》《玉麒麟》，皆新艳可喜。至是复出异书数卷示余曰："六经如布帛菽粟，二十一史如天厨禁脔，诗赋如山果园蔬，而此书如海错，使人意外有异味，味外有异趣，趣外有异想，子试为我一咀嚼之。"大抵人间古今之书浩汗如海，环夷夏而四之，各就其边见以分大小浅深，如蛟龙以为窟宅，天神以为琉璃，蜃以为市，仙以为家，支祈水母以为睡乡，渔人樵采以为饷，而《海错》出焉，甚矣！其类余之泛滥而好奇也。

　　先生留心当世，包括朝家故实，内自宫府，外自六曹、九大镇以及江南，丰穰利弊之故，皆综讨晓畅，虽宿儒老吏不能傲之，以其所不知，而每当干旄过从，或从众人后旅，见当路辄逡巡退让，如不出诸口，间以请其秘，则谨谢曰："无他书，仅有小著述以娱岁月，自比于杂家稗官而已。"而不知先生之胸中故艺海也，三教四游，九家七纬，深无底，旁无岸，浑沦盘礴如大海之藏，凡云霞日月，洲岛沙溆，远方异国之出没，天琛名宝之映现，何奇不畜？何怪不储？此书特其一脔耳。视《玉海》则简而隽，视《海录碎事》则爽而奇，使杨用修、王元美见之，必且咄咄谓干宝、陶谷复生，若以视仰屠门而大嚼者，非骇则走，或疑古无是书，书无是事，此望洋海若之流，无足异也。

友弟陈继儒撰。丁巳高秋，长洲友弟文震孟书于药园之清瑶岛。（录自《四库未收书辑刊》第四辑影印明万历四十六年刻本《词林海错》卷首，不见于《明别集丛刊》第四辑影印明万历四十三年刻本《陈眉公集》，今人整理《陈眉公全集》亦未收录。）

按：《词林海错》不仅未列于《四库全书》，存目亦未著录。王重民在《中国善本书提要》中引冯时可序称"是书最晚出，而脍炙人口尤籍甚"，明确宣称"颇韪时可之言"，并以"《存目》载树芳著述凡四种，然是书反见遗"为证。[1]四库馆臣未将其存目，当然有可能是一时漏收，也可能鉴于该书有违碍语，并不说明该书连存目的资格也没有。但王重民先生对时人序跋多夸誉不实之言的批评，则深值我们警惕。

明万历刻本《词林海错》凡收序八篇，除夏树芳自序外，分别出自董其昌、陈继儒、焦竑、冯时可、钟惺、范允临、吴奕等人之手。各序均极致奖掖之词，陈继儒此序亦未能免俗，如谓该书"视《玉海》则简而隽，视《海录碎事》则爽而奇，使杨用修、王元美见之，必且咄咄

---

① 王重民：《中国善本书提要》，第382页。

谓干宝、陶谷复生"，即显得夸诹而无当。然从整体风格来看，该文正是陈眉公所擅长的小品，跳脱可喜，颇具文学价值，自当分别观之。

陈继儒（1558—1639），字仲醇，号眉公，松江府华亭人。明朝文学家、画家，著有《陈眉公全集》《小窗幽记》《太平清话》等。其中《小窗幽记》是格言警句类小品文集，同时眉公小品正不乏《倪云林集序》《闽游草序》《唐诗集注序》《茶董小序》等序跋类作品①。

八、董应举《编年拔秀序》

同官世茂孙先生，既辑古人有生事迹，择而岁编焉，曰"吾以资世之颂年者"。举曰：噫！是观之义也。《易》曰"观我生"，夫天下之生久矣，其间颖塞、巧拙、迟疾、贤不肖、得失、修短、贱贵、亨蹇，种种逆顺相万也。而吾莫测其所以然，其有使之然耶？夫有使则非我，是以造化为偃师，而人傀儡也。不然，而歌笑鼓动，一一由我，则生之所享，奚为而独不得于天，而有相万之愚？是为天与人两悖，吾安从而观之，抑尝观于天人之际乎？

天者，人之所出也，人者，天之所乘也。是故九州九窍、四时四气、六府六经、八纮八纪，十二从与夫五性、五事、五伦、百行、万业，莫不与天地相应，精气相通，故曰：人者，天地之心，阴阳之会，五行之秀。太极之所为体，天地一大开阖也，是画夜呼吸之说也；吾生亦一大开阖也，是元会消息之说也。观生者，观诸此而已。

彼夫贱贵、巧塞、修短、逆顺、亨蹇，特生之泡影耳，是尚

---

① （明）陈继儒著，胡绍棠选注：《陈眉公小品》，北京：文化艺术出版社，1996年，第1、16、29—30、41页。

足存乎哉！历观古人阅世之迹，亦可深长思也已矣。或寿而夭，或夭而寿；或巧而拙，或拙而巧；或得而反失，或失而反得；或辱而亨，或亨而辱。推此类，不可胜数，故曰："智者能以一日为千古，愚者不能以千古为一朝。"然则吾生果未可定，乃欲取眼前泡影，随人世而悲喜之，以自弃其所得于天，不亦惑乎？世茂编辑之意，或者其在此。

世茂为人雅正，多著述，少负奇，以《礼经》第一人举于吾乡九我先生之门，荏苒在此，其观世也深矣。予乃得从其后，商榷今故，且借世茂此编，以观吾生竟何如也。

万历壬寅夏五，友弟董应举顿首拜书于梦舟斋中。（录自中国国家图书馆藏明万历三十年刻本《编年拔秀》卷首，不见于《明别集丛刊》第四辑影印明崇祯刻本《崇相集》。）

按：《编年拔秀》为内容独具特色的类书，专取古人事迹有年可纪者，以岁月为类目，从初生、二岁、三岁直到八百岁、一千二百岁，逐一进行编排。此体在明清两代不断涌现，如《万年统纪》（明不著撰人名氏）、《行年录》（清魏方泰）、《年华录》（清全祖望）、《人寿金鉴》（清程得龄）等，其中前两种存目于《四库全书总目》[①]，后两种著录于《郑堂读书记》。周中孚《年华录提要》称《编年拔秀》为"是编之滥觞"[②]，可知该书在体例上的开创性价值。

董应举（1557—1639），字崇相，号见龙，闽县人。万历二十六年（1598）进士，任广州教授，后迁南京国子博士。撰写此序时，应仍在广州府学任职。

---

① 魏小虎编撰：《四库全书总目汇订》，第4343、4354页。
② （清）周中孚著，黄曙辉、印晓峰注释解说：《郑堂读书记》，上海：上海书店出版社，2009年，第1706—1707页。

孙森，广东海阳人，其生平仅见于《安顺府志》等地方志，记载较略。从董应举此序可知，此时二人同官，则孙森亦曾任广州府学教授。董应举此序由人之年纪为切入点，阐发了人生之贵贱、寿夭、巧拙、得失、顺逆、迟速等矛盾之间的对立统一，强调人能"观生"的主体性。

九、倪元璐《群书典汇题词》

玄黄未剖，畴测炁母之先；点画既成，悉落神君之后。渊哉烁乎，群言有祖；邈哉渺矣，众美条流。盖方以类聚，针芥水乳；物以群分，牛马径庭。赜赜纷纷，林丛茂叶不足纪其算；灵灵蠢蠢，城贮生齿曷胜数其繁。坐致巧历，阃秘玄诠。得真一投胶调剂之法，授不二酿蜜纳息之功。读书有如良匠度山木，文梓俱收；摛辞何异画工资绘事，丹漆共备。是以篇章淹博，探海贵攫骊珠；典故浩瀚，凿山务空重宝。况欲有获，必谋诸野；迺至入官，不学乎古。有问弗知所出，用且辄差；又作不可悉难，文则为拙。故通天彻地，识大识小之谓儒；上古下今，有典有则庶称学。时崇茂美，彦多弘通，从来文明之盛，莫媲雍穆之朝者也。

畏友幼玄，奇逾杨子，博迈贾生，纵谭名理，固具慧根，别洒春花，特输余技。凡名山之所藏，脉望之所饱，蔑不罗供笔端，采归墨上。富如江海，郁若邓崑。亦经亦史，五采彰而象明；是子是文，八音比而乐作。寻到源头，黄河源之源；穷极底里，大海底之底。识龙肉于鲊，辩豹胎于脔，兼总反觉《册府元龟》赘疣，游衍允推《文献通考》劲敌。至于深禅场屋，石画嘉谟，饶利经生，金华妙选。植体则酌事以取类，断章则举要以就裁。鑫鲜泥天灶之门，灿灿辟星桥之路。罔钝汉赏挝透心血，波斯胡估互换眼睛。不观后世，必传之桓谭；敢云当今，爰序之皇甫。

寅友弟倪元璐书。（录自《四库禁毁书丛刊》影印明崇祯敦古斋刻本《群书典汇》卷首，不见于《明别集丛刊》第五辑影印明崇祯刻本《鸿宝应本》及清乾隆三十七年倪安世刻本《倪文贞公文集》。）

按：《群书典汇》为明末黄道周辑评的类书，与《博物典汇》同列于禁毁书目[1]，潘景郑《著砚楼书跋》有《明本博物典汇》提要，认为《群书典汇》与《博物典汇》为"一书传写之误"[2]，并盛称该书的史料价值，认为"专守《三通》，旁稽群籍，不涉穿凿附会之陋习，堪称明时类书中之上乘"[3]。

黄道周（1585—1646），字幼玄，号石斋，福建漳浦人。明末学者、文学家，抗清名臣。倪元璐（1594—1644），字汝玉，号鸿宝，浙江上虞人。明末名臣、书法家。倪元璐与黄道周俱为名臣袁可立门生，天启二年（1622）又同科中进士，嗣后同任翰林编修，在崇祯朝又联袂担任翰林侍讲学士，明亡后先后殉节而死。二人不仅在仕途中同沐风雨，在事业上互通声气，而且在气节上互相激励，此序可正谓二人平生贞亮友情的见证。又此序通篇以骈体写就，在晚明复古风潮

---

① 江西巡抚海成向乾隆帝汇报查办禁书中遇到的"书同名异"问题，其清单列有"原禁《博物典汇》。今又有《群书典汇》一种，与上同，共一百二十部"。参见中国第一历史档案馆编：《纂修四库全书档案（上）》，上海：上海古籍出版社，1997年，第482—483页。

② 《群书典汇》共十四卷十五类，分天地类、君道类、治道类、治法类、臣道类、职官类、品行类、典制类、政赋类、兵戎类、学术类、经史类、道德类、人道类、物理类；《博物典汇》二十卷七十二类，分天文、历象、礼制、乐制、钟律、朝廷礼、郊祀、宗庙、物用、王霸、后妃、正治、建官、台谏等。二书在遵用材料上有交叉之处，但只是极少重复内容，绝大部分都不相涉。

③ 潘景郑：《著砚楼书跋》，上海：古典文学出版社，1957年，第211页。

中也不同常格，其文体值得重视。

一〇、张溥《捷用云笺叙》

嗟嗟尺牍，为士林羔雁，但擅词坛，而一字一缣者百不一售，惟是巴里音声，为侪俗便耳目者，则坊镂如鹜。曩见《振雅云笺》，开宇宙一新局面，世且按剑相看，惟兹《捷用全编》以一未备而再之，再之不足又从而四三之，又从而五六之，博士家见为衣袽重重，不过一叠床架屋，难壮大观，惟里儿田舍翁觉为多多益善，如登九层之台，愈出而愈奇者焉。家家以此为奇货，人人以此为兼金，是何异碔砆争价于胡肆，而荆山之璞、返浦之珠，反令耳食目谋者吐舌远走矣。余因索首弁者，燕人复作燕人，效周客胡卢，下醉笔题数言，聊以嘲俗云尔，识者幸毋作抚掌态，呵呵！

娄东天如张溥书。（录自《四库未收书辑刊》第三辑影印明末刻本《捷用云笺》卷首，不见于《明别集丛刊》第五辑影印明末吴门童润吾刻本《张太史七录斋初集》，今人曾肖整理《七录斋合集》亦未收入。）

按：尺牍活套类书，四库馆臣将其追溯至宋元之际，并据《永乐大典》辑录和存目《启札云锦裳》《启札锦语》《启札渊海》《启札青钱》等四部同类著作，然而提要将它们斥之为俗书，因"《永乐大典》全部收之，则犹元以前本"才著之于录。① 从《启札青钱提要》"近日书

---

① 魏小虎编撰：《四库全书总目汇订》，第 4290—4291 页。

柬活套之滥觞"① 知明清此类著作亦夥，在当时必广泛流行，然而并不受目录学家重视，则是可以肯定的。《捷用云笺》无疑便是这类启札类书，其署名陈继儒编纂②，疑为坊刻托名。

张溥（1602—1641），字天如，号西铭，南直隶太仓人。明末文学家、复社领袖，著有《春秋三书》《历代史论》《七录斋集》等。序中所云《振雅云笺》全名《古今振雅云笺》，其编者旧题明代著名书画家徐渭。③"开宇宙一新局面，世且按剑相看"显示出该书在当时的风行程度。然而张溥批评此后《捷用全编》等书叠床架屋，将其譬喻为"博士家见为衣袱重重""里儿田舍翁觉为多多益善"及"碔砆争价于胡肆"，可谓尽辛辣之能事。很显然，张溥批评的对象正包括本书在内，这真是一篇不寻常的序言。

---

① 魏小虎编撰：《四库全书总目汇订》，第 4292 页。
② 陈继儒见上文《词林海错叙》按语。
③ 有学者考证该书成书于天启四年左右，托伪徐渭纂辑，真正编辑者或为长洲书贾张嘉和。余晓栋：《〈古今振雅云笺〉伪书考——兼谈明清尺牍文选之商业化特征》，《浙江学刊》2016 年第 3 期。

董越《使东日录》的域外书写与文献价值[*]

曾肖　陈彦蓉

（暨南大学中国文化史籍研究所）

摘　要： 明弘治元年（1488），董越奉命出使朝鲜。其后，次子董天赐将其出使途中所作的百余篇诗文编成《使东日录》，现仅存明正德间刻本。内容主要是出使途中的纪行、题咏、酬唱和送别之作，形式以七言律诗为主，还有一些七言绝句、五言律诗等。《使东日录》具有独特的文献价值，有利于将董越出使朝鲜的行程情况加以印证与说明；当中收录的诗文记载了董越出使途中及在朝活动的亲身经历和个人体会，反映了当时朝鲜的外交礼仪、社会风俗、自然风光与人情交往等方方面面，展现了一个明朝文人士大夫眼中的异域世界，并从中窥见董越与朝鲜文人的交游与情谊。

关键词： 董越；《使东日录》；朝鲜；域外书写；《朝鲜赋》

汪俊为董越《使东日录》所撰序言中记载："《朝鲜赋》梓行已久，公之子寿甫欲将是编与赋并传。"^①指出《使东日录》是董越次子董天赐在《朝鲜赋》广为流传之后，将其父出使途中所作百余篇诗文整理汇编而成的，目的是与《朝鲜赋》并传，延续《朝鲜赋》广为流传的盛况，"士大夫传诵其成编，莫不嘉叹，以为凿凿乎可信，而郁郁乎

---

* 本文获"中央高校基本科研业务费专项资金资助"。
① （明）董越：《使东日录》，明正德间刻本，现藏于上海博物馆和宁波天一阁博物馆。

有文也"①。学界对《朝鲜赋》的研究已取得较好的研究成果，但至今却对《使东日录》缺乏关注。笔者将立足于以文本资料为一手文献的基础上，结合董越的《朝鲜赋》及其生平史事来探讨他对明中期朝鲜地区的域外书写，以及《使东日录》的文献价值。

一、董越及其《使东日录》

董越（1431—1502），字尚矩，江西赣州宁都人，明代政治家、文学家、外交家。根据明嘉靖年间康河修、董天赐（董越次子）编纂的《赣州府志》及明代姚夔等人撰的《成化五年进士登科录》等史料记载，笔者大致勾勒出董越的生平。宣德六年（1431，辛亥）二月十六日，董越生。②父董时谦，母温氏，有一兄董超。天顺三年（1459），董越领乡荐，获江西乡试第十一名。③成化五年（1469），董越探花及第，授翰林院编修，上西北备边封事。成化十一年（1475）、成化十四年（1478），董越先后两次奉旨参与科考人才的选拔，选得王鏊、梁储等人，王、梁之后也成为明代重臣。成化二十年（1484），董越进东宫为太子讲解经史。成化二十三年（1487），充经筵讲官。弘治元年（1488），明孝宗朱祐樘即位，董越以太子侍从官"右庶子"职衔奉命出使朝鲜，代表朝廷颁布正朔，并受赐麒麟服。弘治四年（1491），参与编修《宪宗实录》，并升为太常少卿兼侍读学士。弘治六年（1493），

<hr/>

① （明）董越：《朝鲜赋》，《文渊阁四库全书》第594册，台北：台湾商务印书馆，1986年，第105—115页。
② 《成化五年（1469）进士登科录》记载董越于三十九岁中探花，古人以虚岁记年，故推断董越于宣德六年（1431）出生。
③ 《成化五年进士登科录》记载董越中江西乡试第十一名，再结合嘉靖时期《赣州府志·人才》中记载董越于天顺己卯年（1459）领乡试，可知其参加天顺三年的江西乡试。

再擢为南京礼部右侍郎，不久，又封为南京工部尚书。弘治十五年（1502，壬戌）七月五日，董越因病逝世，享年七十三岁。李东阳为其作墓志铭《明故资政大夫南京工部尚书赠太子少保谥文僖董公墓志铭》记载："壬戌七月五日以疾卒，讵其生宣德辛亥二月十六日，寿七十有三。"① 对其生卒年月日都记得清楚明白。董越去世后，获皇帝恩赠太子少保，赐谥"文僖"，赐葬祭，葬于宁都河东山梅江之滨。②

董越的主要著述有《使东日录》《朝鲜赋》《圭峰文集》等，另有一些诗文如《十二境诗》《绵江公馆记》等也收录于嘉靖时期的《赣州府志》中。董天赐在父亲董越去世后，将其诗文整理编成《董文僖公集》，并请李东阳作序，但《四库全书总目》在著录《朝鲜赋》时提及"越有《文僖集》四十二卷，今未见其本"，知此书早已亡佚。

董越出使朝鲜，归国后作《朝鲜赋》，并敬呈给明孝宗，获赞誉，士林大夫莫不叹其文采，传诵成编，成为明代外交辞赋的代表作之一。四库馆臣所作的《朝鲜赋》提要中言："孝宗即位，越以右春坊右庶子兼翰林院侍讲，同刑科给事中王敞使朝鲜，因述所见闻，以作此赋，又用谢灵运《山居赋》例，自为之注，所言与《明史·朝鲜传》皆合。知其信而有征，非凿空也。"后世也不断有此赋的抄写、刊刻，并于清朝收进《四库全书》③，1915 年胡思敬于南昌得庐刊印《豫章丛书》亦收入此赋。《朝鲜赋》更远播域外，朝鲜、日本也有多个版本流传，朝鲜有嘉靖九年（1530）朝鲜李荇等增修的《新增东国舆地胜览》本等，

① （明）李东阳：《明故资政大夫南京工部尚书赠太子少保谥文僖董公墓志铭》，《怀麓堂集》卷八十四，《文渊阁四库全书》本。

② （明）李贤：《明一统志》，《文渊阁四库全书》本，其中卷五十八中记载："尚书董越墓在宁都河东山梅江之滨。"

③ 《文渊阁四库全书》本与《文津阁四库全书》本，在正文"如见睍之聿津"之后有不同程度的缺漏。两个本子现存内容基本一致。仅见文津阁本"每室皆穿北牖以避炎燠"，在文津阁本中"皆"改为"亦"。其他是字体的写法不同，如"参诸平日所闻"的"参"字。

日本有宝历四年（1755）覆刻太斗南本等。当今学界对董越的研究集中在《朝鲜赋》，刊发了多篇论文：从礼仪外交的角度来展开讨论的，有傅德华、李春博的论文《明弘治年间中朝礼仪外交——以董越出使朝鲜为中心的考察》[①]；关注古代外交与辞赋发展，有吾师曹虹的论文《论董越〈朝鲜赋〉——兼谈古代外交与辞赋的关系》[②]；从赋的内容来探讨当时的朝鲜社会风俗，有李庆宏、黄渊的论文《弘治时期朝鲜的社会风俗——以董越〈朝鲜赋〉为例》[③]，均以《朝鲜赋》为例，探讨董越出使朝鲜的礼仪及当时的朝鲜风俗，尤以曹师一文探讨明代中朝外交与辞赋文体、功用之关系，细密详赡。董越另有《朝鲜杂志》一书，据《中国古籍总目》记载目前只存1941年玄览堂丛书影印明抄本。《朝鲜杂志》是将董越对《朝鲜赋》所作注释抽出来，单独成册[④]，但此书的编辑者并非董越本人，正如曹师文中引述四库馆臣所作的《朝鲜杂志》提要："盖好事者抄出别行，伪立名目，非越又有此书也。"

《使东日录》一书，收录了董越出使途中所作诗文百余篇，主要以纪行、题咏为主。《中国古籍总目》中记载《使东日录》现存明正德九年（1514）刻本，藏于上海博物馆[⑤]，古籍普查又登记宁波天一阁博物馆亦有此刻本。此本长17.8厘米，宽12.4厘米，一册一函。前附弋阳汪俊所作序言一篇，每半页七行十三字，正文每半页十行十五字，

---

① 傅德华、李春博：《明弘治年间中朝礼仪外交——以董越出使朝鲜为中心的考察》，《韩国研究论丛》2009年第2期。

② 曹虹：《论董越〈朝鲜赋〉——兼谈古代外交与辞赋的关系》，《域外汉籍研究辑刊》2005年第1期。

③ 李庆宏、黄渊：《弘治时期朝鲜的社会风俗——以董越〈朝鲜赋〉为例》，《宜春学院学报》2015年第5期。

④ （明）董越：《朝鲜杂志》，玄览堂丛书影印明抄本，现藏宁波天一阁博物馆。

⑤ 中国古籍总目编撰委员会：《中国古籍总目·史部》第7册，北京：中华书局；上海：上海古籍出版社，2013年。

小字部分每行空两格共二十字，黑口双鱼尾，书口刻有"目录"二字及页码，四周双边，约有几页的页面刻印模糊，字迹不清，如第十页，并偶有缺页。

明代朝廷派出使者的目的主要是为了完成政治使命，因此，无论是《使东日录》还是《朝鲜赋》都受到政治因素的影响，包含有政治色彩。朝鲜作为明代中国的藩属国，一直奉明朝为宗，曾多次派皇子出使明朝，每年也定期向中国派遣冬至使、正朝使、圣节使和千秋使等使节，维持友好的朝贡关系，也向明朝学习先进的文化、技术。在孝宗皇帝登基时，朝鲜成宗皇帝也遣派卢思慎以登极使的身份与正朝使李崇元一起前往首都顺天府，祝贺明孝宗登基。史料中并无记载此次出使的具体时间，但朝鲜《成宗实录》有载成宗十八年（成化二十三年）十二月戊辰日，卢思慎等人到达辽东，可知在成化二十三年十二月左右卢思慎等人已前往出使中国。汪俊在《使东日录》序言中言："朝鲜密迩中国，虽自为声教，而礼事朝廷甚谨，若一近藩然。朝廷待之，亦视他国为优，未尝鄙夷之也。"[1] 尽管如此，明朝与朝鲜之间也时常伴有摩擦，以《明孝宗实录》中董越出使前后即弘治元年四月的记载为例，临近朝鲜的边境地区流寇猖獗，连带着也有外敌侵犯，"辽东都指挥使金事高俊等，坐贼入懿路，掠人畜，隐而不言"[2]，之后又"初辽东都司都指挥同知康显及指挥金事郭通，相继守备开原，虏数犯边，显守备时军死者十人，虏者十六人，通守备时军士死者一人，虏者十余人"，在新帝即位，中朝两国迫切需要稳定新的外交关系，而边境地区时有动乱的背景下，董越奉命出使朝鲜。

---

① （明）汪俊：《使东日录序》，明正德间刻本《使东日录》，现藏于上海博物馆和宁都天一阁博物馆。

② （明）刘健等修：《明实录·孝宗实录》第 28 册，台北：台湾"中央研究院"历史语言研究所校印，1962 年，第 300 页。

欧阳鹏为《朝鲜赋》所撰序言中记载："弘治元年春，先生圭峰董公以右庶子兼翰林侍讲奉诏使朝鲜国，秋八月归复使命。首尾留国中者不旬日，于是宣布王命，延见其君臣之暇，询事察言，将无遗善。"①指明董越出使时间为弘治元年春至秋，八月回到京师，而出使主要目的是为了宣布王命。汪俊在《使东日录》序言中亦记载："于是使其国者率充以翰林近臣，弘治改元颁朔海内外，而圭峰董公以选充朝鲜正使，礼成而归。"②明朝出使外邦的大部分是宦官，而孝宗一即位，便派已五十八岁的董越以正使身份赐麒麟服加身出使朝鲜，同行的还有时任工科右给事并赐一品服出使朝鲜的副使王敞③，出使的目的是正式颁布孝宗皇帝继位的诏令，同时暗含威慑朝鲜之意，希望新帝继位后朝鲜邦国能继续和大明维持友好关系。

二、使东纪行与感怀

董越《使东日录》中百余篇诗文按内容大致可分为纪行诗文、唱和诗、离别诗、题咏诗以及一些诗文序，其中纪行诗文和唱和诗所占比重最大。在形式上诗歌主要以七言律诗为主，有很多叠韵诗、次韵诗，朗朗上口，文章主要是记叙文，平实易懂。

1. 纪行诗文

《使东日录》是董越在出使朝鲜途中对其所见所闻有感而作的，因此《使东日录》中大部分都是纪行诗文，与《朝鲜赋》相比，前者像

① （明）欧阳鹏：《朝鲜赋原序》，《文渊阁四库全书》本《朝鲜赋》，《文渊阁四库全书》第594册，台北：台湾商务印书馆，1986年，第106页。
② （明）汪俊：《使东日录序》，同上。
③ 王敞，字汉英，号竹堂。明天启年间《本朝分省人物考》卷十二中记载："敞少警敏，为应天府学生，有时名，成化辛丑中会试第三人，授邢科给事中。"

是个人随行游记的汇总，后者则是敬呈给天子的华丽辞赋。《使东日录》序言中记载："《使东日录》一篇，盖公纪所经行，凡雨旸寒燠之候、山川风物之异、耳目之所创见者，皆见诸题咏，有倡斯和，无求不应。有以见公诹询之周焉，有以见公综理之详焉，有以见公恺悌之诚焉。"① 《朝鲜赋》在开篇也说："予使朝鲜，经行其地者浃月有奇。凡山川、风俗、人情、物态，日有得于周览咨询者，遇夜辄以片楮记之，纳诸巾笥，然得此遗彼者尚多。"② 皆言撰写的目的是为了纪所行，见所景，倡所和，有所感。

董越将其途中所见所闻都一一记载、描写，汇成《使东日录》，大部分是在董越经过、观览当地景致后所作的纪行诗文，不仅介绍朝鲜的地方美景，也刻画其游览后的心情，相较于《朝鲜赋》的丰富辞藻和精心构思，《使东日录》的语言表达更加随性，情感也更为充沛。以董越《使东日录》开篇《使朝鲜闻命有作》一诗为例，诗曰：

> 六龙飞御九重天，便有仁风传入延。拜命敢辞千里远，怀人先觉寸心悬。
> 严城驿骑催明发，代步肩与迹老便。未必诗成能夺锦，新袍也得惹炉烟。

诗中记载了董越出使朝鲜第一天的所见所感，他看着整装待发的行军，内心充满着为国远行的慷慨激昂。而《朝鲜赋》的写作则有所取舍，因为是敬呈给天子的，语言表达更为优美且力求准确，同时也尽量客

---

① （明）汪俊：《使东日录序》，明正德间刻本《使东日录》，现藏于上海博物馆和宁波天一阁博物馆。
② （明）董越：《朝鲜赋》，《文渊阁四库全书》第594册，台北：台湾商务印书馆，1986年，第107页。

观描述，克制情感表露，在内容上则更多地着眼于朝鲜的地理位置、奇山异水、风土人情等，试看以下例子：

> 描绘当地山川：自余诸州，壤多燥赤；间有黄壤，亦杂沙石。
>
> 描绘当地异产：禽多雉鸠、雀鹦，兽多麋鹿、麈貆；错则昆布、海衣、蛎房、车螯，鱼则锦纹、鲐项、重唇、八稍。
>
> 描绘当地人情：巷陌尽为毳倪所拥塞，楼台尽为文绣所衣被。乐声也若缓以嘽，虚设也亦华以丽。沉檀喷晓日之烟雾，桃李艳东风之罗绮。骈阗动车马之音，曼衍出鱼龙之戏。

《使东日录》的纪行诗主要以七言长律为主，如《三河察院》《玉田县》《渡汉江》《渡大同江》《宿金岩馆》等，内容十分丰富，纷呈多样，主要记载沿路美景、记载行路生活和记载道路艰险三类。记载沿路美景的作品占大部分，如董越游览朝鲜名胜百祥楼所作的《登百祥楼》：

> 晴川高露碧崔嵬，此日登临亦壮哉。水漾凫波清且浅，云随鸟翼去远来。
>
> 一帘香雾浓阴合，四面青山蓊尽开。使节东归应指日，与君重上醉余杯。

百祥楼的楼体在朝鲜战争时已毁于战火，但我们通过董越的记载，也仿佛亲眼看到百祥楼前一片绿水青山、天高任鸟飞的壮阔美景，更感受到他在离别之际与友人登高望远的依依不舍之情。记载行路生活的如《云兴馆午饷欲睡不可得》：

　　山腰候馆落松鬟，乱石崔嵬亦具瞻。孝女断碑横道左，孤城栈堞出山尖。

　　闲云片片方随马，细雨霏霏欲拂檐。徒倚莫由寻一榻，笔花应笑老江淹。

云兴馆坐落于半山腰，附近乱石崔嵬，孝女碑断，孤城耸立。而董越此时正暂居云兴馆休憩，或因奇特景色吸引，或因细雨霏霏而乱了心绪，午睡不得，自嘲年岁老矣。记载道路险阻的如《小凌河道上阻风》：

　　凌河驿前风卷沙，号空撼树迷人家。车声马足相历乱，烟霏林暝惊横斜。

　　遥天冥冥已归雁，夕阳点点将栖鸦。急投前营问宿处，尘埃遍体难搔爬。

可以想象董越一行在前往驿站的凌河道上遇大风暴，沙土飞扬，兵慌马乱，一个"急"字更突出了风沙之大、快、猛，这些纪行诗文既让明人通过诗文想象陌生的朝鲜国地理风貌和人文名胜，又能使后人得知董越出使的路线与当时的自然、社会风貌，意义重大。

　　纪行类文章更多是通过游记的方式，如《高岭即事》《宿东坡馆》《迎薰楼观射》《游葱秀山记》《风月楼记》等，行程清晰，一一有序。在《游葱秀山记》中，董越先是介绍了葱秀山所在位置，即"自宝山馆西行可十里有山焉"，并大致描述了葱秀山周围环境，"峭壁悬崖，下瞰流水，蟠松怪石，层见叠出"。其次言明自己与王敞游历葱秀山的经过，因"初道此时，日已迫暮，与人狂奔赴馆不可止，徒能一顾眄而已"，故与王敞相约归程时途经葱秀山，再细细观赏。《游葱秀山记》便是作于归程中，黄海观察尹君听闻董越一行将前往葱秀山，亦一同前往。文中最后董越详细描述了葱秀山美景，如"见群峰猎猎东奔如风樯阵马，奇怪百出，皆至葱秀而止"等，并盛赞葱秀山"与汉江杨花相为伯仲，则亦非凿无助矣"。游记相比于诗歌，内容更加丰富与详细，通过这类游记，我们既随同董越一起游历了葱秀山美景，也进一步明确了董越行程时间与路线。

2. 唱和诗

《使东日录》还收录了很多唱和诗。长路漫漫，在行程中董越也经常和副使王敞与朝鲜接远使许琮一起写诗唱和。《使东日录》中所收的唱和诗大部分是董越和王敞诗韵而作的次韵诗，如《望医巫闾山次王黄门韵》《三义和次王黄门韵》《野人头草次王黄门韵》《海州次王黄门韵》等，还有一些董越与许琮的唱和诗，如《许吏曹以登山临水送将归为韵见赠用和答意》等。

需注意的是《使东日录》中大部分收录的是董越所作的唱和诗，但在《戊申皇华集》中有详细收录董越、王敞和朝鲜使臣许琮、成伣四人的酬唱之作。[1]《戊申皇华集》共380首，其中董越诗有94首，王敞诗114首，许琮诗165首，成伣诗17首，另有董越的游记、序跋等5篇，故《使东日录》中董越所作的一些次韵诗能在《戊申皇华集》中见原诗出处。[2]如董越与王敞之间的唱和，《使东日录》中收董越《晚眺太平楼次王黄门韵》，位于第十六页后半页，但缺第十七页，只剩诗名及一行诗句"长途日日催轮蹄，风花过眼忘品题"和"层"字，而《戊申皇华集》中完整地收入此诗，名为《三月十四日眺太平楼次王黄门韵》，同时还收录了王敞的原诗《题太平楼》。两诗如下：

---

① 《皇华集》一共十三卷，是明朝鲜国所刊使臣酬唱之作，所录惟天顺元年、二年、三年、四年、八年，成化十二年，弘治元年、五年，正德十六年，嘉靖十六年之诗。

② 赵季辑校：《足本皇华集·上》，南京：凤凰出版社，2013年，第324—434页。

《题太平楼》　王敞

纷纷使节来碧蹄，壁间浓墨闲留题。登楼雪霁作长赋，倪公笔力凌昌黎。

文章末技吾颇厌，大道多歧人更迷。若将诗句斗工拙，瓮天小见真醯鸡。

《三月十四日眺太平楼次王黄门韵》　董越

长途日日催轮蹄，风花过眼忘品题。层楼向晚试纵目，连甍接栋皆群黎。

东风满园桃李放，落日数峰烟雾迷。夜深就枕惊一觉，东方喔喔闻晨鸡。

两诗皆记途中在太平楼，见楼上题壁及眼前景观，有感而发。王敞诗对太平楼上诸多题壁之作提出评议；董越诗则更多抒发自己的行程观感，更有真情实感。据《戊申皇华集》补全了《使东日录》中的错处及疏漏，也能窥探出董越与友人唱和的原貌，即弘治元年（1448）三月十四日，董越、王敞一行登太平楼，观景作诗。和诗可分为依韵、用韵、次韵三种，其中次韵诗要求最高，也最受文人喜爱，董越《三月十四日眺太平楼次王黄门韵》和王敞的《题太平楼》，用韵工整，有多处不仅是押原诗的韵，更押原诗的字，"蹄""题""黎""迷""鸡"同字，"赋"与"目"同韵，"厌"与"放"韵相近。

除此之外还有董越与许琮等朝鲜友人的唱和，如《使东日录》中所收的《登凤山楼》，《戊申皇华集》中也收入此诗，但《使》本"雉"字在《皇华》本中为"鸡"字，《戊申皇华集》中还收入了许琮的和诗《登凤山楼次韵》。

《登凤山楼》 董越

凤山楼头坐日斜，烟横雉[①]堞迷归鸦。

春深昼静人不到，开遍满林桃杏花。

《登凤山楼次韵》 许琮

独倚雕阑帽影斜，客中衰鬓已非鸦。

不禁杜宇声声苦，啼尽东风第一花。

董越于傍晚时分，登凤山楼，看见远方烟雾缭绕，城墙若隐若现，桃树、杏树争相盛开的美景，作《登凤山楼》一诗，许琮亦有感而和《登凤山楼次韵》，其中"斜""鸦""花"等都是按照董越原诗用字。明代出使途中的唱和诗是明代文学不可忽视的一部分，各国使臣之间一方面是切磋诗艺，另一方面也借诗表情，兼具文学与史学价值。

3. 其他类型

《使东日录》中还有一些送别诗，董越离别的对象可分为两类，一类是京都亲友，一类是朝鲜友人。前者主要包括《出城留别诸同寅》《潞河与景元话别》和《又潞河与景元话别》三首诗，是董越从京都出发时与亲友话别而作，情意绵绵，难分难舍，只能聊借青丝与玉壶表达情意，"联翩白马嘶金勒，络绎青丝送玉壶"，并于友人景元约定回来之后再相聚，"与君早计归来约，莫待鸣驺道上催"。后者有《许吏曹以登山临水送将归为韵，见赠用和答意》《鸭绿江舟中留别许吏曹》等诗，皆是董越归程途中与朝鲜接远使许琮等人话别而作，尽管只是短短的相处了几个月，但情谊仍十分深厚。这类型的送别诗不是一般意义上的送别，而是双方的离别、分别，因对象的特殊性，送别之际

---

① 《戊申皇华集》中"雉"字为"鸡"。

往往采用酬唱的方式，如董越的《许吏曹以登山临水送将归为韵，见赠用和答意》诗，他慨叹道："仆仆奔驰数月间，每劳流水洗尘颜。司空席上已无乐，锦瑟何须怨义山。"想起回程之路没有许琼等人的陪伴，董越心情默然失落。

在一些应酬场合中，董越还受邀撰写一些题咏诗，如董越为边疆将士韩副总兵①题诗，即《为韩总兵题楼台小景》（含《右黄鹤楼》《右岳阳楼》《右竹楼》等诗）。在《为韩总兵题楼台小景》中，董越先是描绘楼台小景的总体景观，宛如仙府一般，"十二危栏锁碧空，晓风吹散雨濛濛。神仙莫道无官府，玄圃从来隔阆风"；后又用黄鹤楼、岳阳楼等名楼来称赞韩总兵的楼台，使读者对韩总兵楼台的画面更加清晰具体。受托为友人写诗文序和题辞这一行为，一方面体现了董越与朝鲜友人及边疆战士的亲密情谊，另一方面也反映出董越的文名远播域外，其文学水平为朝鲜文人所赞赏。《朝鲜王朝实录》卷二一二就记载了朝鲜使臣的启奏"人言董越等皆能文者"②。在凌迪知撰的《万姓统谱》卷六十八中也称赞董越"博学善文"③。李东阳在为董越写的墓志铭中也提及其"平生为文章歌诗典雅优裕，无烦雕琢"④，这都反映出董越文学素养的深厚。董越被天子委任出使朝鲜，其中就有这方面的因素。

《使东日录》收录的诗歌体制类型多样。就诗而言，主要以七言律诗为主，还有一些七言绝句、五言律诗、六言长律等。诗风大多明白畅快，又押韵严整，注重对声调、节奏的把握，这也顺应了明成化、弘治年间诗坛想要摆脱台阁体，重焕诗歌活力的风气。因场合与对象

---

① 董越《为韩副总兵题龙》一诗中言："将军本是人中龙，少年曾树边城功。"可知韩总兵为明朝驻守边疆的战士，并与董越相交颇欢，相互欣赏。
② （明）春秋馆史官：《朝鲜王朝实录·成宗实录》卷212，金柜秘本。
③ （明）凌迪知：《万姓统谱》卷68，《文渊阁四库全书》本。
④ （明）李东阳：《明故资政大夫南京工部尚书赠太子少保谥文僖董公墓志铭》，《怀麓堂集》卷八十四，《文渊阁四库全书》本。

需要，董越等人主要采用酬唱、赠答的形式，《使东日录》中最重要的文体特征在于有很多叠韵诗、次韵诗。次韵诗在前文已经提及，叠韵诗主要是指诗中两字的韵母相同，在诗歌平仄和对仗的要求下，再追求叠韵，同时又要保留诗意，避免拗口，试看董越《喜晴六言叠韵》：

> 檐外飞丝已断，山颠瀑布犹悬。愁杀悠悠去路，忽瞻荡荡遥天。
> 二月风光已过，暮春节候初交。迢迤沂滨莫到，驰驱箕甸从教。
> 从来行止非人，明日阴晴未保。不于客路悬情，岂识斯言最好。
> 寒鸡喔喔闻三，戍鼓声声报五。梦回青草池塘，肠断绿荷风雨。
> 雨树已为晴树，前邮又作后邮。最爱肩舆便捷，不教半步迟留。
> 短见每怜渠辈，大方今属君家。话久精神倍爽，诗来楮墨尤佳。
> 遥遥缓步安车，落落客卿子墨。青山谩笑行人，何处独无愁客。

这是一首六言诗，以写景为主，在写景中勾勒出时间、地点、人物的交往等信息，景中有情。董越运用了众多叠词，如"悠悠""荡荡""喔喔""声声""遥遥""落落"，还用了很多同韵词，如"瀑布""阴晴""雨树""独无"等，使诗歌富有节奏感，朗朗上口，轻快动人。

就文而言，《使东日录》主要以记叙文为主，包括纪行和游记，还有几篇诗文序，文章大多平实易懂，和华丽的《朝鲜赋》相比，别有一番风味。董越此次出使，还应邀为朝鲜官员、友人撰写文集序，如为许琮的尚友堂作《尚友堂诗序》，为申从濩作《题申汎翁文集后》。在序言中，董越也大肆称赞朝鲜友人，并言"能交于一卿，亦足称善士矣"。

三、使东路线的补充与印证

关于这次出使，《明孝宗实录》中无详细记载，更无对具体路线的描述。只在弘治元年五月丙寅日即五月初三时记录道："颁诏正使右春坊右庶子兼翰林院侍讲董越、副使工科给事中王敞归自朝鲜"[①]，明确表明五月初董越一行已到达朝鲜，并准备返程。另外，朝鲜《成宗实录》卷二一二中有记载董越出使前曾与当时在京师的登极使卢思慎等人有过交流。

> 登极使右议政卢思慎、副使武灵君、柳子光，正朝使延原君、李崇元等还至辽东，驰启曰："臣等在北京正月十九日，通事朴孝顺到礼部，适见翰林院外郎马泰，曰：'我是侍读董越陪吏。今以颁诏正使差往汝国，欲见汝国人，审问道路远近。汝宜往见。'翌日，臣等令孝顺往见，语之曰：'本国宰相以贺登极入朝，明日当还。闻大人奉诏使本国，敢问起程日时。'董越答曰：'闰正月十一日、十九日中发程，但辽塞寒甚，欲待天气向缓发行。'仍问殿下春秋几何？孝顺答曰：'吾是微臣，未敢知道。'且问：'道路远近？'答曰：'自辽东至义州，八站；自义州至王城，十八站。'且问：'汝国站马良否？轿子有无？'答曰：'本国站路一如中朝，乘马、乘轿，惟大人所便。'董越曰：'我是今皇帝在东宫时侍讲，前此尔国使臣，皆以行人司员差之，未有堂上员差往者。今朝廷以尔国事大至诚，特以如吾年老之人充使，此意传说宰相。'有称编修官者在坐，曰：'主人以东宫旧侍升为堂上，汝国当尊敬之。'"[②]

---

① （明）刘健等修：《明实录·孝宗实录》第 28 册，台北：台湾"中央研究院"历史语言研究所校印，1962 年，第 328 页。

② 《朝鲜王朝实录·成宗实录》卷 212，金柜秘本。

据此条记载，弘治元年正月十九日，卢思慎等人曾受董越相邀询问朝鲜事宜。至二十日，卢思慎等令通事朴孝顺前往会见。董越先是告知朴孝顺启程时间原定于弘治元年闰正月十一日、十九日，但因朝鲜一路气候严寒，故推迟至天气和缓之时，后董越又向朴孝顺询问朝鲜出使相关事宜，例如朝鲜成宗皇帝年岁，道路远近和途经地方，以及是否有马匹、轿子等，最后董越言明自己的身份，表明孝宗皇帝对中朝两国外交的诚恳态度。通过这条记载，我们能大致判断董越一行的去程路线，即先从辽东至义州，共八站，后从义州至王城，共十八站。

除此之外，后世大多通过董越所作《朝鲜赋》一文来推测此次出使路线。《朝鲜赋》有多个版本，在与其自注《朝鲜杂志》比对之后，发现《四库全书》本虽流传甚广，但有缺页漏字，《豫章丛书》本较《四库全书》本记载更为详细，故此处文本选《豫章丛书》本中的记载：

> 盖自义顺而历宣川，其间虽有龙虎、熊骨之巉岏，惟郭山更凌乎霄汉；又自新安而渡大定，其山虽有天马、凤头之巖嶪，而安州又倚乎潺湲。郡肃川而邑顺安，势皆不于原野；楼肃宁而馆安定，地乃稍就宽闲。惟彼西京，地最夷旷，随势命名，是曰平壤，爰自有国，已高筑临水之维城；曾几何时，又近移北山之叠障也……锦绣峰远接龙山之兀兀，浮碧楼[①]下瞰浿水之滔滔，麒麟[②]尚余乎石窟，驼羊半弃于山腰……大同既渡，山渐崔嵬。生阳载临，路更迂回。遗营垒于松阴，若古冢之累累；望波涛于海上，识洪量之恢恢。成佛雄关，弃石磊磊。北接慈悲，南临渤澥。在前元则画此为界，至国朝乃示以无外也。延津剑水，凤山龙泉，

① 《四库全书》本中"楼"字为"池"。
② 《四库全书》本中"麟"字为"麞"。

环翠翚飞，葱秀云连。宝山瑞腾，金岩溜穿。圣居松岳，天魔朴渊。开城庋止，留都在焉。有威凤遗基，弃乎北麓。有蟠龙旧陇，出乎东阡 [①]……临津济渡，坡州爰止。遥瞻汉城，高腾佳气。乃经碧蹄，乃蹑弘济。是为王京，屹立东鄙。[②]

虽然此材料中有很多地方的山名难以考察，但董越通过自注的方式一一指出其所在方位，比如"龙虎"，董越自注是"山名，龙川郡镇山"，"熊骨"自注是"山名，铁山郡镇山"，"威凤"自注是"威凤，楼名，王建前门"等。

叶泉宏在《明代前期中韩国交之研究》中就根据《朝鲜赋》原文及自注梳理出董越的出使路线：先从义州义顺馆到宣川郡，到郭山郡，到定州新安馆，到博川郡，到嘉山郡，到安州安兴馆，到肃川郡肃宁馆，到顺安县安定馆，到平壤，到长湍府，再到坡州，到碧蹄馆，最后到达汉城。[③] 而傅德华、李春博在《明弘治年间中朝礼仪外交——以董越出使朝鲜为中心的考察》一文中指出博川郡和嘉山郡前后顺序有误，正确顺序应当是从定州到嘉山郡到博川郡再到安州。[④] 这两种说法哪一样准确呢？

据《朝鲜赋》原文："又自新安，而渡大定，其山虽有天马、凤头之巑岏，而安州又倚乎潺湲。"董越自注云新安和天马山都在定州，《朝鲜杂志》中亦详细注释："新安馆在定州，有楼。""天马山为定州

---

① 《四库全书》本中无"大同既渡……出乎东阡"这段记载，《文渊阁四库全书》本是直接省略，《文津阁四库全书》本是空开数行，表示这部分有缺漏。

② （明）董越：《朝鲜赋》，《丛书集成续编》第 245 册，台北：台湾商务印书馆，1986 年，第 196—198 页。

③ 叶泉宏：《明代前期中韩国交之研究》，台北：台湾商务印书馆，1991 年，第 129 页。

④ 傅德华、李春博：《明弘治年间中朝礼仪外交——以董越出使朝鲜为中心的考察》，《韩国研究论丛》2009 年第 2 期，第 355 页。

镇山",而据明《朝鲜志》下卷记载:"博川江古称'太宁江',《大明一统志》作'大定江',在博川郡西十五里。"①《朝鲜杂志》中亦明确指出大定江是在博川郡内。另外,明《朝鲜志》下卷也指出"凤头山在郡北一里镇山",可知凤头山在嘉山郡北,董越自注也说凤头山就是嘉山郡镇山。据此可推出顺序应为:定州(新安馆)—博川郡(大定江)—定州(天马山)—嘉山郡(凤头山)—安州。

再结合《使东日录》来看,董越前后一共作了三首诗,分别是《新安馆即事》《渡大定江》《登百祥楼》,其中新安馆位于定州,大定江位于博川郡,百祥楼位于安州,这更进一步确定董越的出使路线是定州到博川郡到安州,一路向东。那么争论的焦点就在于这一路线中凤头山所处的嘉山郡位置在哪?根据清嘉庆年间《大清一统志》卷五百五十记载:"嘉州城在今安州之西,唐至元仍曰嘉州,今为嘉山郡。"②顾祖禹《读史方舆纪要》卷三十八也有记载:"今曰嘉山郡,西接义州境,东接安州境。"③张廷玉《通鉴纲目三编》卷四十二也指出:"安州在嘉山郡之东,亦属平安道南。"④这些记载都表明安州西面是凤头山所处的嘉山郡,并没有提到博川郡。再者,从朝鲜地图可知,大定江是经过博川郡后一路南下,博川郡所处位置更靠北边,位于安州的西北方向,而安州西面大部分属于为嘉山郡,董越等人应当是先前往博川郡渡河再前往嘉山郡。故笔者认为叶泉宏梳理的董越出使路线更为准确,应为:定州—博川郡—嘉山郡—安州。

根据《使东日录》所录诗文顺序,我们可以把董越的出使与回程路线加以补充、完善。其一,《朝鲜赋》因文体所限,在纪行路线上只

---

① (明)佚名:《朝鲜志》下卷,清刘氏嘉荫簃钞本。
② (清)穆彰阿:《大清一统志》卷550,《四部丛刊续编》景钞本。
③ (清)顾祖禹:《读史方舆纪要》卷38,清稿本。
④ (清)张廷玉:《通鉴纲目三编》卷42,《文渊阁四库全书》本。

择取重点的标志性地点，简单记录了董越一行到达朝鲜境内，从义州前往汉城的路线，没有记录董越等人从京师出发前往朝鲜的路线以及从汉城回程的路线。而《使东日录》则是董越出使全程的随行记录，其开篇《使朝鲜闻命有作》一诗就是董越于京城所作，故根据《使东日录》当中的记载可以勾勒出全程路线。从《出城留别诸同寅》和《潞河与景元话别》中可看出董越一行是从京城潞河附近出发。从《三河察院》《蓟州》《玉田县》《晓出丰润》《义里驿》《至永平悼太守姜》《滦河》《山海关二首》等诗推测出京后董越等人一路向东走到达三河、蓟州、玉田县、丰润、义里、永平，然后再向北渡过滦河，向东到达山海关。

再通过《宁远汤泉二律》《晓发塔山》《小凌河道上阻风》《渡大凌河望十三山》《望医巫闾山次王黄门韵》《三义河次王黄门韵》《海州次王黄门韵》《至广宁城》《浪子山秋千》《晓发甜水站》《高领即事》《辽阳城五言排律一首》《出连山关》等诗，可知董越继续从辽东出发，一路向北经过宁远、塔山，渡过小凌河、大凌河到达医巫闾山，后又渡过三义河至海州境内，后至广宁城经浪子山再继续向北至甜水、高领、辽阳城，到达连山关。连山关是朝鲜入中国的必经之路，有天然的河道及群山作为屏障，是明代重要关城及军事要塞，常有重兵把守。董越《出连山关》一诗中也描写了连山关奇特壮丽的景象，歌颂了边疆将士不畏艰险，保家卫国的壮志豪情："峻岭连云起，重关扼险开。辛夷旧分界，戍卒几衔枚。服远歌皇德，开边属将才。清泉绕山麓，鸥鸟日沿洄。"

又通过《度长岭望凤凰山》《八渡河》《行营赠林都阃胜》《为韩副总兵题龙》等诗以及董越在《行营赠林都阃胜》一诗中与林都阃相约："东归有约还相候，鸭绿江头准望君。"可知董越一行在连山关休整之后，继续向东，到达凤凰山，渡过八渡河到达韩总兵、林都阃所在军营,抵达鸭绿江,渡江到达朝鲜境内。至此,我们可将董越一行的去程路线补充完整,即从京师出发一路向东到山海关,渡关至鸭绿江再向东北方向前往朝鲜境内,随后从义州出发到达朝鲜王都汉城。

返程路线则通过《使东日录》中《重登凤山楼》《重渡大同江》《重过肃宁馆》《重宿嘉平馆》等诗歌来确定,这些诗多次提到"重登""重渡""重过"等字眼,可知董越等人基本是原路返回,大致行程仍是从汉城出发,过凤山州渡大同江至平壤,后又重过安定馆、肃宁馆等重回义州。很多地方是过而不入的,在《过兴义馆不入》《过安城馆不入》等诗中就明确指出过而不入,如《过安城馆不入》:

> 午烟吹散树风微,犹忆东行日未西。当户远山双髻出,隔林好鸟一声啼。
>
> 江山已变归来色,桃李还成旧日蹊。欲索冰浆消渴思,奔奔无奈促轮蹄。

其中,"犹忆东行""江山已变""旧日"等词句都暗示董越是再次经过此处,但与之前停留欣赏美景不一样的是"奔奔无奈促轮蹄",或是因为路线熟悉,或是因为很多地方已经游览过,或是因为回国心切等原因,故董越一行回程速度比去程快,耗时也更短,于秋八月归国。

其二,《朝鲜赋》是在出使路线的勾勒下,摄取了朝鲜典型的历史故事、人事风俗、风光景物入赋,重在辞藻和铺陈;而《使东日录》则将路途中经过的地方以及发生的事情都一一进行介绍,对路经朝鲜国各地的自然景色及风土人情是随见随感随写。在《宿东坡馆》《金郊馆午饷》《迎薰楼观射》等诗文中,董越分别对东坡馆、金郊馆、迎薰楼等地都进行了详细介绍,如董越暂居金郊馆,看见春夏之交,金郊馆内花香四溢,柳絮纷飞的美丽景象而作《金郊馆午饷》:

亭午憩金郊，秋当春夏交。花香蜂酿蜜，树古鹊成巢。

入馔先炮雉，挟弓不射麀。纷纷杨柳絮，太半落庭拗。

又如董越一行来到新安馆，馆内热闹非凡，随从知礼有仪，董越也与朝鲜友人相处融洽，有感而作《新安馆即事》：

弥节临山馆，张灯夜燕时。通言虽用译，却乐不烦时。

馆伴先知礼，从行亦有仪。因思圣明化，元不隔藩篱。

《使东日录》的诗文补充了《朝鲜赋》当中简单的路线记载，丰富了董越一行出使朝鲜的纪行与感怀，更生动、更具体地描绘了出使的详细情况，弥补了史料记载的不足。与《朝鲜赋》对读，《朝鲜赋》典核赡丽，《使东日录》则更有现场感和真实体会。

四、中朝交情厚谊的反映

董越此次出使除主要为了颁布诏令外，还有着记录朝鲜的目的，《豫章丛书》本《朝鲜赋》末尾有董越有言明自己的记录态度："惟不敢厚诬于见闻，或庶几不愧于咨询。"[1] 董越记录态度十分严谨审慎，也力求详细周全。四库馆臣为《朝鲜赋》所作提要中言："自序所谓得于传闻周览，与彼国所具风俗帖者，恐不能如是之周匝。"[2] 记录目的一是为需给天子阅读、汇报，二是要给百姓普及朝鲜相关见闻，三是希

---

① （明）董越：《朝鲜赋》，《丛书集成续编》第 245 册，台北：台湾商务印书馆，1986 年，第 203 页。

② （清）纪昀等撰：《朝鲜赋提要》，《文渊阁四库全书》第 594 册，台北：台湾商务印书馆，1986 年，第 105 页。

望修正以前相关记载的错误的必要。为此，他在出使朝鲜前就阅读有关朝鲜的记录，并多次询问同行的朝鲜大臣。异域风物与人情，给董越带来陌生感与新奇感。董越在行途游览时凡有不懂处，皆一一求问朝鲜当地人，一探究竟。在《朝鲜赋》中就有董越对当时刑罚产生疑惑而询问朝鲜官员的记载："阉宦皆非宫刑，惟取幼时伤疾者为之，所以甚少，惟盗贼则不轻贷。此事以询诸三四通事，所言皆合。"①《使东日录》也有颇多董越向周边官员询问的记载，见于《前巳卫道中望此山》《嘲欢喜岭》等诗的小序部分，如《前巳卫道中望此山》中的小序记载："以俟远眺，及询其何名，乃云：'皆境外诸胡畜牧地。'"《嘲欢喜岭》中的小序亦记载："然则自此而东，不得名欢喜矣，询之与人，云果有似惶岭之异名。"在这路途上一问一答之间，董越与朝鲜友人关系迅速建立起来。

　　除了一问一答，董越、王敞在路途上也常与许琮、成倪等朝鲜友人写诗唱和，和诗大多也收于《戊申皇华集》中。前文已经提及董越登凤山楼，作《登凤山楼》一诗，许琮亦有感而和《登凤山楼次韵》。这样的例子还有很多，如董越渡大同江，见江上美景而作《渡大同江》一诗，许琮亦作诗相和。两诗如下：

《渡大同江》 董越

　　晓风吹上木兰舟，倚棹停杯看碧流。汀树带烟迷渡口，渔蓑冲雨傍矶头。

　　冰盘脍斫银丝细，石鼎茶翻雪浪浮。已遣前驱戒行李，一尊仍为主人留②。

---

① （明）董越：《朝鲜赋》，《文渊阁四库全书》第594册，台北：台湾商务印书馆，1986年，第108页。
② 《戊申皇华集》中"晋"字为"留"。

《渡大同江次韵》　许琮

悠悠身世一虚舟，稳泛沧江万里流。雉堞倚云联雁齿，鸥波衮雪映螭头。

青连平楚烟光合，黑入中流暝色浮。自是尊前情缱绻，肯缘光景为迟留。

董诗写渡江时所见江景烟波飘渺，在船上品尝到当地美食和好茶，感怀朝鲜国方面的热情款待；而许诗和韵，在描绘美景的同时也表达了自己与董越等人之间的情谊，又如董越、王敞至平壤城拜谒箕子庙，董越作《平壤城谒箕子庙》一诗，王敞作《谒箕子庙》一诗，许琮亦依次为董越、王敞作次韵诗以相和，其中许琮在和王敞的次韵诗的诗序中言："强韵之和，非大手不能，然大人有命，义不敢辞，谨录奉求教。"在写诗唱和中，董越既给长路漫漫的征途中找寻了文字乐趣，也以文会友、以诗结情。

董越等人作为明使臣，到达汉城时，自然受到朝鲜国的盛大接待，在王宫专门设宴招待。《朝鲜赋》中就有记载宴会开始时董越与朝鲜官员的交流，朝鲜官员对董越礼节、文才、品行等十分钦服与倾慕，双方都执礼甚恭。

予二人归至太平馆，诸陪臣以次见毕，王随来设宴。候于馆门外，立东向不入。执事者报，予二人出迎，乃揖让入。至庭交拜序立①，举酒献酬，则②卒爵而颁③二译者，使言曰："《诗经》有云：'隰桑有阿，其叶有那。既见君子，其乐如何。'我得见二位

① 《四库》本中"至庭交拜序立"为"至庭交揖序坐"。
② 《四库》本中"则"字为"将"。
③ 《四库》本中"而"字为"乃"。

大人，心中欢喜不尽。"予二人亦称其贤，且叙谢其途次燕接之厚。将即席，复与之礼让，乃云："《春秋》之礼，王人虽微，列于诸侯之上。矧二位大人是何等地位，皆天子近臣，今日远临小邦，岂敢不让？"又微笑谓二译者曰："汝不晓近臣谓何，乃是皇帝跟前行走的。"予二人亦笑答译者云："素闻王读书好礼，今得见果然。"又拱手连称："惶恐，惶恐。"[①]

宴席上，玉盘珍馐，轻歌曼舞，董越和朝鲜官员把酒交欢，其乐融融，在杯觥交错间加深了友谊。《使东日录》也有朝鲜国王于名楼设宴，邀请董越参加的记载。在这种欢宴场合中，多有诗文交流助兴，如董越的《是日，国王预遣二承旨于楼中设宴，坐见风水成文，用赋一律》一诗：

> 凝睇大江喷，楼高碍白云。地山谦受益，风水涣成文。
> 隐约鼋鼍窟，惊飞鸥鹭群。衣冠乐嘉会，不觉到斜曛。

在登汉江楼第二日，董越就承旨赴宴，与朝鲜国王一起共赏美景，景色开阔，心情舒畅，亦作文赋诗，相互品评，十分快活，不觉已到日落。

出于朝鲜友人的热情和殷勤以及双方间的情谊，董越与朝鲜友人私下场合也多有交往，受邀为他们撰写诗文集序言，一展文才，如前文提到的《尚友堂诗序》和《题申泛翁文集后》。《尚友堂诗序》是为许琛的尚友堂作序，开篇先是称赞许琛："朝鲜有清修好古之士曰许吏曹者，尝作堂数楹，颜曰'尚友'。"然后介绍作序缘由，当许琛提到

---

① （明）董越：《朝鲜赋》，《文渊阁四库全书》第 594 册，台北：台湾商务印书馆，1986 年，第 110—111 页。

"名堂之什，须待序以传"，董越则笑答"吏曹欲有及，胡不早图"，董越和许琮出使途中朝夕相处，十分亲密，因此董越也很乐意为许琮的尚友堂作序。同时董越也称赞许琮的礼仪合乎规范，他在文中写道："尝爱其雍容仪度，式礼罔愆。"最后更是直言自己与许琮友情的深厚："诗固不待序以传也，重吏曹之谊不可负，于是乎言。"《题申氾翁文集后》是为已故的朝鲜使臣申氾翁的文集而作的题辞，董越在出使之前就读过申氾翁的诗，很是赞赏。此次出使认识了氾翁之孙从濩，董越对氾翁有了更深的了解，有感于"氾翁平生所作甚多，散佚者过半"，又恰逢申从濩正在重辑《申氾翁集》，于是爽快写下这篇题辞，从这两篇文章中也能看出董越并没有因为朝鲜是边境小国而有所轻视，对朝鲜友人真诚相待，也获得了朝鲜上下的友好态度，缔结了明弘治年间中朝外交关系史上的一段佳话。

在归程途中的鸭绿江畔，董越与送别的朝鲜友人相辞。朝鲜《成宗实录》卷二一五中有许琮对此次送别的记载："到鸭绿江上设饯宴，两使语通事孙重根曰：'殿下向朝廷，尽其诚敬。'临别，两使语臣曰：'多蒙贤王厚意，感激而归。'臣送至舟中，相别之际，两使皆有凄然之色，正使则含泪不能言。"[1]数月来的朝夕相处使此时的离别更加难分难舍，别后路途遥远，难再相见，念及令人感伤，董越更是"含泪不能言"。怀着这种心情，董越作《鸭绿江舟中留别许吏曹》一诗，《使东日录》中该诗无小序，《戊申皇华集》中附小序，言："予使朝鲜，与吏曹相处者逾月，清谈雅会，无日无之。兹将别去，情实有不能相忘者，因赋此，聊系别后之思云。"[2]

---

① （明）《朝鲜王朝实录·成宗实录》卷215，金柜秘本。
② 赵季辑校：《足本皇华集·上》，南京：凤凰出版社，2013年，第419页。

　　　　匝月清尊又路歧，有情谁不重分离？正当扬厉铺张日，不是
留①连侣②和诗。
　　　　楼倚汉江曾赴约，山围箕甸亦题诗。请看鸭绿江头水，东去
何曾有尽期！

董越直言自己与许琮即将分离，想起之前一起游山玩水，写诗唱和，
情投意合，更是不忍别离，只能借东流的鸭绿江水聊表情谊。许琮亦
写诗相和：

　　　　重上兰舟话别离，相逢莫道更何时。
　　　　箬花细雨挑灯夜，两地应知有梦随。

董越与许琮船上别离之后，难以相逢，这几个月短暂的相处如昙花一
现，可情谊却始终缠绕心头，许琮只得托梦以表思念，字里行间情真
意切，感人肺腑。许琮这首和诗除见于《戊申皇华集》中，也被收入
《使东日录》，另起一行附在董越《鸭绿江舟中留别许吏曹》一诗后。
《使东日录》中还收录了董越的《许吏曹以登山临水送将归为韵，见赠
用和答意》等其他送别诗，都体现了董越与以许琮为代表的朝鲜友人
之间的深厚情谊。
　　在董越归国后，仍与朝鲜友人保持联系。朝鲜《成宗实录》卷
二六六记载："公弼又进天使董越所撰《朝鲜赋》，启曰：'上使赠臣
云，此董大人所寄许吏部也。'传曰：'此赋详载我国之事，其速印
进。'"③《朝鲜赋》最初传入朝鲜是因董越将其寄给许琮，之后《朝鲜

---

① 《戊申皇华集》中"留"字为"流"。
② 《戊申皇华集》中"侣"字为"倡"。
③ （明）《朝鲜王朝实录·成宗实录》卷266，金柜秘本。

赋》才在朝鲜广为流传，其他朝鲜使臣每至京师，也都会询问董越的情况，并前去拜访。《使东日录》序中写道："朝鲜岁使至，必问公起居，且道其国御戢公德，久而弗谖。今上登极，侍读徐君舜和，实继公再使。舜和风仪特肖公，朝鲜之人望而喜之，若以公复至其国也。趋而问公者不绝，如访其父兄亲戚，然后知来使之言为不妄也。"①徐舜和再使朝鲜，因其外貌、风仪与董越相似，朝鲜国人皆十分欢喜，纷纷拜访，询问董越的消息，这也进一步印证了董越的风采、才德深深折服了朝鲜国人。

在短短几个月的出使中，董越、王敞与朝鲜友人建立深厚的友情，在促进两国交流的同时，也加深了朝鲜对中国文化的认同感，董越也作为中朝两国交流使者，为之后中朝外交树立了榜样。

结　　语

《使东日录》没有《朝鲜赋》那么广为流传，但它收录的诗文作品更多，体现出内容的丰富性、文体的多样性、纪行的具体性等多方面特点。"董越《朝鲜赋》融文史之长，兼美信之义，成为赋史上外邦题材的难得佳作"②，《使东日录》亦兼得文史之长与美信之义，两者对读，相互补充，堪称合璧。

《使东日录》有助于我们了解董越出使朝鲜的详细过程，对其在明弘治元年出使朝鲜的时间、路线、内容等问题进行了补充，也是我们了解明中期对朝外交及中朝两国关系的重要资料，反映了当时的

---

① （明）汪俊：《使东日录·序》，明正德间刻本《使东日录》，现藏于上海博物馆和宁波天一阁博物馆。

② 曹虹：《论董越〈朝鲜赋〉——兼谈古代外交与辞赋的关系》，《域外汉籍研究辑刊》2005年第1期，第412页。

朝鲜国对待明朝使者的礼仪外交、自然风物等，以及中朝官员、文人在正式外交场合与私人场合的交流方式，具有较高的文学水平与文献价值。

专题研究

南宋初年的李椿年 *

摘　要：宋金绍兴和议之后，南宋局势稳定下来，为尽快恢复被战争破坏的社会经济，宋廷在江南等地推行经界法，减轻了普通民众负担，增加了财政收入，刺激了江北的开发，巩固了统治。李椿年是经界法的设计者、主持者，他克服层层阻力，在南宋经济腹地顺利完成清查土地的工作，为南宋立国打下坚实的经济基础，影响深远。李椿年一生心系国事，研究他的浮沉起落，能够更深入了解南宋初年的政局变化，体会当时改革之艰难。

公元 960 年，赵匡胤发动陈桥兵变，建立宋朝，直到靖康元年（1126）开封城破，百余年内，宋朝政局稳定，各行各业的民众安居乐业，出现了开封、杭州、扬州、苏州、湖州、明州等经济繁荣、人口众多的大城市。但北宋的灭亡，十多年的战乱，让许多富饶的城市变成废墟，肥沃的田地长满杂草，人民安静的生活遭到严重破坏。势力之家趁火打劫，强占土地，并千方百计隐瞒田产，躲避赋税。又因文籍散亡，土地契约遗失或被篡改，户口、租税无处凭依，豪民猾吏趁机要挟，以有税为无税，以强吞弱，以富称贫，那些应该交税的大户

---

*　本文是国家社科基金青年项目"两宋之际杂史辑佚与研究"（项目号：20CZS 009）的阶段性成果之一。

逃脱了大量赋税，没有土地的普通百姓反而负担沉重。富者日富，贫者日贫，社会矛盾加剧，宋廷财政捉襟见肘。绍兴和议后，宋金战争停止，南宋局势稳定下来，宋廷开始把主要精力放在恢复和发展经济方面，采取的一项重要政策便是推行经界法。

因宋高宗、秦桧与金签订屈辱和约、杀死岳飞、打压主战派、限制程学等举动，后世学者对宋高宗及其治理国家的政策评价不高，甚至认为那个时代是中国历史上最为黑暗的时期之一，制定的一切政策都包含统治者的政治阴谋。所以，学界对主要生活在宋高宗朝且受到重用的李椿年缺乏必要的关注和了解，对其主持推行的经界法评价不一①，更忽略了其作为一名优秀经济改革家的事实。

一、经界法之前的李椿年

李椿年，字仲永，饶州浮梁（今属江西）人。②明正德《饶州府志》

① 学界对李椿年尚无专门的研究，但对其主持的经界法的研究成果比较丰富。如华山《南宋统治阶级分割地租的斗争——经界法和公田法》（《山东大学学报》[历史版]，1960年），认为经界法的推行，"农民拥护，官户和公吏反对"。王德毅《李椿年与南宋土地经界》（《宋史研究集》第七辑，台北：中华丛书编审委员会，1974年）对李椿年事迹有简单勾勒，主要描述了经界始末，认为李椿年推行经界法"工程之浩大，用费之繁多，实远过王安石推行的方田均税法"，经界法在众人的反对声中失败。何炳棣《南宋至今土地数字的考释和评价（上）》（《中国社会科学》1985年第2期），其第一章为《南宋经界法新探》，对经界法的推行过程及其影响作了论述。漆侠《宋代经济史》（上海：上海人民出版社，1987年）、葛金芳《中国经济通史》（第五卷）（长沙：湖南人民出版社，2002年）对经界法也有讨论。日本学者寺地遵《南宋初期政治史研究》（台北：稻禾出版社，1995年）第十四章专门讨论了经界法，他对此政策评价较高，认为经界法的实行，"使得因战争及北宋政权瓦解而陷入混乱状态的乡村与国家关系重新建立秩序"，是有明显积极意义的。已有的研究虽牵涉到李椿年，但过于强调政治斗争，从而得出褒贬不一的结论，对李椿年在经界法中的重要作用认识不够。又因现存史料对李椿年的主要事迹记载不详，一位优秀的改革家隐没在历史长河中。

② （宋）释净善集，李中华注释，潘柏世校阅：《新译禅林宝训》卷四记载简堂行机和尚事，

卷二记载李椿年为宋徽宗政和五年（1115）进士[1]，明嘉靖《江西通志》也记载李椿年中进士在"政和五年乙未何㮚榜"[2]。但清人编修的《（康熙）浮梁县志》[3]《（同治）饶州府志》[4]却言李椿年为政和八年（1118）进士。龚延明等先生编撰的《宋登科记考》将李椿年归在政和八年榜进士条下。根据目前所见史料，"政和五年"说出处较早，且直言"何㮚榜"，比较准确可信。顺便提一下，秦桧也是政和五年的进士。

《（光绪）常山县志》记载李椿年在宣和六年（1124）任常山县丞。[5] 绍兴二年（1132），李椿年被任命为宁国知县。[6] 次年九月，江南东西路宣谕官刘大中向朝廷上言："左奉议郎、知宁国县李椿年练习民事，稽考税额，各有条理。"朝廷给他"进一官"的奖励，并让他"俟任满赴行在"[7]。可知李椿年熟悉地方政务，善于理财。绍兴五年

（接上页）说他住在鄱阳，其中提到"侍郎李公椿年谓士大夫曰：'吾乡机老有道衲子也，加以慈惠及物，笕山安能久处乎！'"台北：三民书局，2009 年，第 475 页。（清）李瑞钟修，朱昌泰纂：《（光绪）常山县志》卷末附有《赵公岩题壁石刻》，其中有："知县事会稽郭亢谦仲、丞鄱阳李椿年仲（永）、尉咸平姜彦宏仲举同游。宣和六年甲辰孟夏廿二日。"清光绪十二年刻本。胡铨为李椿年《逍遥公易解》作序时言："故人鄱阳逍遥公李仲永潜心《易》学，卫道甚严。"由此观之，李椿年为鄱阳人。另外，李椿年在家乡所建寺庙，名为鄱源寺，或与"鄱阳"有关。鄱阳，宋时属饶州，当是李椿年原籍。

[1] （明）陈策纂修：《（正德）饶州府志》卷 2《学校》，《天一阁藏明代方志选刊续编》44 册，上海：上海书店出版社，1990 年，第 271 页。

[2] （明）林庭㭿、周广纂修：《（嘉靖）江西通志》卷 9《饶州府》，《四库全书存目丛书》史部 182 册，济南：齐鲁书社，1996 年，第 369 页。

[3] （清）王临元纂修，陈清增修：《（康熙）浮梁县志》卷六《选举志》、卷 7《人物志》，中国科学院图书馆编：《稀见中国地方志丛刊》26 册，北京：中国书店，1991 年，第 125、168 页。

[4] （清）锡德修，石景芬纂：《（同治）饶州府志》卷 20《人物志三·宦业上》，台北：成文出版社，1975 年，第 2146 页。

[5] 《（光绪）常山县志》卷 37《宋·县丞》，第 15 页。

[6] （明）陈俊卿、梅鼎祚纂：《（万历）宁国府志》卷 2《官师表上》，《天一阁藏明代方志选刊》23 册，上海：上海古籍书店，1981 年。

[7] （宋）李心传撰，胡坤点校：《建炎以来系年要录》卷 68"绍兴三年九月甲戌"条，北京：中华书局，2013 年，第 1340 页。

（1135）三月，李椿年宁国知县任满后，即到行在面见宋高宗。当时南宋与金、伪齐、境内盗匪的战争不断，财政十分窘迫，宋高宗向李椿年征询筹集军费的策略，他提出两条解决方案：一是加强管理两税的实际征收，二是令转运司将地方常赋随时转易。① 这些建议反映了他灵活的理财思想。随后，宋廷任命李椿年为洪州通判。李椿年前往洪州之前，又向朝廷提出影响国家治理的三大问题，其中有"食货之弊，钱轻物重"一条②，并拟定了解决这些弊端的方法，得到高宗的认可。

不久，李椿年被宋廷任命为两浙东路常平官。常平官有管理地方财赋和监督地方官吏的职责。绍兴八年（1138）二月，台州有匿名书送到朝廷，称李椿年处事刻薄，引起民愤，要求朝廷严肃处理李椿年，否则难保有变乱发生。通过几年来对李椿年的考察，宋高宗已知其为人，也很清楚自战争以来，朝廷疏于监管，地方官吏侵吞公家钱物，担心被常平官检举揭发，台州匿名书显然是当地官员为了自保，对李椿年的诬告。高宗对臣僚说，如果台州官吏胆敢作过，朝廷会立即派兵剿杀。③ 可见高宗是完全支持李椿年整顿地方财政事务的。同时也可以看出，李椿年的强势作风，与地方士大夫、土豪产生了尖锐矛盾。

绍兴十年，李椿年被宋廷提拔为司农寺丞④，仍与财政关系紧密。次年四月，升为尚书度支员外郎。⑤ 十月，宋廷委派李椿年到鄂州处理事务⑥，检察武昌军实，他上奏朝廷："常产夺于兼并，版籍废于因循。求法之良，莫如正经界。"⑦ 李椿年首次向朝廷提出"正经界"，即清查

① 《建炎以来系年要录》卷87"绍兴五年三月壬辰"条，第1667页。
② （宋）赵彦卫撰、傅根清点校：《云麓漫钞》卷4，北京：中华书局，1996年，第64—65页。
③ 《建炎以来系年要录》卷118"绍兴八年三月壬辰"条，第2204页。
④ 《建炎以来系年要录》卷138"绍兴十年十月己丑"条，第2598页。
⑤ 《建炎以来系年要录》卷140"绍兴十一年四月癸未"条，第2632页。
⑥ 《建炎以来系年要录》卷142"绍兴十一年十月甲申"条，第2676页。
⑦ 《（正德）饶州府志》卷4《人物》，《天一阁藏明代方志选刊续编》44册，第613页。

土地。绍兴十二年九月，李椿年升任左司员外郎。[1] 绍兴十四年六月，宋高宗言："神宗圣训云：'左右司便是学为宰相。'岂可不慎择？"[2] 可见宋高宗对左、右员外郎的重视，自然会选择能够胜任的人做此官。

由以上叙述可知，李椿年熟悉经济，善于理财，处事严谨，性格刚毅，了解中央与地方财政事务。他的这些优点，在接下来推行的经界法中有更加明显的呈现。

二、经界法推行中的李椿年

经历多年战火，许多原本富饶的城市遭到严重摧残，以繁华著称于世的平江府（苏州），"中原大乱，胡马饮江，姑苏祸最酷"[3]。宋徽宗宣和年间（1119—1125），苏州户数达到四十三万，经历几次战乱，"城中几于十室九空"[4]。朝廷对这些情况十分清楚，但必须把主要精力用在应付敌人的侵扰方面，无暇医治战争的创伤。随着各路盗贼的平定，伪齐的覆亡，与金和议的签订，淮河以南的局势稳定下来之后，宋廷开始把工作重心放在经济方面。《孟子·滕文公上》云："夫仁政，必自经界始。"绍兴十二年十一月，李椿年上疏朝廷，提出经界不正的十害：（一）侵耕冒佃者不纳租税；（二）百姓出卖土地后，税赋依旧存在；（三）税务官员上下其手，民众受害；（四）乡司收取二税时仅根据原来的户籍；（五）诡名挟佃，逃亡死绝，官司责办户长仍旧收税，导致户长破产；（六）兵火以来，税籍遗失，以税起讼者络绎

① 《建炎以来系年要录》卷 146 "绍兴十二年九月戊午" 条，第 2770 页。

② 《建炎以来系年要录》卷 151 "绍兴十四年六月癸巳" 条，第 2861—2862 页。

③ （宋）洪迈撰，何卓点校：《夷坚志补》卷 14《辟兵咒》，北京：中华书局，1981 年，第 1681 页。

④ （宋）范成大撰，陆振岳校点：《吴郡志》卷 1《户口税租》，南京：江苏古籍出版社，1986 年，第 5—6 页。

不绝；（七）州县以民户逃、死者倚阁二税，实际上是欺罔上下，自我牟利；（八）州县官吏欺隐常赋之额，反而增加杂税，民不堪其苦；（九）州县之籍因兵火焚失，令民自陈实数，狡猾豪强百不供一，导致纳税不均；（十）州县不耕之田被豪猾嫁税其上，田少税多，他人不敢开垦，也无人收买。若实行经界法，这些问题都能彻底解决。①"经界既正"后，既能稳定社会、解决矛盾，又能增加朝廷税收，稳固国家统治。李椿年要实行的经界，自然与孟子所处井田制的背景不同，他以均赋减税而行经界。"民产不均，则业归富家，而产留下户。税钱不登，则官失其利，必多取于民，此李椿年经界之法不可以不行。"②李椿年所言经界与北宋时王安石提出的方田均税法有相似之处。

紧接上条奏疏之后，李椿年举例提到："臣昨因出使浙西，采访得平江岁入七十万斛，著在石刻。今按其籍，虽有三十九万斛，实入才二十万斛耳，其余皆以为逃亡、灾伤倚阁。询之土人，颇得其情，其实欺隐也。"李椿年又列举石公辙的例子："臣尝闻于朝廷，有按图核实之请。其事之行，始于吴江知县石公辙，已尽复得所倚阁之数外，又得一万亩。盖按图而得之者也。以此知臣前所请不为妄而可行明矣。"石公辙在平江府吴江县按图核实土地的具体情况，现已不知详情，李椿年向朝廷提出经界法，受其启发很大。李椿年希望朝廷"将吴江已行之验施之一郡，一郡理然后施之一路，一路理然后施之天下"③。李椿年的建言得到宋廷的采纳，他被任命为两浙路转运副使，专一负责经界事宜。不久，石公辙被宋廷调到平江府做通判，显然是朝

① （清）徐松辑，刘琳等点校：《宋会要辑稿》"食货六"，上海：上海古籍出版社，2014年，第6104—6105页。
② （宋）吕中撰，张其凡、白晓霞点校：《类编皇朝中兴大事记讲义》卷11《高宗皇帝》，上海：上海人民出版社，2014年，第614页。
③ 《宋会要辑稿》"食货六"，第6105页。

廷让他配合李椿年在平江府实行经界法而特意任命。

李椿年选择以平江府为试点，然后推广到全国，从小到大，由近及远。两浙地区经济基础好，是南宋的主要税源区，"矧惟二浙之富饶，实乃东南之根本"①，但"两浙诸州，自建炎中残破之后，官司亡失文籍，所有苗税元额不登。盖为兼并隐寄之家，与乡村保正、乡司通同作弊，隐落官物，至有岁收千亩之家，官中收二三顷者；有岁收千斛之家，官无名籍者"②。绍兴二年（1132），工部侍郎李擢言："平江府东南有逃田，湖浸相连，塍岸久废，岁失四万三千余斛。乞招诱流民疏导耕垦，其不可即工者蠲其额。又郡民之陷虏者，弃田三万六千余顷，皆掌以旧佃户，诸县已立定租课，许以二年归业。圭田瘠薄，民以旧籍为病，愿除其不可耕之田，损其已定过多之额。"马端临认为李擢此项建议，便是后来经界法的起源。③绍兴六年（1136），平江知府章谊言："民所甚苦者，催科无法，税役不均。强宗巨室阡陌相望，而多无税之田，使下户为之破产。乞委通判一员均平赋役。"④平江府的地理位置在宋代十分重要⑤，处理好平江府的问题，其他地区的困难便

① （宋）张扩：《东窗集》卷 6《李椿年除直显谟阁两浙路转运副使制》，景印《文渊阁四库全书》1129 册，台北：台湾商务印书馆，1986 年，第 44 页。
② 《宋会要辑稿》"食货六一"，第 7438 页。
③ （宋）马端临撰，上海师范大学古籍研究所、华东师范大学古籍研究所点校：《文献通考》卷 5《田赋考五》，北京：中华书局，2011 年，第 117 页。
④ （元）脱脱等：《宋史》卷 173《食货上一》，北京：中华书局，1977 年，第 4171 页。
⑤ 梁庚尧先生言："宋代以后，南方已经成为中国的经济中心，而南方各地又以浙西地区特别富庶。苏州是浙西大郡，南宋时谚称'天上天堂，地下苏、杭'及'苏、湖熟，天下足'，无论在农业生产或城市繁荣方面均有领先的地位。杭州、湖州和苏州在这两则谚语中相提并论，实际上湖州的富庶比不上苏州，而杭州城市的繁荣固然远过苏州，农业生产的地位却无法和苏州相比，而且南宋时杭州的特殊繁荣，有相当大的成分是作为行都的政治因素所造成。"参见氏著《宋元时代的苏州》，载《国立台湾大学文史哲学报》1982 年第 31 期，第 223 页。"苏、湖熟，天下足"的谚语出现在宋高宗朝以后，或可看作是经界法在苏州顺利推行的结果。

会迎刃而解。李椿年也提到他之前在浙西做官时，见到石碑记载平江府昔日纳税七十万斛，即便按照今天现存户籍，也应交纳三十九万斛，但实际所纳才二十万斛。其余十九万斛皆以"逃亡、灾伤倚阁"的名义免纳。经过一番调查，所谓免纳之税，其实是豪势之家的刻意欺隐。[1]平江府存在着严重的税役不均问题，李椿年先从难处下手，立下规矩，其他地方守此成法，自然推行较快。更何况苏、杭相近，便于向朝廷及时反馈信息，减少了不少阻力。

绍兴十二年（1142）十二月二日，李椿年向朝廷提出实行经界法的具体方案：（一）在转运司设置推行经界法的专门机构措置经界所；（二）经界法先在平江府推行，然后依次推广到其他州军，"要在均平，为民除害，更不增添税额"。出榜晓谕民间百姓，让他们了解经界法的相关事宜；（三）一些水田在秋收后即放水入田，称是废田，现鼓励揭发，其田奖励告发者；（四）"有陂塘塍埂被水冲破去处，勒食利人户并工修作。"贫乏无力修作者，官府以常平、义仓钱米量行借贷；（五）经界之事主要依靠县令、县丞努力行事，如果他们不愿尽心尽力，便从本路选择其他更合适的人调换；（六）画图时，田主及佃客皆要到场，保正等人要在图上押字，责结罪状，然后差官按图核实。"稍有欺隐，不实不尽，重行勘断外，追赏钱三百贯"，将隐田入官，"有人告者，赏钱并田并给告人"。所差官员被人投诉，派官按图覆实，"稍有不公，将所差官按劾取旨，重行窜责"；（七）令知州、通判选择本路州军两三员勤廉谨官，来平江府覆查土地。待平江措置就绪，令他们回到所在州军依仿施行；（八）对那些推行经界法有力的官员，朝廷给予奖赏。

朝廷同意了李椿年的奏请，既而李椿年又详细提出了清查土地的

具体方法：

> 今欲乞令官、民户各据画图了当，以本户诸乡管田产数目，从实自行置造砧基簿一面，画田形丘段，声说亩步四至、元典卖或系祖产，赴本县投纳点检，印押类聚。限一月数足，缴赴措置经界所，以凭照对。画到图子，审实发下，给付人户，永为照应。日前所有田产虽有契书，而不上今来砧基簿者，并拘入官。今后遇有将产典卖，两家各赍砧基簿及契书赴县对行批凿。如不将两家簿对行批凿，虽有契帖干照，并不理为交易。县每乡置砧基簿一面，每遇人户对行交易之时，并先于本乡砧基簿批凿。每三年将新旧簿赴州，新者印押，下县照使，旧者留州驾阁。将来人户有诉去失砧基簿者，令自陈，照县簿给之。县簿有损动，申州，照驾阁簿行下照应。每县逐乡砧基簿各要三本，一本在县，一本纳州，一本纳转运司。如有损失，并仰于当日赴所属抄录。应州县及转运司官到任，先次点检砧基簿，于批书到任内作一项批云："交得砧基簿计若干面，并无损失。"如遇罢任，批书"砧基簿若干面，交与某官"。取交领有无损失，送户部行下本官措置施行。①

以上内容是李椿年推行经界法的核心思想。李椿年长期以来的处事能力和对实行经界法利害关系的深入分析，得到了朝廷的认可，宰相秦桧也认为其说简易可行。签书枢密院事程克俊表示赞同，并且说："比年百姓避役，正缘经界不正，行之，乃公私之利。"②实行经界法，在转运司设措置经界所（一作"经界局"），专门负责经界事宜，其他部门

---

① 《宋会要辑稿》"食货六"，第 6106—6107 页。
② 《宋史》卷 173《食货上一》，第 4172 页。

不得干扰。通过组织人员到各地清查土地，把现有田地的数量、成色、位置等登记在新的砧基簿上，并画图标识，路、县、田主各掌握一份砧基簿，若有田主变更，要到县里修改砧基簿。砧基簿是土地所有权的凭证，没有砧基簿的田地要收归国有，以后的税收即以经界后的砧基簿为依据。为了在其他地方顺利推行经界法，朝廷从他州调来精勤廉谨官员，让他们学习平江府的经验。

宋人认为李椿年实行的丈量土地方法是较为便捷的步田法。[1] 有学者指出："郭谘、孙琳、王安石之土地测量，其法实未精，盖仅能积步以测方块之平地而已，对于崎岖不平及鸡零狗碎之地形，则无法测量。至南宋李椿年之步田法出，土地测量的折算田亩之术始大备。"[2]

李椿年推行的经界法，是以乡为基本单位清查土地、制造砧基簿

---

[1] 《云麓漫钞》卷一云："绍兴中，李侍郎椿年行经界。有献其步田之法者，若五尺以为步，六十步以为角，四角以为亩。使东西南北之相等，则各以其数乘之：一者二也，二者四也，三者九也，四者十六也，五者二十五也，六者三十六也，七者四十九也，八者六十四也，九者八十一也；使东西为一等南北为一等，则以短者为口，以长者为弦，以口之一而乘弦之十则十也，以口之二而乘弦之十则二十也；至于东西南北之不相等，则合东于西，合南于北，而各取其半而乘之，如上法；又有圆田之法，取圆之数相乘，积之十二而得一也；圭田之法，取方之多，补锐之少，并二而得一也；所谓覆月者，半圆也，取圆之径半而除之，乘圆之数再除其半，其步可见也；所谓勾股者，半圭也，以短为勾，以长为股，以尤长为弦，取勾之半乘股之数，其步可见也；有名腰鼓者，中狭之谓也，有名大股者，中阔之谓也，有名三广者，三不等之谓也，三者皆先取正长，倍加中广，四而得一也，四而得一，与十二而得一，非少之也，加虚数以究其实，此积步之法，见于田形之非方者然也。既已得积步之数，欲捷于计亩，则一除二四、二除四八、三除七二、四除九六、五除一二、六除一四四、七除一六八、八除一九二、九除二一六。盖一亩者，除二百四十也；二亩者，除四百八十也；三亩者，除七百二十也；推而上之，十亩除二千四百也，二十亩除四千八百也，三十亩除七千二百也；又推而上，一百亩者，除二万四千也，二百亩者，除四万八千也，三百亩者，除七万二千也。"第 10 页。王德毅《李椿年与南宋土地经界》一文对步田法有所解释，可供参考。

[2] 李又曦：《两宋农村经济状况及土地政策》，《文化建设月刊》1935 年第 2 卷第 2 期，第 74 页。

的。① 所谓"经界之行，伍保与民俱凑于田，执契验田，不容诡冒，量田顷亩、土色、肥瘠，以定税多少，而赋输之轻重以之"②。从而能够"革去侵耕冒佃、诡名挟户、逃亡死绝、虚供抵当、差科不均、乡司走弄二税之弊，使民有定产，产有定税，税有定籍"③。

宋高宗总结北宋灭亡教训，追溯到王安石主持的变法，所以南宋初年的士大夫怯谈变革，恐招来是非。李椿年建言宋廷推行经界法，又亲自负责具体事宜，稍有不慎，便会引火烧身，但为国家、百姓计，他还是勇往直前。在去平江府前，宰相秦桧对李椿年说，诽谤他的奏疏已装满箱箧。李椿年立即回应："以身许国，复顾恤耶？"④ 其壮志豪情，不输古时英杰，但改革并非易事，牵涉到许多既得利益者，必然会受到他们的阻挠。皇帝和宰相是认可经界法的，绍兴十三年（1143）三月，在李椿年的建议下，朝廷把抵触经界法的胡思、徐林等官员罢免。⑤ 绍兴十四年（1144），也是在李椿年的弹奏下，宋廷调离了对经界法态度消极的平江府知府周葵。⑥ 于此可知朝廷对李椿年是极力支持的。

绍兴十三年（1143）闰四月，宋廷按照李椿年的建议下诏："人户田产多有契书，而今来不上砧基簿者皆没官。"又诏："州县租税簿籍，令转运司降样行下，真谨书写。如细小草书，官吏各科罪。其簿限一日改正，有欺弊者依本法。"⑦ 李椿年注重严刑峻法，对在清查土地中有所隐瞒的官吏，不以数量多少，皆作严肃处理。十月，为防止官吏利用清查土地之机，向民众勒索钱财、收受贿赂，李椿年向朝廷提出加

① 学术界一般认为，李椿年清查土地制作砧基簿的方法，是明代鱼鳞图册的蓝本。
② 《宋会要辑稿》"食货一〇"，第 6201 页。
③ 《建炎以来系年要录》卷 161 "绍兴二十年二月壬子"条，第 3041 页。
④ 《（嘉靖）江西通志》卷 9《人物》，《四库全书存目丛书》史部 182 册，第 396 页。
⑤ 《建炎以来系年要录》卷 148 "绍兴十三年四月庚辰"条，第 2804 页。
⑥ 《吴郡志》卷 11《郡守题名》，第 148 页。
⑦ 《宋史》卷 30《高宗七》，第 562 页。

重惩罚收贿官吏，得到了支持。①

绍兴十三年（1143）六七月间，平江府已完成经界，宋廷下诏将平江府的经验推广到其他地区。有了完善的平江府模式，经界法很快在别的州县顺利推行。绍兴十四年（1144）八月，朝廷任命李椿年为权尚书户部侍郎，负责全国的经界事宜。次年正月，宋高宗对秦桧说："经界之法，细民多以为便。"秦桧回应道："不如此则差役不行，赋税不均，积弊之久，今已尽革。"②显然，经界法的推行，给普通大众带来了许多实惠，能让差役顺利实行，赋税均平，促进南宋经济的恢复和发展。

此年十二月，李椿年的母亲去世，他以忧去官。李椿年十分悲痛，"徒步扶枢归葬"。据史志记载，当时有天降甘露之事。③

经界法在李椿年的经营下已形成比较完备的制度，继任者可以袭用。李椿年在家乡守孝期间，由秦桧亲戚、两浙转运副使王鈇权任尚书户部侍郎，主持经界。王鈇与李椿年曾是两浙转运司的同僚，熟知经界法，他又请朝廷调拨精通地方经济事务的李朝正前来协助。王鈇、李朝正对李椿年的方案做了一些修订，将原先规定的由官府委派官员到乡村丈量土地，改为由民户自己上报土地情况，邻里之间互相监督。④这样在统计土地的方法上简单了，可以省去一些人力物力。绍兴十七年（1147）正月，李椿年还朝，立即废除了王、李等人的经界新政，恢复原来的统计方法。高宗也认为："李椿年通晓次第，中间以忧去，他官领之，便有失当处。"⑤绍兴十八年（1148）三月，李椿年

---

① 《宋会要辑稿》"食货六"，第 6107 页。
② 《建炎以来系年要录》卷 153 "绍兴十五年正月戊辰"条，第 2888—2889 页。
③ 《（嘉靖）江西通志》卷 8《祥异·瑞露》，《四库全书存目丛书》史部 182 册，第 337 页。
④ 《建炎以来系年要录》卷 153 "绍兴十五年正月戊辰"条，第 2889 页。
⑤ 《建炎以来系年要录》卷 159 "绍兴十九年三月戊申"条，第 3014 页。

落"权"字,除户部侍郎。葛立方所撰制词中提到"是以调度充而经界正","足国裕民无若是急",称赞李椿年"挺身种德,刚方不挠"①。在此前后,李椿年不单负责经界,朝廷还让他处理其他事宜。《金石续编》三编《王佐榜进士题名碑》"编排官",其中有"左中大夫、新除尚书户部侍郎兼权兵部侍郎李椿年"②。十月,高宗对秦桧说:"昨已减诸州月桩钱,要当尽罢,庶苏民力。"秦桧即令李椿年等以经制钱赡军。③十二月,秦桧在向朝廷汇报完经界事后,高宗言:"诸州月桩钱,昨已例减,要当尽行除罢。"秦桧又令李椿年等以经总钱措置赡军。④联系李椿年职位和工作重点的转换,说明经界法经过数年宣传推广后,阻力减少,已经可以按部就班地进行。

三、李椿年的罢官与经界法的评价

因为淮东、淮西、湖北、京西四路属于南宋的北部沿边地带,受战争破坏严重,人口稀少,宋廷推行经界法时并没有将此四路考虑在内,但经界法在江南的推行,支持了朝廷对沿边四路的开发。"因经界法的推行,一些人在江南失去丰厚利润,为了另谋出路,他们利用宋廷的优惠政策,到江北开垦荒地,促进了沿边地区的开发。而经界法完成后,宋廷的收入增加,财政状况好转,对淮南等地的减免税政策才能落实到位。宋廷一边在江南严格清查土地,一边又鼓励百姓到江

---

① (宋)葛立方:《侍郎葛公归愚集》卷10《权户部侍郎李椿年落权字》,《宋集珍本丛刊》41册,北京:线装书局,2004年,第772页。

② (清)陆耀遹:《金石续编》卷18《王佐榜进士题名碑》,《续修四库全书》893册,上海:上海古籍出版社,2002年,第809页。

③ 《建炎以来系年要录》卷158"绍兴十八年十月壬申"条,第3002页。

④ 《建炎以来系年要录》卷158"绍兴十八年十二月壬申"条,第3005—3006页。

北开垦荒田，两项政策互相配合，促进了整个南宋经济的迅速恢复。"①

（一）李椿年被宋廷罢官

至晚在绍兴十八年（1148）底，经界法已在福建一路稳步推进。②在绍兴十九年（1149）春天，经界法已向四川等地推广。③绍兴十九年十一月，经界法在长江以南的区域基本完成。此时，李椿年却因秦桧党羽曹筠的弹劾而罢官。

史料记载："会民多诉经界不均者，殿中侍御史曹筠因劾椿年求荐刘大中，阴交赵鼎，皆窃其权柄，漏其眩谈；今游旧将之门，倾危朝廷，尤为可虑；兼经界已定，若不别委他官覆实，则椿年私结将帅，曲庇家乡之罪，无以厌塞公议。"④

宋代御史利用风闻言事之权，往往加重其攻击对象的罪责，甚至制造出一些子虚乌有的事端，想一举将其"打入十八层地狱"。为了鼓励御史纠察百官，御史弹奏即便有误，朝廷也不会深究。民众中有言经界不均，在开始推行经界法时即有这种情况，何况各地官员素质有高低，各处环境也不同，在操作过程中有急功近利或一刀切的现象。只要派官员认真覆查，这些问题是不难解决的。所以，民众诉经界不均，不是李椿年被罢的主要原因，甚至可以忽略。至于"求荐刘大中，阴交赵鼎"，如前文所言，因李椿年治理宁国县有方，绍兴三年，刘大中根据实际情况上书朝廷，朝廷表彰了李椿年的治绩。同时被表彰

---

① 许起山：《江南与江北的互动 —— 绍兴和议后宋廷对北部沿边地区的开发和治理》，《暨南学报》（哲学社会科学版）2020 年第 8 期，第 113 页。

② （宋）朱熹：《晦庵先生朱文公文集》卷 21《回申转运司乞候冬季打量状》，朱杰人、严佐之、刘永翔主编：《朱子全书》，上海：上海古籍出版社；合肥：安徽教育出版社，2010 年，第 964 页。

③ 《建炎以来系年要录》卷 159"绍兴十九年三月戊申"条，第 3014 页。

④ 《建炎以来系年要录》卷 160"绍兴十九年十一月辛丑"条，第 3034 页。

的还有汤鹏举；但朝廷并没有因为刘大中对李椿年的称赞而将其升官。李椿年长期在地方做官，待其入朝为官时，刘大中、赵鼎已在绍兴八年（1138）十月相继罢去。此条罪责也不成立。至于"游旧将之门，倾危朝廷"，现存史料中，找不到李椿年游哪位旧将之门。当时旧将在京城且有较大声望者，属韩世忠和张俊。二人早已被罢兵权，赋闲在家，为宰相秦桧所不喜，处事十分谨慎，文臣避之不及，即便李椿年与他们有来往，也不会"倾危朝廷"。更何况文武交结，向来为宋朝祖宗家法所不许，官至侍郎、倍受皇帝青睐的李椿年怎敢"游旧将之门"？怎不知此祖宗家法？

至于最后一条"曲庇家乡"之罪，需要略作说明。关于李椿年家乡饶州实行经界的情况，史料记载不详，但后人的叙述尚可佐证。朱熹对自己的学生说："李椿年行经界，先从他家田上量起，今之辅弼能有此心否？"① 由此可知，李椿年的家乡推行经界法时，先从他自家的田地上量起，以示公正。他的大公无私，得到了道学家朱熹的赞扬。顺便提一下，《文献通考》在"椿年条画来上，请先往平江诸县"一句后有小注"朱熹所谓'先自其家田上量起'者是也"②。此注有误，苏州不是李椿年的家乡，朱熹所指当是饶州浮梁县经界事。另外，《（道光）浮梁县志》记载："纂修《万历志》知县周起元论云：'本县苗税，自宋李椿年行经界法，邑税独重，以示公允，折税亦重。'"这显然与曹筠的说法相反，没有"曲庇家乡"。至于周起元所云，李椿年为了以示公允，刻意加重家乡赋税，也与事实不符。李椿年推行经界法的目的，"要在均平，为民除害，不增税额"。清人编修的《（道光）浮梁县志》便认为周起元所言并非实情，李椿年"固不能轻之以徇私，

① （宋）黎靖德编：《朱子语类》卷132《本朝六》，朱杰人、严佐之、刘永翔主编：《朱子全书》，上海：上海古籍出版社；合肥：安徽教育出版社，2010年，第4135页。
② 《文献通考》卷5《田赋考五》，第117页。

亦不能故重以示公也"①。

　　经过以上辨析，曹筠所言李椿年罪责皆不足为据。据王明清《挥麈三录》记载，秦桧早年曾受曹筠一饭之恩，秦桧腾达后，曹筠便投附秦桧，因此开始入朝做官，并且升迁极快。②时人也认为"曹筠因秦桧荐为台臣，凡有奏陈，尽出于桧"③。"秦桧每荐台谏，必先谕以己意。"④显然，曹筠的弹奏，是受秦桧指使。

　　秦桧与李椿年本是同榜进士，当时官场上很讲究同年之谊。自秦桧绍兴八年（1138）再次入相到绍兴十二年（1142）底朝廷正式任命李椿年为两浙转运副使前，秦桧对李椿年逐渐了解，逐渐信任，逐渐升迁。没有宰相秦桧的绝对支持，经界法便无法实行。在李椿年推行经界法过程中，虽有谤言进于朝，但始终无事。李椿年的重要上疏，皆能得到朝廷的批准。总体来讲，秦桧对李椿年是支持的、赞赏的，甚至是呵护的。从绍兴十二年底至绍兴十九年，除了绍兴十五、十六两年（1145—1146），李椿年须在家守孝，秦桧皆能委李椿年于重任。两人治国理念相近，配合默契，并无明显矛盾。

　　秦桧独相后，为了稳固自己的地位，把自己的亲友安置在中央和地方的官僚系统中，每次推荐执政，必选那些"世无名誉、柔佞易制"的人。⑤李椿年为户部侍郎多年，其办事能力得到了皇帝的认可，接下来很有可能进入参政行列。李椿年虽与秦桧同年考中进士，但他不是秦桧的党羽，做事刚方不挠，实事求是，不符合秦桧选择助手的标准。秦桧晚年，身体越来越差，自己的儿子又不足寄予大事，像李椿年这

---

① （清）乔溎修、贺熙龄纂：《（道光）浮梁县志》卷7《食货·赋役》，清道光三年刻、十二年补刻本，第48—49页。
② （宋）王明清：《挥麈三录》卷3，上海：上海书店出版社，2009年，第201页。
③ 《建炎以来系年要录》卷170"绍兴二十五年十二月乙亥"条，第3234页。
④ 《宋史》卷381《张阐传》，第11745页。
⑤ 《宋史》卷380《杨愿传》，第11715页。

样能力强、为人正直、深受皇帝欣赏的官员，在朝中逐渐站稳脚跟，加之江西系一些官僚的支持，秦桧对他越来越不放心了。当时经界法虽仍需要一些时间做修补，但在秦桧看来，李椿年已经没有之前显得那么不可或缺了。

（二）经界法的成效

经界法在江浙等地推行较彻底，这些地区是南宋的立国之本。以《（淳熙）新安志》的记载为例，徽州六县田产，经界前有 151.6 万亩，经界后约 300 万亩，数十年后的淳熙年间，尚有 291.9 万亩。[①] 经界法的推行，查出的隐没土地数量近乎原来的一倍。数十年后，虽有折损，但大体上保持了经界后的数量，依旧作为朝廷税收的根据。再看徽州的户数，经界前有户 161147，经界后的户数是 97248。[②] 根据《宋史·地理志》的记载，北宋徽宗崇宁年间，徽州有户 108316，几年后，此地经方腊事件和靖康之乱的影响，户数理应下降，但经界前却达到 161147 户[③]，反而增加了 50000 多户，显然不符合实际。这种情况的出现，当是一些上等户趁战乱户籍遗失，为躲避差役科率，特意降低户等，"多将田产分作诡名挟户，至有一家不下析为三二十户者"[④]，地方官吏收其好处，隐瞒不报。经界法的施行，通过丈量土地，制造砧基簿，诡户被查出，刻意析户者归并，经界后 97248 户才是徽州真正的户数。推行经界法，百姓根据砧基簿，按照土地占有的实际情况纳税，与经界前相比，占数量最多的中下等民户生存压力自然减轻许

---

① （宋）赵不悔修，罗愿纂，李勇先校点：《（淳熙）新安志》卷2《叙贡赋·税则》，《宋元珍稀地方志丛刊》甲编，成都：四川大学出版社，2007年，第49页。
② （明）彭泽修，汪舜民纂：《（弘治）徽州府志》卷2《户口》，《天一阁藏明代方志选刊》21册，上海：上海古籍书店，1981年。
③ 《宋史》卷88《地理四》，第2187页。
④ 《宋会要辑稿》"食货六"，第6108页。

多。同时，重新调整富户户等，朝廷的税收随之增加。从徽州一地的经界情况可以窥知，经界法在江浙地区的推行是成功的。

绍兴二十六年（1156），官员刘才邵言："民间田业，自经界之后，税产高低，灼然易见。"① 朱熹认为"经界之政，公私俱利"，"至今四五十年，人无智愚，皆知经界之为利而不以为害"。② 朱熹向来对秦桧独相时的政策评价很低，但他却不惜笔墨多次褒奖经界法，毕竟他亲身经历了经界法的推行始末，并对经界法有深入研究，评价自然客观。王十朋出生在一个普通的农家，他在考中进士前，在家乡躬耕陇亩数十年，对农民生活、农事曲折深有体会，为人刚直不阿，他也认为宋廷推行的经界法"民受其利"③。史家李心传认为经界之后，"诸路田税，由此始均"④。

推行经界法，制定严密的砧基簿，确实起到了清查土地的功效，也得到官府和百姓的认可，成为民众占有土地的依据。随着砧基簿制度的施行，民间的土地买卖状况受到了政府的管控，强买强卖的行为受到了制约。根据《名公书判清明集》的记载，直至数十年后，经界时的砧基簿还有法律效力，依然可作为解决民间土地纠纷的证据。⑤ 多年之后，朱熹仍言："窃见经界一事，最为民间莫大之利。其绍兴年中已推行处，至今图籍有尚存者，则其田税犹可稽考，贫富得实，诉讼

---

① 《建炎以来系年要录》卷 171 "绍兴二十六年二月癸酉"条，第 3265 页。
② 《晦庵先生朱文公文集》卷一〇〇《晓示经界差甲头榜》，《朱子全书》本，第 4623 页。
③ （宋）王十朋：《王十朋全集》文集卷 23《鉴湖说下》，上海：上海古籍出版社，2012 年，第 974 页。
④ （宋）李心传撰，徐规点校：《建炎以来朝野杂记》甲集卷 5《经界法》，北京：中华书局，2000 年，第 123 页。
⑤ 中国社会科学院历史研究所宋辽金元史研究室点校：《名公书判清明集》卷 9《妄赎同姓亡殁田业》，北京：中华书局，1987 年，第 319—320 页。

不繁，公私之间，两得其利。"① 即使因砧基簿遗失而诉讼时，县衙另有砧基簿可供参照，防止民间以个人势力强占他家土地。可以说，经界法的影响是深远的，这与李椿年推行经界法时制定的严格条例和周密制度不无关系。

因为经界法推行范围广，各地情况不一，李椿年不可能事事亲为，在推行过程中，一些官吏没有做到根据具体情况灵活应变，也会产生一些问题，出现一些差错。如四川地区距都城较远，官吏又急于求成，问题较多。但总体来讲，广大贫民愿意实行经界法，只因贫弱者无力跋山涉水到临安反映真实情况，所以他们的意见不能上达朝廷，从而使朝廷只听到势利之家的反对声音。"经界将以便民，虽穷阎下户之所深愿，而未必豪宗大姓之所尽乐。"② 因为一些守旧官僚上书批评经界法，宋廷陆续下诏废除了一些边远地区的经界，若绍兴十九年（1149）后李椿年仍旧在位，加强对各地的监督，一些错误做法便可以避免或及时得到纠正。李椿年的离职，经界法受到攻击，一些官吏失去了昔日的热情，丧失了信心，更不利经界法的深入推行和纠正一些错误。李椿年与经界法紧密相连，荣辱与共。随着时间的推移，好的政策也会变质，多年后出现的问题，与李椿年也不相关了。朱熹便认为"三十年一番经界方好"③。

四、李椿年的晚年境遇

经界法的推行，损害了不少达官贵人的利益。朱熹曾回忆说："少时见所在立土封，皆为人题作'李椿年墓'，岂不知人之常情恶劳喜

---

① 《晦庵先生朱文公文集》卷19《条奏经界状》，《朱子全书》本，第875页。
② 《宋史》卷173《食货上一》，第4181页。
③ 《朱子语类》卷111《论民》，《朱子全书》本，第3559页。

逸，顾以为利害之实，有不得而避者耳。如禹治水、益焚山、周公驱猛兽，岂能不役人徒而坐致成功？想见当时亦必须有不乐者。"①李椿年推行经界法，一些人对他恨之入骨，诅咒他早点死去，这正印证了秦桧所言李椿年会因推行经界法而"谤书盈箧"。在这种情况下，李椿年若没有坚强的意志，恐怕早在反对者的辱骂声中退缩了。若没有皇帝和宰相的支持，经界法也会在一些官僚的阻挠下中断。

李椿年刚毅强势，处事过于严厉，得罪了不少官僚，罢官后仍然屡屡受到攻击。王安石变法在北宋灭亡后受到口诛笔伐的不公正待遇，宋高宗朝官僚对理财的态度是："自古理财之臣，皆无善终，所以近世习而成风，不复以理财为言。"②李椿年生逢其时，不可能不明白当时的政治风气，但他仍然不计个人得失，坚持推行经界法，虽然不比王安石主持变法时手中的宰相权势和宋神宗的鼎力支持，但他还是克服重重困难，主持完成了长江以南大部分地区的土地清查工作。

绍兴二十四年（1154）七月，李椿年由提举江州太平兴国宫改知宣州。③绍兴二十五年（1155），朝廷又令他知婺州。④说明宋高宗没有忘记李椿年。秦桧于绍兴二十五年十月去世，结束了十多年的独相生涯。次年，朝中掀起了一股"拨乱反正"的风气。正月，魏良臣上疏，要求朝廷为之前阻坏经界的胡思先追复原官。同时，右正言凌哲上疏论李椿年"所至刻剥，阴取系省钱，名为平准务，尽笼一郡之货，侵夺百姓之利；复以官钱赊贷与民，日收其利，谓之放课；及结甲纳苗米，置圈市猪羊等，凡十数事"⑤。《宋会要辑稿》也记载李椿年"结

① 《晦庵先生朱文公文集》卷49《答王子合》，《朱子全书》本，第2264页。

② 《建炎以来系年要录》卷132"绍兴九年九月癸未"条，第2464页。

③ 《建炎以来系年要录》卷167"绍兴二十四年十一月甲寅"条，第3174页。

④ （明）王懋德等：《（万历）金华府志》卷10《宋知婺州军事》，台北：台湾学生书局，1965年，第684页。

⑤ 《建炎以来系年要录》卷171"绍兴二十六年正月乙丑"条，第3261页。

甲以纳苗米，一有恶米，则同甲之米悉行没纳；如置圈以市猪羊，一
或不好，则强散官属，克其请俸"①。于是朝廷将李椿年罢去。仅根据言
官所举李椿年罪状分析，他在地方实行新的财政政策，以期生财，节
省民力。这也反映了他特有的理财能力和经济眼光。在施行这些经济
政策时，他仍然保留了之前的强势作风，实行轻罪重罚，以保证政策
的顺利推行。当时的社会风气鄙视有理财思想的人，李椿年的做法很
难得到时人的理解。联系绍兴八年（1138）有人写匿名书诬陷李椿年，
幸有高宗理解，才能安然无事。绍兴二十六年（1156），当有人上疏弹
奏李椿年时，宰相秦桧已死去，李椿年昔日的政敌周葵等人已回到朝
中担任言官等职，朝廷也希望地方安然无事，于是罢免了李椿年。同
年六月，凌哲又弹劾与秦桧有亲属关系的新任湖南安抚司参议官王晸，
其罪责是"尝谄事李椿年，辟充江东经界官，所至肆为残酷。吏民有
犯赃百钱者，不问法之轻重，一切籍产徒配，且言画旨如此。每州破
坏无虑数百家"。朝廷将王晸罢去。②无独有偶，曾经协助过李椿年推
行经界法的右朝请郎蔡樗，也因御史中丞汤鹏举弹劾他"所至暴虐"
而降官。③但宋高宗此时对经界法依然是支持的，反对经界法的臣僚尚
不敢轻易否定此法，李椿年也没有因为一些臣僚的攻击而身陷囹圄。

李椿年回到家乡后，在古楼岭修建了新田书院④，他偶尔到学校给
学生讲说《周易》。⑤李椿年有《逍遥公易解》八卷、《疑问》二卷，
《疑问》乃是其门人吴说之所录李椿年与他人问答《周易》之语。⑥胡

① 《宋会要辑稿》"职官七〇"，第4939页。
② 《建炎以来系年要录》卷173"绍兴二十六年六月丁丑"条，第3306页。
③ 《建炎以来系年要录》卷173"绍兴二十六年六月乙未"条，第3310页。
④ （宋）王象之撰，李勇先点校：《舆地纪胜》卷23《江南东路·饶州·景物下》，成都：四川大学出版社，2005年，第1097页。
⑤ 《夷坚志》三志己卷10《界田义学》，第1382页。
⑥ （宋）陈振孙撰，徐小蛮、顾美华点校：《直斋书录解题》卷1《易类》，上海：上海古籍出版社，1987年，第21页。

铨作序，其中言"故人鄱阳逍遥公李仲永潜心《易》学，卫道甚严"①。
《易解》在宋代有一定的影响，冯椅《厚斋易学》共引李椿年的观点
一百余处。《建炎以来系年要录》记载他在绍兴二十九年（1159）闰六
月去世。②

　　经界法让平民百姓得到了实惠，宋廷的税收也增加了，能够不断
减免农民的赋税，在地方兴修了不少水利设施。在江南推行经界法时，
宋廷又在江北大规模开垦荒田，一些在经界法中丧失利益的土豪大族，
可以利用朝廷的优惠政策，带领家丁、乡邻到淮南开垦荒地，获得丰
厚的利润，转而促进了淮南的开发。李椿年的一生经历，是一个正直
士大夫为国为民努力奋斗的表率，然而，在"崇道德而黜功利"的
《宋史》中，竟没有李椿年的传记。

---

① （清）朱彝尊撰，林庆彰等主编：《经义考新校》卷 22《易二十一》，上海：上海古籍出
　　版社，2010 年，第 399 页。
② 《建炎以来系年要录》卷 182 "绍兴二十九年闰六月乙丑"条，第 3510 页。《夷坚志》支
　　己卷第十《界田义学》，第 1382 页，记载李椿年"绍兴庚辰下世"。按：庚辰为绍兴三十
　　年。李裕民先生《宋人生卒年行考》（北京：中华书局，2010 年）认为洪迈的记述是正确
　　的。本人认为，在没有充分证据情况下，仍然以《建炎以来系年要录》为准。

王十朋的剡中诗及其特色

吴宏富

（《当代化工》杂志社）

　　摘　要： 剡中即今浙江嵊州市、新昌县。剡中诗是指王十朋十年九赴太学、两度入剡任师席期间吟颂当地风物的诗篇，计90余首，从内容上可分为山水诗、咏物诗、从教诗、寺观诗、情感诗、咏史诗。他的剡中诗题材丰富，写实为主，语言质朴，古典今用，崇尚理趣，对后世产生了深远影响。检索文献得知，本文是首次涉及王十朋的剡中诗领域，旨在抛砖引玉，引起方家的关注。

　　关键词： 王十朋；剡中诗；艺术特色；史料价值

　　王十朋（1112—1171），字龟龄，号梅溪，浙江温州乐清人。南宋著名政治家、文学家、教育家和爱国名臣，被宋孝宗赞为"南宋无双士，东都第一臣"[①]。因秦桧专权，46岁前隐于乡间讲学，无心出仕。秦桧死后，绍兴二十七年（1157）46岁的王十朋以万言《廷试策》一举殿试夺魁，被宋高宗亲擢为进士第一，即状元。之后为官15年，历任绍兴府签判、秘书省校书郎兼建王府小学教授、司封员外郎兼国史院编修兼崇政殿说书、国子司业、起居舍人兼侍读升侍讲、侍御史、起居郎，以集英殿修撰出知饶、夔、湖、泉四州郡守，除太子詹事，以龙图阁学士致仕，卒谥"忠文"。《宋史》卷387有传，他为

---

① 宋孝宗：乾道七年（1170）六月二十八日诏褒王十朋赐联。

官勤政清廉，政绩斐然，一生博究经史，工诗善文，在世 60 个春秋共留下 2100 多首诗歌和近 500 篇文章，有 54 卷《梅溪集》[①] 传世，同时被收录入"大四库"（《文渊阁四库全书》、专呈乾隆帝御览的摛藻堂《钦定四库全书荟要》）和"小四库"（《四部丛书初编·梅溪王先生文集》），今人编辑 80 万字《王十朋全集》[②]，是一位以气节文章彪炳史册的伟人。宋代理学家朱熹在为王十朋所作《梅溪王忠文公文集序》称其诗"浑厚质直，恳恻条畅，如其为人"，赞其人"光明正大，疏畅洞达，磊磊落落"，并将他与诸葛亮、杜甫、颜真卿、韩愈、范仲淹五君子相提并论，说："海内有志之士，闻其名，诵其言，观其行，而得其心，无不敛衽心服。"[③] 南宋永嘉学派代表叶适称王十朋："自绍兴庚辰至乾道辛卯，公名节为世第一，士无不趋下风者。"[④]《四库全书总目》卷 159 称："十朋立朝刚直，为当代伟人。今观全集，淳淳穆穆，有元祐之遗风。"[⑤] 当代著名国学大师南怀瑾先生推崇王十朋："从其生平之学问、德业、事功而言，则先生之功名，已为南宋第一状元。"[⑥]

一、缘结剡中

王十朋与剡中有缘。

因家住乐清，自绍兴十五年（1145）如临安（今杭州）赴补太学，

---

① （清）纪昀：摛藻堂《钦定四库全书荟要·梅溪集》，长春：吉林出版集团，2005 年。本文所引诗文皆出此书。如文中已有引用诗文的标题，则脚注时省略。

② （宋）王十朋：《王十朋全集》，梅溪集重刊委员会编，王十朋纪念馆修订，上海：上海古籍出版社，2012 年。

③ （宋）朱熹撰，郭齐等点校：《朱熹集》，成都：四川教育出版社，1996 年，第 3958—3960 页。

④ （宋）叶适撰：《水心集》卷 9《乐清县学三贤祠记》，影印《文渊阁四库全书》。

⑤ （清）纪昀：《四库全书总目提要》，石家庄：河北人民出版社，2000 年，第 4103 页。

⑥ 南怀瑾：《前言》，《王十朋全集》，上海：上海古籍出版社，2012 年，第 1 页。

至绍兴二十七年（1157）得中状元，12 年间（其中两年因父亡居家守孝）往返于临安、乐清两地，剡中是必经之处。

在新昌，他追随晋唐先贤之风，寻觅刘阮遇仙踪迹，三次拜谒江南第一大佛。入仕后任绍兴府签判于1158 年所作的《会稽风俗赋》[①] 多处歌咏新昌的秀山佳水，如"南明嵌崆，宝相涌兮。南岩嵯峨，海迹古兮。浮屠则道林、灵澈，神仙则刘晨、阮肇"；同时，称颂了"以孝悌称"世的宋代新昌县令陈橐（字德应），记录了刘阮遇仙传说、新昌石昉灵柏墓逸闻等。新昌《东岇志略》即引用了王十朋的《会稽风俗赋》"沃洲、天姥，眉兮、目兮"。王十朋给新昌直接留下了八首诗，即《过新昌》《观石佛》《关岭遇雪》《关岭旅邸观林同季野去秋题壁》《柘溪道傍有斑竹百余挺潇萧洒可爱与先之赏玩移时因念乡间无是种约异日移其根予戏诵君 看江上千竿竹不是男儿泪点班之句遂发一笑既而作数语解异世妇人之嘲且志不必移根也》《题刘阮祠用过仙人渡韵》《乙丑冬西游观南明石像作诗一绝至壬申十月四日复往观焉和前韵并书于佛阁》《宿石佛》。此外，还在《西征》中总结性称美新昌风情。王十朋与当时新昌的李县丞互通书信，留下了《答新昌李县丞（结）》一文。王十朋十分推崇新昌源溪张氏始祖张浚（字德远，封魏国公）。王十朋与张浚两人志同道合，互有知遇之恩。王十朋十分敬重这位抗金老将的高风亮节而求其字，张浚书"不欺室"三字以赠，王十朋匾于室中用以自警。王十朋回信致谢，写下著名的《宠示室铭帖》[②]，成为流传至今的唯一墨宝。新昌南明街道有个元岙村，《新昌县地名志》载："张姓为主，源溪张氏始祖张浚，南宋宰相，其四世孙张

---

① （宋）王十朋：《会稽风俗赋》，《梅溪集》后集卷1，长春：吉林出版集团，2005 年，第261—274 页。

② （宋）王十朋：《宠示室铭帖》，此文《梅溪集》失收，见《王十朋全集》，第1218—1219 页。

瑞山从县城迁居龟岩，明初建有张氏宗祠 —— 仆射祠。"①

在嵊县，王十朋两度入剡担任师席。绍兴十八年（1148），王十朋与嵊县学子周汝士一起上太学，同入上舍，志同道合，在学业上互相切磋、互相砥砺，在生活上互相关心，成为同舍契友。王十朋在参加礼部考试时，因力主抗金、收复失地的思想，得不到以秦桧为首的主和派的首肯而落榜。周汝士中四甲第三十八名进士，登上了王佐榜，但他慧眼识人，很欣赏王十朋的才华，当年便盛情邀请王十朋到嵊县东曦门（今剡湖街道），在周氏兴办的渊源堂义塾和周汝士家塾任师席，讲学授课。王十朋以他的饱学多才和在梅溪设帐的经验，兢兢业业，诲人不倦，把渊源堂义塾办得井井有条，使渊源堂义塾名声大振。除周门昆仲子侄外，远近学子也慕名负笈前来，可谓桃李葱茏，盛极一时。周氏家族登进士榜者有六人出于王十朋之门。南宋《剡录》卷一载："剡周氏作渊源堂……时永嘉王公十朋居师席，台、温秀士咸在馆塾。"②民国《嵊县志》卷十八《寓贤》载："十八年，汝士第进士，延十朋为义塾师，远近名士多从之游。"《嵊县志》（修订本）亦载："绍兴十八年，乐清名士王十朋应县城周氏渊源堂义塾礼聘为师，远近从学者甚众。教授生徒，开一代学风。"③为此，笔者在拙著《南宋大贤王十朋剡中诗文集》中加以总结提升："王十朋为南宋时期嵊县的文化教育事业做出了重大贡献，推动嵊县文教事业进入了一个新高潮。"④

对于绍兴十八年（1148）年这次入剡，未见《梅溪集》在渊源堂义塾从教的明确记载，仅有赴补太学、途经新昌、嵊县时留下的一些

① 《新昌县地名志》编撰委员会：《新昌县地名志》，哈尔滨：哈尔滨地图出版社，2007年，第153页。
② （宋）高似孙：《渊源堂孔门像》，见王群栗点校：《浙江文丛·高似孙集》（上册），杭州：浙江古籍出版社，2015年，第42页。
③ 嵊县志编纂委员会：《嵊县志》（修订本），北京：方志出版社，2007年，第669页。
④ 吴宏富编著：《南宋大贤王十朋剡中诗文集》，北京：中国文史出版社，2018年，第19页。

吟咏名胜古迹的诗作。可能逗留时间短暂，37 岁的王十朋要赶着去赴补太学的原因吧。

　　而绍兴二十三年（1153）这次入剡则不同，在《梅溪集》中就可以看到确切的行、住等各方面的记录及其诗文。绍兴二十三年（1153）三月十日，王十朋离家前往，三月二十五日到达剡溪。来到剡溪后，便去拜访太学同舍周世修（字德远）。周与十朋有八年同舍之谊，如今已有五年未见面。同窗相逢，分外欣喜。两人时常聚首畅谈，纵论时势，很是融洽。周德远天性好善，此时他正在剡溪开办"渊源堂"（剡溪书院）教授生徒，"渊源堂"之右另有一堂，十朋与周君及其生徒每日里饮文字于其间。王十朋为塾内斋、轩、馆、室等命名，大多出自杜甫的诗句，可见王十朋对杜甫其人其诗，可谓颂扬备至，钦敬不已，同时展示了王十朋博学慎思的学术功底。在书院共 110 多天，七月二十三日告别南归乐清。在这不足四个月的时间里，王十朋参加了周汝能（字尧夫）家塾的开馆挂额仪式并赋诗《书院挂额展筵雅会也戏集诸堂轩斋名作诗》[1]；在剡溪书院讲授之余，与周世修（字德远）、周世则（字德贻）等游览当地名胜；其间还为周氏渊源堂、细论堂作记，并为乃祖作《周府君行状》[2]，同时写有《渊源堂十二诗》《书院杂咏》《剡溪杂咏》等诗 70 余首，加入途中所作，共 80 余诗剡溪诗，皆入《梅溪集》。据此，笔者立足剡中，挖掘忠文公在嵊县、新昌一带所流传的诗文墨宝，裒辑吟剡诗文 110 余首（篇），结集为《南宋大贤王十朋剡中诗文集》，较为全面地再现了王十朋在剡中的活动行踪、从教功勋和盛称剡山剡水"蕴秀异"美景的吟咏佳作，从而弥补了新、嵊两地无王十朋研究专著的空白，具有较强的地方文献史料价值和学术

---

① （宋）王十朋：《梅溪集》前集卷 6，长春：吉林出版集团，2005 年，第 111 页。
② （宋）王十朋：《周府君行状》，《梅溪集》前集卷 20，长春：吉林出版集团，2005 年，第 256—258 页。

价值，尤其可贵的是搜寻到了散落于方志、报刊和民间宗谱中的不少佚诗佚文（题赞、谱序）等，来源翔实，可补《梅溪集》之缺。

王十朋在剡期间在星子峰结庐读书。王十朋离嵊后，读书处被当地人敬奉为庙，俗称大王庙，塑有王十朋神像，以示纪念。①

二、剡中诗的内容

王十朋的诗歌立意高远，清新隽永，精品佳句比比皆是。其诗作的思想性、艺术性在宋诗中堪称一流，实乃宋诗的一代大家。② 王十朋的剡中诗大多是从家乡赴补太学、在剡两度任师席以及到绍兴就任签判途中所作，留下了 90 余首吟剡诗篇。③ 尤其是在嵊周家渊源堂义塾坐馆授业和在剡溪书院任师席期间，"十朋亦爱剡山水，日登眺以诗文自娱"④。他的剡溪诗题材丰富，写实为主，语言质朴，崇尚理趣，为贡献于剡中最多的历代文化名人之一。

王十朋的剡中诗主要分为六类：山水诗、咏物诗、从教诗、寺观诗、情感诗、咏史诗，其中山水诗、咏物诗占大部分。

（一）山水诗

剡中灵山秀水，仙姿丽质，早成为人们向往的胜境，所谓"千岩

---

① 俞剑明、林正秋主编：《浙江旅游文化大全》，杭州：浙江人民出版社，1998 年，第 343 页。
② 王祝光主编：《王十朋纪念论文集》，沈阳：辽宁人民出版社，2001 年，第 3 页。
③ 吴宏富编著：《南宋大贤王十朋剡中诗文集·王十朋剡中所作诗文一览表》，北京：中国文史出版社，2018 年，第 327—330 页。
④ （明）周汝登主修：万历《嵊县志》卷 12，明万历十六年，知县万民纪倡修，成于知县林岳伟。

竞秀，万壑争流，草木蒙笼其上，若云兴霞蔚"①的景色，主要是指剡溪两岸风光。王十朋盛赞"剡中佳山水，为东南州之眉目"②，其游览剡中名胜古迹所写下的诗篇，吐属不凡，局境开朗，高情远意，读来赏心悦目，表现了他或寓乡愁国恨于一体、或融淡泊隐逸为一炉的诗家情怀。

王十朋赴补太学途中，每经一地，皆有诗记其行迹。这些诗歌对于了解南宋时期这些地区的地理景观、风土人情有一定的价值。王十朋借助山水舒缓苦痛，陶冶性情，从而激发了他的创作灵感，展现了他的内心情感和精神寄托。

绍兴十五年（1145）冬，34 岁的王十朋首赴京城临安（今杭州）太学读书。抵新昌境内，关岭的险峻，天姥山的风光，刘阮遇仙的传说，宝相寺（今新昌大佛寺）的"江南第一大佛"的庄严，无不给王十朋留下了深刻的影响，使王十朋的"乡关之恋"油然而生，遂作《过新昌》记述。诗云：

> 杖履登关岭，山行无住时。
> 客情浑在眼，乡思苦关眉。
> 石现金仙像，溪蟠阮肇祠。
> 越山都几点，收拾上新诗。③

"杖履登关岭，山行无住时。"诗人行旅匆匆，已不知借杖履跨越

---

① 朱碧莲、沈海波译注：《世说新语》（中华经典名著全本全注全译丛书），北京：中华书局，2018 年，第 142 页。

② （宋）王十朋：《天香亭记》，《梅溪集》后集卷 26，长春：吉林出版集团，2005 年，第 547—548 页。

③ （宋）王十朋：《梅溪集》前集卷 3，长春：吉林出版集团，2005 年，第 85 页。

了多少崇山峻岭，与脚下路程一同累积的便是思乡之情。这种情思溶于混浊的泪眼，挂在微锁的眉梢，即使有"石现金仙像，溪蟠阮肇祠"这样奇美的景致，也不能引起诗人多少流连。作为一个匆匆过客，他只想在赶路的同时把山间景色都收入自己诗句中。当然，这些诗句一以贯之的仍是不尽的乡情。①

浙东唐诗之路第一关——关岭，位于浙江新昌、天台两县的交界处，处于古驿道上，自古为军事要隘，历史上就颇有名气。同在关岭，秋赏景，冬赏雪，其乐无穷。一个小小的关岭，在王十朋吟咏新昌的八首诗中，有四首诗提及，"杖履登关岭，山行无住时"②，"路近剡溪春雪深，此行有愧子猷寻"③，"去岁还家秋正杪，今年行役暑初残。"④"细雨蒙蒙入关岭，旅邸重寻旧题字。"⑤足见这个天姥山南端的小镇，其风光是何等迷人，令人流连忘返，在王十朋十年九赴太学生涯中留下了深刻的印象。

王十朋一到嵊县，即吟《剡溪》诗一首：

千古剡溪水，无穷名利舟。
闲乘雪中兴，唯有一王猷。⑥

① 贾文赋：《王十朋诗歌研究》，鲁东大学硕士学位论文，2008年，第42页。
② （宋）王十朋：《过新昌》，《梅溪集》前集卷3，长春：吉林出版集团，2005年，第85页。
③ （宋）王十朋：《关岭遇雪》，《梅溪集》前集卷3，长春：吉林出版集团，2005年，第86页。
④ （宋）王十朋：《关岭旅邸观林同季野去秋题壁》，《梅溪集》前集卷4，长春：吉林出版集团，2005年，第95页。
⑤ （宋）王十朋：《西征》，《梅溪集》前集卷5，长春：吉林出版集团，2005年，第105—106页。
⑥ （宋）王十朋：《剡溪杂咏·剡溪》，《梅溪集》前集卷6，长春：吉林出版集团，2005年，第111页。

诗中"闲乘"，《剡录》及历代嵊县志均作"乘闲"。此诗以晋朝王子猷雪夜泛舟访戴安道故事，抒发自己到剡溪知友处潜心讲学的情怀。而特别有名的是《剡溪春色赋》①和《大嵊山赋》②等，赞扬嵊县溪山之美。

剡溪不但山秀水丽，而且名贤辈出，在王十朋赴太学生涯中留下了深刻的印象，吟颂不断。请看：

> 剡溪未起子猷寻，空对溪山恨满襟。——《孙子尚过明庆以诗见招未及往次韵》③
> 路近剡溪春雪深，此行有愧子猷寻。——《关岭遇雪》④
> 乘兴剡溪寻故人，久别相逢杂悲喜。——《西征》⑤
> 暂从剡水高人隐，行继澶渊盖世功。——《高和叔生日》⑥
> 来归从剡溪，山水颇涉猎。——《白若遇水以小舟从石门渡势危甚因书数语示图南文卿时八月二日也》⑦

王十朋作有二首同名的《戴溪亭》诗。王十朋自认是王子猷的后人，故称子猷为"吾祖"。

绍兴十五年（1145）年冬，王十朋首赴临安补太学，途经剡溪，

① （宋）王十朋：《剡溪春色赋》。此赋《梅溪集》失收，见《王十朋全集》，上海：上海古籍出版社，2012年，第1214—1215页。
② （宋）王十朋：《大嵊山赋》。此赋《梅溪集》失收，见《王十朋全集》，上海：上海古籍出版社，2012年，第1213—1214页。
③ （宋）王十朋：《梅溪集》前集卷1，长春：吉林出版集团，2005年，第69页。
④ （宋）王十朋：《梅溪集》前集卷3，长春：吉林出版集团，2005年，第86页。
⑤ （宋）王十朋：《梅溪集》前集卷5，长春：吉林出版集团，2005年，第105—106页。
⑥ （宋）王十朋：《梅溪集》前集卷6，长春：吉林出版集团，2005年，第107页。
⑦ （宋）王十朋：《梅溪集》前集卷6，长春：吉林出版集团，2005年，第112页。

即慕名前往戴溪亭，追思先人王子猷，拜祭隐居会稽剡县终生不仕的戴逵，即赋《戴溪亭》①诗：

> 高士逃名隐此溪，凭栏遐想独徘徊。
>
> 不知吾祖乘舟后，得得谁从雪里来。

　　戴溪亭"在嵊县，王龟龄诗云：'剡水照人碧，剡山随眼青。吾来非雪兴，惭上戴溪亭。'相传邑令姜仲开始建此亭，改兴尽，今复其故。"这是王十朋于绍兴二十三年（1153）任剡溪书院时，再次游历戴溪亭所作的第二首同名诗，即《剡溪杂咏·戴溪亭》②。

　　王十朋追随谢灵运的脚步，登上覆卮山——这座旧始宁县最高峰（今为嵊州市和绍兴市上虞区界山），作诗《覆卮山》③一首，一抒缅怀谢公之情："四海澄清气朗时，青云顶上采灵芝。登高须记山高处，醉得崖头覆一卮。"

> 细雨蒙蒙入关岭，旅邸重寻旧题字。
>
> 雨脚微收过天姥，洗出峰峦叠苍翠。
>
> 刘阮祠荒土犹赤，溪山真是神仙地。
>
> 道旁石现小金仙，传舍荒凉谁废置。
>
> 柘溪竹染儿女痕，石岭松含栋梁器。
>
> 路入南明观石佛，楼阁岧峣更深邃。

---

① （宋）王十朋：《梅溪集》前集卷3，长春：吉林出版集团，2005年，第85页。
② （宋）王十朋：《剡溪杂咏·戴溪亭》，《梅溪集》前集卷6，长春：吉林出版集团，2005年，第111页。
③ 此诗《梅溪集》《王十朋全集》俱失收，属佚诗，见吴宏富编著：《南宋大贤王十朋剡中诗文集》，辑自《道光嵊县志》卷13《艺文志》，北京：中国文史出版社，2018年，第187页。

八年行役两来游，岩上题诗记前事。

乘兴剡溪寻故人，久别相逢杂悲喜。①

这是王十朋于绍兴二十二年（1152）第 6 次赴补太学时所作的纪游体长诗《西征》，对这次行程做了详细记述。此诗写景、抒情与神话传说穿插自如，风格雄奇壮阔。对沿途游历剡中的主要景点关岭、天姥山、刘阮祠、柘溪竹、南明石佛、剡溪等，都一一作了描写。

（二）咏物诗

咏物诗发展到宋代，题材呈现出明显的生活化、细碎化倾向。王十朋的咏物诗便是这一诗歌传统变化的典型代表，他诗歌的笔触已然由广阔的疆土和奇异的风物而转向文人日常生活的方方面面。梅花、酴醾、瑞香、菊花、鹦鹉、剡纸书架乃至假山盆池统统入诗，通过丰富多变的描写对象寄托了自己复杂的思想感情，淋漓尽致地展现了诗人对自然、社会、人生等多方面的认识，表现了王十朋典雅高洁的文人逸趣。

1. 花卉

王十朋号梅溪，品格忠孝勇毅。性爱梅，犹陶渊明之好菊，屈原之滋兰也。他吟咏梅花，借梅魂寄诗心，为亲友师朋、诗文密契们频频送去真挚情意。

江梅香气清新淡雅，多被文人墨客垂青吟咏。王十朋对此情有独钟：

园林尽摇落，冰雪独相宜。

---

① （宋）王十朋：《西征》，《梅溪集》前集卷 5，长春：吉林出版集团，2005 年，第 105—106 页。

　　　　预报春消息，花中第一枝。①

　　王十朋一生自尊自强，却累遭打压，其书生意气自当激越不平。因此他笔下的梅花常被点染上炽热的情怀，成了诗人抗争命运的记录和象征。"预报春消息，花中第一枝"，梅花芳菲先发、管领春风的天意生机是王十朋展示仁人先知思想的比兴意象，这一诗句成为宋代咏梅名句之一。②

　　　　桃李莫相妒，天姿元不同。
　　　　犹余雪霜态，未肯十分红。③

　　春暖花开，正是桃树李树争奇斗艳的季节，然而为何还嫉妒一株红梅呢？这第一句"桃李莫相妒"破空而来，正突出了红梅的不同凡俗之处。这株红梅，经历了严冬的摧折，原本姿态就和桃树、李树不同，但它秉性不改，身上仍留有抗霜斗雪的傲骨，不肯向世俗低头，不肯向恶势力低头，不肯为了迎合世人的眼光而做出媚俗的姿态。诗人借红梅自比，表现了自己孤傲、正直、不屈、高洁的品性。④

　　　　非蜡复非梅，梅将蜡染腮。

---

①　（宋）王十朋：《书院杂咏·江梅》，《梅溪集》前集卷6，长春：吉林出版集团，2005年，第109页。
②　项宏志主编：《纪念王十朋诞辰九百周年全国学术研讨会论文集》，北京：线装书局，2012年，第231页。
③　（宋）王十朋：《书院杂咏·红梅》，《梅溪集》前集卷6，长春：吉林出版集团，2005年，第109页。
④　柳泽泉主编：《初中生必读古诗词100首》，北京：文汇出版社，2008年，第165页。

游蜂见还讶，疑自蜜中来。①

王十朋对"本非梅类"的蜡梅情有独钟，吟诗不下十数首，每每以其阳刚秉性观照之，又出之以别致的艺术风貌，彰显了蜡梅阳刚竞美、不屈不挠、自强不息的人格光辉。

菊以黄为正，梅惟白最佳。
徒劳染千叶，不似雪中花。②

王十朋喜爱梅之本色纯净者，不羡装饰自美。认为那些欲为梅"染千叶"以求使之趋黄者，必将徒劳无功。

台湾研究王十朋的学者郑定国先生总结道："十朋笔下梅花之色有白、红、黄，十朋心目以白色为尚，贵其冰清玉洁焉耳。十朋所咏之梅，有江梅，花色白，小而香；有红梅，叶如杏，花桃杏色与江梅同开，红白相间。又有蜡梅，又称黄梅，然非梅类，因其开与梅同时，香又近似，色如黄蜡（蜜蜡），故谓之黄梅。江梅先开，红梅略次，黄梅殿后，此后再无梅花。梅花之孤标、劲节、耐寒，十朋誉为百花魁。若赋梅以生命，其花瓣如云肤，清无尘埃，骨冷心铁，堪拟声德之人矣。是十朋人格之象征。今总观十朋所作咏梅句，句句堪传其梅花精神，世人或嫌其正味醇厚，然刻骨孤芳何惧君子无赏乎哉？吾人透过咏梅诗于十朋心中梅花意象已得具体风貌……"③

---

① （宋）王十朋：《书院杂咏·蜡梅》，《梅溪集》前集卷6，长春：吉林出版集团，2005年，第109页。

② （宋）王十朋：《书院杂咏·千叶黄梅》，《梅溪集》前集卷6，长春：吉林出版集团，2005年，第109页。

③ 郑定国：《王十朋及其诗》，台北：台湾学生书局，1983年，第345页。

酴醾，作为一个宋代新兴的咏物题材，也成为王十朋诗歌经常描写的意象。酴醾色香形态俱美，有较高欣赏价值，更兼花开于夏末，比众花较晚，具有寄寓伤心散场、结局不完美之意，故多为文人所咏叹。王十朋笔下的酴醾别有风采。其有诗云：

> 日烘香倍远，雨浥韵尤清。
> 谁把玉钱比，恐花羞此名。[①]

可见，诗人对此花的喜爱之情可见一斑。

> 主人贪睡为贪香，花植窗前意味长。
> 见说有时魂梦里，化为蝴蝶绕花旁。[②]

这是王十朋于绍兴二十三年（1153），应周德远之邀请在剡溪书院任师席时所作。周德远即周世修，王十朋太学同舍八年好友，嵊县人。南宋高似孙《剡录》载："瑞香，西太白山有此花。"[③] 诗人怀着崇敬的情感描写瑞香的"香"，香入梦境，化蝶绕花，嬉闹成诗，富有情趣，写出了瑞香内在的高雅的风韵，体现出诗人诙谐幽默的一面。

瑞香，《雍正浙江通志》引《花谱》载："出明州（今宁波），又

---

① （宋）王十朋：《书院杂咏·酴醾》，《梅溪集》前集卷6，长春：吉林出版集团，2005年，第109页。
② （宋）王十朋：《周德远植瑞香于窗前戏成一绝》，《梅溪集》前集卷6，长春：吉林出版集团，2005年，第107页。
③ （宋）高似孙：《剡录》卷9，王群栗点校：《浙江文丛·高似孙集》上册，杭州：浙江古籍出版社，2015年，第177页。

名睡香，处处庭院植之。"① 王十朋另作有一首《次韵周尧夫赠睡香》②。周汝能，字尧夫，王十朋在剡溪书院任教时的学生。绍兴二十七年（1157），两人同中进士。

王十朋的诗，浑厚雅淳，不事浮靡，如其为人，表现了"天生忧国丹心在"的浩然正气。

从咏菊的"不恨开时晚，自知能傲霜"③ 中，我们可窥见他那坚贞不阿的风骨。

王十朋咏书院客馆道："客馆逢重午，石榴花正芳。"④ 这表明，宋代书院作为公共休闲场所多是设有客馆的，而且其环境还相当不错。

诗人认为白桃不像红色桃花那般艳丽，在众多花卉中安然处之，不肯献媚春风，象征卓然不群、清白正直的高贵品格。从王十朋颂桃的"全身是清白，那肯媚春风"⑤ 的诗句中，我们可窥见诗人那坚贞不阿的风骨及浩然正气。

此外，还作有《芍药》《岩桂》《海棠》《千叶红桃》《佛见笑》《荷花》《蓼花》《萱花》等，呈现出一幅南宋剡中百花图。

2. 植物

王十朋的吟物诗，记录下了南宋时期剡溪两岸的植物种植形态及其风俗习惯，如这首《石菖蒲》诗：

---

① （清）稽曾筠：雍正《浙江通志》卷 130，影印《文渊阁四库全书》。
② （宋）王十朋：《次韵周尧夫赠睡香》，《梅溪集》后集卷 4，长春：吉林出版集团，2005年，第 299 页。
③ （宋）王十朋：《书院杂咏·菊花》，《梅溪集》前集卷 6，长春：吉林出版集团，2005 年，第 109 页。
④ （宋）王十朋：《书院杂咏·榴花》，《梅溪集》前集卷 6，长春：吉林出版集团，2005 年，第 109 页。
⑤ （宋）王十朋：《书院杂咏·千叶白桃》，《梅溪集》前集卷 6，长春：吉林出版集团，2005 年，第 109 页。

天上玉衡散，结根泉石间。

要须生九节，长为驻红颜。①

在我国传统文化中，菖蒲与菊花、兰花、水仙并称"花草四雅"，其株形端庄秀丽，叶片碧绿挺拔，自然清新，富有雅韵，故古人亦称五月为"蒲"月。每年端午节，民间有插艾草、挂菖蒲的习俗，还盛行喝菖蒲酒。菖蒲备受人们喜爱，是吉祥物。历代有不少文人以诗文赞颂之。此诗表达了诗人对菖蒲的赞美，称赞菖蒲为长驻红颜之仙药，她的花语便是祝愿父母亲朋永葆青春、健康、长寿。

慎火草，即景天花，为景天科属多年生草本植物慎火草的花蕾，是一种很美丽的药用植物。康熙称红景天为"仙赐草"，是帝王之家延年益寿、抗衰老的顶级御用补品。据说有避火灾的功能，所以人们常种于庭院之中，或盆栽于屋上以防火。王十朋赋诗《慎火草》以记：

禁殿安虫尾，骚人逐毕方。

何如栽此草，有火自能妨。②

剡溪还盛产《斑竹》《燕竹》③，王十朋有诗记录。燕竹即"早竹"，与箭竹同类，同治《嵊县志》卷二十《风土志》载："燕竹，以燕来时出笋甚美故名。"

潇洒西河种，谁移向浙东。

---

① （宋）王十朋：《梅溪集》前集卷 6，长春：吉林出版集团，2005 年，第 110 页。

② （宋）王十朋：《梅溪集》前集卷 6，长春：吉林出版集团，2005 年，第 110 页。

③ （宋）王十朋：《斑竹》《燕竹》，《梅溪集》前集卷 6，长春：吉林出版集团，2005 年，第 110 页。

青枝太纤细，莫近楚王宫。^①

这首《书院杂咏·西河柳》则记述了柽柳从河北、河南移植刹中的例子。

刹纸，浙江传统名纸，亦称"刹藤""溪藤"。唐宋时，越中多以古藤制纸，故名"藤纸"。王十朋注："唐舒元舆作《吊刹溪藤文》，言今之错为文者，皆夭阏刹藤者也。刹藤可作纸。"^②嘉叟即王秬（？—1173），曾知饶州，与王十朋同馆职，友情甚笃，两人互有诗作唱和。王十朋的诗记录了刹中特产——"刹纸"，有诗为证："仁义知君学子舆，岂惟词赋似相如。刹溪百幅敲冰纸，换得临池小草书。"^③

绍兴十九年（1149）八月初，王十朋第五次离家赴太学。书友万先之同行。经过新昌柘溪^④，见道旁有斑竹百梃，潇洒可爱，与万先之玩赏多时，末了批评斑竹女儿之态，还不如慈竹好，遂作《柘溪道傍有斑竹百余挺潇洒可爱与先之赏玩移时因念乡间无是种约异日移其根予戏诵君看江上千竿竹不是男儿泪点斑之句遂发一笑既而作数语解异世妇人之嘲且志不必移根也》^⑤云："男儿有泪不染竹，当作包胥贾生哭。"既而想想，自己这样说也是片面的，他认为人之钟情、夫妇相思乃人之常情，宜为珍惜，于是他又作《代妇人答》^⑥诗，写得既风趣又

---

① （宋）王十朋：《书院杂咏·西河柳》，《梅溪集》前集卷6，长春：吉林出版集团，2005年，第110页。

② 夏征农编：《辞海》，上海：上海辞书出版社，1999年，第2562页。

③ （宋）王十朋：《刹纸赠嘉叟以诗为谢次韵》，《梅溪集》后集卷9，长春：吉林出版集团，2005年，第353页。

④ 万历《新昌县志》卷3《山川志》："柘溪在县东南十里。发源自九岩山，流入九潭，复北流入柘溪，至虎队，入东溪。"

⑤ （宋）王十朋：《梅溪集》前集卷4，长春：吉林出版集团，2005年，第95—96页。

⑥ （宋）王十朋：《梅溪集》前集卷4，长春：吉林出版集团，2005年，第96页。

有深意。

3. 动物

> 文采真为累，飞鸣不自由。
> 小池新水涨，相对谩沉浮。①

这是一首蕴含哲理的小诗，表达了诗人对自由生活的渴望，同时也鞭挞了目光短浅、安于现状、甘受束缚的人们。世界上的事物往往是有两面性的，鸂鶒也是这样，正因为它毛羽太美了，才被人们当着玩物，终身囚禁在小池中，不得自由，这也正是古代那些追求个性自由、不甘为世俗社会所压抑、束缚的人们的共同的困惑。②

鹤在中国文化中有崇高的地位，特别是丹顶鹤，是长寿、吉祥和高雅的象征，常被与神仙联系起来，又称为"仙鹤"。王十朋作有《书院杂咏·鹤》诗：

> 雅志在冲霄，长思振羽毛。
> 风前忽相和，声彻九天高。③

鹅是人类驯化的第一种家禽，所以也受到了王十朋的喜爱：

> 善鸣聊自适，不顾遇知音。

---

① （宋）王十朋：《书院杂咏·鸂鶒》，《梅溪集》前集卷6，长春：吉林出版集团，2005年，第111页。
② 林坚等编著：《历代咏鸟诗品评》，哈尔滨：黑龙江人民出版社，1987年，第110页。
③ （宋）王十朋：《梅溪集》前集卷6，长春：吉林出版集团，2005年，第110页。

深恐山阴妪，误猜君子心。①

王十朋观察入微，所作《书院杂咏·花鸭》诗云：

毛羽不多异，浪于花得名。
深疑杜陵误，黑白未分明。②

其实"花鸭"不花，毛色不杂，只有"黑""白"二色，但这是富有象征意义的两种对比色，它正象征着花鸭，甚至也是诗人那"黑白分明"的处世态度，可见"花鸭"正是以其特殊的"花"才引起诗人注意、得到诗人赞赏的。

4. 假山

为进一步增强其休闲功能，不少书院还筑有"假山"。王十朋在其《书院杂咏》组诗中有一篇咏的就是书院的《假山》。诗云：

君有好山僻，迭山亭院间。
不遮山外眼，又得见真山。③

山或假山也是中国园林最基本的内涵，宋代书院建筑假山，反映出了它的公共园林性质与休闲功能。④

5. 文房用品

宋代咏物诗不仅仅停留在动植物，自然气象等事物上，还颇重人

---

① （宋）王十朋：《书院杂咏·鹅》，《梅溪集》前集卷6，吉林出版集团，2005年，第110页。
② （宋）王十朋：《梅溪集》前集卷6，长春：吉林出版集团，2005年，第110—111页。
③ （宋）王十朋：《梅溪集》前集卷6，长春：吉林出版集团，2005年，第110页。
④ 姜锡东主编：《宋史研究论丛》（第7辑），石家庄：河北大学出版社，2006年，第398页。

文意象的摄取，关注起日常所用的文房用品：

> 君富端不俗，有钱长买书。
> 家藏三万轴，不怕腹空虚。[①]

这类诗歌流露出作者浓郁的文人儒雅之气，而且表现出其丰富的书本知识和特有的文人品味。

"一草一木皆有理，须察。"[②]加上宋代发达的园林业这个原因，使得王十朋有更多的机会去近距离观察植物，为咏物诗材的扩展提供了条件。植物中诸如梅、酴醿等，不为唐人所关注，却流传于宋代文人之间。王十朋对诸多灵性之物寓目则书，以此作为自己情感的寄托。

综观王十朋的咏物之作，其内涵极其丰富复杂，涉及的生活面也极为广泛，诗人均与之有着心灵的交流，是其内心真情的自然流露，借其寄托自己的情志，表明心迹。

（三）从教诗

王十朋创办的梅溪书院是乐清地区历史上出现的第一个正式书院，对当地的教育兴学促进甚大，王十朋对此可谓功不可没，除了在自己的家乡设塾授徒外，王十朋还曾受友人之邀请，为他乡之教育机构授徒讲学，这就是有名的"剡溪师席"。他分别于绍兴十八年（1148）、绍兴二十三年（1153）两度入剡，担任师席。经过他的教育实践，周门文风得以盛冠于嵊县，而王十朋实厥功至伟，绍兴二十七

---

① （宋）王十朋：《书院杂咏·书架》，《梅溪集》前集卷 6，长春：吉林出版集团，2005 年，第 110 页。
② （宋）程颢、程颐《二程遗书》卷 18，影印《文渊阁四库全书》卷 18，上海：上海古籍出版社，1987 年，第 698 册，第 155 页。

年（1157），王十朋与他的学生周汝能同中进士，师生相得的佳话在剡中地区盛传不衰。

王十朋在剡溪书院任师席期间所作的《书院杂咏》共 34 首五绝小诗，非旺盛的才情学识何以能把自己的教育理想、人才观、人格观用形象的小诗表达出来呢？在《书院杂咏》诗里可以读出王十朋的教育思想和教育理念，同时也可以体会到其对书院的用心用情的程度，这就是"持敬"的理学思想。凡书院的虫声鸟音，山石花木无处不美，无处不诗。古人说的"用志不分，乃凝于神"①大概也可作如是解。就这些小诗，我们可以读出他的书院的育人思想，他的与众不同的教育理念，不得不叹服八百年前这位先贤的教育才能。②

今古几池馆，人人栽牡丹。

主翁兼种德，要与子孙看。③

这首诗是王十朋对书院栽花情况的记述，种牡丹一则为观赏其雍容华贵、富丽堂皇的姿色，一则更主要的是要学习牡丹刚正不阿、礼让群芳的高尚品德；表达了作者要在种牡丹的同时，更要努力认真"种德"树人，传播知识，培养人才的志向愿望，并以此为目标，为后人树立一个好榜样，使之代代相传。

王十朋在《家政集·自序》中说"古人有言曰：'一年之计莫若植

① 语出《庄子·达生》，见苏育生主编：《中华妙语大辞典》，西安：陕西人民教育出版社，1990 年，第 666 页。
② 项宏志主编：《纪念王十朋诞辰九百周年全国学术研讨会论文集》，北京：线装书局，2012 年，第 180 页。
③ （宋）王十朋：《书院杂咏·牡丹》，《梅溪集》前集卷 6，长春：吉林出版集团，2005 年，第 108 页。

谷，十年之计莫若植木，百年之计莫若植德。'"① 因此他认为教师不仅只为教书而教书，教书的首要任务是育人，育人要先立德，只有教好人，才能教好书。

（四）寺观诗

南宋佛教在民间的推广与普及方面取得令人瞩目的成就，而两浙地区是南宋佛教最为盛行的地区之一。王十朋由于受家族的影响，也与佛结下了不解之缘。王十朋每游历一地，必游名寺，以诗记之。

宋高宗绍兴十五年（1145）暮冬，34 岁的王十朋第一次离别左原，动身赴京城临安太学读书，补弟子员。途中来到绍兴境内的新昌县。他曾闻新昌宝相寺（今大佛寺）中的石佛号称当时"江南第一大佛"，即顺道前去一游，遂作《观石佛》诗一首。诗云：

> 土木涂金巧逼真，总随浮幻化埃尘。
> 何人着意镌山骨，长现金刚不坏身。②

石佛即新昌县城西南二公里的大佛寺"弥勒石窟造像"，镌造于南朝齐永明年（486－516），经僧护、僧淑、僧祐三代僧人历时 30 年雕凿而成，世称"三生圣迹"，距今已有 1500 多年，为现存世界上最为古老的石窟大佛。

八年后即绍兴二十二年（1152）秋，王十朋第 6 次赴补太学途中，再次到宝相寺（今大佛寺）参拜"江南第一大佛"。在南明石像见自己八年前即乙丑年（1145）所题之诗，感慨万千，在佛阁又题下《乙

---

① （宋）王十朋：《王十朋全集》辑佚文《家政集》，上海：上海古籍出版社，2012 年，第 1032 页。

② （宋）王十朋：《梅溪集》前集卷 3，长春：吉林出版集团，2005 年，第 85 页。

丑冬西游观南明石像作诗一绝至壬申十月四日复往观焉和前韵并书于佛阁》。诗云：

> 儿戏团沙欲象真，谁将愿力历三尘。
> 八年来往箫峰客，两度来瞻百尺身。①

绍兴二十三年（1153）七月二十三日，王十朋一行从剡溪书院告别南归时，途中在新昌宝相寺过夜，赋诗以记。诗云：

> 修径入幽邃，梵宫摩碧霄。
> 仰头惊突兀，跬步怯岩峣。
> 宝相石间涌，钟声云外飘。
> 明朝路南北，身世各尘嚣。②

新昌地方文史专家唐樟云先生在其所著《新昌诗话》中认为："此诗写新昌大佛寺，曲径通幽，佛殿高耸，地理位置十分险要，'仰头惊突兀，跬步怯岩峣'，以'惊''怯'极写其视觉震撼力，先声夺人。'宝相石间涌'，写大佛雕凿在石壁间，'涌'字极好，有气势暗含石像形制天然，无斧凿痕迹之意；'钟声云外飘'，以钟声悠远，写其境界，但明朝则各赴其途，又将寄身于尘嚣中矣。"③

王十朋咏剡诗中较有特色的一首就是《游圆超院登挟溪亭次卢公（天骥）韵》，诗云：

---

① （宋）王十朋：《梅溪集》前集卷5，长春：吉林出版集团，2005年，第105页。
② （宋）王十朋：《宿石佛》，《梅溪集》前集卷5，长春：吉林出版集团，2005年，第111—112页。
③ 唐樟荣：《新昌诗话》，北京：光明日报出版社，2017年，第63页。

路入剡山腰，风生玉川腋。

孤亭物外高，双溪眼中碧。

山僧作亭知几春，赏音端怕逢诗人。

自从妙语发丘壑，遂使绝境多蹄轮。

我来首访维摩诘，问讯双溪自何出。

发源应与婺溪同，赋物惭无沈郎笔。

凭阑欲洗名利尘，入眼翻惊客恨新。

山城重重水如带，可能挽住思乡人。①

　　新昌著名学者林世堂先生在其所著《剡溪诗话》中评价道："'路入剡山腰，风生玉川腋。孤亭物外高，双溪眼中碧。'诗是七古，却用四句五言开头，用简练的文字写出当地风物的特色。接着'发源应与婺溪同，赋物惭无沈郎笔'把卢天骥比作唐代诗人王维，又自惭不能像沈约那样用诗文为剡溪风物添彩，措词用语，能挥洒自如。"②

　　王十朋许多山水诗歌中充满隐逸和禅缘趋向。

　　　　无雨竹亦净，有风松更清。③

　　诗人笔下的寺院庭院，红尘不到，无垢无染，一片清洁，一片干净。在呈现一派山光水色与禅林交相融合的清幽境界中，不仅见出这位政治家试图摒弃宦途上的忧患所带来的烦恼，也看到一位耕读出身的士子追求回归清净悠闲的心迹。

---

① （宋）王十朋：《梅溪集》前集卷6，长春：吉林出版集团，2005年，第107页。
② 林世堂著，吴宏富汇编：《剡溪诗话（汇编本）》，北京：现代出版社，2018年，第70页。
③ （宋）王十朋：《游明心院》，《梅溪集》前集卷6，长春：吉林出版集团，2005年，第107页。

禅友何时到，远从毗舍园。

妙香通鼻观，应悟佛根源。①

毗舍园即古印度，佛教的发源地。簷蔔即栀子，来自佛国，与佛有缘，因此有人称它为"禅友""禅客"。从栀子花为"禅友""禅客"，多少也说明了宋代赏花意在清淡。

此外，王十朋还游历了剡山顶圆超寺，作有《剡溪书院·挟溪亭》。诗云：

远水从台婺，同归古嵊州。

巍亭压山顶，千古挟双流。②

（五）情感诗

1. 兄弟情

王十朋有弟二人，长名寿朋字梦龄，次名百朋字昌龄。兄弟三人甚相友爱，均以儒为业，然科场蹭蹬，仕途蹉跎，幸有先人所传二顷薄田赖以温饱。因为生活所迫，三人常常聚少离多。诗人便在一首首诗歌中寄托这远隔千山万水亦无法隔断的亲情。可见对家乡和亲人的思念始终伴随着王十朋，其在赴补太学的路途中，也多次给其弟寄信以表达自己对亲人的思念。

绍兴十九年（1149）七夕节刚过，王十朋第 5 次赴临安太学，书友万先之同行。行到嵊县，念老母和二弟，遂写下《至剡溪寄梦龄昌

---

① （宋）王十朋：《书院杂咏·簷蔔》，《梅溪集》前集卷 6，长春：吉林出版集团，2005 年，第 109 页。

② （宋）王十朋：《梅溪集》前集卷 6，长春：吉林出版集团，2005 年，第 111 页。

龄》①。修书遣仆人返归，自与书童继续上路。

绍兴二十三年（1153）春，王十朋第 7 次赴临安科试。这次应太学同舍挚友周德远之邀，王十朋离家前往剡溪书院任师席约四个月左右，其间时有思念家乡、思念亲人之感并慨叹自己的身世，于是在细论堂内给左原的两个弟弟寄了这首七律《寄梦龄昌龄弟》云：

> 老去生涯集百忧，一身萍泛剡溪头。
> 也知四海皆兄弟，能似天生羽翼不。②

一吐思念之情。七月二十三日告别南归乐清，王十朋在《别周德远诸友》③诗中云：“乡心杂病思，浩荡不可留”，表示了自己坚意不再留之心情。除此之外，在《西征》④一诗中，还曾以“王家辞弟游帝都，出门满眼思亲泪”这样的诗句，抒写了与兄弟分别的伤感、不舍，但他热爱剡溪山水，在《游圆超院登挟溪亭次卢公（天骥）韵》⑤有云：“山城重重水如带，可能挽住思乡人。”

总览王十朋的亲情诗，具有语事平淡、情真质朴的特色，充分表达出王十朋内心的至情至性。

2. 朋友情

凡是与之有较深交往且意趣相投的朋友，王十朋常有寄赠之作，表达朋友间的思念，真诚地流露出朋友间难舍的情意。

绍兴二十三年（1153），王十朋第 7 次赴临安补太学。3 月 25 日

---

① （宋）王十朋：《梅溪集》前集卷 4，长春：吉林出版集团，2005 年，第 96 页。
② （宋）王十朋：《梅溪集》前集卷 6，长春：吉林出版集团，2005 年，第 107 页。
③ （宋）王十朋：《梅溪集》前集卷 6，长春：吉林出版集团，2005 年，第 111 页。
④ （宋）王十朋：《梅溪集》前集卷 5，长春：吉林出版集团，2005 年，第 105—106 页。
⑤ （宋）王十朋：《梅溪集》前集卷 6，长春：吉林出版集团，2005 年，第 107 页。

至剡溪，于旅舍见友人曹梦良（即曹逢时，字梦良，同读于乡校又太学同舍，绍兴二十七年两人一起中进士，交往达 30 年之久，情谊深厚）题壁诗中有一句"撩我思家第一篇"后遂次其韵和诗《癸酉三月二十五日至剡溪旅舍观曹梦良题壁有撩我思家第一篇之句仆离家半月亦未尝作诗因次其韵》①，此诗可作离家详细时间之佐证；由《白若遇水以小舟从石门渡势危甚因书数语示图南文卿时八月二日也》② 中"归途阻秋潦，溪涨不可涉"句可考返乡时间。此行在剡溪逗留多日，思家之外，与友人游历胜景，其《别周德远诸友》诗云"旅食百日余，故人情已周"，可见与志趣相投的友人在一起，观览较为惬意。

3. 同窗情

周汝士字南夫，绍兴十八年（1148）进士，和王十朋是太学同舍契友，于绍兴十八年（1148）邀请王十朋到嵊县渊源堂义塾任师席，讲学授课。"扁舟昔访戴逵居，早识奇儿骨相殊。不是剡溪能蕴秀，祇应蚌腹解生珠。"周母逝世，王十朋作《过孺人挽词（周南夫教授母）》③ 纪念。

绍兴二十三年（1153）三月十日到周氏创办的剡溪书院讲学，七月二十三日告别南归，作《别周德远诸友》④ 诗中云："乡心杂病思，浩荡不可留。"表示了自己坚意不再留之心情。告别之时，周德远、德贻、德广等为十朋设宴钱别，谢图南、童文卿、沈齐卿、黄庭甫等伴其同行。

4. 师生情

周汝能，字尧夫，王十朋在剡溪书院时的学生。绍兴二十六年

① （宋）王十朋：《梅溪集》前集卷 6，长春：吉林出版集团，2005 年，第 107 页。
② （宋）王十朋：《梅溪集》前集卷 6，长春：吉林出版集团，2005 年，第 112 页。
③ （宋）王十朋：《梅溪集》后集 16，长春：吉林出版集团，2005 年，第 434 页。
④ （宋）王十朋：《梅溪集》前集卷 6，长春：吉林出版集团，2005 年，第 111 页。

（1156）冬，王十朋第 9 次赴临安太学，过剡，与周汝能把酒天香亭，作《天香亭记》①。第二年两人均高中进士，为同年友。师生同榜，在剡溪传为佳话。绍兴二十九年（1159），王十朋继任绍兴府签判之时作有《寄题周尧夫碧梧轩》②相赠。

周德贻，字世则，王十朋在剡溪书院任师席时的学生，系王十朋八年同舍挚友周德远的弟弟。周世则为王十朋《会稽风俗赋》作注。《周德贻得子以钱果为觌仆不获为汤饼客贺之以诗》③作于绍兴二十九年（1159），王十朋继任绍兴府签判之时。本诗深深透出王十朋与民同乐的情愫。"清和时节绿阴满，秀异溪山佳气浮"，流露出王十朋的民事思想。

陈元佐，王十朋于绍兴十三年（1143）创办梅溪书院时的学生。王十朋和陈元佐虽为师生，但关系甚密，与陈元佐多有诗歌唱和，如《送陈元佐游剡》④等。

（六）咏史诗

王十朋每到一地，必寻访当地历史名贤，对其进行论赞或纪念。

如《剡溪杂咏·了溪》⑤："禹迹始壶口，禹功终了溪。余粮散幽谷，归去锡玄圭。"此诗赞扬大禹治水的功绩。南宋嘉泰《会稽志》卷十记载："了溪，在（会稽）县东北一十五里，源出了山，合县南溪流以入于剡溪。"⑥

---

① （宋）王十朋：《梅溪集》后集卷 26，长春：吉林出版集团，2005 年，第 547—548 页。
② （宋）王十朋：《梅溪集》后集卷 4，长春：吉林出版集团，2005 年，第 306 页。
③ （宋）王十朋：《梅溪集》后集卷 4，长春：吉林出版集团，2005 年，第 302 页。
④ （宋）王十朋：《梅溪集》后集卷 6，长春：吉林出版集团，2005 年，第 321 页。
⑤ （宋）王十朋：《梅溪集》前集卷 6，长春：吉林出版集团，2005 年，第 111 页。
⑥ （南宋）施宿等撰：嘉泰《会稽志》卷 10，李能成点校：《（南宋）会稽二志点校》，合肥：安徽文艺出版社，2012 年，第 179 页。

王十朋到嵊县北四十五里灵芝乡的龙宫寺，作《剡溪杂咏·龙宫碑》① 诗缅怀唐朝宰相、诗人李绅。

戴逵、戴颙父子在嵊县影响深远，人称"二戴"，卒葬于县城北门外。王十朋作有《剡溪杂咏·戴颙墓》② 诗，予以凭吊纪念："千年戴颙墓，三字道旁碑。""秦系，字公绪，越州会稽人，有诗名。天宝间避地剡川，作丽句亭，郡守改其居曰'秦君里。'"③ 王十朋途经剡溪，触景生情，遂作《秦君亭》诗云：

> 山中高隐欲逃名，不谓名随隐处成。
> 凿石一泓诗数首，也曾攻破五言城。④

经历了隐逸梅溪、力主抗金和安做牧民老吏这人生三部曲的王十朋，借此诗发出了无限感慨，这才是王十朋真实思想的流露和写照。

三、剡中诗的特色

（一）诗学渊源

王十朋诗学渊源是效法杜甫，对杜甫的人品和文学成就极为尊崇并有意仿效。如依照杜甫《北征》，曾作有《西征》⑤ 长篇一首，详细叙述自己赴太学一路情况，堪称个人"诗史"。同时，王十朋广泛学习名家的长处，他的诗歌有的直接引用或化用了杜甫、欧阳修、黄庭

① （宋）王十朋：《梅溪集》前集卷6，长春：吉林出版集团，2005年，第111页。
② （宋）王十朋：《梅溪集》前集卷6，长春：吉林出版集团，2005年，第111页。
③ （宋）高似孙：《剡录》卷3，王群栗点校：《浙江文丛·高似孙集》上册，杭州：浙江古籍出版社，2015年，第67页。
④ （宋）王十朋：《梅溪集》后集卷18，长春：吉林出版集团，2005年，第458页。
⑤ （宋）王十朋：《梅溪集》前集卷5，长春：吉林出版集团，2005年，第105—106页。

坚等前人的诗句。如《渊源堂十二诗·恢义斋》①："忆昔杜陵老,恨无千万间。君能恢大义,吾党悉欢颜。"这首诗化用了杜甫《茅屋为秋风所破歌》中"安得广厦千万间,大庇天下寒士俱欢颜,风雨不动安如山"的诗句,杜甫的这首诗体现了他忧国忧民的情怀,表现了他推己及人、舍己为人的高尚品格。"君能恢大义",赞扬了杜甫忧国忧民的情怀。

又如《至剡溪寄梦龄昌龄》："自从离雁荡,长是念鸰原。"②化用了杜甫《赠韦左丞丈济》诗:"鸰原荒宿草,凤沼接亨衢。"鸰原,谓兄弟友爱。

又如《剡溪舟中有感》③："西风桑叶岸,细雨菊花天。"点化欧阳修《秋怀》诗"西风酒旗市,细雨菊花天",精当妥贴。有意改动前人原句,易"酒旗市"为"桑叶岸",对仗工整贴切,更切合对秋景的描写,胜过原句,一如己出,自成风格。

又如《书院杂咏·酴醾》④："日烘香倍远,雨浥韵尤清。"南宋高似孙《剡录》卷九载"山谷诗:'雨浥何郎试汤饼,日烘荀令炷炉香。'其用'日烘'乃山谷诗中来也。"黄庭坚号山谷道人。

(二)古典今用,营造别有韵致的意境

剡中地区流传"子猷访戴""刘阮遇仙"两个著名的典故,王十朋熟练自如地运用于吟剡诗中,古典今用,营造出别有韵致的意境。

① (宋)王十朋:《梅溪集》前集卷6,长春:吉林出版集团,2005年,第108页。
② (宋)王十朋:《梅溪集》前集卷4,长春:吉林出版集团,2005年,第96页。
③ (宋)王十朋:《梅溪集》前集卷4,长春:吉林出版集团,2005年,第96页。
④ (宋)王十朋:《梅溪集》前集卷6,长春:吉林出版集团,2005年,第109页。

1. 子猷访戴

王十朋每次从家乡外出几乎都经过剡溪，这条江水，因晋代王子猷的一次雪夜访友成为充满人文韵味的名胜。据《世说新语·任诞》载："王子猷居山阴，夜大雪，眠觉，开室，命酌酒，四望皎然。因起彷徨，咏左思《招隐诗》，忽忆戴安道。时戴在剡，即便夜乘小船就之。经宿方至，造门不前而返。人问其故，王曰：'吾本乘兴而行，兴尽而返，何必见戴？'"① 王十朋自认是王子猷的后人，对王子猷十分倾慕，赋诗《剡溪》高度赞扬王子猷不求名利、潇洒自适的真性情；抒发自己到剡溪知友处潜心讲学的情怀且寄慨深远：江河上舟楫往来，都是为名利奔走，对比之下，王子猷确是高士了。

而对于自己多次赴试求取功名不成，与王子猷相比，王十朋常常自觉惭愧："剡溪未起子猷寻，空对溪山恨满襟。"② "路近剡溪春雪深，此行有愧子猷寻。"③ "我来非雪兴，惭上戴溪亭。"④ 在另一首同题诗《戴溪亭》诗则云："高士逃名隐此溪，凭栏遐想独徘徊。不知吾祖乘舟后，得得谁从雪里来。"⑤ 此诗既感怀了隐居会稽剡县终生不仕的戴逵，又追思了先人王子猷。

由古人旧踪想到当今现实，由个人境遇思及世道人心，委婉道来，把王子猷雪夜乘兴访戴的典故内涵概括不漏，尽见用心之妙。国事不

---

① （南朝梁）刘义庆：《世说新语》，见许绍早、王万庄译注：《世说新语译注》，长春：吉林文史出版社，1996 年，第 491 页。

② （宋）王十朋：《孙子尚过明庆以诗见招未及往次韵》，《梅溪集》前集卷一，长春：吉林出版集团，2005 年，第 69 页。

③ （宋）王十朋：《关岭遇雪》，《梅溪集》前集卷 3，长春：吉林出版集团，2005 年，第 86 页。

④ （宋）王十朋：《戴溪亭》，《梅溪集》前集卷 6，长春：吉林出版集团，2005 年，第 111 页。

⑤ （宋）王十朋：《梅溪集》前集卷 3，长春：吉林出版集团，2005 年，第 85 页。

堪，心怀孤忠，既不甘沉寂乡间，又不愿追逐名利，这是宋代士人的共通心结。①

2. 刘阮遇仙

《剡录》卷三《仙道》载："刘晨、阮肇，剡县人。汉明帝永平十五年，采药于天台山。望山头有一桃树，取食之。又流水中有胡麻饭屑，二人相谓曰：'去人不远！'因过水，深四尺许。行一里，又度一山，出大溪，见二女容颜绝妙。便唤刘、阮姓名，问：'郎何来晚也？'馆服精华，东西帏幔宝络，左右尽青衣。下一作进胡麻饭、山羊脯，设甘酒，歌调作乐，日暮止宿。住半年，天气和适，常如二三月，鸟鸣悲惨，求归甚切。女唤诸仙女，歌吹送还乡。乡中怪异，验得七代子孙，传闻祖翁入山，不知何在。太康八年，失二公所在。"②王十朋深为"刘阮遇仙"美丽的传说所打动，乃赋诗《题刘阮祠用过仙人渡韵》：

> 涧水桃花路易迷，不同人世下成蹊。
> 自从重入山中去，烟雨深深锁旧溪。③

刘阮祠即刘阮庙，位于新昌县东南三十里的刘门山④（今南明街道桃源村）。王十朋紧扣桃花溪水景色凄迷主题，写刘阮返家，已历数代，家乡俱无人识之，只好怅然重入山中寻找仙女，但桃花流水依旧，

① （宋）王十朋著，张润秀选注：《王十朋选集》下册，北京：线装书局，2016年，第23页。

② （宋）高似孙：《剡录》卷3，王群栗点校：《高似孙集》上册，杭州：浙江古籍出版社，2015年，第69页。

③ （宋）王十朋：《梅溪集》前集卷4，长春：吉林出版集团，2005年，第96页。

④ 民国《新昌县志》卷16："刘门山，县东南三十里。汉永平中，刘晨、阮肇自剡采药至此山，有刘阮祠山亭、采药径，山下居民多刘姓者。"

烟雨深深，一片迷蒙，何处仙家，已经茫然失所，惆怅无奈，令人感叹世事无常，盛景不再。王十朋重视炼句，又精于炼字，他的诗歌在清晰流畅中有精警动人的诗眼。如本诗"烟雨深深锁旧溪"中的"锁"字，平中见奇，力透纸背。

　　绍兴二十三年（1153）在剡溪书院任教时，王十朋游阮庙①（今嵊州市三江街道阮庙新村）后作《阮仙翁宅》②诗。诗写刘阮遇仙回来，人事全非，只好再入山去，却满目翠微，欲返无由，诗人问他何时返回故宅？千年往事，犹如昨日，诗人睹物思人，故有此感慨。

　　如今，刘阮遇仙处、阮肇故宅，都成了寻找仙踪、凭吊仙祖的仙源旅游胜地。

　　在《慎火草》③诗中，以两个典故反衬慎火草独特的防火功能。诗中告诉人们一些道理：办事要讲求实效，不要为一些陈腐的传统习惯所束缚；用人要重在实绩，不要只慕虚名。屋上安蚩尾，是汉武帝建造柏梁殿时，为上疏者提出来的；《逐毕方》文是大文学家柳宗元所写，然而都不顶用。倒是山野中一株普普通通的草，却能真正防火，多么发人深思啊。读梅溪此诗，只有领会了这一层道理，才算悟出了个中真谛。

（三）以古文句法为诗

　　无论古体或近体，王十朋的诗多少带有散文化的倾向。长短句杂出，有些句子有意变更传统的句式，并在诗中大量运用虚字。大量的散文虚词和叠词的出现，以增强诗歌的表现力和感情色彩。十朋常运

---

① 成化《嵊志》卷5："阮翁仙山庙在县南十方山乡，阮肇故宅也。"
② （宋）王十朋：《梅溪集》前集卷6，长春：吉林出版集团，2005年，第111页。
③ （宋）王十朋：《梅溪集》前集卷6，长春：吉林出版集团，2005年，第110页。

用常人不用或极少用的虚字，使诗歌的句式与散文无异。如《西征》^①以古文句法为诗，诗中汲取散文笔法，按照行程顺序叙写所见所闻所感，是一篇诗体的山水游记。

（四）语言质朴凝练

宋诗在造句炼词上求创新、求深远、求曲折，王诗自然、口语化的倾向，可见其诗受杜甫、白居易的影响之深。^②《泝婺溪同年雍尧佐周尧夫同王与道尚书子侄挐舟相迓》是一个例证。周汝能，字尧夫，周汝士之弟，王十朋绍兴二十三年（1153）剡溪书院任教时的学生。

> 路入双溪暑气清，故人短棹远相迎。
> 隔船认我疑非我，白发当时尚未生。^③

多年未见，诸友盛情迎接，但相逢时师生竟然不敢相认了，因为如今已是白发满头。全诗沧桑感与关切之情交织，感情流露极为自然。^④

（五）意境风格多种多样

这又是王诗的一个显著特点。一方面诗人善于运用细腻传神的描写、清新自然的语言，在如画的风光中，以"润物细无声"的笔触展

---

① （宋）王十朋：《梅溪集》前集卷 5，长春：吉林出版集团，2005 年，第 105—106 页。

② 王祝光主编：《王十朋纪念论文集》，沈阳：辽宁人民出版社，2001 年，第 152 页。

③ （宋）王十朋：《泝婺溪同年雍尧佐周尧夫同王与道尚书子侄挐舟相迓》，《梅溪集》后集卷 16，长春：吉林出版集团，2005 年，第 439 页。

④ 周兴禄：《宋代科举诗词研究》，济南：齐鲁书社，2011 年，第 422 页。

现诗人复杂的内心情感。以他的《剡溪舟中有感》为例：

> 又作游吴客，重登入越船。
> 西风桑叶岸，细雨菊花天。
> 旅思秋偏恶，乡心夜不眠。
> 钱塘江上月，行见十分圆。①

这首五言律诗是绍兴十九年（1149）八月，王十朋第5次赴太学途中时所作。诗人登上剡溪的小船，故地重游，"西风桑叶岸，细雨菊花天"一联写出了南方水乡所特有的淡远迷离、水墨渲染的动人景象。"桑叶""菊花"原本是静态意象，代表了诗人的乡愁心绪。细雨蒙蒙菊花的动态画面，极为生动传神，也将诗人的离愁别绪漫洒开来，触动了诗人"夜中不能寐，忧思独伤心"的愁怀。"钱塘江上月，行见十分圆"，盖时近中秋，因想象钱塘江上的圆月景象，隐含"月圆人不圆"之思情。全诗意象深婉，情韵幽折。尾联导情入景，余韵袅袅。诗家情性跃然纸上，具象化了的羁旅情思分外蕴藉感人。

四、剡中诗的史料价值

梅溪文化学者、温州王十朋研究会首任会长王祝光先生在总结王十朋诗在宋代的地位时说："王十朋诗作多是反映当时当地人文生活活动，歌颂了祖国的人文自然、山川风光，在思想性与艺术性上有着完美的结合。评论家在评论王十朋著作的文学思想和艺术风格方面，认

---

① （宋）王十朋：《梅溪集》前集卷四，长春：吉林出版集团，2005年，第96页。

为可与其同时代之陆游、杨万里以至范成大相颉颃。"[①] 温州学者陈增杰先生在其所著《宋元明温州诗话》中指出:"王十朋的诗在宋为一大家,历来颇得选家重视。"[②] 经笔者正在辑注的《历代古籍梅溪诗存》初步统计证实了这一说法:

宋陈思编、元陈世隆补《两宋名贤小集》所搜两宋诗人凡157家,编录梅溪诗8卷,计203题290首,不分体编次。

明万历潘是仁辑校《宋元名公诗集》,含《王梅溪诗集》6卷,存诗140题266首。按古律绝及五、七言分体编排。

清陈訏于康熙三十二年(1693)编《宋十五家诗选》,专列"梅溪诗选",突出宋代有代表性的十五诗家,十朋为其一,征录1卷,计133题150首,不分体编次。

清康熙四十八年(1709)内府刊本《御选宋诗》为清朝官修诗歌总集,由康熙敕命张豫章等人编纂,其中宋诗78卷,作者882人。选录王十朋诗119首(含联句2首)。

诸本选录都比较多(本文仅例举笔者眼见录梅溪诗在百首以上的选本),可见王十朋的诗历来广为人们传诵欣赏。如上述四家选本就收录了《过新昌》《关岭遇雪》《关岭旅邸观林同季野去秋题壁》《题刘阮祠用过仙人渡韵》《观石佛》《戴溪亭》《剡溪舟中有感》《至剡溪寄梦龄昌龄》《游圆超院登挟溪亭次卢公(天骥)韵》《寄梦龄昌龄弟》《高和叔生日》《孙子尚过明庆以诗见招未及往次韵》《西征》《周德远植瑞香于窗前戏成一绝》《次韵周尧夫赠睡香》《渊源堂十二诗》、《书院杂咏》34首、《剡溪杂咏》8首等70余首剡中诗,随着多种选本的广泛传播而流韵千古。

---

① 王祝光主编:《王十朋纪念论文集》,沈阳:辽宁人民出版社,2001年,第11页。
② 陈增杰:《宋元明温州诗话》,厦门:厦门大学出版社,2020年,第10页。

（一）诗作本身富含的史料价值高

"王十朋的诗文，具有很强的纪实性，不少作品标有写作的时间、地点，作品内容又多系实录，这就决定了其作品有很高的史料价值"①，这对研究南宋时期剡中的历史、政治、民俗、文学有很大的帮助。

如王十朋三次参拜新昌大佛的经历，都有确切的时间记录。第一次是绍兴十五年（1145）冬，首赴京城临安补太学途中，慕名前往，作诗《观石佛》②；第二次是八年后即绍兴二十二年（1152）十月四日，有诗为证《乙丑冬西游观南明石像作诗一绝至壬申十月四日复往观焉和前韵并书于佛阁》③；第三次是绍兴二十三年（1153）七月二十三日，《宿石佛》诗前小序，明确记录了王十朋参拜新昌大佛，并住宿石佛摩云阁的信息："七月二十三日，回自剡中，宿石佛摩云阁，时与谢图南、童文卿、沈齐卿、黄庭甫、子杨同行，周德远、德贻、德广，陈少曾、史岩起携具饯别。"④

又如绍兴二十三年（1153）三月二十五日至剡溪，于旅舍见友人曹梦良题壁诗中有一句"撩我思家第一篇"后，即次其韵和诗《癸酉三月二十五日至剡溪旅舍观曹梦良题壁有撩我思家第一篇之句仆离家半月亦未尝作诗因次其韵》⑤，此诗记录了他到达剡溪的时间。另一首《宿石佛》诗前小序，则明确记录了王十朋离开剡溪书院回归乐清的信息。

又如绍兴二十三年（1153），王十朋第 7 次赴补太学，在剡溪书院

①　王祝光主编：《王十朋纪念论文集》，沈阳：辽宁人民出版社，2001 年，第 85 页。
②　（宋）王十朋：《梅溪集》前集卷 3，长春：吉林出版集团，2005 年，第 85 页。
③　（宋）王十朋：《梅溪集》前集卷 5，长春：吉林出版集团，2005 年，第 105 页。
④　（宋）王十朋：《梅溪集》前集卷 6，长春：吉林出版集团，2005 年，第 111—112 页。
⑤　（宋）王十朋：《梅溪集》前集卷 6，长春：吉林出版集团，2005 年，第 107 页。

任师席时，在嵊县他看到东岳祭神赛会表演的滑稽戏，就是"设盗跖以戏先圣"的"弄孔子"优戏，"不忍观"，就写下《剡之市人以崇奉东岳为名设盗跖以戏先圣所不忍观因书一绝》，以泄胸中愤恨：

> 里巷无端戏大儒，恨无司马为行诛。
> 不知陈蔡当时厄，还似如今嵊县无。①

"盗跖戏孔子"的情节应该本自《庄子》杂篇中的《盗跖》，说的是孔子与其弟子颜回、子贡被柳下跖辱骂戏弄的故事。此诗给嵊县的戏剧史留下了一笔宝贵财富。

（二）多种史志引用印证其极高的史料价值

绍兴史家鲁孟河先生言："传统地方志以历史学的'人''事'配合地理学的'地''物'而成，是'一方之全史'，具有资政、存史、教化的重要作用。"②

王十朋诗文不仅颇获历代选家的重视，而且也得到史家的青睐，这从南宋会稽二志、《剡录》等历代嵊县志、清雍正《浙江通志》等得以广泛征用可以佐证。限于篇幅，本文不收录志书中有关王十朋的"人物""寓贤""学校""山川""寺观""古迹"的相关内容记录，仅收录相关的剡中诗。

1. 南宋会稽二志征用的剡中诗

会稽二志（嘉泰《会稽志》和宝庆《会稽续志》）为南宋方志定型时期的著作。嘉泰《会稽志》成于嘉泰元年（1201），宝庆《会稽续

---

① （宋）王十朋：《梅溪集》前集卷6，长春：吉林出版集团，2005年，第107页。
② （明）萧良幹修等，李能成点校：《万历〈绍兴府志〉点校本》，宁波：宁波出版社，2012年，第1页。

志》成于宝庆元年（1226）。① 会稽二志收录王十朋诗文达 18 处之多，其中剡中诗为 10 首，列表如下：

编号	页码	卷数	王十朋诗
1	111	嘉泰《会稽志》卷六《冢墓》	戴颙墓：在剡县北一里。王僧达《吴郡记》：颙死，葬剡山。今石表犹存。故王龟龄诗云"千年戴颙墓，三字道旁碑"也。 【校笺】此为《戴颙墓》诗一联。
2	204	嘉泰《会稽志》卷十一《泉》	偓公泉：在明心院侧。院僧仁偓施水于此，得名。王龟龄诗云：泉自何时得，得名从偓公。谁能继长陆，为载《水经》中。 【校笺】得，《梅溪集》作"有"。长陆，《梅溪集》作"张陆"。
3	357	嘉泰《会稽志》卷十八《拾遗》	戴溪亭：在嵊县。王龟龄诗云：剡水照人碧，剡山随眼青。吾来非雪兴，惭上戴溪亭。
4	434	宝庆《会稽续志》卷三《祠庙》	阮仙翁庙：在县南十里，阮肇故居也。王十朋有诗云：再入山中去，烟霞锁翠微。故乡遗宅在，何日更来归。
5	441	宝庆《会稽续志》卷四《鸟兽草木》	芍药：越中所植，其花大有过尺围。王十朋《剡馆芍药》诗云：已过花王候，才闻近侍香。来游禁酒地，免作退之狂。 【校笺】此诗即《书院杂咏·芍药》。
6	442	宝庆《会稽续志》卷四《鸟兽草木》	荼蘼：王十朋《剡馆荼蘼》诗：日烘香倍远，雨浥韵尤清。 【校笺】此诗即《书院杂咏·酴醾》的首联。
7	443	宝庆《会稽续志》卷四《鸟兽草木》	千叶黄梅：剡中为多。王梅溪诗：菊以黄为正，梅惟白最嘉。徒劳千叶染，不似雪中花。 【校笺】千叶染，《梅溪集》作"染千叶"。

① （宋）施宿、张淏，李能成点校：《（南宋）会稽二志点校》例言，合肥：安徽文艺出版社，2012 年。

续表

编号	页码	卷数	王十朋诗
8	443	宝庆《会稽续志》卷四《鸟兽草木》	蜡梅：越中近时颇有，剡中为多。王梅溪《剡馆蜡梅》诗：非蜡复非梅，谁将蜡染腮。游蜂见还讶，疑自蜜中来。 【校笺】此诗即《书院杂咏·蜡梅》，谁将蜡染腮，《梅溪集》作"梅将蜡染腮"。
9	444	宝庆《会稽续志》卷四《鸟兽草木》	蒲萄：《广志》曰：蒲萄，黄、黑、白三种，越中间有碧蒲萄。王十朋《剡馆葡萄》诗：珠帐累累挂，龙须蔓蔓抽。从渠能美酿，不要博凉州。 【校笺】此诗即《书院杂咏·葡萄》。累累、蔓蔓、从渠能美酿，《梅溪集》分别作"临檐、满架、也知堪酿酒"。
10	447	宝庆《会稽续志》卷四《鸟兽草木》	燕竹：越人以其燕来时作笋，取其早也，因以为名。王十朋在剡有诗云：问讯东墙竹，佳名始得知。龙孙初进处，燕子正来时。 【校笺】此诗即《书院杂咏·燕竹》。"始得知""处""正"，《梅溪集》作"今始知""日""却"。

【备注】表中剡中诗引自（南宋）施宿等撰，李能成点校：《（南宋）会稽二志点校》，合肥：安徽文艺出版社，2012 年。

2. 历代嵊县志征用的剡中诗

（1）南宋《剡录》

南宋嘉定八年（1215）刊行的《剡录》，是嵊县较存较早的一部县志，也是中国地方志体例成熟时期的代表作之一。[①]据笔者正在辑校的《历代古籍梅溪诗存》初步统计，在《剡录》中收录王十朋剡中诗多达 17 首，其收录情况列表如下：

---

① 郑佳丽：《〈剡录〉研究》，浙江大学人文学院 2009 年硕士学位论文。

编号	页码	卷数	王十朋诗
1	45	卷一《县纪年》	王梅溪《戴溪亭》诗：剡水照人碧，剡山随眼青。吾来非雪兴，暂上戴溪亭。 【校笺】吾，《梅溪集》作"我"。"暂"，《梅溪集》作"渐"。
2	78	卷四《古奇迹》	王梅溪诗：再入山中去，烟霞锁翠微。故乡遗宅在，何日更来归。 【校笺】原文诗题：无。《梅溪集》题作《阮仙翁宅》。
3	86	卷四《古奇迹》	王梅溪诗：千年戴颙墓，三字道旁碑。 【校笺】此为《戴颙墓》诗一联。
4	136	卷六《诗》	王十朋《剡溪》：千古剡溪水，无穷名利舟。乘闲雪中兴，惟有一王猷。 【校笺】乘闲，《梅溪集》作"闲乘"。
5	136	卷六《诗》	王十朋《了溪》：禹迹始壶口，禹功终了溪。余粮散幽谷，归去锡元圭。 【校笺】元，《梅溪集》作"玄"。
6	153	卷八《物外记·僧庐》	梅溪王十朋次韵：路入剡山腰，风生玉川腋。孤亭物外高，双溪眼中碧。山僧作亭去几春，赏音端的逢诗人。自从妙语发丘壑，遂使绝境多蹄轮。我来首访维摩诘，问讯双溪自何出。发源应与婺溪同，赋物惭无沈郎笔。凭阑一洗利名尘，入眼翻惊客恨新。山城重重水如带，可能挽住思乡人。 【校笺】此诗即《游圆超院登挟溪亭次卢公（天骥）韵》。去，《梅溪集》作"知"。利名，《梅溪集》作"名利"。
7	155	卷八《物外记·僧庐》	王梅溪《偃公泉》诗：泉自何时有，得名从偃公。谁能继长陆，为载水经中。
8	170	卷九《草木禽鱼诂上》	王梅溪在剡有诗：问讯东墙竹，佳名始得知。龙孙初进处，燕子正来时。 【校笺】此诗即《书院杂咏·燕竹》。"始得知""处""正"，《梅溪集》作"今始知""日""却"。

续表

编号	页码	卷数	王十朋诗
9	174	卷九《草木禽鱼诂上》	王梅溪《刜馆芍药》诗：已过花王候，才闻近侍香。来游禁酒地，免作退之狂。 【校笺】此诗即《书院杂咏·芍药》。
10	174	卷九《草木禽鱼诂上》	王梅溪在刜有《海棠》诗：欲与春争媚，嫣然一笑芳。雨中如有恨，疑是为无香。 【校笺】此诗即《书院杂咏·海棠》。
11	177	卷九《草木禽鱼诂上》	王梅溪《刜馆荼蘼》诗：日烘香倍远，雨浥韵尤清。 【校笺】此诗即《书院杂咏·酴醿》的首联。
12	178	卷九《草木禽鱼诂上》	王梅溪《红梅》诗：桃李莫相妒，天姿元不同。犹余雪霜态，未肯十分红。 【校笺】此诗即《书院杂咏·红梅》。天姿，《梅溪集》作"夭姿"。雪霜，《梅溪集》作"霜雪"。
13	178	卷九《草木禽鱼诂上》	王梅溪诗：菊以黄为正，梅惟白最嘉。徒劳千叶染，不似雪中花。 【校笺】千叶染，《梅溪集》作"染千叶"。
14	179	卷九《草木禽鱼诂上》	王梅溪《刜馆蜡梅》诗：非蜡复非梅，谁将蜡染腮。游蜂见还讶，疑自蜜中来。 【校笺】此诗即《书院杂咏·蜡梅》。谁将蜡染腮，《梅溪集》作"梅将蜡染腮"。
15	180	卷九《草木禽鱼诂上》	王梅溪诗：禅友何时到，远从毗舍园。妙香通鼻观，应悟佛根源。 【校笺】此诗即《书院杂咏·簷蔔》。时，《梅溪集》作"曾"。
16	185	卷十《草木禽鱼诂下》	王梅溪《红桃》诗：洗尽夭夭色，泠然众卉中。却将千叶雪，全胜几枝红。 【校笺】此诗为《梅溪集》佚诗，题作《书院杂咏·千叶白桃》，辑于此。
17	187	卷十《草木禽鱼诂下》	王梅溪《刜馆葡萄》诗：珠帐累累挂，龙须蔓蔓抽。从渠能美酿，不要博凉州。 【校笺】此诗即《书院杂咏·葡萄》。累累、蔓蔓、从渠能美酿，《梅溪集》分别作"临檐、满架、也知堪酿酒"。

【备注】表中《刜录》诗引自（宋）高似孙著，王群栗点校：《高似孙集》，杭州：浙江古籍出版社，2015年。

（2）明成化《嵊志》

明成化《嵊志》：成化十年（1474），知县许岳英修，县人钱悌主纂。计 10 卷，简称《钱志》。《天一阁历代方志汇刊》第 447 册收录明成化《嵊志》存卷一至卷五，明抄本。

页码	篇目	内容摘要
447 册第 35 页	卷一《纪年》	宋王十朋《剡溪》诗，无诗名。
447 册第 37 页		宋王十朋《了溪》诗，无诗名。
447 册第 127 页	卷四《寺观》	王十朋次前韵，即游圆超院登挟溪亭次卢公（天骥）韵。
447 册第 180—181 页	卷五《祠庙》	阮翁仙山庙，即《阮仙翁宅》。

（3）清康熙《嵊县志》

清康熙《嵊县志》：康熙十年（1671），知县张逢欢修，县人袁尚衷主纂。

篇目	内容摘要
卷二《山川志》	宋王十朋《禹余粮》诗，即《了溪》。
	宋王十朋《戴溪亭》诗。
	《王十朋和前韵》，即游圆超院登挟溪亭次卢公（天骥）韵。

（4）清康熙重修《嵊县志》

清康熙重修《嵊县志》：康熙二十三年（1684），知县陈继平修，县人姜君献纂。此志"奉上谕重修"，仅增补康熙十年至二十二年间（1671—1683）事，如职宫、选举、灾异等内容，计 10 卷。

篇目	内容摘要
卷三《景迹志》	王十朋和前韵诗，即《游圆超院登挟溪亭次卢公（天骥）韵》。

（5）清乾隆《嵊县志》

清乾隆《嵊县志》：乾隆七年（1742），知县李以琰修，会稽田实矩编纂。计18卷及首、末各1卷，"李令深研六十年县事，编摩自任"。简称《李志》。

篇目	内容摘要
卷一五《艺文志》	宋王十朋《余粮山》诗，即《了溪》。

（6）清道光《嵊县志》

清道光《嵊县志》：道光八年（1828），知县李式圃修，山阴朱渌总纂。计14卷及卷首、卷末，简称《道光志》。《天一阁历代方志汇刊》第447—450册收录了道光《嵊县志》十四卷，清道光八年（1828）刻本。

页码	篇目	内容摘要
450 册第 17 页	卷十三《艺文》	《余粮山》，即《了溪》。
450 册第 17 页		《覆卮山》。
450 册第 60 页		《艇湖》，即《剡溪》。
450 册第 60 页		《偃公泉》。
450 册第 99 页		《在剡咏海棠》。
450 册第 99 页		《剡馆芍药》。
450 册第 99 页		《红梅》。
450 册第 99 页		《千叶黄梅》。

页码	篇目	内容摘要
450 册第 167 页	卷十四《艺文》	《挟溪亭次卢天骥韵》，即《游圆超院登挟溪亭次卢公（天骥）韵》。
450 册第 168 页		《阮肇宅》，即《阮仙翁宅》。
450 册第 168 页		《戴溪亭》。

（7）清同治《嵊县志》

清同治《嵊县志》：同治八年（1869），知县严思忠修，萧山蔡以瑞主纂，富阳朱彭年、县人任莼香助纂。计 26 卷及首、末各 1 卷。《天一阁历代方志汇刊》第 450—454 册收录了同治《嵊县志》二十六卷，清同治九年（1870）刻本。

页码	篇目	内容摘要
454 册第 155 页	卷二十四《文翰志》	《挟溪亭次卢天骥韵》，即《游圆超院登挟溪亭次卢公（天骥）韵》。
454 册第 156 页		《偃公泉》。
454 册第 156 页		《余粮山》，即《了溪》。
454 册第 156 页		《阮肇故宅》，即《阮仙翁宅》。
454 册第 156 页		《戴溪亭》。
454 册第 157 页		《艇湖》，即《剡溪》。
454 册第 157 页		《燕竹》。
454 册第 157 页		《剡馆蜡梅》。
454 册第 157 页		《剡馆葡萄》。
454 册第 157 页		《剡馆海棠》。
454 册第 158 页		《在剡咏芍药》。
454 册第 158 页		《戴颙墓》。
454 册第 158 页		《苍葡》。

页码	篇目	内容摘要
454 册第 158 页	卷二十四《文翰志》	《白桃》。
454 册第 158 页		《千叶黄梅》。
454 册第 159 页		《和题秦隐君系故居》，即《秦君亭》。
454 册第 159 页		《题吴孜祠》，即《吴先生祠》。

（8）民国《嵊县志》

民国《嵊县志》：民国五年（1916）知事牛荫麟倡修，民国二十三年县长罗毅鉴修，县人丁谦、诸暨余重耀前后任总纂。《天一阁历代方志汇刊》第 454—458 册收录了民国《嵊县志》三十二卷，民国二十三年（1934）铅印本。

页码	篇目	内容摘要
457 册第 424 页	卷二十八《艺文志》	《挟溪亭次卢天骥韵》，即《游圆超院登挟溪亭次卢公（天骥）韵》。
457 册第 424 页		《余粮山》，即《了溪》。
457 册第 424 页		《阮肇故宅》，即《阮仙翁宅》。
457 册第 425 页		《艇湖》，即《剡溪》。
457 册第 425 页		《戴颙墓》。
457 册第 425 页		《和题秦隐君系故居》，即《秦君亭》。
457 册第 425 页		《题吴孜祠》，即《吴先生祠》。

3. 雍正《浙江通志》征用的剡中诗

雍正《浙江通志》是迄今为止浙江省体例最完整的一部省志，历来被称为佳志。全志分 54 门 280 卷，《四库总目提要》称该志"视他志体例特善"①。《四库全书》据此原刊本予以收录。据笔者正在辑校的《历代古籍梅溪诗存》初步统计，在此通志中，单在其"艺文"卷专门收录了王十朋的诗 15 题 18 首，加之在"山川""关梁""古迹"等各卷引用王十朋之诗为 20 首，总数近 40 首，其中就有多首剡中诗。

如卷十五《山川·绍兴》载："了溪：《明一统志》：'在馀粮山下。'《越绝记》：'禹凿了溪，人方宅土。'王十朋《了溪》诗：'禹迹始壶口，禹功终了溪。馀粮散幽谷，归去锡玄圭。'"

又如卷四十四《古迹·绍兴》："渊源堂：《弘治嵊县志》：'在东曦门内，宋邑人周瑜建，延王十朋居师席。'王十朋《渊源堂十二诗序》：'渊源堂、细论堂、宜桂轩、蕴秀轩、同襟馆、富学斋、辉声斋、集彦斋、恢义斋、兰馨室、足理居（鲤池），凡十二题。'"

五、结　语

王十朋数次途经剡中，留下了《过新昌》《观石佛》《剡溪杂咏》《书院杂咏》等 90 余首诗篇，描述了剡中的风光和人文，在思想内容上反映读书报国的情怀，在艺术特色上具有宋诗文化的典型特点。这些剡中诗成为今人观察那段历史的一个窗口，其诗文记录的心路历程也成为王十朋与剡中士人群体的影像样本，在一定程度上反映了南宋初期剡中地区的特色，具有较高的文学、地理学、史学、旅游学价值，故王十朋的剡中诗有着重要的研究意义。检索文献得知，本文是首次涉及王十朋的剡中诗领域，旨在抛砖引玉，引起方家的关注。

---

① （清）纪昀：《四库全书·浙江通志提要》，影印《文渊阁四库全书》。

宋元廖氏世彩堂三家考[*]

张春晓

（暨南大学中国文化史籍研究所）

　　摘　要：北宋末年，洛学士人廖刚以长者多寿，取彩衣娱亲的典故建世彩堂，士大夫文人遂作诗唱和而为《世彩堂集》。南宋初年《世彩堂集》经赵鼎进献得到高宗青睐，此下不仅开南宋世彩之风，廖氏之中又有宋季廖莹中世彩堂、元初渌水世彩堂，在袭用"世彩"之余别有文化或宗族事业的开创，然而前者受累于权门，后者囿于格局，当"世彩"成为廖氏宗族习用堂号，其宗风标榜就只是宋代名臣廖刚及其世彩堂。伦理典范正是世俗想象的最终选择，亦即普世价值观念的达成。

　　关键词：世彩堂；廖刚；廖莹中；廖氏

　　在有宋一朝以及廖氏宗族文化中，廖刚（1070—1143）世彩堂借《世彩堂集》^①一书被进献朝廷，在当时及后世的文化传播中极具影响力，至今廖氏宗祠仍多以"世彩"为堂号。在已有相关研究中，史泠

---

*　本文为教育部人文社会科学研究项目"南宋阅古堂与悦生堂研究"（19YJA751051）的研究成果。

①　文献称引中，赵鼎《进廖刚世彩堂集札》《廖氏族谱》作《世彩堂集》，张栻《工部尚书廖公墓志》《文献通考·经籍志》《宋史·艺文志》作《世彩集》，《廖氏族谱》又作《世彩堂诗集序》。本文除各依文献出处外，论述中通用所见最早官方记载《进廖刚世彩堂集札》中所称"世彩堂集"。

歌《廖刚研究》^①对《世彩堂集》进献有基本的叙述，但因并未发现世彩堂记序二文，也就未能详知其建筑命名以及成书的完整过程。本人早年的文章《廖氏世彩堂及廖莹中考》，着意对廖刚世彩堂和廖莹中世彩堂做出区分，主要目的在于厘清廖莹中世彩堂刊刻，于廖氏世彩堂的整体流播及之于宗族文化的意义未能涉及。本文旨在以宋元廖氏三家世彩堂为例，探讨政治文化、宗族文化对于文学艺术和道德声望的历史选择。

一、御览垂名的廖刚世彩堂

《明一统志》卷七十七记廖刚世彩堂在"（福建延平）府城西二十五里"，《福建通志》卷六十三记在"（顺昌）县西靖安都"。因累世以华发奉养，故取老莱子彩衣奉母之典，名堂曰世彩。廖刚《高峰文集》卷九《与黄思贤侍郎简》详记其事：

> 某曾祖母享年九十有三，方无恙时，家兄有子女二，是为五世孙。曾大父享年八十有八，方无恙时，家兄复有儿女孙各二^②，亦五世孙也。今大人八十岁，家兄之孙十四五矣，加数年，见玄孙不难。"世彩"名堂，为是也。然敝居旧为彩戏亭，中奉大夫刘会元为作记。昨任秀州仪曹日，又尝以名官舍之轩。故黄秀实作诗序，止道加禾彩戏轩事。后以彩戏无相继见高元意，而轩亭似非燕老之地，故更建堂，而以"世彩"名焉。前后题诗者，皆主赋此事，而记序异词，轩亭异所，若不足考。愿得数言，序而合

---

① 史泠歌：《廖刚研究》，河北大学中国古代史 2009 年硕士学位论文。
② "二"字原文缺，据家谱增补。

之，幸甚幸甚！ [①]

此文应为廖刚向黄思贤侍郎求《世彩堂集序》的信函。其中沟通的几点，一是命名"世彩"的原因，在于家中长者长寿及见五世孙；二是说明曾先后以"彩戏"命名旧居园亭（顺昌）、官舍之轩（秀州），改命新建之堂为"世彩"，前者有中奉大夫刘会元作记，中者有黄秀实诗序，是以再求黄思贤序以"世彩堂"为叙述中心，以免误会。刘会元的记、黄秀实的诗序至今保存在《廖氏族谱》中。刘会元《世彩堂记》云：

> 孔子曰："人之生也直。"又曰："仁者寿。"夫人决性命之精以餍富贵，富贵或可以苟得，若其全真之生、尽性之寿，苟悖其道，殆不容以智力图也。今秀州司仪曹事廖刚，家延平之顺昌，世积厥德，率祖而下咸以淳质自守，孝义相传，忠实不欺，好善乐施，雅为州里所之推称。以是一门往往保其天年，禀若有异。会王母及大父寿皆几于百岁，若孙又生孙，传世亦云远矣。而乃相继及见挂无恙，下焉皤鬐奉骀背之貌，上焉黄发抱曾孙之子，其家盖不以为异也。今其父伯成公已弄童孙，寿相庞厚，所享未艾，将睹斯征。亲属又复诜然满前。噫，抑何盛耶？仪曹既以儒学起家，思显尔祖迺伸肯获之意，以"世彩"名所居之堂。朱甍绮窗，碧水相照，若夫山日和动，好风时俱，黄鸡告肥，白酿初熟，扶节佩韝，熙然聚五世之老稚，相与衎乐以终日。人间兹庆，讵容屈指数耶？历考前史，如石建之首白亲强，汾阳之诸孙莫数，亦其贵显为足称耳，曾未有五世相踵若廖氏者，天之所报亦独廖

---

① （宋）廖刚：《高峰文集》卷 9《与黄思贤侍郎简》，《全宋文》139 册卷 2997，上海：上海辞书出版社；合肥：安徽教育出版社，2006 年，第 114 页。

乎？惜其里居穷左，卓然懿美固足为盛世之壮观，而曾不嘉示之以列于符瑞。故为之详书其事，以俟异时广采之所及云。时政和四年正月吉日。朝奉大夫提点江宁府万寿宫　长兰刘会元记^①

"世彩"疑应为"彩戏"，"堂"字应为"亭"，或为后人改窜。大约但知有世彩堂，而未尽知"世彩"曾历经彩戏亭、彩戏轩，而终于世彩堂。从廖刚与黄思贤书信内容来看，《与黄思贤侍郎简》明言："然敝居旧为彩戏亭，中奉大夫刘会元为作记"，刘会元是为廖刚顺昌旧居"彩戏亭"作记，倘若以现在所见之文称"以'世彩'名所居之堂"，则不会存在廖刚别求序文以纠正"记序异词，轩亭异所"的必要。

黄秀实《世彩堂诗序》云：

> 政和元年冬，予年兄廖用中自虔之学官代还，予之友相语曰："用中学校之杰，宜位通显。三年之淹故以不求闻达。今其来归，必有知者，是且为时用矣。"居数月来别，余视其敕，则秀州仪曹事也。予告之友人，且勉之曰："朝廷录才固自有叙，子不俟命而求之铨部，不已介乎？"用中曰："不然。仕无择事苟可为养，吾所乐得矣。"于是予之友复相语而高之，且信用中之所守不可回也。
>
> 三年秋，予以罢斥单州权莞，待次于秀州，过用中之境，见其厅之西为轩数楹，命曰"彩戏"。予曰："子果得所乐。"用中曰："子知我之乐，而乐知我之乐有所授也。吾家之老非适吾亲，而老其老者非适我。盖自曾祖妣享年九十有三，吾大父所以供子职者无阙，而曾祖妣独拊之曰：'吾与尔为子母六十七年。'又拊

---

① （宋）刘会元：《廖氏世彩堂记》，现在《廖氏族谱》中被命名《宋高宗皇帝御览廖氏世彩堂记》，可知是在绍兴五年以后收入。

其孙轩曰:'吾及见汝为五世,吾所最乐其在此者乎!'至大父享年八十有八,吾亲之供子职者,独吾大父,而吾大父之所(阙)亦曰:'独吾曾祖姚。'盖吾亲享年六十八,而复有子二女,亦五世孙也。今吾亲老而强,孙枝满前,吾之子职尚众,几踵之。"乃出诸公所赋世彩诗,属予序其事。

　　予维昔之人寿考康宁,子孙蕃衍,有一于此,史必书之。然享年之永多在其身,而抱孙之乐或不得之五世者,廖氏兼而有之,世世相授,固图牒所乐有其所积者可知矣。今吾用中又能为亲屈而不改其乐,予知廖氏之庆其流未艾矣。然廖氏之庆虽自其先,而以进士强其荣养,以侈世彩之乐者实自用中始。则既以是名所居之堂,又以揭之官舍,夫岂奢哉?用中名刚,延平人也。是岁其亲七十一寿。明年奉议即前秘书省著作佐郎。龙溪黄颖序①

　　据《闽中理学渊源考》,黄颖字秀实,彦臣第五子。既有善书之名,又与廖刚有同乡、同学之谊。政和三年(1113)秋天,黄秀实"以罢斥单州权莞,待次于秀州",由此与廖刚相见,并应邀为其作《世彩堂诗序》。这篇诗序划出了世彩诗集初次结集的最晚时间,即政和三年秋。《与黄思贤侍郎简》既云"前后题诗者",诗序"乃出诸公所赋世彩诗,属以序其事",可知其时咏唱之作已经初具结集的体量,并由此推导出廖刚《与黄思贤侍郎简》的写作时间,即再次向黄思贤求序的时间点:诗序中记政和三年廖刚云"吾亲享年六十八",文末诗序完成之时"是岁其亲七十一寿",即政和六年(1116);《与黄思贤侍郎简》文中云"今大人八十岁",则《与黄思贤侍郎简》写作时间后推九年至宣和七年(1125)。廖刚宣和元年(1119)调任漳州司

① (宋)黄颖:《世彩堂诗序》,现存于廖氏族谱。

录，不久召为太学录，调任监察御使，是廖刚在请黄思贤作序时，已经从地方任上回到京城。

两篇先后于政和四年、政和六年完成的记序以及再九年后求序的书信，展示了廖刚对于"彩戏""世彩"美意的执着与自我揄扬的自觉。成书于南宋宝祐年间（1253—1258）的《古今合璧事类备要》有记：

> 中丞名重：皇朝廖刚字用中，登崇宁进士第。绍兴九年诏为御史中丞。时秦桧当国，欲假台谏之力斥逐异己者。公先亦为相所荐，及居言路，侃然守正，无所承望，于是廖中丞之名重于天下。
>
> 世彩集传：廖刚累世以华发奉养，尝名堂曰世彩。谏议陈公播之声诗，缉之盈编，宰相忠简赵公方务推广上孝爱之意，遂以《世彩集》进奏。上他日谓公曰：观世彩集诚人间美事也。又，其书至今人间乐传之。①

绍兴五年（1135），廖刚的同年赵鼎基于宋金议和的时势以宣扬孝爱观进献《世彩堂集》，此下二十年此事仍为人津津乐道，并作为典故流传，至少宝祐年间《世彩堂集》仍在流布。而廖刚世彩堂亦开南宋以"世彩"为堂名的风气之先，即如柴怀叔世彩堂，见陆游《柴怀叔殿院世彩堂》诗云"卷服貂冠世间有，荣悴纷纷翻覆手。不如御史老莱衣，世彩堂中奉春酒……"慈溪刘氏于嘉定中创世彩堂②，此外

① （宋）谢维新：《古今合璧事类备要》续集卷26"类姓门"条目"廖　武　徵音"，《文津阁四库全书》312册，北京：商务印书馆，2005年，第151页。
② 见（明）王直：《抑庵文集后集》卷1《世彩堂记》："盖刘氏在宋为仕族。嘉定中有厚南者，官至朝请大夫。其尊府钝斋先生以承议郎致事，而其德望当重时，遭遇庆典，亦累封至朝请，年登九十，孙曾满前，康强幼少者。初度之辰，其诸子孙大置酒，合乐以为寿，一门四世，彩衣交映，而命服金紫，煌煌如也：县大夫率其僚属，与缙绅君子皆来贺，欢动里间，因名曰世彩之堂，凡能赋者歌咏之。"《抑庵文集外三种》，《四库明人文集丛刊》1241册，上海：上海古籍出版社，1991年，第316—317页。

仍有宝庆年间的会稽世彩堂①，均可见一时风气之盛，及世彩与德寿相
宜的美意。

二、受累权门的廖莹中世彩堂

至今世彩堂成为廖氏的主要堂号之一，廖氏祠堂对联多用廖刚及
其世彩堂典故；如"名荣万石；性慧六龄"上联即指廖刚四子廖迟、
廖过、廖遂、廖遽历任将帅，官俸合计百万，是以当时人称"万石廖
氏"。《八闽通志》详记《世彩堂集》御览前后事：

> **世彩堂**在县西靖安都。宋廖刚所居之堂也。刚世享眉寿，相
> 继见曾玄孙，作堂，匾曰世彩。当时士大夫皆赋诗以歆美之。绍
> 兴六年诗集经高宗御览，因名曰《御览世彩堂诗》。
>
> **美事堂**宋广州倅廖迟建。迟，刚之子也。初，高宗览《世彩
> 堂诗集》面谕刚曰："昨见卿家《世彩堂诗集》，可谓人间美事。"
> 刚既殁，迟乃于所居之东构堂，匾曰"美事"，识天语云。②

可知一来"世彩"的内涵长寿而有福祉，二是借所谓"御览"之
名，令家族到地方均备觉显赫。在历代以"世彩"为宗祠堂号之外，
宋末元初仍有袭其堂名者，即如廖莹中世彩堂与湖南渌水世彩堂，它
们所承继的不仅是廖氏宗族的荣耀，仍有更多属于文人抑或乡绅自我
个性的发抒与创见，而他们于世彩堂的成就及声名，在后世宗族的认

---

① 见《（雍正）浙江通志》卷44"古迹六绍兴府上"，"世彩堂，《宝庆会稽续志》：在通判
南厅倅史文卿创"。《文津阁四库全书》176册，北京：商务印书馆，2005年，第358页。
② （明）黄仲昭修纂《八闽通志修订本》下卷74"宫室"延平府顺昌县，《福建地方志丛
刊》，福州：福建人民出版社，2006年，第1076—1077页。

可中因为普世的道德理解，渐被淹没在家族荣耀的书写中。

廖莹中（？—1275），字群玉，号药洲，福建邵武人，宋末权臣贾似道客，邵武即今南平市下辖县市。据江西《廖氏十修族谱》，廖莹中系廖刚的五世孙，是次子廖过一系。即廖刚次子廖过，廖过次子覬，覬长子宪祖，宪祖长子莹中，莹中长子成文、次子成友。① 据《安徽淮南廖氏溯源记》②，至今湖南省宜章县栗源镇石波潭村的清末廖永忠世系谱与福建省顺昌县廖氏族谱相同，从廖莹中下至二谱的一世祖廖永忠的脉络为：莹中—季（字绍康）—初（字能淑）—正亨（字通兴）—东轩—仲彰—文友（字昌仁，号迪甫）—永清 永坚 永宁 永安 永忠。③

贾似道柄握理宗、度宗朝国政近十五年，历来被目为误国奸臣。廖莹中"尝为太府丞知某州，皆以在翘馆不赴"④，贾似道当朝后期十日一朝，吏抱文书就第，多决于馆客廖莹中、翁应龙等。廖莹中在以贾似道客遭人诟病的同时以刊刻垂名，其九经⑤、韩柳集、世彩堂帖是历代公认的宋刻典范，通常有木记"世彩廖氏刻梓家塾"。周密文中多次赞廖莹中世彩堂九经本校刻精审：

> 廖群玉诸书，则始《开景福华编》，备载江上之功。事虽夸而文可采。江子远、李祥父诸公皆有跋。九经本最佳，凡以数十种比校，百余人校正而后成。以抚州草抄纸、油烟墨印造，其装

---

① 据宋人笔记，其中一子与陈合女儿结亲，并在廖莹中服毒自尽后，陈合因藏匿莹中财产而受到一直与莹中有隙的方回指摘。

② 据署名为"宋工部尚书廖刚后裔廖光龙"：《安徽淮南廖氏溯源记》，微信公众号"廖姓家族"，2017 年 6 月 28 日。

③ 《闽顺龙池廖氏族谱世系图》中宪祖只有一子名堂中，并无其子名录。南平市顺昌县郑坊村廖祥宜、廖梅松处家谱中亦仅记宪祖只有一子堂中，或是流传中误字所致。

④ （宋）周密：《志雅堂杂钞》卷上"图画碑帖"，沈阳：辽宁教育出版社，2000 年，第 2 页。

⑤ 廖莹中《九经》所刻诸经，详见张政烺：《读〈相臺书塾刊正九经三传沿革例〉》"六、廖、岳所刻经数"考证，《张政烺文史论集》，北京：中华书局，2004 年，第 166 页。

被至以泥金为签。①

　　《西湖志》记《世彩堂法帖》："旧在仙姑山下，廖莹中药洲园中。"②后人有诗赞曰："碑版无如群玉工，后来世彩亦称雄。仙花发萼名书在，犹记重翻入禁中。"③《宋元书刻牌记图录》"官刻"计五家七种八幅，其中第五种"盱郡无年号刻《论语》《孟子》"下云："此乃盱郡覆刻宋廖氏世彩堂本也。每卷后有牌记，或长方或椭圆不等。文曰'盱郡重刊廖氏善本'。案廖氏世彩堂本九经，宋时已推为善本，此虽重刻，然雕锓精美，亦可宝也。旧为毛氏汲古阁藏书。"④可知廖莹中世彩堂刊刻一时之善，但显然当时并没有明确将其与廖刚"世彩堂"的继承性作为佳话流传，周密在《志雅堂杂钞》卷上、《癸辛杂识·后集》"贾廖碑帖"中均提及"世彩堂盖其家堂名也""世彩，廖氏堂名也"，以南北宋之交廖刚世彩堂的显著名声，廖莹中在宋末借诸贾似道的权势，周密诸文但云"盖其家堂名也"，亦颇为奇怪。

　　因为廖莹中误国权臣的门客身份，后世采用其书翻刻往往讳言真实。《东雅堂韩昌黎集注》在后来的传刻中即将廖莹中的编撰身份刻意抹去。⑤清人厉鹗曾在玩赏廖莹中世彩堂刻韩集后作诗道："秋壑翘材

---

① （宋）周密：《癸辛杂识·后集》"贾廖刊书"，北京：中华书局，1988年，第86页。
② （清）李卫：《西湖志》卷28《中国方志丛书》543种据清雍正十三年刊本影印，台北：成文出版社，1983年，第2116页。
③ （清）陈芝光：《南宋杂事诗》卷3，杭州：浙江古籍出版社，1987年，第114页。
④ 林申清编著：《宋元书刻牌记图录》，北京：北京图书馆出版社，1999年，第75页。
⑤ 详参（清）永瑢等撰：《四库全书总目》卷150《东雅堂韩昌黎集注提要》曾详加辨析："不著撰人名氏。惟卷末各有东吴徐氏刻梓家塾小印。考陈景云《韩集点勘书后》曰：'近代吴中徐氏东雅堂刊韩集，用宋末廖莹中世彩堂本。其注采建安魏仲举五百家注本为多，间有引他书者，仅十之三。复删节朱子单行考异，散入各条下，皆出莹中手也。莹中为贾似道馆客，事见《宋史》似道传。徐氏刊此本，不著其由来，殆深鄙莹中为人，故削其名氏并开版年月也'云云。今考此本，前列重校凡例九条，内称庙讳一条，确为宋人之语，景云之说为可信。知此本为莹中注也。"北京：中华书局，1965年，第1288页。

有首选，特筑世彩临西湖。雕镌韩集称善本，纸墨精好久不渝。降王
狎客两寂寞，等为亡国夫何殊。流传幸有经籍在，千秋差免谥至愚。"①
诗中肯定了廖莹中的才华，赞美其书籍刊刻之精好，感叹正是凭借书
籍的流传，才能让后人真正领会到权臣与门客曾经的精神世界和至今
不废的刊刻功业。

全祖望《廖氏世彩堂韩文跋》云：

> 仁和赵征士谷林之子小林，得宋椠韩吏部集于曲阜孔氏，乃
> 廖莹中世彩堂本也。莹中所刊之书，其工料莫精于九经，而草窗
> 评之，以为不如韩、柳二集之善。今观小林所得，良佳。

> 呜呼！莹中失身贾氏，蒙谤下流，然其于风雅，不为无助。
> 校之秦氏之毕少董，韩氏之向冰，盖有过之。顾使莹中但为贾氏
> 鉴定书画，优游东阁，不染事权，虽难以语君子洁身之义，而尚
> 不至于大玷。当时鄬公座客，浙东则梅磵先生胡身之，浙西则荪
> 壁先生金一之，以及吾乡安竹林吏部，皆豫焉。梅磵、竹林多所
> 箴规，不见用固皭然不染。荪壁亦不失为遗民。未若莹中之被祸
> 也。明严氏之盛，文休承亦尝为鉴定书画，而论者未尝以此訿之，
> 吾不能不为莹中深太息焉。然当时荐绅，负盛名力排史氏之后村，
> 尚不免丧其所守，又何尤乎莹中？要之莹中所审正之经籍，则终
> 为可宝，不以其人而废也。

> 在昔湖上养乐园为贾氏第左之别墅，其旁香月邻，即莹中所
> 筑也。是集之播迁流转，而仍归赵氏，足为湖上故物，缥缃其有

---

① （清）厉鹗：《樊榭山房续集》卷2《十二月十五日雪中同敬身集谷林南华堂观蜀广政石经
残本宋廖莹中世彩堂刻韩集作》，（清）厉鹗著，董兆熊注、陈九思标校：《樊榭山房集》，
上海：上海古籍出版社，2012年，第1099页。

幸焉……①

正是基于历来忠奸的世俗评判，廖莹中的历史风评受到极大影响，其
艺文之功仅限于文献流传，即使文献整理中亦会遭遇士人偏见，更何
况在普世的价值观中。明万历年间漳州龙岩廖氏家谱即道："宪祖之子
讳莹中，任朝散大夫。客贾似道门下，后贾败，因而获罪流岭表。有
司籍其家，故多奔播。伯父心祖、恒祖之入龙岩皆由此时。盖恭宗德
祐元年。"② 廖刚系心祖（廖刚长子迟的长子觊之子）派家谱上，岁贡生
廖芳在原姓录中亦道："盖心、恒二公因从侄莹中拜朝散大夫，客于贾
似道之门，获谴被流，二公乃挈家特迁于龙岩集贤里之孔党居焉。"③
则廖莹中在廖氏宗族中仅留下以其投靠权臣，令全族逃徒的事迹，其
"世彩堂"之湮没无闻由是可以理解的。

三、囿于格局的渌水世彩堂

承袭先人堂名以表继承或引以为荣，在南宋风气渐开，即如庆元
年间，韩侂胄被赐第宝莲山下，遂承曾祖韩琦之志，于杭州太庙侧建
造同名阅古堂。④ 世彩堂自从北宋廖刚专用，渐成廖氏家族宗风，而

---

① （清）全祖望撰，朱铸禹汇校集注：《鲒埼亭集外编》卷35"题跋"《廖氏世彩堂韩文
　　跋》，《全祖望集汇校集注》中，上海：上海古籍出版社，2018年，第1474—1475页。
② 明万历漳州府龙岩村廖氏族谱，落款为"明万历庚戌岁五月谷旦元珍顿首书于序后以质
　　子姓"。影印图文见了善：美篇《佐证"世彩堂""万石廖氏"来历与出处》，2017年11
　　月28日。
③ 清康熙年间旧宁洋县城原创老谱，影印图文见了善：美篇《佐证"世彩堂""万石廖氏"
　　来历与出处》，2017年11月28日。
④ 详见（宋）叶绍翁：《四朝闻见录》卷5戊集"阅古南园"，北京：中华书局，1989年，
　　第185页。

其"世彩"的空间内蕴亦呈现出流动与变化。《八闽通志》记廖刚世彩堂在顺昌县西宅中。廖刚彩戏、世彩之名于亭、轩、堂的变更，本身就有福建旧居、秀州居处等地域性的变化。宋季廖莹中则将"世彩堂"之名从福建祖籍移居于杭州佳处，《西湖游览志馀》卷五记其"尝为园湖滨，有世彩堂、在勤堂、芳菲径、红紫庄，桃花流水之曲，绿阴芳草之间"①。元初渌江世彩堂则立于湖南醴陵，所谓"渌之治为醴陵，始邑也，户繁而州，居渌水之阳。渌水东来，环州而北，西山峙其右，盖一州之胜萃于西山，而西山之胜萃于廖氏园亭，此其大较也"②。则知从南宋初年而至宋末元初，借世彩堂以为廖氏之荣耀者，在空间地域上已经从福建顺昌而至临安西湖，再至渌水西山。

元代湖南醴陵廖氏世彩堂是在廖莹中世彩堂后，相关记序较详的一种。元欧阳玄《世彩堂记》云：

> 渌江廖氏自其先代积善于家，施惠于乡，世保醇德，居多耆年。至宜山府君，子孙众多，菲禄丰腆，晚岁康健，身享荣养，岁时上寿，彩衣成行，才俊叠见，里人荣之。因取宋名臣廖刚用中甫家世彩旧号为其堂匾。余家距渌江数舍，虽未获升世彩之堂，而先内翰于宜山公友契，两家子弟往来稔甚。有名士元字泰福者，廖氏之令器也。谒余以斯堂之记。
>
> ……君家用中甫之为中执法也，守正不阿，名震远迩。当绍兴时，其曾大父母年九十，窃意高堂垂白之亲，见其曾孙负一世之名，公退委蛇，伟然羔羊素丝之风志，夫南陔白华之养，其为世彩也，斯亦大矣。古之孝子出而治官，入而治家，周旋进退

---

① （明）田汝成：《西湖游览志馀》卷5，上海：上海古籍出版社，1998年，第78页。

② （元）许有壬：《圭塘小稿》卷7《廖氏园亭记》，《文津阁四库全书》404册，北京：商务印书馆，2005年，第690页。

于夫妇、昆弟、朋友、宗族、乡党之间，如执玉捧盈惴然自持者，无往而不为事亲之地也。亲之可悦与否，非敢计也，求无怍于己，庶无怍于其亲矣。吾愿廖氏世世子孙之升斯堂者，推是心以为立身显亲之道焉，虽中执法之事业可能也，岂独蹑其美名而已哉！

　　国家混一初年，宜山公以荐受宜山县簿尉，壮岁勇退不仕，近年赈饥募民，入粟补官，公发数万，貤爵不受，朝省旌表其门。又为义廪，凡宗族亲戚及里之贫者，婚姻丧葬，辄助其不及。瘞无殡者，为棺以给之。割田数百亩为义舍百区，以馆从学之子弟，礼聘名士以教之。余尝为之记。平居奉己清约，遇人谦扬，独好施予如此。子膺福号玉峰，泰福号纳庵，伯仲皆肖其父，生长华腴而能被服诗书，殊无膏粱之习，故所友多名士大夫，其他子姓之贤者未能悉数云。①

元朝立国之初，宜山公即以壮年辞去宜山县簿尉官职，一意归隐家园，致力于乡党善事。文章赞美且彰其行的意味正在于："古之孝子出而治官，入而治家，周旋进退于夫妇、昆弟、朋友、宗族、乡党之间，如执玉捧盈惴然自持者，无往而不为事亲之地也。"是将事亲之美意推而广之，以至更为广阔的人伦情理与宗族事业。元王沂《世彩堂》诗云："绿江廖氏多才子，文采风流世所稀。江上云霞散成绮，年年裁作老莱衣。"②"多才子"三字，可见对其名门望族的肯定。

　　宜山公以退隐的政治身份，因在乡里广为善事，频做园林建设，在醴陵名声颇著，不仅有其子孙为家族扬名，请虞集、欧阳玄等作文，

---

① （元）欧阳玄：《欧阳玄集》卷6《世彩堂记》，长沙：岳麓书社，2010年，第61—62页。
② （元）王沂：《伊滨集》卷12《世彩堂》，《元史研究资料汇编》53册据《四库全书》录《永乐大典》本影印，北京：中华书局，2014年，第392页。

仍有文人主动为之邀作《廖氏园亭记》：

予早闻渌江廖为右族，莫征其实。同年杨全州廷镇亦居渌，相从游衡山，舟中语廖，始悉。且谂予曰："廖有奉先堂，虞侍讲伯生为记。而记其世彩堂者，则吾同年欧阳侍讲原功也。其园亭之胜，实冠一州。表其胜，则有待于吾子焉。"予惟廷镇文轧虞、欧，居且与廖同里，其谁宜为？辞不获，即闻诸廷镇者述其概。廖世积善，曰应龙云祥。甫国初为宜山县簿尉。弃之归，力于行义，多子而耆年。幼子兴元字晋福，克世其业，规郭西之山为园亭，年甫四十而卒。二子麟孙、骥孙，嗣葺有加。精舍曰"渌西"，庋书籍也；亭曰"青山流水之间"者，据其胜也；曰"山间四时"者，著其备也；曰"秀野"者，得其广也；曰"流觞"、曰"梯云"、曰"翼然"者，纪其用而表其高出也。泉出山峡贯其中，导而为涧，潴而为池，花卉风物之芳润，泉实为之。渌之治为醴陵，始邑也，户繁而州，居渌水之阳。渌水东来，环州而北，西山崃其右，盖一州之胜萃于西山，而西山之胜萃于廖氏园亭，此其大较也。天下之事，闻者不如见者之为详，是记不几喻日以钲，而或以声为日哉！然未见者地也，可见者理也。宜山位不究施者，达官不及晋福，天不引年，有子继志，为善之征，不亦显哉！予因有以告二子焉。园亭游息地也，而精舍有书可藏修焉，张弛有时，我学用昌。扩父祖之善而充之，嗣葺之大不在兹乎？园亭不葺而葺矣。苟为景物役而一于游，插架观美，手不一触，则园亭葺而不葺矣。麟孙字彦时，骥孙字彦良，彦时、彦良，其亦有起于吾言乎？①

---

① （元）许有壬：《圭塘小稿》卷7《廖氏园亭记》，《全元文》38 册卷 1191，南京：凤凰出版社，2004 年，第 213 页。

是文首先说明写作缘起，次而概述园林几轮建设之过程，并将其赞为一州之胜。最后详表个人意见，特别指出"张弛有时，我学用昌"的"不葺而葺"与"为景物役"的"葺而不葺"之别，颇见规箴之意。曲终奏雅而点明规劝之旨，也呈现出作为一州之望族乡绅，廖氏一方面于乡党善行获得乡人肯定，但其一味豪奢亦遭乡人腹诽，这或许也是渌水世彩堂虽然袭自廖刚世彩美意，颇见善行，然而终究泯然于一时士人揄扬的原因之一。二文对看，可知宜山公以曾为宜山簿尉得其尊号，有三子为膺福（号玉峰）、士元（字泰福，号纳庵）、兴元（字晋福），幼子兴元有二子麟孙（字彦时）、骥孙（字彦良）。纵有一时佳话善行，子孙秀美，终是无论父子均未能擅名官场，如廖刚父子所谓"万石廖氏"，既止于一介乡贤，其后世声望自然难以走出渌水之间。

结　语

随着地域的流动，廖刚、廖莹中、宜山公的世彩堂，除了均称其园林之胜，标榜的精神实质亦不尽相同。廖刚纯为表彰理学伦理的孝悌爱亲观念，廖莹中则将其作为家塾名号，在贾似道的支持下精刻各种书籍，清代以下犹有流传。曾国藩《求阙斋日记类钞》（清光绪二年传忠书局刻本）卷下有记："至丁雨生家吃饭之后看渠所藏书。其富甲于江苏之官绅。最精者有宋刻世彩堂韩文、《东都事略》等书，渠欲以之馈余，余素不夺人之好，因取其次等者如明刻内经、东雅堂韩文、笠泽丛书三种携之以归，丁卯。"翁方纲《玉枕兰亭和象星作》及《题张笠城所得松花石刻玉枕兰亭三首》曾感慨廖莹中世彩堂及其所刻玉枕兰亭的沧海桑田，足证廖莹中以艺文传递的形式使杭州"世彩堂"在世俗以外的文艺空间中获得了千载声名。

《玉枕兰亭和象星作》①

南渡秘本百十七，何如贾相匣八千。尚闻日向内府乞，悦生别录标题传。玛瑙亭荒石未泐，北兵南下收不得。空余御题一曲湖，赐作孤山后边宅。集芳园宴夜未终，碔砆小枕光映空。碧罗帷侧灯影下，努趯曲折承春风。写生兼作笼鹅人（有右军小像），不独棠梨能逼真。褚公婵娟俨题绢，薛帅辗转徒易珉。赵家肥本又官库，世彩堂碑几风露。只应留与廖莹中，仿佛摩挲牡丹赋。

《题张笠城所得松花石刻玉枕兰亭三首②之一》

赵镌颜石董摹褚，灯影微茫各不同。世彩堂基莽风露，残珉谁见洛阳宫。

漉江廖氏则以行善乡党成为一地名门，更具有弘扬宗风的营建自觉，如果说廖刚以世彩孝爱之名获得进献御览，从而成为后代廖氏的高标，漉江廖氏的宗风传递则在元初得到了极大发扬，直接指向后来廖氏对于廖刚世彩堂的推重，然而其影响力因为囿于一地及有限的功名被削弱。

综上，世彩之成名，从家风的自我表彰、理学的道德宣扬到切中朝廷的权谋运筹，看似偶然的因素，在其时却是文人意识的自觉；世彩在宋末元初的传扬，则是从政治中心的褒奖转向文化和宗风建设，宋季廖莹中世彩堂、元初漉水世彩堂，在袭用"世彩"之余，二者别有文化或宗族事业的立意与开创。在近世的廖氏宗族阐释中，廖刚世彩堂以其福禄寿俱全的仕宦经历，以及获得最高统治者"御览"的荣

---

① （清）翁方纲：《复初斋诗集》卷1"课余存稿"，《续修四库全书》1454册，据清刻本影印，上海：上海古籍出版社，2002年，第371页。

② （清）翁方纲：《复初斋诗集》卷18"秘阁集四"，《续修四库全书》1454册，据清刻本影印，上海：上海古籍出版社，2002年，第517页。

耀，足成自豪感与凝聚作用，获得了最终的模范确立。即如当下廖氏族谱中廖刚画像两旁对联云："溯源本于西周祖德文谟昭百代，肇冠堂兴南宋家声世彩振千秋"，而廖莹中、宜山公的世彩则失去了它们所处历史背景下曾经拥有的声名，当"世彩"成为廖氏宗族堂号习用，其宗风所标榜就是宋代名臣廖刚世彩堂，或以忠奸摒弃了廖莹中世彩堂的艺术成就，或以"御览"的名头忽略了渌水世彩堂的实干，廖刚以其刚正不阿、位高权重的名臣形象，福禄寿兼具的家庭福祉，为他及其世彩堂赢得了廖氏宗族谱上独树一帜的位置。伦理典范本身就是世俗愿望的最终选择，亦即普世价值观念的最终达成。

元朝前四汗时期的官制演变[*]

屈文军

（暨南大学中国文化史籍研究所）

摘　要：元朝前四汗时期，汗廷重要的两种官职中，札鲁忽赤在政治事务中的地位和作用要超过必阇赤，尽管有部分必阇赤因各种机缘似乎有较大的权限与影响力。太宗朝蒙古政府在汉地设汗廷札鲁忽赤群体的分支机构燕京行尚书省，这是后来元朝地方上行省制度的滥觞。世祖朝前期定型的有元一代职官制度，其最重要的框架、最基本的内容、最核心的原则，前四汗时期都已经形成，世祖在继承延续前四汗时期基本制度的基础上进行了一些补充和更新。蒙元王朝职官制度的形成，最重要的在太祖、太宗和世祖三个时期。

关键词：札鲁忽赤；必阇赤；燕京行尚书省；元太宗；元世祖

笔者曾对元朝太祖、太宗时期的职官制度写过数篇文章，计有：《元太祖时期汗廷和蒙古本土地区的官员除授》《元太祖朝木华黎军政府对金地降人的官职官衔除授》《元太祖朝的达鲁花赤》《也论元代的探马赤军》《元太宗时期的军事职官制度》《元太宗时期大蒙古国对汉地治理中的"画境"制度》《大蒙古国和元朝路制的形成》等。[①] 本文

---

[*]　本文为国家社科基金项目"元朝官制研究"（项目号 15BZS031）的阶段性成果之一。

① 　以上诸文刊载情况如下：《元太祖时期汗廷和蒙古本土地区的官员除授》，载刘迎胜主编：《元史及民族与边疆研究集刊》第34辑，上海：上海古籍出版社，2017年；《元太祖朝木华黎军政府对金地降人的官职官衔除授》，载刘正刚主编：《历史文献与传统文化》第

的目的是对以上诸文中鲜少涉及的有关元朝前四汗时期官制中的其他重要内容做些补充考述，主要探讨以下三个方面话题：一是前四汗时期汗廷中必阇赤和札鲁忽赤的职能与任职人员；二是燕京行尚书省的设置与元朝行省制的滥觞；三是前四汗时期的官制演变与世祖朝前期元代官制的定型。

一、前四汗时期汗廷中的必阇赤与札鲁忽赤

太祖时期，大蒙古国国家事务主要由汗廷怯薛和断事官（札鲁忽赤）以及扯儿必处理。扯儿必似以处理汗廷宫帐内事务为主。断事官负责汗廷国政刑，这"政"中也包括一些后勤补给之类的军事事务，当然临战指挥则由大汗、诸王及万户负责。怯薛人员有多种，其中很重要的一种是负责文书事务包括撰写旨令的必阇赤。《元史》中提到了好几位太祖时期的必阇赤，如克烈人昔剌斡忽勒、唐兀人僧吉陀、西域人曷思麦里等；契丹人耶律楚材、女真人粘合重山也都是太祖时期的必阇赤，他们两人负责汉文文书事务。诸必阇赤中可能有一至数位地位较高，为大必阇赤或必阇赤之长，昔剌斡忽勒即为太祖时的大必阇赤。太宗即位后，耶律楚材、粘合重山继续担任汉文文书必阇赤；克烈人镇海（负责畏兀儿文字书写的文书，即当时的蒙古文字文书）、西域人牙剌瓦赤也是太宗朝的必阇赤。诸人中地位最高的应该是镇海，他起初为太祖朝的扯儿必，后护送丘处机西行，成吉思汗问道于长春

（接上页）21 辑，广州：暨南大学出版社，2016 年；《元太祖朝的达鲁花赤》，载刘正刚主编：《历史文献与传统文化》第 22 辑，广州：暨南大学出版社，2017 年；《也论元代的探马赤军》，《文史》第 2020 年第 1 辑；《元太宗时期的军事职官制度》，载刘正刚主编：《历史文献与传统文化》第 24 辑，合肥：安徽师范大学出版社，2020 年；《元太宗时期大蒙古国对汉地治理中的"画境"制度》，《暨南学报》（哲学社会科学版）2021 年第 8 期；《大蒙古国和元朝路制的形成》，待刊。

真人时镇海掌录奏对之言，其时可能已是必阇赤或必阇赤兼扯儿必。太宗朝耶律楚材虽然主管汉文文书，但正文之后、年月之前要由镇海亲写畏兀儿字云"付与某人"①，以此为验，否则无效，实负监督耶律楚材之任。

　　在耶律楚材的建议下，蒙古政权于1230年在所占领的金地设立了十路课税所，负责征收汉地的赋税。一年后，课税所成绩令太宗大为高兴，"始立中书省，改侍从官名"②，史料中从此不断出现中书省以及中书令、中书左丞相、中书右丞相等表示官署和官名的词汇。学界主流意见，认为前四汗时期汗廷并不存在中书省这一机构，中书省只是对耶律楚材、粘合重山及镇海等几位负责汉地课税事务和汉文文书事务的必阇赤们的群体称呼。唐宋时期，中书省表示出令的宰相机构，耶律楚材等所担任的必阇赤，从事的任务在于文书方面，称这几人群体为"中书省"自然是对他们的奉承之词；不过冠用"中书"名号的始作俑者可能是耶律楚材本人，他于1229年刊行的《西游录》中自称"中书侍郎"。"改侍从官名"后，耶律楚材在史料中一般称中书令，有时称中书右丞相；粘合重山、镇海在史料中基本上一直分别称作中书左丞相和中书右丞相。也就是说，中书省尽管不存在，但耶律楚材和粘合重山、镇海三人的汉式官号当时差不多固定，无论这些官号最初的来源是窃号自娱还是汉人的阿谀奉承或者权宜附会。这三人中，耶律楚材是汉地赋税的主政者，也是汉文文书的主管者，粘合重山为其助手，镇海负责监督。在汉人看来，耶律楚材地位最高，故称中书令，镇海其次，粘合第三，后两人分别称中书省右、左丞相；实际上在汗廷必阇赤群体中，镇海的地位要高于耶律楚材，极有可能镇

① （宋）彭大雅撰，徐霆疏：《黑鞑事略》，王国维笺证本，载《王国维遗书》第13册，上海：上海古籍出版社，1983年，第8b叶。
② （明）宋濂等：《元史》卷2《太宗纪》，北京：中华书局，1975年，第31页。

海就是太宗朝的大必阇赤。与耶律楚材负责汉地赋税一样，另一位必阇赤牙剌瓦赤负责西域地区的赋税。将蒙古本土地区和征服地区分片管理，太宗即位初就已经开始。

　　汉地诸路课税所经耶律楚材建议而设，课税使人选也多出于耶律楚材的推荐，建立之初太宗放手让耶律楚材去管这事，那么十路课税所自然对以耶律楚材为首的几位必阇赤负责；"改侍从官名"后，课税所继续对中书省负责，"一听中书省总之"①。耶律楚材他们的本来职务只是管理文书、撰写大汗旨令，但因为负责了本职工作以外的课税事务，在汉人中有了巨大影响；负责课税外，耶律楚材还利用自己容易接近大汗的机会，乘机进言，做了不少有利于汉地恢复秩序的事情，除了确立五户丝制度外，另有设置编修所和经籍所、任命衍圣公、推动戊戌首试等，这些就是史料中所说的国家事务"移于弄印者之手"②。汉人称他们群体为中书省，称耶律楚材等人为"相"，有奉承之意味，但也不能说完全没有根据。太祖时期，汉地还设有一个重要机构，就是木华黎的"都行省"，它理论上负责汉地的所有事务，不过太宗即位后，它的权限就比较有限了，课税事务由耶律楚材等人负责，军事指挥则由大汗、诸王等处理。极有可能，自木华黎孙塔思去世后，这个都行省就不再存在。

　　必阇赤本来只是怯薛人员中的一种，因为耶律楚材的擅于运作，而使其中几位在汉地有了很大影响。但在汗廷，处理国家重要事务的是被汉译为断事官的札鲁忽赤。札鲁忽赤也有多人担任，其中有些人是由诸王派驻过来代表诸王参与国家事务并保障诸王利益的。札鲁忽

---

① （元）苏天爵辑撰，姚景安点校：《元朝名臣事略》卷13《廉访使杨文宪公》，北京：中华书局，1996年，第257页。

② （宋）彭大雅撰，徐霆疏：《黑鞑事略》，王国维笺证本，载《王国维遗书》第13册，上海：上海古籍出版社，1983年，第9a叶。

赤群体中，肯定有为首者（估计是一到两位），他们被称为大札鲁忽
赤，失吉·忽秃忽即为太祖朝的大札鲁忽赤，太宗即位后继任。多位
札鲁忽赤，在汗廷有没有一个固定的有专名的官署机构容纳他们，很
可能也是没有的，要说机构，只能用"断事官群体"这一词汇勉强称
之。但担任札鲁忽赤（包括诸王派过来的位下札鲁忽赤）者，在汉文
文献中也会被称为"相"，大札鲁忽赤更被称为"丞相""国相"或
"大丞相"，从职掌而言，将札鲁忽赤群体比附为宰相机构是合适的。
札鲁忽赤负责政刑，自然要有负责文书的助手，必阇赤就属于他们的
部下。大汗身边也会有一些文书侍从和一些帮助大汗拿主意的随从人
员，这些人也都是必阇赤。所以，理论上讲，汗廷中会有两类必阇赤：
一类在大汗身边；另一类在札鲁忽赤手下。不过，太祖和太宗前期，
因为政治结构简单，汗廷里这两类必阇赤往往由同一帮人担任；或者
说，必阇赤们的职任区分并不明显，有时在大汗身边出谋划策写旨令，
有时就协助札鲁忽赤处理事务。

　　太宗前期失吉·忽秃忽在汗廷担任大札鲁忽赤时，时为怯薛长的
蒙古人额勒只吉台也担任大断事官[1]，此人在当时汉地社会中的知名度
要超过失吉·忽秃忽，很可能他在汗廷的地位也位于失吉·忽秃忽之
上。1233年，南宋人彭大雅随邹伸之出使蒙古，回国后撰《黑鞑事
略》，说大蒙古国"其相四人，曰按只歹（额勒只吉台）；曰移剌楚
材（耶律楚材），曰粘合重山，共理汉事；曰镇海，专理回回国事"[2]。
"相"名单中没有失吉·忽秃忽，耶律楚材等三位必阇赤当时在汉人中
的印象程度也要超过忽秃忽。1234年南宋人徐霆也出使蒙古，他回国
后在对彭大雅的疏文中说，"霆至草地时，按只歹已不为矣"，估计回

① 余大钧译注：《蒙古秘史》第278节，石家庄：河北人民出版社，2001年，第487页。
② （宋）彭大雅撰，徐霆疏：《黑鞑事略》，王国维笺证本，载《王国维遗书》第13册，上
　　海：上海古籍出版社，1983年，第2a叶。

到了怯薛组织专任怯薛长。也是在 1234 年，失吉·忽秃忽率领一部分
札鲁忽赤和必阇赤离开汗廷到燕京，成立断事官在汉地的分支机构，
汉文文献中称为燕京行尚书省。此后到太宗朝结束，汗廷大札鲁忽赤
之职，姚大力认为由（大）必阇赤镇海兼任[①]，其说可为参考。太宗去
世后，摄政的乃马真皇后与镇海、耶律楚材、牙剌瓦赤均不和，这一
期间汗廷的大札鲁忽赤可能由额勒只吉台复任；必阇赤之长是谁，则
不易确定。1244 年耶律楚材去世后，杨惟中被汉人称为中书令，当为
汗廷一名负责汉文文书的必阇赤，但不是必阇赤群体之长；杨惟中在
朝时间很短，定宗即位后他一直任职于汗廷之外。

　　定宗贵由亲政后不久，额勒只吉台受命西征，据这一时期在和林
的教皇使节加宾尼记载，当时汗廷大断事官是基督徒合答，镇海则为
必阇赤长，另有一位必阇赤畏兀儿人八剌[②]；据汉文史料，耶律楚材之
子耶律铸也在定宗时为必阇赤。[③] 合答其他事迹不详，镇海在定宗朝
则是恢复了大必阇赤的职务。蒙哥即位之际发生惨烈的汗位争夺事件，
合答、镇海、八剌均被视为叛王之党，前两人被处死，八剌被流放，
耶律铸可能留任必阇赤。宪宗朝汗廷大断事官先为忙哥撒儿，后或许
由哈丹继任[④]，但哈丹具体事迹不详，有学者说是名将速不台之侄[⑤]，似
乎证据不足。克烈人孛鲁合（太祖朝必阇赤长昔剌斡忽勒之子）是宪
宗朝有名的汗廷必阇赤，在汉文文献中有中书右丞相、左丞相、丞相
等官称，他在朝中地位开始仅次于大札鲁忽赤忙哥撒儿，"天下庶务，

---

① 　姚大力：《从"大断事官"制到中书省——论元初中枢机构的体制演变》，收入氏著：
　　《蒙元制度与政治文化》，北京：北京大学出版社，2011 年。
② 〔英〕道森编，吕浦译：《出使蒙古记》，北京：中国社会科学出版社，1983 年，第 65 页。
③ 《元史》卷 146《耶律楚材传附耶律铸传》，第 3464—3465 页。
④ 《元史》卷 3《宪宗纪》，第 47 页。
⑤ 〔日〕堤一昭：《忽必烈政权的建立与速不台家族》，《东洋史研究》第 48 卷第 1 号，1988 年。

惟决二人"；忙哥撒儿卒后，仍"领中书省，终宪庙世，权宠不移"①。
姚大力认为他和之前的镇海类似，以必阇赤兼大断事官；我们至少可
以肯定，他是宪宗朝的必阇赤之长。蒙哥死后，因支持阿里不哥，孛
鲁合 1264 年被忽必烈处死。据《元史·刘敏传》，刘敏之子刘世济在
宪宗朝也"为必阇赤，入宿卫"②。

　　太宗时期，地方上也有"行中书省"，其设置甚至早于失吉·忽
秃忽的燕京行尚书省。同恕文中记载，李庭秀，家平阳，辛卯
（1231），"中书胡氏，由侍从行相府河东，素熟公能，即版授参议、
左右司郎中，佩金符，……时官制未立，皆从宜一切。壬辰（1232），
以公见行阙，奏改行中书省左右司郎中，佩金符仍初"③。所说胡氏，名
胡天禄，在汉文文献中也被称为"丞相""行省胡公丞相"，有学者曾
将他误认为是燕京行尚书省的失吉·忽秃忽，忽秃忽到燕京后在汉文
文献中曾被称作"胡丞相"。胡天禄初为"侍从"，后"行相府于河
东（平阳）"，其最初身份应该也是汗廷的一名必阇赤，和耶律楚材同
僚。胡天禄负责的平阳行中书省内有左右司郎中等僚属。1235 年，太
宗命皇子阔出、诸王口温不花、大将察罕等伐宋，粘合重山、杨惟中
均"军前行中书省事"④，看来杨惟中此前也已是一名汗廷必阇赤。太宗
后期，粘合重山和杨惟中相继回到汗廷，重山不久卒，杨惟中在耶律
楚材去世后被称为中书令，实际身份只是汗廷必阇赤；军前行中书省
则由粘合重山的儿子粘合南合负责，粘合南合应该也被授予必阇赤称
号。这个军前行中书省下也有左右司郎中、详议、参谋等僚属。平阳

① （元）姚燧：《牧庵集》卷 13《皇元高昌忠惠王神道碑铭》，收入李修生主编：《全元文》
　　第 9 册，南京：江苏古籍出版社，1999 年，第 549 页。
② 《元史》卷 153《刘敏传》，第 3610 页。
③ （元）同恕：《榘庵集》卷 5《中书左右司郎中李公新阡表》，收入李修生主编：《全元文》
　　第 19 册，南京：江苏古籍出版社，2001 年，第 441—442 页。
④ 《元史》卷 146《粘合重山传》，第 3466 页；卷 146《杨惟中传》，第 3467 页。

行中书省（胡天禄后来还行省过其他地方）、粘合父子军前行中书省的职能与课税所职能关联不大，主要在于文化事业及"承担军中的文书工作、参与指挥作战、绥辑降附"[1]，也就是说与必阇赤的本职工作有关，但这些行中书省对谁负责不易判断。耶律楚材是汉文文书的负责人，他崇尚中央集权，这些行中书省有可能在一定程度上要对他负责。

太宗晚年，耶律楚材失势，定宗初年开始，汉地课税事务改由燕京行尚书省负责。[2] 有关此后平阳等行中书省的情况史料记载很少，可能也改向燕京行尚书省负责并逐渐消失。汗廷必阇赤们的任务重新回归到主掌文书的本职中，其政治影响能力也就迅速衰减。史料中说，杨惟中在耶律楚材之后为中书令，"以一相负任天下"[3]，他的中书令头衔和耶律楚材一样非汗廷实授，他在汗廷的地位也只是一名普通的必阇赤（和耶律楚材一样，连必阇赤之长都不是），从为中书令到离开汗廷只有短短的一两年时间，其"负任天下"的具体事迹我们也实在不清楚，这句总结之词应是其碑传材料中的夸大说法。宪宗朝大必阇赤孛鲁合，在朝中倒是影响很大，可能是因为得到了蒙哥汗的特别信任或者如姚大力所说兼任了汗廷的大断事官。总之，前四汗时期，除了太宗朝因为耶律楚材的善于运作，一些必阇赤们在汉地有了很大的影响外，其他多数时期，多数必阇赤的政治作用是大大不如札鲁忽赤的。不少学人在研究世祖朝中书省的形成时，将其与前四汗时期的必阇赤制度联系起来，他们或者说必阇赤群体自然演变成了中书省，或者说必阇赤们从断事官系统中"游离"了出来而另外形成了中书省，这些说法都不能成立。笔者一贯认为，世祖朝的中书省继承的是前四

---

① 张帆：《元代宰相制度研究》，北京：北京大学出版社，1997 年，第 18—19 页。
② 李涵：《蒙古前期的断事官、必阇赤、中书省和燕京行省》，收入南京大学历史系元史研究室编：《元史论集》，北京：人民出版社，1984 年。
③ 《元史》卷 146《杨惟中传》，第 3467 页。

汗时期的断事官群体而不是必阇赤群体。[①]

表一　前四汗时期汗廷札鲁忽赤、必阇赤人员名单

	大札鲁忽赤	大必阇赤	其他必阇赤
太祖朝	失吉·忽秃忽	昔剌斡忽勒	僧吉陀、曷思麦里、耶律楚材、粘合重山、镇海
太宗朝	额勒只吉台（1234 年后回到怯薛）、失吉·忽秃忽（1234 年后到燕京）、镇海（兼？）	镇海	耶律楚材、粘合重山、牙剌瓦赤、胡天禄、杨惟中、粘合南合
乃马真后时期	额勒只吉台	不详	杨惟中
定宗朝	合答	镇海	八剌、耶律铸
宪宗朝	忙哥撒儿、哈丹、孛鲁合（兼？）	孛鲁合	耶律铸、刘世济

二、燕京行尚书省的设置与元朝行省制的滥觞

1234 年金朝灭亡后，大断事官失吉·忽秃忽带领一帮属下，有的是札鲁忽赤，有的是必阇赤来到燕京，他们先是调整世侯辖地、统计户籍，然后推行五户丝制和路总管府制；除了课税和军事指挥外，汉地的各种事务都由他们承担了。课税仍由耶律楚材负责，军事指挥由阔端、阔出等诸王和察罕、塔察儿等方面大帅负责；但灭金后新设的大达鲁花赤监临道（史料中称"画境之制"）则对失吉·忽秃忽他们负责[②]，

① 屈文军：《论元代中书省的本质》，收入氏著：《元史研究：方法与专题》，北京：中国社会科学出版社，2017 年；《元代翰林机构的成立——兼论元初中枢体制的变迁》，《中国史研究》2018 年第 1 期。

② 屈文军：《元太宗时期大蒙古国对汉地治理中的"画境"制度》，《暨南学报》（哲学社会科学版）2021 年第 8 期。

耶律楚材去世后诸路课税所也归燕京行尚书省统管。失吉·忽秃忽这些人在燕京的机构，汉人称为"燕京行尚书省"，其名和石抹咸得不自称的机构名称一样，但性质迥异。失吉·忽秃忽他们在燕京的机构，是汗廷断事官群体的行署，这些人的原先身份主要是汗廷的札鲁忽赤和必阇赤。汉人称这一在燕京的机构为行尚书省，那就意味着在汗廷还有尚书省，也就是留守汗廷的断事官群体。但奇怪的是，目前所知的汉文文献，竟没有发现提及汗廷断事官群体时称之为尚书省的，倒是有把燕京行尚书省称为尚书省的。原因何在？第一，汗廷断事官群体本来就没有一个有固定名号的官署。第二，汉人对漠北的情况不大了解，可能也无从了解，在汉地，这个燕京行署差不多就是总管一切的，所以也不妨称之为尚书省。失吉·忽秃忽他们来到燕京后，史料中多有关于燕京行尚书省官员的记载，忽秃忽也被称为"胡丞相"，而有关留守汗廷的札鲁忽赤们的记载就比较少了。作为行署，燕京行尚书省处理政事直接对大汗负责，汗廷断事官们不干预汉地事务。按照中原王朝包括金朝的做法，朝廷宰相带宰相官衔到地方处理事务，属于非常时期的权宜做法，这一时期，朝廷宰相机构不干预行署内的事情；但非常时期结束，行署取消，地方会重新对朝廷宰相机构负责。大蒙古国及其后的元朝在这方面和中原王朝不一样的地方就在于，朝廷宰相机构在地方的行署分支后来固定化，成为地方行省，行省和朝廷的中枢机构（前四汗时期是断事官群体，世祖以后是中书省）分别划片负责全国境内的地方事务，其中，朝廷中枢机构负责朝廷所在的直辖区域（宪宗时确定是漠北，世祖以后则是位于汉地的"腹里"地区），其他地方主要由行省负责，朝廷中枢机构一般不怎么干预。这实际上与蒙古人分封的传统意识有关。

失吉·忽秃忽任燕京行尚书省大札鲁忽赤到太宗朝结束，其间有副手乃蛮人月里麻思、契丹人耶律买奴以及族属不详的塔鲁忽歹、讹鲁不等，他们的身份也是断事官。① 接替失吉·忽秃忽职务担任行省大札鲁忽赤的是之前负责西域课税的必阇赤牙剌瓦赤，但他上任不久就因与同僚汉人刘敏不和而被罢任，此后到宪宗即位前，燕京行省一直由刘敏主政。以扑买汉地课税著名的回回人奥都剌合蛮深受乃马真皇后信任，一度担任过行省断事官，贵由即位后被杀。回回人赛典赤·瞻思丁这一期间也担任过行省断事官。宪宗朝，"以牙剌瓦赤、不只儿、斡鲁不、睹答儿等充燕京等处行尚书省事，赛典赤、匿咎马丁佐之"②，牙剌瓦赤、不只儿先后为行省大断事官；斡鲁不可能就是前文的讹鲁不，他和睹答儿是普通断事官，但事迹不详。赛典赤、匿咎马丁则是行省内必阇赤，后者事迹不详。宪宗即位时，刘敏"仍命与牙鲁瓦赤同政"，看来也留任燕京断事官，不过地位当低于牙剌瓦赤，为普通断事官，后让职于子刘世亨。③ 畏兀儿人孟速思也在宪宗朝任过燕京行省的断事官④；蒙哥死后，留守漠北的阿里不哥任命脱里赤为燕京行省断事官，"按图籍，号令诸道，行皇帝事"⑤，可能是被阿里不哥任命为行省大断事官，以与忽必烈对抗。同汗廷断事官群体一样，燕京行尚书省内也有诸王派驻的断事官，他们有的兼汉地封地达鲁花赤，如西夏人昔里钤部、畏兀儿人布鲁海牙等。除断事官、必阇赤外，燕京行尚书省内还有些僚属有汉式官号，如郎中、员外郎、都事、经历、省掾等。⑥

① 张帆：《元代宰相制度研究》，北京：北京大学出版社，1997 年，第 9—10 页。
② 《元史》卷 3《宪宗纪》，第 45 页。
③ 《元史》卷 153《刘敏传》，第 3610 页。
④ （元）程钜夫：《雪楼集》卷 6《武都智敏王述德之碑》，台湾《元代珍本文集汇刊》影印本，"国立中央图书馆"编印，1970 年，第 279 页。
⑤ （元）郝经：《郝文忠公陵川文集》卷 32《班师议》，收入李修生主编：《全元文》第 4 册，南京：凤凰出版社，2005 年，第 85 页。
⑥ 张帆：《元代宰相制度研究》，北京：北京大学出版社，1997 年，第 13—14 页。

史料中说，燕京行尚书省内尚有行六部官员。金朝在行省内设有行六部；元太祖时期也有一些行六部官员，如史天倪、王檝，似乎以负责军事后勤及汉地财赋为主。太祖朝蒙古政权没有行尚书省设置，史天倪、王檝为何有行六部官称，难以解释，可能是"随所自欲而盗其名"①。太宗朝开始的燕京行尚书省，省内"行尚书六部事"则实为必阇赤。②宪宗朝，和赛典赤·瞻思丁一起"行六部事"的有塔剌浑③，此人在中统年间改任汗廷必阇赤；汪古人月合乃"赞卜只儿断事官事"④，世祖朝的王恽说他为"前行部尚书"⑤；汉人赵璧宪宗初年也曾"总六部于燕"⑥，不久离开行省到忽必烈幕下。这些行六部官员实际身份都是行省内的必阇赤，可能因为一些对汉文化熟悉者不愿意用必阇赤称号而自称为行六部官。燕京行省内众多必阇赤中，是否有必阇赤之长或大必阇赤，不敢肯定。

表二　前四汗时期燕京行尚书省内断事官和必阇赤人员名单

	大断事官	一般断事官	必阇赤
太宗朝	失吉·忽都忽	月里麻思、耶律买奴、塔鲁忽歹、讹鲁不	
乃马真后时期	牙剌瓦赤、刘敏	奥都剌合蛮	

① （宋）彭大雅撰，徐霆疏：《黑鞑事略》，王国维笺证本，载《王国维遗书》第13册，上海：上海古籍出版社，1983年，第14b叶。

② 姚大力：《从"大断事官"制到中书省——论元初中枢机构的体制演变》，收入氏著：《蒙元制度与政治文化》，北京：北京大学出版社，2011年。

③ 《元史》卷125《赛典赤瞻思丁传》，第3063页。

④ 《元史》卷134《月合乃传》，第3245页。

⑤ （元）王恽著，杨亮、钟彦飞点校：《王恽全集汇校》卷81《中堂事记中》，北京：中华书局，2013年，第3374页。

⑥ （元）张之瀚：《西岩集》卷19《大元故荣禄大夫中书平章政事赵公神道碑铭》，收入李修生主编：《全元文》第11册，南京：江苏古籍出版社，2000年，第349页。

续表

	大断事官	一般断事官	必阇赤
定宗朝	刘敏	赛典赤·瞻思丁	
宪宗朝	牙剌瓦赤、不只儿、脱里赤	斡鲁不（讹鲁不？）、睹答儿、刘敏（后由子刘世亨继任）、孟速思、昔里钤部（投下断事官）、布鲁海牙（投下断事官）	赛典赤·瞻思丁、匿昝马丁、塔剌浑、月合乃、赵璧

随着大蒙古国地盘的扩大，国家事务日益增多，太宗时期建立燕京行尚书省的方式逐渐变成了一个制度模式，就是由一部分汗廷札鲁忽赤和其助手必阇赤们组织成一个机构，外出专门负责一地的行政，主要是民政事务，直接对大汗负责。太宗朝燕京行尚书省负责汉地，汗廷中札鲁忽赤则带领一部分必阇赤组成另一机构，负责蒙古本土地区和汉地以外的其他被征服地区，这一机构一直没有汉名。到宪宗朝，汉地之外的其他被征服区域也相继设立了行尚书省，据《元史·宪宗纪》，宪宗元年（1251），除"以牙剌瓦赤、不只儿、斡鲁不、睹答儿等充燕京等处行尚书省事，赛典赤、匿昝马丁佐之"外，还"以讷怀、塔剌海、麻速忽等充别失八里等处行尚书省事，暗都剌兀尊、阿合马、也的沙佐之；以阿儿浑充阿母河等处行尚书省事，法合鲁丁、匿只马丁佐之"[1]。"佐"阿姆河行省首长阿儿浑的法合鲁丁、匿只马丁两人，在《世界征服者史》中明确被称为必阇赤[2]，与之地位相当的燕京行省内的赛典赤·瞻思丁必然也是如此。征服区分别设立了行尚书省，汗廷断事官群体（包括属下必阇赤们）就只负责蒙古本土地区和汗廷本身了。宪宗朝行尚书省的增设，是对太宗时期体制的继续和发展，不过，汉地以外两行尚书省的设置，实际上从太宗朝就已经开始，宪宗

---

[1] 《元史》卷3《宪宗纪》，第45页。

[2] （伊朗）志费尼著，何高济译：《世界征服者史》，呼和浩特：内蒙古人民出版社，1981年，第613—622页。

朝正式定型。① 宪宗后期，蒙哥对忽必烈在汉地势力的壮大感到不安，派阿兰答儿、刘太平到忽必烈控制的陕西、河南地区钩考财赋，这两人汗廷的身份不详（恐为必阇赤），汉文史料中多将他们分别称为陕西行省左丞相和参知政事。左丞相、参知政事的头衔可能是汉人比附，但陕西行省的增设说不定就在大蒙古国政府的酝酿中。世祖即位后行省的增多，也是太宗时期体制的继续和发展。

随着行尚书省的相继分设和汗廷断事官群体的职掌确定，原先理论上有两类实际上未区分的汗廷必阇赤们，这时就真正分开了：一部分到断事官群体里去（可能会随断事官而到外地设分支机构），一部分留在大汗身边。前四汗时期，汗廷内必阇赤们这样的区分还不怎么明显，但趋势是必然的。世祖朝开始，汗廷断事官群体取汉式名称中书省，主要的札鲁忽赤和主要的助手必阇赤都改称丞相、平章政事等汉式宰相官名；地方断事官行署则改称行中书省，主要的札鲁忽赤和主要的助手必阇赤也都改称汉式的宰相官名，只是会带上行省字样，以与朝廷中的宰相们区别；而在大汗身边的必阇赤，则改称为翰林机构的汉式官名，逐渐形成翰林国史院和蒙古翰林院。关于世祖即位后的这一变化，可参考笔者撰写的《元代翰林机构的成立 —— 兼论元初中枢体制的变迁》② 一文。

三、前四汗时期的官制演变与世祖朝前期元代官制的定型

《蒙古（元朝）秘史》第 281 节，元太宗窝阔台总结自己的功过，

---

① 刘迎胜：《〈元史〉卷三〈宪宗纪〉笺证之一》，载余太山、李锦绣主编：《欧亚学刊》新4辑，北京：商务印书馆，2016年。
② 屈文军：《元代翰林机构的成立 —— 兼论元初中枢体制的变迁》，《中国史研究》2018年第1期。

其功主要说了四点：灭金朝、立站赤、掘水井以及立探马赤军。实际上，他的功不止这些。除了前人着重指出的定朝仪、建都城、定札撒、定牧民和农耕地区赋税制度外，在职官制度上元太宗也有诸多影响深远的建设。比如，改变世袭制，推行择能而任的命官方式；将蒙古军的万户千户制推行到各种族军队中；在地方逐渐施行军民分治；建立有元代特色的路府州县临民体系以及设立地方行省等。元人胡祗遹说"太宗皇帝继体守文，一新官制"①，这个论断是有根据的：太祖确立了蒙元王朝的一些官制原则，但太祖时期具体的职官体系则比较简单；太宗时的"一新"，一方面继续了太祖的原则，另一方面又在太祖时职官体系的基础上做了相当多的改进，特别是针对被征服的农耕区，可说是完全的新制。太宗丙申年后定型的官制和其他方面的制度建设，多数在其后的元朝时期延续。蒙元王朝职官制度的形成，最重要的在太祖、太宗和世祖三个时期，我们后人评价太宗这位大汗时，不能只看到他的"武功"，也要看到他制度建设上的"文治"。

　　1241 年，太宗去世，其后大蒙古国先后经历乃马真皇后、定宗皇帝和斡兀立海迷失皇后三人执政，这十年期间国家的制度建设可以说几乎没有。1251 年，宪宗蒙哥即位，他对外征服的兴趣远大于内政建设，在位九年期间，吐蕃和云南地区纳入大蒙古国版图；内政上除了在整个汗国范围内（包括汉地、西域、斡罗斯以及新归附的吐蕃地区）进行了括户外，制度建设上有两件事影响较大。一是前面所说，在蒙古本土以外的征服地区设立了三个断事官行署，这是太宗时期体制的继续和发展，也是世祖以后中书省和地方行省关系模式的先声。另一件是分别委任母弟忽必烈和旭烈兀镇中原及西域，这实际上是世祖以

---

① （元）胡祗遹著，魏崇武、周思成校点：《胡祗遹集》卷 15《大元故怀远大将军怀孟路达噜噶齐（达鲁花赤）兼诸军鄂勒（奥鲁）蒙古公神道碑》，长春：吉林文史出版社，2008 年，第 348 页。

后宗王出镇边徼襟喉之地制度的滥觞，在宪宗之前没有出现过。

忽必烈1251年被赋予处理"漠南汉地军国庶事"的大权，这年开始，他在自己所能管控的地盘内实行潜藩新政，主要内容有三点[①]。一是1251年在代管的邢州设立安抚司，以脱兀脱、赵瑨为断事官（估计实为达鲁花赤），以李惟简为安抚使，以刘肃为安抚副使，以赵良弼为幕僚长，不久改以张耕为安抚使。二是1252年在汴梁设河南经略司，以忙哥（蒙古人，估计是担任负责监临的达鲁花赤，与邢州安抚司中的脱兀脱、赵瑨类似）、史天泽、杨惟中及赵璧为经略使，陈纪、杨果为参议。史天泽为经略使后，征行万户职由其侄史枢代理。河南地区不属投下领地，忽必烈是经过宪宗同意"分河外所属而试治之"的，忽必烈并且要求"不令牙鲁瓦赤有所铃制"，得到应允。三是在自己新得的京兆封地内先后设从宜府和宣抚司。从宜府设于1253年，使为李德辉和孛得乃，副使是高逸民，孛得乃估计也是达鲁花赤。不久改设宣抚司，使有孛兰和杨惟中，实际负责的当是杨惟中，孛兰行监临之责；宣抚司内有参议杨奂、郎中商挺等儒吏。1254年，廉希宪替代杨惟中为宣抚使，商挺为宣抚副使，增设劝农使一职，由姚枢担任，赵良弼从邢州调来担任宣抚司郎中。邢州安抚司下是否有隶属机构不清楚；河南经略司下有卫州漕运司、邓州屯田万户府（负责人是史天泽侄史权）等隶属机构；京兆宣抚司下有交钞提举司，主持印钞以佐军用，名儒许衡则被聘为京兆教授。邢州、河南、陕西，"皆不治之甚者，为置安抚、经略、宣抚三司"，"不及三年，号称大治"[②]；不过，忽必烈的潜藩新政，让他在中原颇得人心，这引起了宪宗的警惕，

---

① 关于忽必烈潜藩新政的具体内容，参见周清澍：《忽必烈潜藩新政的成效及其历史意义》，收入氏著：《元蒙史札》，呼和浩特：内蒙古大学出版社，2001年。

② （元）姚燧：《牧庵集》卷15《中书左丞姚文献公神道碑》，收入李修生主编：《全元文》第9册，南京：江苏古籍出版社，1999年，第581页。

1257 年，宪宗派阿兰答儿、刘太平到陕西、河南钩考钱谷，三司均被撤。从限制宗王在封地的权力角度而言，蒙哥派人撤销忽必烈的三司其实是有合理性的。

中统元年（1260）三月，世祖忽必烈即位之初，沿袭宪宗朝体制，在自己的汗廷内设札鲁忽赤群体，同时也在燕京设置断事官行署；行署一些官员，汉文史料中称"燕京宣慰使"，不知"宣慰"一词因何而来，但他们实际身份则是必阇赤。不久，四月，改汗廷札鲁忽赤群体为中书省。七月，改燕京断事官行署为燕京行中书省。在这之间的五月，忽必烈在汉地设置了十路宣抚司："以赛典赤、李德辉为燕京路宣抚使，徐世隆副之；宋子贞为益都济南等路宣抚使，王磐副之；河南路经略使史天泽为河南宣抚使；杨果为北京等路宣抚使，赵炳副之；张德辉为平阳太原路宣抚使，谢瑄副之；孛鲁海牙、刘肃并为真定路宣抚使；姚枢为东平路宣抚使，张肃副之；中书左丞张文谦为大名彰德等路宣抚使，游显副之；粘合南合为西京路宣抚使，崔巨济副之；廉希宪为京兆等路宣抚使。"[1] 宣抚司机构的名称，源于其先潜藩新政中京兆宣抚司的先例；十路的布局，可能继承了之前大达鲁花赤监临道的布设，但十路宣抚司并不是大达鲁花赤监临道或京兆宣抚司的继续。十路宣抚司内不设达鲁花赤，它们是汉地各种临民机构路府州县之上的一种管理机构，表示的是一种介于代表汗廷的燕京断事官行署（燕京行中书省）和地方临民机构路府州县之间的管理层次。"燕京断事官行署（燕京行中书省）—十路宣抚司—临民机构路府州县"形成了比较汉式的中央集权体制（在朝廷层次上尚有两个机构）。十路宣抚司的设计无疑出于忽必烈身边汉人谋臣之手；十路宣抚使人员中除赛典赤为回回人，孛鲁海牙、廉希宪父子为畏兀儿人外，其余全为汉人

---

[1] 《元史》卷 4《世祖纪一》，第 65—66 页。

（包括女真人），没有一位蒙古人，赛典赤三位非汉人也有很深的汉文
化造诣。忽必烈接受这种设计并在机构中普遍安排汉人，可见当时忽
必烈对汉人的信任。十路宣抚司是继太宗朝课税使路、大达鲁花赤监
临道（这一路制到宪宗朝消失）和总管府路之后的元朝第四种路制。

　　中统二年（1261）春，燕京行中书省主要官员率领部分十路宣抚
司官员到世祖汗廷；当年夏季，燕京行中书省和汗廷中书省合并，成
立新的中书省，至此，国家行政布局形成"中书省—十路宣抚司—临
民机构路府州县"这样完全汉式的金字塔般的中央集权模式。但是这
种模式没有延续多久，忽必烈决定扬弃。二年秋季，中书省再度分成
汗廷中书省和燕京行中书省两省，以后随着汗廷南移，燕京行中书省
重新合并进中书省，但帝国版图内其他地方则相继增设行中书省。中
统二年的冬季，十路宣抚司也取消，模仿汉式中央集权的地方体制后
来就再也没有出现。中统三年（1262）十二月，忽必烈立十道宣慰
司，宣慰司机构名称的来源不清楚（前面提到，中统元年忽必烈派到
燕京成立断事官行署的官员中有的称宣慰使，但他们的最初身份实是
汗廷必阇赤），十道宣慰司的具体布局也没有明确的史料说明，可能
跟十路宣抚司相近，但十道宣慰司和十路宣抚司是性质迥异的不同机
构。宣慰司初设时和行省相当，与行省迭相设置；后来行省制定型后
成为中书省直辖地区和部分行省内的中书省、行省派出机构，和中书
省、行省一起成为地方临民体系以上的机构。自十路宣抚司取消后，
元代中央和地方的体制模式重新回归到太宗朝制定的"汗廷断事官群
体（中书省）、地方断事官分支机构（行中书省）—临民机构路府州
县"这样一种涵有一定分封色彩的非中央集权模式。与前四汗时期略
有不同，世祖以后的地方分权模式中增设有部分宣慰司道，这也是元
朝的第五种路制。世祖以后的吐蕃地区隶属中央宣政院，在汗廷，宣
政院与中书省是并列机构，中书省一般不干预宣政院自身事务；地方

上，吐蕃地区设有三道宣慰司。吐蕃地区的地方行政模式类似于一个行省。

中统四年（1263），元廷设枢密院；至元五年（1268），设御史台。军事、监察事务相继从行政系统中分离出来，和中书省一样，枢密院、御史台在地方上也设有分支机构，不过，枢密院的地方分支机构不常设。御史台和其地方分支行台之下，另设有模仿金朝按察司制度的提刑按察司（后改名肃政廉访司）道。肃政廉访司道是元朝的第六种路制。在元代世祖以后的文献中，提到"路"常指总管府路，而宣慰司和肃政廉访司这两种路则常称"道"。除枢密院、御史台外，世祖朝开始，其他还有一些事项也逐渐从行政系统中分离出来，相继设有宣政院、大宗正府、太常礼仪院、中政院等机构，不过它们对国家事务的影响要逊于枢密院与御史台。在汗廷札鲁忽赤群体与地方分支向中书省、行中书省转化的过程中，大汗（皇帝）身边的不少必阇赤拥有了汉式的翰林院官员头衔，逐渐形成了翰林国史院与蒙古翰林院，两翰林机构对国家政务的影响其程度自然不如怯薛和省、院、台，但要超过其他众多的府、院、寺、监、司机构。必阇赤之外，世祖朝开始，怯薛其他职事也有过取汉名的举措，并形成过一些带有汉式名称的机构，如宣徽院等，不过它们最终未能独立出来，仍属于怯薛系统。以上两段所述就是世祖和以后元朝职官制度的大概面貌。

有关元朝职官制度的材料，主要是《元史·百官志》《元史·选举志》和《元典章·吏部》，这些材料中的绝大多数内容都是世祖朝和世祖以后的，有关前四汗时期的史实仅有寥寥数语，大意说几无官制或者不足称道。前人的研究也多着重于世祖继位以后的情况，涉及前四汗时期时，就采用基本史料中的说法，或说统治者"不晓官称为何义"、其时政权简单到几乎没有官制可言；或者说这几十年官员随个人爱好，乱用中原王朝名号，官衔名称五花八门，而政府授予和变动官称也紊乱没有章法。前人因此多强调世祖的变革，认为元代官制实由世祖创建，世祖创建的制度又会多强调其中"采行汉法"的方面。通过本文和笔者其他相关诸文，我们可以说，世祖以后的官制中最重要的框架、最基本的内容、最核心的原则，前四汗时期实际上都已经形成并在宪宗朝定型，世祖继位后完全继承了它们。前四汗时期的官制自然不如世祖以后齐整有系统，但也并非杂乱无章。世祖在官制方面的革新主要有四点：一是把军政和监察事项从行政系统中分立了出来；二是在将宰相机构和其分支分片管辖地方的模式向全国推行的时候，在吐蕃这一独特文化区域内实行"帝师法旨与诏敕并行于西土"的宣政院直辖制度；三是增设了众多对政务影响不大的事务性机构；四是制定了细致的官吏管理规定。这些革新当然重要，但因此说元朝的官制到世祖继位后才创建、之前的制度建设无足轻重就很不妥当。世祖改造和革新后的制度，我们不能简单地用"采行汉法"四字进行概括，同样，对于前四汗时期的官制，我们也不能简单地用"蒙古旧制"形容。自成吉思汗建国后，大蒙古国为了统治被征服地区的需要，一直在将被征服地区的政治传统适当引进到帝国的政治制度中，并根据形势的需要而有所调整和创新。

纵观前四汗时期的官制演变和世祖朝元朝官制的稳定 ——《元史·世祖纪》说忽必烈"立纲成纪，成一代之制"，我们可以说：世祖朝奠定的有元一代官制是在继承延续前四汗时期基本制度的基础上所进行的适当补充和更新，世祖的"采行汉法"也是前四汗时期政治实践的继续和自然演变而非另起炉灶；割裂世祖朝和前四汗时期的联系，将它们视为性质迥异的两个阶段，比如学界习惯的称前四汗时期为大蒙古国、称世祖继位后为元朝，认为前四汗时期实行蒙古制、世祖以后行汉制等，都是对元朝历史的误解。

元京兆路总管府建立及其长官考[*]

张金铣　韩婷

（安徽大学历史学院）

　　摘　要：元太宗五年，行军千户田雄受命镇抚陕西、总管京兆府等路，成为陕西地区军政长官。金朝灭亡后，随着"画境之制"的实施，京兆府等路沿袭旧制，基本保持原先政区疆界。宪宗时期，京兆府作为忽必烈封地，又设宣抚司进行治理。忽必烈即位，遵用"汉法"，整顿政区，推行军民分治，京兆路设置总管府，以达鲁花赤、总管为长官。后以安西王封地改称安西路，再改为奉元路。明清方志记载京兆路（安西路、奉元路）官员阙略，仅收载京兆路总管十人，其中贺仁杰、李守贤并未担任总管。本文考订元代京兆路总管府建置过程，并对京兆路总管府长官名氏进行辑录，增补总管府达鲁花赤四人、总管十二人，考订其生平事迹。

　　关键词：京兆路；总管府；达鲁花赤；总管

　　京兆府为蒙金争战激烈地区。元太宗五年（1233），派遣千户田雄领兵镇抚，总管京兆府等路。至元初年，建置总管府，以达鲁花赤、总管为总管府长官。大德四年（1300），陕西诸道行御史台亦迁于此。明清时期《陕西通志》《西安府志》共收载其总管府长官十人，其中也有误载。本文考察京兆路总管府建立过程，考订其总管府达鲁花赤、

---

* 本文为国家社科基金项目"元代路总管府长官通考"（项目号 17BZS050）研究成果。

总管生平事迹。

一、京兆路总管府的建置

陕西地区，金朝分置京兆府、庆原、熙秦、鄜延等四路。元太宗二年（1230），蒙古军大举进攻陕西。次年四月，攻克凤翔府，连败金军，金朝遂放弃京兆等地，迁其居民于河南。五年，蒙古军进占京兆府，授行军千户田雄"镇抚陕西、总管京兆等路事"①，"开府陕西，行总省事"②。此为元代京兆路建置之始，当时"随事创立，未有定制"③。田雄在职期间，"农事日修，人用饶足。北自鄜延，西凤翔，东南及商、华，州县皆置长吏，五六年间，流逋咸归，市井依旧。全秦千里，遂为乐郊"④。金朝灭亡后，汗廷派遣大断事官失吉·忽秃忽进驻燕京，建衙开府，汉人称之为大行台或燕京行尚书省。随后清查户口，整顿政区，推行"画境之制"⑤，强调"沿金旧制画界"⑥，"诸道所统仍金之旧"⑦。田雄辖区大体保持金京兆府路的范围。定宗二年（1247），田雄卒于和林，"诏长子大明袭京兆府等路兵马都总管"⑧。

宪宗三年（1253），皇弟忽必烈受封京兆府分地，置京兆宣抚司，

① （明）宋濂等：《元史》卷151《田雄传》，北京：中华书局，1976年，第3580页。
② （元）李庭：《寓庵集》卷7《故京兆路都总管府提领经历司官太傅府都事李公墓志铭》，《藕香零拾》丛书本。
③ （元）苏天爵：《元文类》卷40《经世大典序录》，合肥：安徽大学出版社，2020年，第768页。
④ （元）李庭：《寓庵集》卷6《故宣差京兆府路都总管田公墓志铭》，《藕香零拾》丛书本。
⑤ （金）元好问：《遗山集》卷26《东平行台严公神道碑》，《四部丛刊初编》本。
⑥ 《畿辅通志》卷107《蔡国公神道碑》，《文渊阁四库全书》本。
⑦ （元）苏天爵：《元朝名臣事略》卷6《万户张忠武王》，北京：中华书局，1996年，第99页。
⑧ （元）李庭：《寓庵集》卷6《故宣差京兆府路都总管田公墓志铭》。

以杨惟中为宣抚使，商挺为郎中。《元史·商挺传》载，"杨惟中宣抚关中，挺为郎中。兵火之余，八州十二县，户不满万，皆惊忧无聊。挺佐惟中，进贤良，黜贪暴，明尊卑，出淹滞，定规程，主簿责，印楮币，颁俸禄，务农薄税，通其有无，期月，民乃安"。次年，杨惟中去职，改廉希宪为宣抚使，升商挺为副使，赵良弼、杨奂为参议，又以姚枢为京兆劝农使，姚枢"身至八州诸县，谕上劝农之旨"①。

京兆宣抚司所领"八州十二县"，实际上即金京兆府路范围。据《金史·地理志》，京兆府路辖区包括"府一，领节镇一，防御一，刺郡四"。府一即京兆府，领长安、咸宁、兴平、泾阳、临潼、蓝田、云阳、高陵、终南、栎阳、鄠县、咸阳等十二县。节镇一即同州，置安国军节度使；防御一，即华州，为防御州；刺郡四即商州、虢州、乾州、耀州等四州。金元之际，又新置桢州、鄜州。桢州，原为同州韩城县，"贞祐三年升为桢州"②。鄜州，原为凤翔府鄜县，元太宗时升为州，以王珪知州事。③宪宗六年（1256），征京兆路布帛粮米输送平凉，宣抚司副使商挺委派鄜州长办理。"鄜州长王姓者，雅为公（商挺）所礼，平凉人也。"④此处鄜州长王姓者，当为知鄜州事王珪。

宪宗七年（1257），忽必烈势力发展，引起蒙古朝贵的不满。"宪宗命阿蓝答儿、刘太平会计京兆、河南财赋，大加钩考"，借机打压忽必烈。忽必烈接受姚枢建议，质亲属于漠北，亲赴和林朝觐，因而获得谅解，最终打消宪宗疑虑，但"凡昔所置诸司皆废"⑤，京兆宣抚司、河南经略司等机构也被迫撤销。

---

① （元）苏天爵：《元朝名臣事略》卷8《左丞文献姚公》，北京：中华书局，1996年，第159页。

② 脱脱等：《金史》卷26《地理志下》，北京：中华书局，1975年，第643页。

③ 姚燧：《牧庵集》卷21《平凉府长官元帅兼征行元帅王公神道碑》，《四部丛刊初编》本。

④ 苏天爵：《元朝名臣事略》卷11《参政商文定公》，北京：中华书局，1996年，第219页。

⑤ 姚燧：《牧庵集》卷24《谭公神道碑》，《四部丛刊初编》本。

　　中统元年（1260）三月，世祖忽必烈即位，遵用"汉法"，逐步收夺世侯之权。至元元年（1264）十二月，"始罢诸侯世守，立迁转法"①。同时调整政区，改革地方机构，"各路设总管府以治民，万户府以统军"②，建立新的路总管府制。元人许有壬称，"我朝为路，路则今制"③。在总管府制下，京兆路辖区亦有所调整，但基本保持金朝的辖境。《元史·地理志三》载，京兆路，"领司一、县十一、州五，州领十五县"。司即录事司，"掌城中民户之事"④。五州即同州、华州、商州、乾州、耀州。至元元年，虢州降为虢略县，改属陕州，为河南府路所辖；郿州复为郿县，改属京兆路；桢州复为韩城县，仍隶同州。⑤在京兆府十二县中，"至元初，并云阳县入泾阳，栎阳县入临潼，终南县入盩厔"，盩厔县并入京兆路，因而京兆路直辖十一县：咸宁、长安、咸阳、兴平、临潼、蓝田、泾阳、高陵、鄠县、盩厔、郿县。

　　至元九年（1272）十月，世祖忽必烈"封皇子忙哥剌为安西王，赐京兆为分地"⑥。十六年（1279）十二月，"改京兆为安西路"⑦。大德十一年（1307）五月，安西王阿难答卷入皇位之争而被诛杀。皇庆元年（1312）二月，"改安西路为奉元路"⑧。

---

①　（明）宋濂等：《元史》卷5《世祖纪二》，北京：中华书局，1976年，第101页。

②　（元）郑玉等：《师山集》卷6《徽泰万户府达鲁花赤珊竹公遗爱碑铭》，《文渊阁四库全书》本。

③　（元）许有壬：《至正集》卷37《彰德路创建鲸背桥记》，《文渊阁四库全书》本。

④　（明）宋濂等：《元史》卷91《百官志七》，北京：中华书局，1976年，第2317页。

⑤　（明）宋濂等：《元史》卷60《地理志三》载，韩城县，"金曰桢州。至元元年，州废。二年，再立。六年，州又废，止设县"。《元史》卷6《世祖纪三》云，至元六年十二月，"改桢州复为韩城县"。

⑥　（明）宋濂等：《元史》卷7《世祖纪四》，北京：中华书局，1976年，第143页。

⑦　（明）宋濂等：《元史》卷10《世祖纪七》，北京：中华书局，1976年，第218页。

⑧　（明）宋濂等：《元史》卷24《仁宗纪一》，北京：中华书局，1976年，第550页。

二、通志、府志所载京兆路总管府长官

《元史·百官志七》载，"诸路总管府，至元初置"，"上路秩正三品，达鲁花赤一员，总管一员，并正三品，兼管劝农事，江北则兼诸军奥鲁，同知、治中、判官各一员。下路秩从三品。不置治中员，而同知如治中之秩，余悉同上。至元二十三年，置推官二员，专治刑狱，下路一员。经历一员，知事一员或二员，照磨兼承发架阁一员，司吏无定制，随事繁简以为多寡之额；译史、通事各一人"。京兆路为上路，设置达鲁花赤、总管各一员，并为长官；同知、治中、判官、推官，为佐贰官；经历、知事、照磨兼承发架阁，称作首领官，"总领六曹，职掌案牍，谓之幕宾"①。

关于京兆路（安西路、奉元路）长官，明清地方志记载极为简略。嘉靖《陕西通志》卷三十七《职官》未列官员名氏，该书卷二十《名宦传》仅载总管赵炳、杜思敬、赵世延等三人。雍正《陕西通志》卷二十二《职官表三》载有总管田雄、贺仁杰、李守贤、谭澄、杜思敬、赵炳、王利用、赵世延、汪通议、王楫等十人。乾隆《西安府志》卷二十三《职官》亦记载总管十人，与雍正《陕西通志》相同，然通志、府志均未记载总管府达鲁花赤名氏。所载总管十人，其中贺仁杰担任上都留守，兼上都路都总管，李守贤为知平阳府事、河东南路兵马都总管，并未担任京兆路总管。

贺仁杰，字宽甫，京兆府鄠县人。《元史》卷一百六十九有传。父贲，"世祖即位，赐贲金符，总管京兆诸军奥鲁"，以疾卒。仁杰，宪宗时隶世祖下，"从世祖南征云南，北征乃颜，皆著劳绩。后与董文忠居中事上，同志协力，知无不言，言无不听，多所裨益"。至元十七

---

① （元）郑玉：《师山集》卷3《送郑照磨之南安序》，《文渊阁四库全书》本。

年（1280），"授正议大夫、上都留守，兼本路总管、开平府尹"，后加中书右丞。大德九年（1305）卒，年七十二。

李守贤，字才叔，大宁义州人。《元史》卷一百五十有传。金大安初，与兄庭植、弟守正、守忠归附蒙古万户木华黎，入朝太祖于行在所，授锦州临海军节度观察使，迁河东南路兵马都总管。"岁戊子，朝于和林，加金紫光禄大夫，知平阳府事，兼本路兵马都总管。"太宗六年（1234）卒，年四十六，"子毂嗣"。

三、京兆路达鲁花赤考

达鲁花赤是元代派驻路府州县的监治官员，又称宣差、监、镇守官、掌印官。太宗八年（1236），"州县守令，上皆置监"①，达鲁花赤作为制度在中原地区普遍设置，随后又推行到江南及周边地区。最初，达鲁花赤之职并无民族成分的限定。至元二年（1265）二月，"以蒙古人充各路达鲁花赤，汉人充总管，回回充同知，永为定制"②。此后，达鲁花赤原则上由蒙古人担任，辅之以色目人。乾隆《西安府志》卷二十二《职官表》载，西安府，元代为奉元路，置达鲁花赤一员，"今知府之职也"，然亦未载总管府达鲁花赤名氏。今据《元史》及相关文献，得纯只海、夹谷唐兀歹、伯颜、呵剌卜花等四人。

（一）纯只海

纯只海，蒙古散术台氏（珊竹氏），《元史》卷一百二十三有传。纯只海早年侍从太祖，从征西域诸国。太宗五年（1233），佩金虎符、

---

① （元）姚燧：《牧庵集》卷24《谭公神道碑》，《四部丛刊初编》本。
② （明）宋濂等：《元史》卷6《世祖纪三》，北京：中华书局，1976年，第106页。

充益都行省达鲁花赤。九年（1237），"以益都为皇太子分土，迁京兆行省都达鲁花赤"。至怀州，适逢疾疫流行，士兵疲惫，乃率本部兵马镇守怀孟。十一年（1239），平定怀州元帅王荣之乱。后以疾卒。

（二）夹谷唐兀歹

夹谷唐兀歹，小字奠住，临潢府女真人。年十三，为太宗窝阔台宿卫。宪宗即位，授"陕西等路打捕户达鲁花赤兼京兆、延安、凤翔达鲁花赤"[①]，中统三年（1262）卒，年四十七。

（三）伯颜

伯颜，族属不详。延祐、至治年间奉元路达鲁花赤。《元文类》卷四十一《经世大典序录·政典总序·招捕》载，延祐七年（1320）八月，"奉元路达鲁花赤伯颜于白杨平河禽唐兀台，伏诛"。唐兀台即圆明和尚，《元史》称作"盩厔县僧"，至治元年（1321）七月，"辛巳，盩厔县僧圆明作乱，遣枢密院判官章台督兵捕之"；十月辛丑朔，"妖僧圆明等伏诛"[②]。《新元史》卷一八《英宗纪一》称，延祐七年九月，"奉元路达鲁花赤伯颜获僧圆明，诛之"。

（四）呵剌卜花

呵剌卜花，族属不详，至正年间奉元路达鲁花赤。据《陕西金石志》所录至正八年（1348）《井真人道行碑》，碑文为陕西行台御史中丞何约所撰，南台监察御史真圣奴书丹，"太中大夫、陕西奉元路达鲁

① （元）李庭：《寓庵集》卷7《故宣授陕西等路达鲁花赤夹谷公墓志铭》，《藕香零拾》丛书本。
② （明）宋濂等：《元史》卷27《英宗纪一》，北京：中华书局，1976年，第614页。

花赤呵剌卜花篆额"①。太中大夫，元文散官名，从三品。

四、京兆路总管考补

京兆路（安西路、奉元路）总管，除雍正《陕西通志》和乾隆《西安府志》所载田雄、谭澄、杜思敬、赵炳、王利用、赵世延、汪通议、王楫等八人外，可考者还有田大明、仆散浩、李嶅、任正卿、李頵、王兀哈剌、韩冲、颉永秀、郑郁、伯颜、冯太中、仇敏等十二人，共计二十人。

（一）田雄

田雄，字毅英，北京人。金末署军都统，太祖六年（1211）率众归附，隶万户木华黎，从征兴中、广宁诸郡。二十一年（1226），木华黎承制授雄隰、吉州刺史，兼镇戎军节度使，行都元帅府事。《元史》卷一百五十一有传，太宗初年，从攻西和、兴元诸州，授行军千户，召为御前先锋。五年（1233），"授镇抚陕西、总管京兆等路事"，"开府陕西，行总省事"②。定宗二年（1247），入朝和林，以疾卒，年五十八。

（二）田大明

田大明，北京人，京兆府路总管田雄之子。田雄卒，"诏长子大明袭京兆府等路兵马都总管"③。《元史》卷一百五十一《田雄传》载，"子

---

① 武树善等编：《陕西金石志》卷26《井真人道行碑》，《石刻史料新编》本第一辑，台北：新文丰出版公司，1977年。

② （元）李庭：《寓庵集》卷7《故京兆路都总管府提领经历司官太傅府都事李公墓志铭》，《藕香零拾》丛书本。

③ （元）李庭：《寓庵集》卷6《故宣差京兆府路都总管田公墓志铭》，《藕香零拾》丛书本。

八人，大明，袭职，知京兆等路都总管府"。

（三）仆散浩

仆散浩，女真人。父为金朝金吾卫上将军、定国军节度使，母为尼庞窟氏。[①] 仆散浩，"宣差京兆路军民总管"[②]。妻温迪罕氏，卒于中统元年（1260）八月。子二人，长曰蒲鲜，早卒；次曰老山，宣差同知京兆路都总管。

（四）李毅

李毅，大宁义州人。平阳路兵马都总管李守贤之子，至元初京兆路总管。据《元史》卷一百五十《李守贤传》，甲午年，守贤卒，李毅袭职。"中统三年，改河东路总管，佩金虎符，移京兆路，加昭勇大将军，未几，转洺磁路。"至元七年（1270）卒，年四十九。

（五）谭澄

谭澄，字彦清，德兴怀来人，交城令谭资荣之子。至元年间京兆路总管。《元史》卷一百九十一有传。宪宗年间，谭澄袭为交城令，兼元帅左都监。中统元年（1260），擢怀孟路总管。"至元二年，迁河南路总管，改平滦路总管。"[③] 据《牧庵集》卷二十四《谭公神道碑》，至

---

① （元）李庭：《寓庵集》卷7《大元宣差陕西京兆府总管太夫人尼庞窟氏墓志铭》，《藕香零拾》丛书本。

② （元）李庭：《寓庵集》卷7《大朝宣差京兆路总管仆散故夫人温迪罕氏墓志铭》，《藕香零拾》丛书本。

③ （明）宋濂等：《元史》卷191《良吏传》，北京：中华书局，1976年，第4356页。钱大昕《廿二史考异》卷98《元史十三》据《元史·世祖纪》有"副元帅覃澄"，王恽《中堂事记》有"怀孟路总管覃澄"，济源县济渎庙有中统元年《祭济渎碑》列有"怀孟州总管覃澄"，中统五年《济祠投龙简碑》列有"宣授怀孟路总管覃澄"，得出结论："谭澄"当作"覃澄"，"《传》作谭者，误也"。

元三年（1266），以父丧去职丁忧，不允，改任平滦路总管。"七年，入为司农少卿，俄出为京兆总管。居一年，改陕四川道提刑按察。"① 迁副都元帅、同知罗罗斯宣慰司事，寻卒，年五十八。

（六）赵炳

赵炳，字彦明，惠州滦阳人，至元九年（1272）授京兆路总管。《元史》卷一百六十三有传。赵炳早年入忽必烈潜邸，中统初年授北京宣抚司判官，改刑部侍郎，迁枢密院断事官。除济南路总管、辽东按察使。至元九年，"授炳京兆路总管，兼府尹。皇子安西王开府于秦，诏治宫室，悉听炳裁制"。十三年（1276），京兆庙学成，赵炳立石碑载其事，陕西行省郎中徐琰撰写《重修宣圣庙记》。② 十四年（1277），加镇国上将军、安西王相。十七年（1280）三月，为人构陷遇害，时年五十九。六月，朝廷雪赵炳之冤，赠中书左丞，谥忠愍。

（七）杜思敬

杜思敬，字敬夫，号醉经，汾州西河人。沁州长官杜丰第三子，至元年间安西路总管。思敬事世祖于潜邸，累迁治书侍御史，历户部侍郎、中书省郎中，出为顺德路总管，改安西路，就命金陕西省事③，移汴梁路总管，入为侍御史，擢中书省参知政事，升左丞，致仕家居，号宝善老人。延祐七年（1320）卒，年八十六。谥文定。④

---

① （明）宋濂等：《元史》卷 191《良吏传》，北京：中华书局，1976 年，第 4356 页。
② 《陕西金石志》卷 27《（京兆府）重修宣圣庙记》。
③ （明）宋濂等：《元史》卷 151《杜丰传》，北京：中华书局，1976 年，第 3575 页。
④ （清）石麟等修：乾隆《山西通志》卷 126《人物二十六》，《文渊阁四库全书》本。

（八）李頲

李頲，通州潞县人，中书左丞李德辉之子。《牧庵集》卷三十《中书左丞李忠宣公行状》载，李德辉"子一人，嘉议大夫、安西路总管兼府尹诸军奥鲁頲也"。据《宋元学案补遗》卷九十《鲁斋学案补遗》，李頲，"至元二十年为安西路总管"。又据《陕西金石志》卷二十七《马真人道行碑》，石碑立于至元二十年（1283），碑阴题翰林直学士、中顺大夫、陕西汉中道提刑按察副使王利用撰文，"安西路总管兼府尹李頲篆额"。

（九）王利用

王利用，字国宾，号山大，通州潞县人。大德二年（1298）授总管。《元史》卷一百七十有传。王利用累迁监察御史，擢翰林待制，升直学士，历河东、陕西、燕南三道按察副使，除四川按察使。"大德二年，改安西、兴元两路总管。其在兴元，减职田租额，站户之役于他郡者悉除之，民甚便焉。"据乾隆《陕西通志》卷二十二《职官三》、乾隆《西安府志》卷二十三《职官》，"大德二年，安西、兴元两路总管"。未几致仕，居汉中。再起为太子宾客。卒年七十七。

（十）王兀哈剌

王兀哈剌，籍贯不详。大德间安西路总管。据同治《湖州府志》卷五《职官一》，"王兀哈剌，少中大夫，安西路总管、府尹，授嘉议大夫，大德三年四月任，五年三年病去"①。元时汉人有取蒙古名者，王兀哈剌与王利用，是否为一人，待考。

---

① （清）赵翼著，王树民校证：《廿二史札记校证》卷30《元汉人多作蒙古名》，北京：中华书局，1984年，第701页。

（十一）赵世延

赵世延，字子敬，号迁轩，汪古部人，"居云中北边"。《元史》卷一百八十有传。赵世延初入枢密院、御史台"肄习官政"，至元二十一年（1284）授云南按察司判官，二十六年（1289）擢监察御史，二十九年（1292）迁湖北廉访司金事。大德六年（1302）累官至南台治书侍御史，十年授安西路总管，"安西，故京兆省台所治，号称会府，前政壅滞者三千牍。世延既至，不三月，剖决殆尽"。大德十年（1306）授安西路总管。至大元年（1308）迁绍兴路总管，迁四川廉访使、陕西行台侍御史。皇庆元年（1312）拜江浙行省参知政事，入为中书参知政事，改御史中丞。延祐五年（1318），拜大都留守，擢四川行省参知政事。后官至中书平章政事。后至元二年（1336）卒，年七十七。

（十二）任正卿

任正卿，河南人，至大四年（1311）授安西路总管。《榘庵集》卷八《任正卿妻曹节君墓志铭》载，"至大辛亥，通议大夫、河南任公总管奉元也，谓朝廷旌别淑慝所以美化移俗，二母之行若此，久听其辞，如盛典何！"至大辛亥即至大四年，通议大夫为文散官名，正三品。

（十三）韩冲

韩冲，字进道，卫州汲县人。延祐四年（1317）授奉元路总管。据《滋溪文稿》卷十二《韩冲神道碑铭》，韩冲累迁陕西行省员外郎，大德元年（1297）选为安西王相府郎中令，十年改知沔阳府，除汴梁稻田总管，转黄州路总管。丁母夫人忧，"延祐四年服阕，移守奉元。又二年，始请老焉"①。延祐六年（1319）致仕，进嘉议大夫、工部尚

---

① （元）苏天爵：《滋溪文稿》卷 12《韩公神道碑铭》，北京：中华书局，1997 年，第 182 页。

书。至顺三年（1332）卒，年八十三。谥康靖。[1]

（十四）颉永秀

颉永秀，字君实，陇西人。至顺三年（1332）授奉元路总管。颉永秀早年仕宦不详，据《陕西金石志》卷二十八《（奉元路）重修公署记》，至顺三年十一月，由河西陇北道廉访副使，擢为奉元路总管兼府尹，在职重修府署，"划剔奸蠹，抚摩疮痍，庶政一新，曹司无留事"。

（十五）伯颜

伯颜，字君卿，畏兀儿人。《新元史》卷一百九十二有传，作"普颜"。据《至正集》卷六十一《布延（伯颜）公神道碑铭》，伯颜早年侍奉北安王，授赣州路石城县达鲁花赤。仁宗即位，擢监察御史，改河北河南到廉访司佥事，迁浙西、燕南等道，"黜牧守之不才者"。至治年间擢河南到廉访副使，改奉元路总管，"期年化行，以疾去，移守吉安"，皆有惠政。调为淮西江北道廉访使，旋致仕。后至元三年（1337）八月卒。谥正肃。

（十六）郑郁

郑郁，一作郑淹，冀州枣强人。至正初年奉元路总管。《元史》卷一百五十三《郑义传》载，郑郁之父郑澧，"性高洁，不乐仕进。澧子郁，累官通议大夫、奉元路总管"。据至正六年（1346）苏天爵所撰《郑澧神道碑铭》，郑澧卒于至顺三年（1332）八月，有三子。郑郁系其长子，"以世家子宿卫内廷，出官从仕郎、开城路总管府判官，历陕西行省管勾、郿州同知、武卫经历，进朝列大夫、知同州，入提举备

---

[1]　（清）柯绍忞：《新元史》卷194《韩冲传》，北京：中国书店，1988 年。

用库，出知庆阳府、陕西行省理问，迁奉元路总管，积阶通议大夫"①。

（十七）冯太中

冯太中，名不详。至正年间奉元路总管。太中，元文散官名，从三品。元刘孟琛《南台备要·建言烧钞》收录至正十一年（1351）御史台咨文，内载陕西行台监察御史范勿追查至正七年（1347）处理"昏钞"事件："于至正九年七月二十七日，与陕西省参政温中奉一同监督，奉元路总管冯太中差倩行人，将行用库子王谅奎正七年夏季昏钞肆阡柒百伍拾叁锭叁拾玖两肆钱内，剔下不堪、短少壹百伍拾肆锭玖两玖钱。"②

（十八）汪通议

汪通议，名不详。通议大夫，文散官名，正三品，任职年次不详。乾隆《陕西通志》《西安府志》均记载为奉元路总管。

（十九）王楫

王楫，同州朝邑人，奉元路总管。任职年次不详。乾隆《陕西通志》《西安府志》均载。又据乾隆《陕西通志》卷三十三《选举志四》，"王楫，朝邑人，以吏历，官奉元路总管"。

---

① （元）苏天爵：《滋溪文稿》卷20《郑澧神道碑铭》，北京：中华书局，1996年，第328页。
② 至正九年，原作"至元九年"。据前文"奉元路总管温太中"，皇庆元年改安西路为奉元路，当在皇庆以后。又该文书为追查至正七年违规事件而起，故屈文军校点本《宪台通纪》（外三种）（华夏文化艺术出版社，2006年）、洪金富《元代台宪文书汇编》（台北"中央研究院"历史语言研究所，2003年）均改为"至正九年"。

（二十）仇敏

仇敏，字好古，耀州三原人，一作潞州人。元代进士。[①] 曾任甘肃行省照磨，累官江西行省理问官，"终奉元路总管"[②]。

---

① （清）石麟等修：乾隆《山西通志》卷 55《科目》，《文渊阁四库全书》本。
② （明）赵廷瑞修，马理、吕楠纂：嘉靖《陕西通志》卷 26《乡贤》，西安：三秦出版社，2014 年。

试论古代越南文献中抗元战争叙事的旨趣 *

摘　要： 中越古籍文献关于历史上两国战争的记载存在着较明显的差异，双方均从自身的认知与需求出发，对战争进行有选择性的叙述，如越南文献多集中在对蒙元发动侵略安南战争的指责、陈朝君臣联合击败外敌两个方面的追述，并以此为基调，赋予了白藤江作为经典古战场的历史蕴义，塑造了陈国峻等多位抗元大将的英雄形象，以此来强化越南的不屈不挠、坚韧果敢的民族精神，从而维护国家独立的光辉记忆。越南文献中的战争记忆或许是其并非着意于历史真实性，而是充分利用历史记述来塑造与强化一个民族的精神标识。

关键词： 蒙元时期；中越战争；历史叙事

历史上中原王朝与安南各政权几乎都曾爆发过激烈的军事冲突，其中又以蒙元时期的三次战争[①]最为惨烈。关于这三次战争的起因、经过及其结果，国内外学者都进行了比较深入的研究。[②]就目前的研究成

---

* 本文为国家社科基金一般项目"人文视域下明清中越宗藩关系演变研究"（19BZS 028）的阶段成果。

① 本文所指的元、安三次战争，以蒙元时期三次出兵安南始末为节点，即宪宗七年至八年（1257—1258），至元二十一年至二十二年（1284—1285），至元二十四年至二十五年（1287—1288）。

② 参见〔日〕山本达郎所著，毕世鸿等译《安南史研究》（北京：商务印书馆，2020 年）、韩儒林主编《元朝史》（北京：人民出版社，1986 年）、傅海波主编《剑桥中国辽西夏金元史》

果而言，大多聚焦于对战争本身的研究，而对古代越南文献中有关这些战争的叙事旨趣则未有深入分析。[①] 事实上，中越历史文献中关于蒙元时期双方数次战争的记载及其倾向存在着较大的差异，双方选择性的记忆背后蕴含着不同的历史观与民族意识。为了深化对蒙元时期中越战争的研究，笔者不揣浅陋，欲在前人研究的基础上，重点探讨越南文献中有关蒙元与安南战争的叙事旨趣，俾便深入理解古代越南士人的中国观，敬请方家指正。

一、蒙元与安南三次战争的基本脉络

蒙古与安南的首次战争发生在宪宗年间（1257—1258），当时蒙古与南宋之争正如火如荼，为避南宋的锋芒，蒙古先行攻占了西南地区，形成对南宋包围之势。兀良合台奉命留驻云南后，其目的主要是积聚力量从西南地区向湖广进发，配合蒙军攻击南宋，因而此时安南问题并非其急需解决的问题。为了稳定后方，兀良合台曾试图派遣使臣前往安南通好，但安南拘留了使臣，兀良合台无法获悉安南的意图，不得已对安南采取了一次军事行动，并在占领安南都城不久后即撤军。经此一役，安南在得到"安治如故"[②]的允诺后，于宪宗八年（1258）

（接上页）（北京：中国社会科学出版社，1988年）、王英《元朝与安南之关系》（暨南大学2000年硕士学位论文）；李腾飞《元朝和安南·占城交涉初期相关问题研究》（南京大学2017年硕士学位论文）等。

① 笔者按：日本学者杉本直治朗曾指出，中越文献对诸多问题的记载都有差异，学者必须要站在第三者的客观立场予以评判，但杉本氏本人并未就此问题详细讨论。参见氏著《東南アジア史研究》（东京：日本学术振兴会，1956年，第49页）。彭崇超以《大越史记全书》为中心讨论越南史家对宋、元、明三代中越战争的历史书写问题，但对《全书》以外的叙述则未见涉及，对白藤江等战场、陈国峻等战争英雄的形象也未见剖析。（《〈大越史记全书〉研究》，南开大学2021年博士学位论文）。

② （明）宋濂等：《元史》卷209《安南传》，北京：中华书局，1976年，第4635页。

对蒙古称臣，并遣使赴云南来往。只是安南在蒙古与南宋之间采取双重效忠的策略，令蒙古大汗心生芥蒂。忽必烈即位后，不断派遣使者要求安南落实"君长亲朝，子弟入质，编民数，出军役，输纳税赋，仍置达鲁花赤统治之"① 等六事以施其诚，而安南国王则常常托故敷衍，并不予以践行。

随着蒙、宋之争的形势基本明朗，忽必烈已经不满足于蒙、安关系的现状，不断向安南施压，但安南始终对元朝之要求托故推脱，并疑元朝"意欲图我"②，致使双方毫无信任可言。至元二十一年（1284），元军欲借道安南陆路出兵占城，安南却"盛陈兵卫以拒王师"，元军乘势入侵，从而爆发了元朝与安南之间激烈的战争。

元军派军南下征占，在行进的过程中，处处受到阻挠，后来不得已，每遇交兵抗拒，即"与之战"，随着战事的扩大，使得这次南下征占的战役最终演化为元朝与安南之间的战争。战事之初，元军势如破竹，所向披靡，先后在可离隘、洞板隘、内旁隘等地，多次击败安南军队。后至富良江，也击败由其国王所率领的亲军，迫使其放弃天长府、清华府，最后遁走山林。③ 元军"自入其境，大小七战，取地二千余里、王宫四所"④。然而，随着战争的拖延，元军的劣势很快显现，战场上不断遭受挫折与败绩。《元史》记载，元军"器杖已尽"，"会盛夏，军中疾作，霖潦暴涨，浸灌营地。议者谓交趾且降，请班

---

① 〔越〕黎崱撰，武尚清点校：《安南志略》卷2《至元四年七月谕安南诏》，北京：中华书局，2000年，第47页。

② 〔越〕吴士连等撰，孙晓主编：《大越史记全书》本纪卷5《陈纪》，重庆：西南师范大学出版社，2018年，第286页。

③ 〔元〕苏天爵：《元文类》卷41《政典·征伐·安南》，影印《文津阁四库全书》（集部）第457册，北京：商务印书馆，2005年，第337页。

④ 〔明〕宋濂等：《元史》卷209《安南传》，第4644页。

师"。① "交人拒敌官军，虽数败散，然增兵转多；官军困乏，死伤亦众，蒙古军马亦不能施其技。"元军在撤退至册江时遭遇伏击，"官军多溺死，力战始得出境"②。此战元军由于各种因素，损折包括唆都等在内的多位大将，狼狈撤军。

元朝本来是想借助安南的协助远征占城，最后却意外地演变成元安战争，这彻底打乱了元军的部署。由于准备的不够充分，战争的失利也在所难免。只是这种失利对元世祖而言却是难以接受的，因此元军撤退后不久，世祖再度谋划兴兵歼灭陈日烜，试图建立一个在元朝控制下的安南王国，为此，元朝做了三个方面的准备：一是册封已经归顺的陈益稷为安南国王。至元二十三年（1286）二月，"以陈益稷等自拔来归，封益稷为安南国王，赐符印，秀嵘为辅义公，以奉陈祀。申命镇南王脱欢、左丞相阿里海牙平定其国，以兵纳益稷"③。二是设置安南行省，至元二十三年（1286）二月，"以阿里海牙仍安南行中书省左丞相，奥鲁赤平章政事，都元帅乌马儿、亦里迷失、阿里、忩顺、樊楫并参知政事"④，十一月，以阿八赤为征交趾行省右丞。⑤受制于镇南王。三是调配江浙、湖广、云南等地兵粮，共襄此役。二十四年（1287）正月，"发新附军千人从阿八赤讨安南。又诏发江淮、江西、湖广三省蒙古、汉、券军七万人，船五百艘，云南兵六千人，海外四州黎兵万五千，海道运粮万户张文虎、费拱辰、陶大明运粮十七万石，分道以进"⑥。此战是蒙元与安南数十年交往过程中的最后一大战，也是元朝精心准备的一场战役，尽管元朝地方官员与安南方面都不断寻求

① （明）宋濂等：《元史》卷129《李恒传》，第3159页。
② （明）宋濂等：《元史》卷209《安南传》，第4646页。
③ （明）宋濂等：《元史》卷209《安南传》，第4646页。
④ （明）宋濂等：《元史》卷14《世祖本纪十四》，第286页。
⑤ （明）宋濂等：《元史》卷14《世祖本纪十四》，第293页。
⑥ （明）宋濂等：《元史》卷209《安南传》，第4647页。

避战，但却于事无补。

元军此次南征，吸取了前一次失败的教训，因而做出了充足的准备。从《元史·安南传》及其他各将领的列传来看，元军在安南战场上所向披靡，把安南国王打得落荒而逃，虽然偶尔受到阻击，尤其是在撤退时，安南集兵数十万，连亘数百里，企图"阻扼王师"，但在元朝将领的奋勇攻击下，大败安南军队，顺利撤回境内。由于没有实现征讨安南的目标，元世祖决定再度兴师南征，但天不假年，世祖寻崩，成宗即位后，即废止南征之举，元朝与安南之关系也随之稳定下来。

关于元朝为什么会频繁发动对安南的战争，学界曾有许多探讨。萧启庆先生认为，"蒙古人持久的征服狂热必须自心理方面寻求解释"。他引用符尔纳斯基（George Vernadsky）提出的"心灵的爆发"（psychic explosion）这一概念，认为成吉思汗使蒙古人"感染宗教性的狂热，深信蒙古民族乃是承受'长生天'之命，'倚恃长生天的气力'而从事征服世界、创建世界帝国之大业"。在祖宗之基业上，忽必烈放弃以草原为中心，而专事中原，且将海外征伐视为极为重要的战略所及。[1] 但不管蒙元统治者为何频繁发动对安南的战争，我们都可看到，中国史籍中所承载的历史记忆，仍然是以传统中原王朝事四夷的态度来看待双方的军事冲突，所谓"失于礼而入于刑"，在中原王朝看来，"蕞尔安南""负固不庭""干犯王宪"，理应得到惩戒。明清两代史家叙述蒙元时期中越战争时对其基本脉络的记载，几无大的改变。但以《大越史记全书》为主的越南官私文献之中，对这些战争的记载则与之大相径庭。

---

[1] 参见萧启庆：《蒙古帝国的崛兴与分裂》，载《内北国而外中国——蒙元史研究》，北京：中华书局，2007年，第1—16页。

二、"至今四海民，长记擒胡年"——
越人对三次战争的认识

　　蒙元王朝曾发动对高丽、日本、安南等多个周边国家的战争，其中征高丽最为顺利，并且委任大量达鲁花赤、札鲁忽赤等对高丽实行管制和监控，而高丽王朝事之亦甚恭谨，不敢轻举妄动。但元军对日本和安南的征伐，则极为不顺，每每狼狈撤军。缘乎此，日本、安南顺利抵抗元朝侵略的"光辉历史"，也在两国历史上形成了极为强烈的记忆。日本现下仍有大量关于"蒙古来袭"的文化作品之问世，而越南官民上下，至今仍然有着对安南成功抗元的自豪感。事实上，当今越南关于这些战争的历史记忆，并非简单地捏造，而是有其深厚的历史渊源。这类历史素材在越南近现代内忧外患的处境刺激下，为本土精英所用，成为越南上下团结抵抗外敌侵略的精神养料。[1]因此，厘清古代越南文献中关于这些战争的记载特点，或可更为深入地把握近代以来越南的中国观。

　　就目前越南文献中关于这些战争的记载而言，其最经典的认识基本都产生自后黎朝史臣吴士连等人所撰之《大越史记全书》。[2]《大越史记全书》为越人叙述抗元战争奠定了基调，其凸显在关于这些战争

---

① 历代越人著作中有关中越战争的记载较多，其中较为集中的有《皇越春秋》《安南一统志》等。近代以来，潘佩珠（Phan Bội Châu）所著《重光心史》《后陈逸史》等作品中亦借安南抵抗明朝"入侵"的历史，以凝聚国民之认同，抵抗外患之日蹙。直至越战时期，越南共和国（南越）仍有大量关于古代越人反抗中原王朝入侵的历史作品问世，此处可参见〔越〕丁越南著，陈克章译：《当前越南南方史学工作的若干情况》，《东南亚研究》1965 年第 1 期，原文载于越南《历史研究》（*Tạp Chí Nghiên Cứu Lịch Sử*）1964 年第 61 期。
② 笔者认为，考察当时陈朝文献中所载之抗元战争的论调，黎文休《大越史记》等应为前者提供了史源。惜此书及相关书籍现已基本亡佚，考察其内容之继承，既不现实，也无关本文宏旨。

的起因、经过、结果等方面，因此，笔者将在下文，以《大越史记全书》的记载为主，结合越南后世文献所载，对越人关于这些战争的基本认识有以论述。

首先，关于这些战争之起因的认识。《大越史记全书》之笔法，盖循春秋之义例。春秋之法，所谓"一字所嘉，有同华衮之赠；一言所黜，无异萧斧之诛"①。以吴士连等人为首，历代越人无一例外地将蒙元与安南之间的战争，冠以"侵""犯""寇"等字，由此确立蒙元侵略安南的非正义性，与之对应，则安南对蒙元王朝之战争，是为"抗"战，以此界定安南反抗外敌侵略本国的正义性。因此，越南史家每将蒙元军队呼之为"鞑虏""胡虏""蛮寇""佛贼""北寇"等，用"御寇""杀鞑"等来表达其愤懑与仇恨，则属义理之中。对第一次战争，越史着墨较少，但称"归化寨主何屈驿奏元使来。九月，诏左右将军将水步军御边，受国峻节制。冬十一月，令天下修缮器械。十二月十二日，元将兀良合𫘝犯平厉源"②。似为暗示蒙古无故侵略。对第二次战争，越人文献中对此战的起因认识略有差异，有的以托言征占为背景，认为元人主动挑动战争。如《大越史记全书》中考量多年来元朝与安南之关系的紧张形势，认为元朝"意欲图我"③，元朝要求安南助其征占城，则系"实则来侵"④。"托以假道征占城，分道入寇"⑤。有的没有指明原因，或认为元人系继灭金宋之余威，意欲吞并安南，如《大越历代史总论》认为，"元人席累胜之威，环九州之力，分道来侵，方

---

① （唐）孔颖达：《春秋正义序》，《十三经注疏》（影印本），上海：上海古籍出版社，2019年，第1698页。
② 〔越〕吴士连等撰，孙晓主编：《大越史记全书》本纪卷5《陈纪》，第271—272页。
③ 〔越〕吴士连等撰，孙晓主编：《大越史记全书》本纪卷5《陈纪》，第286页。
④ 〔越〕吴士连等撰，孙晓主编：《大越史记全书》本纪卷5《陈纪》，第288—289页。
⑤ 〔越〕吴士连等撰，孙晓主编：《大越史记全书》本纪卷5《陈纪》，第291页。

欲以宋金见待”①。但不论出于哪种原因，在越南文献中，此战都系元人主动挑起的战争，因此其亦为外敌入侵无疑。对于第三次战争，《大越史记全书》记载“三月，元帝敕尚书省奥鲁赤、平章事乌马儿、大将张文虎调兵五十万。令湖广造海船三百艘，期以八月会钦、廉州。仍命江浙、湖广、江西三行省兵南侵”。“元发江淮、江西、湖广三行省，蒙古、汉南军及云南兵、海外四州黎兵分道入寇。令万户张文虎等海道运粮七十万石随之。”②其他文献中多以此为基，稍加损益而已。因此，对于三次战争的起因，越人均无例外地将其定义为蒙元入侵，而安南与之发生的战争，则均为自卫抵抗。

　　其次，关于战争的过程及其结果，中越文献中有着极大的差异。③越南文献的相关叙事彰显三大宏旨：一是安南国王在国运十分危急的情况下，身先士卒，率军抵抗蒙古军。二是在抗战过程中涌现出如黎辅陈、陈太度等舍身为国的忠贞大臣。三是在安南君臣的合力抵抗下，最终击败强大的蒙古军。第一次战争中，“帝自将督战，前冒矢石。官军少却，帝顾左右，惟黎辅陈单骑出入贼陈，颜色自若。时有劝帝驻驿视战者。辅陈力谏曰‘今陛下特一孤注耳，宜避之，岂可轻信人言哉’。帝于是退次泸江，辅陈为殿。贼兵乱射，辅陈以舟板翼之，得免。虏势甚盛，又退保天幕江。从帝议及机密，人鲜有知之者。帝御

---

① 〔越〕佚名：《大越历史总论》“陈仁宗”，越南国家图书馆藏手抄本，汉喃古籍文献典藏数位化计划，编号 R.1905.

② 〔越〕吴士连等撰，孙晓编：《大越史记全书》本纪卷 5《陈纪》，第 298 页。

③ 按：日本学者山本达郎曾欲充分利用两国文献研究元朝征战安南的过程，但却难以得出确属客观公正的研究成果。造成这一困难的主要原因就在于两国文献有关战争之记载往往差异过大，有的甚至令人眼花缭乱，难以厘清孰真孰假。因此，笔者认为，真正客观厘清一些史实已难有大的突破，而挖掘越南文献有关这些战争记载的基本取向，则有着一定的价值。参见〔日〕山本达郎著，毕世鸿等译：《安南史研究》，北京：商务印书馆，2020 年。

小舟，就太尉日皎问计。日皎方靠船，坐不能起，唯以手指点水，写'入宋'二字于船舷。帝问星罡军何在，对曰：'征不至矣。'帝即移舟问太师陈太度。对曰：'臣首未至地，陛下无烦他虑。'"又"二十四日，帝及太子御楼船，进军东步头逆战，大破之。元军遁归"①。当时安南与南宋虽然有"唇齿之联"②，但并未求助于宋，安南抗蒙的胜利，乃安南独立自主、英勇反抗的结果。有安南的士大夫甚至对陈日皎试图"入宋"求援的做法相当蔑视，批评其"寇至怯懦，无扞御之策。又导其君以出寓之方"③。安南上下最终顽强抵抗，击退蒙古军队，维护了国家的独立，并迫使蒙军撤退。两国最终建立邦交，安南也换取了二十年的相对和平。

前文略及，中国文献中记载，第二次战争中，元军本因占城不恭而欲兴兵征之，并要求安南助军役，安南不从，遂导致征占变成征安南。此战中，元军多次击败安南军队，但最终因准备不足等原因，被迫撤军。越南文献对此次战争之记载则与此殊异。《大越史记全书》盛赞当时安南君臣御敌有方、上下协心共抗敌军的光辉面相。战事爆发之前，上皇召集天下父老商议，"皆曰战，万人同辞，如出一口"④。事实上，《元史》中也记载了安南在备战方面的情况，称"又诸处张榜云：'凡国内郡县，假有外寇至，当死战。或力不敌，许于山泽逃窜，不得迎降。'其险隘拒守处，俱有库屋以贮兵甲"⑤。说明在面对战争时，安南上下的同仇敌忾、宁死不屈的意志斑斑可见。因此，在对战役场景的选择上，《大越史记全书》主要围绕这一宗旨来进行构建：

---

① 〔越〕吴士连等撰，孙晓主编：《大越史记全书》本纪卷 5《陈纪》，第 272 页。
② （宋）李曾伯：《可斋续稿后》卷 5《缴印经略来札手奏》，《四库提要著录丛书》（集部）第 58 册，北京：北京出版社，2011 年，第 555 页。
③ 〔越〕吴士连等撰，孙晓主编：《大越史记全书》本纪卷 5《陈纪》，第 272 页。
④ 〔越〕吴士连等撰，孙晓主编：《大越史记全书》本纪卷 5《陈纪》，第 291 页。
⑤ （明）宋濂等：《元史》卷 209《安南传》，第 4644 页。

诸军闻之，莫不来集……等处军二十万，来会万劫，听兴道王节度，以拒元人。

元乌马儿犯万劫、普赖山等处。官军崩溃……获我军，皆墨刺"杀鞑"二字于臂。大怒，杀之甚众。

（元军）寻寇骓、爱，进驻西结，期以三年削平我国。帝与群臣议曰："贼众积年远行，万里辎重，势必疲弊。以逸待劳，先夺其气，破之必矣。"

官军与元人交战于咸子关……元人见之，皆惊曰："有宋人来助！"因此败北。

五月三日，二帝败贼于长安府，斩馘无算……贼军大溃。太子脱欢、平章阿剌等，奔过泸江。

十五日，二帝拜谒龙兴诸陵。十七日，唆都与乌马儿自海再来犯天幕江，欲会兵京师，相为援……贼惧，不敢与战。我军遂奋击破之。特追战至阿腊，为浮桥渡江，酣战死之。弟彰……用彼旗假为贼军，就贼营。贼不意我军，遂大破之。

二十日，二帝进次大忙步，元总管张显降。是日，败贼于西结，杀伤甚重，斩元帅唆都首……获其余党五万余以归。乌马儿仅以单舸，驾海得脱。兴道王又与脱欢、李恒战于万劫，败之，溺死甚众。李恒以兵卫脱欢还思明，我军以药矢射中恒左膝死。裨将李璀收余卒五万人，以铜器匿脱欢其中，北遁至思明。兴武王追之，以药矢射中李璀死。元兵大溃。①

越南史书中所记载的胜利场景，与中国文献记载完全不吻合。可以发现，短短数月之间，元军在战场上毫无优势，多次惨败，损兵折

① 〔越〕吴士连等撰，孙晓主编：《大越史记全书》本纪卷5《陈纪》，第292—296页。

将。而安南军队不仅不断杀敌制胜，且屡出奇招，"斩馘无算""屡破贼众"，射杀了唆都、李恒等大将，乌马儿狼狈逃回，镇南王脱欢被"匿铜器"中，始得逃还。为了彰显安南人在抗战过程中的光辉伟业，安南士大夫叙述时也会加以玄幻化，如《越南汉喃铭文汇编》所录的《白鹤通圣观钟》对此战役的记述，就充满玄幻色彩："甲申冬季，北寇来侵……在白鹤江剪发立誓，与神为盟，尽以心忠，期报君上。遂率左右，单骑前趋，才历蛮、獠，轶军后至，八刻之内，彼此不逢。直至御前，朝侍驾右。率集军士，斩馘唆都。仲夏中旬，轶军败散。皆托神王之福荫也。"①

第三次战争，元军准备充分，大举南下。从《元史》《安南志略》等史料看，元军亦取得了比第二次战争更多的胜利，并迫使安南君臣再度退出京城，游居海上，最后之撤退也并未引起大规模败绩，但是《大越史记全书》的记载与此完全相反。首先是对元军入侵规模盛大的描述，"三月，元帝敕尚书省奥鲁赤、平章事乌马儿、大将张文虎调兵五十万。令湖广造海船三百艘，期以八月会钦、廉州。仍命江浙、湖广、江西三行省兵南侵"。"元发江淮、江西、湖广三行省，蒙古、汉南军及云南兵、海外四州黎兵分道入寇。令万户张文虎等海道运粮七十万石随之。"②其次，面对如此严峻的形势，展现了安南将士的斗志。"帝问兴道王国峻曰：'今年贼势何如？'对曰：'我国太平日久，民不知兵。是以前年元人入寇，或有降避。赖祖宗威灵，陛下神武，克清胡尘。彼若又来，我士习于攻战，彼军惮于远行，且惩恒、瓘之败，无有斗心。以臣观之，破彼必矣。'""帝问兴道王：'贼至如何？'

---

① 越南汉喃研究院、中正大学文学院编：《越南汉喃铭文汇编》（第二集），《陈朝》，台北：新文丰出版公司，2002年，第151页。

② 〔越〕吴士连等撰，孙晓主编：《大越史记全书》本纪卷5《陈纪》，第298页。

对曰：'今年贼闲。闲，犹言易也。'"① 从此可见安南将领对元军的蔑视，以及取得最后胜利的信心。因此，最后关于战场的记录，越史也刻意选择了安南将士智谋与英勇的一面。

> 兴德侯璀将兵逆战，以毒矢射贼，死伤甚众。贼退屯武高关……（二十八日）贼溺死甚众，获四十人，及舟船马匹器械以献。……（十二月）二十六日，遇贼战，败之……庆余……击败之，获虏军粮器械不可胜计，俘虏亦甚多……庆余料知虏师已过，运船必在后，乃收集残卒待之。少顷，运船果至，击败之，获虏军粮械不可胜计，俘虏亦甚多……（二十五年春正月）八日，官军会战于大旁海外，获哨船三百艘、首级十颗。元人多溺死。②

在中越战争史中，元代的白藤江之役，最令越人感到自豪，因此，《大越史记全书》有较为详细的记载：

> 三月八日，元军会白藤江，迎张文虎等粮船，不遇。兴道王击败之。先是，王已植桩，覆丛草其上。是日，乘潮涨时挑战佯北，贼众来追。我军力战。水落，贼船尽胶。阮蒯领圣翊勇义军与贼战，擒平章奥鲁赤。二帝将军继至，纵兵大战。元人溺死不可胜计，江水为之尽赤。及文虎至，两岸伏兵奋击，又败之。潮退甚急，文虎粮船阁桩上，倾覆殆尽。元人溺死甚众。获哨船四百余艘，内明字杜衡获乌马儿、昔戾基玉，献于上皇。上皇命引登御舶，同坐与语，欢饮卮酒。脱欢及阿台领众遁归思明，

---

① 〔越〕吴士连等撰，孙晓主编：《大越史记全书》本纪卷5《陈纪》，第298页。
② 〔越〕吴士连等撰，孙晓主编：《大越史记全书》本纪卷5《陈纪》，第298—299页。

土官黄诣擒之以献。二帝驾回龙兴府。十七日，俘贼将昔庹基玉，元帅乌马儿，参政岑段、樊楫，田元帅，万户、千户献捷于昭陵。[①]

由此可见，在白藤江之战中，短短十几日间，元军损兵折将，军中将帅遭受擒拿，元军可谓惨败。但是需要注意的是，越人关于白藤江之战的记载可能并不真实。一是元人文献对此战役基本没有记载；二是此段记载中多有自相矛盾与夸大失实之处。如文中记录多位大将被俘，但据次年陈日烜上元世祖表文，仅言"去年小国百姓送遗军，微臣亲问，只得昔庹机大王、乌马儿参政、樊参政三名"[②]。即使越南后代史家也对此叙事持质疑的态度：

> 今查之《元史类编》，张文虎粮船既没，脱欢以乏食，始谋以还，则文虎之败，乃在云屯之战……奥鲁赤乃元步将，与脱欢以兵陆还，何曾一至白藤而为阮蒯所擒？脱欢既还，元帝以其无功，令出镇扬州，不许入觐。思明土官安得擒之？且献俘之日，只言乌马儿等而不及脱欢，安有擒得虏元帅而不以献俘者乎？又是年元所命将无有所谓阿台者，似此之类，旧史皆失其实。[③]

尽管越南史籍对白藤江之役的描述有失实之处，但元军在撤退过程惨遭失败乃是不争的事实。因此，此战役也成为越南士大夫宣扬抵御外侮、捍卫独立的国族精神的最佳素材。后文详叙。

---

① 〔越〕吴士连等撰，孙晓主编：《大越史记全书》本纪卷5《陈纪》，第299—300页。
② 〔元〕徐明善：《安南行记》，载〔明〕陶宗仪等编：《说郛三种》第2册，上海：上海古籍出版社，1988年，第813页。
③ 〔越〕潘清简等撰：《钦定越史通鉴纲目·正编》卷八"陈仁宗重兴四年"，越南国家图书馆藏手抄本，汉喃古籍文献典藏数位化计划，编号R.511。

除了《大越史记全书》之外，越南历代文献中对第三次战争都有着相似的记载。"唆都、李恒为乌马儿皆骁将，尽为附缄，抱头鼠窜，甘受点头之辱，不敢再窥，于是奠鳌灵而洗腥膻，重兴事业，斯为盛矣。"①"并听兴道指挥，大战经咸子、白藤，颠挫元人锋……其所以奠万古江山，树重兴事业。"②阮朝史家潘清简亦称"元兵死者无算……擒乌马儿及昔戾基玉献于上皇，元右丞程鹏飞从陆路简劲率卫，脱欢遁还，至……元万户张均以兵三千殊死战……益大骇且战且走，官军乘高发毒矢，张玉、阿八赤等皆死，元将士裹疮拒死者相枕，脱欢由单已趋禄州，间道回思明，合奥鲁赤收拾余卒北还"③。甚至到了近代，黄高启依然在《越史要》中延续数百年来的基调，称当时"元复命脱欢……陈庆余邀击之，其辎重悉为我所获，国峻先植桩于白藤江，乘潮涨而诱之，潮落著桩，死者无算。获战船四百艘，俘其将乌马儿，脱欢闻之惧而北走"④。

要而言之，越南文献中有关蒙元与安南三次战争的记载基调略同。正如陈朝阳严摩崖碑文所载，"忆昔重兴帝，妙转坤干乾。海浦千艨艟，狭门万旌旃。反掌奠鳌极，挽河洗腥膻。至今四海民，长记擒胡年"⑤。对于这几场战争的认识，越人认为其均是由蒙元主动挑起的侵略

---

① 〔越〕佚名：《大越历史总论》"陈仁宗"，越南国家图书馆藏手抄本，汉喃古籍文献典藏数位化计划，编号 R.1905。

② 〔越〕佚名：《大越史记节录总序》，越南国家图书馆藏手抄本，汉喃古籍文献典藏数位化计划，编号 R.22540。

③ 〔越〕潘清简：《钦定越史通鉴纲目·正编》卷 8，越南国家图书馆藏手抄本，汉喃古籍文献典藏数位化计划，编号 R.511。

④ 参见〔越〕黄高启：《越史要》卷 2，第 29—30 页，维新甲寅冬镌本，越南国家图书馆藏本，汉喃古籍文献典藏数位化计划，编号 R.175。

⑤ 越南汉喃研究院、中正大学文学院编：《越南汉喃铭文汇编》（第二册），《陈朝》，第 515 页。或作：忆昔重兴帝，妙转坤学乾。海口千艋艟，峡门万旌旃。反掌莫鳌极，挽河洗腥膻。迄今四海民，长记擒胡年。见〔越〕高伯适、张国用：《敏轩说类》"古迹"，孙逊等编：《越南汉文小说集成》第 16 册，上海：上海古籍出版社，2011 年，第 337 页。

战争，意在并吞或者控制安南，而安南君臣上下团结抗敌，付出了巨大的代价，但最终却都能击退强敌，光复全境，维护国家的独立。

三、"重兴武功，为我南国第一"——抗元形象的经典塑造

前文述及，越人认为三次抗元战争，安南击败了曾经横扫欧亚大陆的蒙元军队，维护了国家独立，因而对此战之记忆极为深刻，并多将其功勋称之为"重兴事业"或"重兴武功"，而后世对这些战争中的著名战场、著名将领的歌颂，亦不绝于册。

首先，在战场方面。根据越史所述，在三次抗元战争中，安南军队曾在白藤江、咸子关、大旁海等多个战场击败元军，予元军以重创。以《大越史记全书》为代表的越南史书中，对这些战役的爆发细节都予以呈现。然而，在所有的战役之中，唯有白藤江之战得到了后世极多的关注。从陈朝始，即不断有越人将白藤江作为抗击外敌侵略之古战场的文化蕴义予以深化，在流传至今的多种文本之中，白藤江作为一种反抗外敌侵略的精神象征，也呼之欲出。

白藤江（Sông Bạch Đằng）是今天越南东北部的一条江流，此江曾于938年、981年两度见证安南军队分别击败南汉、北宋军队。史载，后晋天福二年（938），南汉刘龑遣其子刘弘操率军南下，欲征吴权。南汉军队自白藤江入，吴氏命人"植杙海口两傍。潮涨，权使人以轻舟挑战，佯北以致之。弘操果进兵至。舟师既入杙内。潮退杙露，权乃进兵击之，皆殊死战"[1]。最终擒杀刘弘操。四十多年后，宋太宗太平兴国六年（981），北宋鉴于安南内讧，遂欲以兴灭继绝之义遣侯仁

---

① 〔越〕吴士连等撰，孙晓主编：《大越史记全书》外纪卷5《吴纪》，第112页。

宝等南征黎桓，黎氏施以吴氏旧方，使士卒植桩捍江。宋兵退。"① 第三次中越白藤江战役发生在至元二十五年（1288），元朝遣军再入安南时，在撤回内地之际，与安南军队在此爆发激烈战争，而安南军早已仿效当年吴权击败南汉军队之方法，植桩于白藤，并覆丛草于其上，利用潮水之涨退，以木桩为阵②，最终大败元军，俘虏乌马儿等人，奠定了第三次抗击元朝战争的胜利基础。

自黎文休等人开始，越人就开始对白藤江的历史蕴义作出评价。对吴权于此破南汉来侵之军，黎氏称许之曰："前吴王能以我越新集之兵，破刘弘操百万之众，拓土称王，使北人不敢复来者，可谓以一怒而安其民，善谋而善战者也。"③ 对黎桓植桩败宋，擒斩北将之举，黎文休亦称赞"其战胜攻取之功，虽汉唐无以过也……攘挫外寇，以壮我越，以威宋人……"④ 盖将白藤江之战，与成功抗击北朝入侵之事相联系，予以强烈的战争记忆。之后，陈明宗陈奣亦有《咏白藤江》一诗传世，其言"山河今古双开眼，胡越赢输一倚阑。江水㵐涵残日影，错疑战血未曾干"⑤。诗文中透露出对陈朝重兴年间抗击胡虏入侵这一山河巨变并最终取得胜利的自豪。陈朝大儒张汉超更以《白藤江赋》一文奠定了白藤江作为抗北古战场的文化底蕴。张氏在《白藤江赋》中仿照苏轼《赤壁赋》，为白藤江作赋，以凭吊古战场的后来者身份追忆当年。其言曰"念豪杰之已往，叹踪迹之空留。江边父老，谓我何求。或扶藜杖，或棹孤舟。揖余而言曰：此重兴二圣擒乌马儿之战

---

① 〔越〕吴士连等撰，孙晓主编：《大越史记全书》本纪卷 1《黎纪》，第 130 页。
② 参见韩周敬：《1288 年元朝、安南战争中白藤江桩阵与下游河道考》，《红河学院学报》2016 年第 3 期。
③ 〔越〕吴士连等撰，孙晓主编：《大越史记全书》外纪卷 5《吴纪》，第 113 页。
④ 〔越〕吴士连等撰，孙晓主编：《大越史记全书》本纪卷 1《黎纪》，第 130 页。
⑤ 〔越〕陈奣：《陈明宗咏白藤江》，越南国家图书馆藏手抄本，汉喃古籍文献典藏数位化计划，编号 R.627。

地，与昔时吴氏破刘弘操之故洲也"①。张汉超尤其突出对场景和英雄形象的塑造，如"雌雄未决，南北对垒。日月昏兮无光，天地凛兮将毁"。凸显当时战争之紧张形势，叙述安南抗战之艰难困苦，此处正与后来成功击败元军相对比，以突出安南之团结。又如"孟德赤壁之师，谈笑飞灰。苻坚合肥之阵，须臾送死。至今江流，终不雪耻。再造之功，千古称美。虽然自有宇宙，固有江山。信天堑之设险，赖人杰以奠安。盟津之会，鹰扬若吕。潍水之战，国士如韩。惟此江之大捷，由大王之贼闲。英风可想，口碑不刊。怀古人兮陨涕，临江流兮厚颜"②。特别突出对吴权擒杀刘弘操、陈国峻擒捕乌马儿的追怀。借由此，张氏一方面将此赋之主旨，由凭吊古迹上升至家国命运之思；另一方面，也大为丰富了白藤江对于越人的历史文化蕴义。此后，阮梦荀（1380—？）又有《后白藤江赋》传世，其文主要歌颂安南兴道大王在抗击元朝战争中的表现，"伟英宗之人杰，辅圣庙之天纵。人百其勇，士皆为用"，"气焰凌于赤壁，风声溢于淮肥。致北虏之夺气，而定一代重兴之□也。"③以及对胡元北寇的讥嘲，如"残霞蘸空，恍腥血之杂州，髑髅号风，疑悲螺之率部。想折戟沉沙，叹胡元之遗臭"④。更有对后来的胡季犛政权未能阻抗明军入侵的悲叹，和对黎利军队能够击退明人、收拾旧山河的赞美，"虽陈迹之已空，尚江山之如故。陋刘龚之事至微，恨胡氏之桩无措。然后知险为国设，才本天生。幸中天之日月，扫孛气之欃枪。吾知此江之水，先海岱而顺导，助银河而洗

---

① 〔越〕张汉超：《白藤江赋》，载《皇越文选》卷1，第3页，存庵家藏本，越南国家图书馆藏本，汉喃古籍文献典藏数位化计划，编号 R.601。

② 〔越〕张汉超：《白藤江赋》，载《皇越文选》卷1，第3—4页，存庵家藏本，越南国家图书馆藏本，汉喃古籍文献典藏数位化计划，编号 R.601。

③ 〔越〕阮梦荀：《后白藤江赋》，转引自〔越〕潘秋云：《越南〈后白藤江赋〉〈续赤壁赋〉与中国前、后〈赤壁赋〉之联系》，《辽东学院学报》（社会科学版）2014年第2期。

④ 〔越〕阮梦荀：《后白藤江赋》，转引自前揭潘秋云文。

兵。镇鲸波之不摇,又何羡乎战争"①。

后黎至阮朝文献中,关于白藤江的记忆都与抗中战争紧密联系。《敏轩说类》中即载"白藤江,在水棠县、安阳等县(北岸为广安省安兴、尧封疆界)受六头江下流,吴王权擒南汉师刘弘操处,陈兴道大王又擒元帅乌马儿、昔戾王基等于此"②。阮翼宗阮福时亦有诗赞吴权白藤江之战,"白藤江面波流急,白藤江心桩杙立。奇兵倏走又倏来,百万汉军鱼腹入。公羡鹹,弘操擒;诡谋妙运由一心,白藤江水未为深"③。翼宗还有诸多诗作称道与安南抗元之战紧密联系的陈国峻等人。越人关于白藤江之战的深刻历史记忆,直到 20 世纪依然没有大的改变。如近代越南史家黄高启在其所著《越史要》中,依然延续历史上越人纪念白藤江之战的基调,称"是时胡元威行欧亚,几为东半球主人翁,其意气直欲使我江山顷刻间悉为平地,乃我以谋定之故,卒能夺槊章渡,覆舟藤江,从容指挥,坐以制胜,为我国战史上之最有荣光"④。此一论调,至今仍然。

总而言之,与白藤江有关的战争文化已然镌刻在越南民族的历史记忆之中,成为越南历史上反抗外敌侵略的经典景象。⑤

除却对经典战争场景的追述与对其历史意蕴的建构,越南文献之中还有大量的内容记载着与抗元战争有着重要关系的将领。在三次抗元战争之中,主要的应战将领有陈日皎、黎辅陈、陈守度、陈国峻、

---

① 〔越〕阮梦荀:《后白藤江赋》,转引自前揭潘秋云文。

② 〔越〕高伯适、张国用:《敏轩说类》"古迹",孙逊等编:《越南汉文小说集成》第 16 册,第 341 页。

③ 〔越〕佚名:《南国佳事》"白藤江",孙逊等编:《越南汉文小说集成》第 13 册,第 207 页。

④ 〔越〕黄高启:《越史要》卷 2,第 30 页,维新甲寅冬镌本,越南国家图书馆藏本,汉喃古籍文献典藏数位化计划,编号 R.175。

⑤ Hoàng Minh Thảo, *Bạch Đằng,chiến công vang dội nhất trong lịch sử đấu tranh giữ nước thời Trần*.NCLS,1988,số 3-4(240-251),tr.4-7.

陈光启、陈日燏、陈国瓒、陈平仲、陈庆余等多人，有关他们的记载，
文字各异，内容亦有多寡之分，但其主旨只有一个，即凸显出陈朝将
领在面对外敌入侵时，机智勇猛、团结协力、携手维护南国山河的历
史形象，以吴士连等撰《大越史记全书》为例，在第一次抗蒙（元）
战争中，黎辅陈近身卫王，"单骑出入贼阵，颜色自若"[1]。安南国王被
迫于舟上逃难，仓惶之中，陈守度称"臣首未至地，陛下无烦他虑"[2]。
在第二次战争中，陈国瓒"率家奴及亲属，得千余人，修战器战船，
题'破强敌，报皇恩'六字于旗。后与贼对阵，身先士卒。贼见之退
避，无敢当其锋者"[3]。陈圣宗、仁宗二人亦先后率军提振士气，"皆曰
战，万人同辞，如出一口"[4]。并多次击败元军，收获甚众。而战败以
死如陈平仲者，亦有"宁为南鬼，不为北王"[5]的壮烈之语，可见其上
下抗敌之勇烈。第三次战争中，仁惠王陈庆余作战失利，但随后戴罪
立功，袭击元军粮草，"击败之，获虏军粮器械不可胜计，俘虏亦甚
多"。总而言之，在三次战争之中，越南史家在叙述战争中的历史人
物时，多着墨于突出其英勇抗敌之形象。

在这几次战争中，最为后世越人所推崇者，莫过于兴道大王陈国
峻。陈国峻出身陈朝宗室，为安生王柳之子，斯人逝后，被陈朝"敕
赠太师、尚父上国公、平北大元帅、隆功盛伟烈洪勋仁武兴道大王，
立庙于天长、万劫，千秋享祀"[6]。越人对其评价颇高，《大越史记全书》

---

① 〔越〕吴士连等撰，孙晓主编：《大越史记全书》本纪卷 5《陈纪》，第 272 页。
② 〔越〕吴士连等撰，孙晓主编：《大越史记全书》本纪卷 5《陈纪》，第 272 页。
③ 〔越〕吴士连等撰，孙晓主编：《大越史记全书》本纪卷 5《陈纪》，第 290 页。
④ 〔越〕吴士连等撰，孙晓主编：《大越史记全书》本纪卷 5《陈纪》，第 291 页。
⑤ 〔越〕吴士连等撰，孙晓主编：《大越史记全书》本纪卷 5《陈纪》，第 294 页。
⑥ 〔越〕佚名：《陈朝兴道王祠记》，越南国家图书馆藏手抄本，汉喃古籍文献典藏数位化计
划，编号 R.473。

中，吴士连以陈氏比诸于唐代之中兴名将郭子仪。[1] 高伯适称其"奠安国统……真百代殊绝人物也"[2]。"名闻北虏，每称兴道王而不名。"[3] 越南文献中有关其事迹之记载颇多，其中尤以陈氏两次成功抗击元朝入侵为最。据史所载，在第一次率军抗击元朝军队之前，陈国峻被委任为国公，节制统领诸军，并遣兵屯守要位，以防元军入侵。至元二十一年（1284），元军大举南征，陈国峻又节制安南诸军，成为负责领导抗击元军的主帅。此后，元与安南之战争各有胜负，陈氏率军与元将脱欢、李恒战于万劫，击败元军。元军败逃，安南为防元军复来侵略，再命陈国峻总督诸王侯宗室，调兵器械及舟船。至元二十四年（1287），元军再度兴师，陈氏分遣将领抗击元军。至元二十五年（1288），元军与安南军队大举会于白藤江，陈国峻遣人植桩于江，大败元军，并俘虏乌马儿等将领。安南抗元战争至此基本结束。

后世对陈国峻抗元事迹的追述，多集中在两个方面。一是高度评价其率军成功抗元、奠安南土之伟绩。前文提及的《后白藤江赋》言"抚长江之天堑，想兴道之威风。此白藤所以壮海东之一道，而陈家所以成不世之骏功也"[4]。后黎史家有诗赞其"英雄名两国，文武宪万邦；忠诚贯日月，义气动星光。汉之诸葛亮，唐之郭汾阳。祀典今长在，名垂万古香……万世人臣之师表也"[5]。《陈朝兴道王祠记》记载其"披

---

[1] 〔越〕吴士连等撰，孙晓主编：《大越史记全书》本纪卷5《陈纪》，第294页。

[2] 〔越〕高伯适、张国用：《敏轩说类》"人品"，孙逊等编：《越南汉文小说集成》第16册，第355页。

[3] 〔越〕佚名：《南国伟人传》"陈兴道大王国峻"，孙逊等编：《越南汉文小说集成》第13册，第285页。

[4] 〔越〕阮梦荀：《后白藤江赋》，转引自潘秋云前揭文。

[5] 〔越〕佚名：《陈朝兴道王祠记》，越南国家图书馆藏手抄本，汉喃古籍文献典藏数位化计划，编号R.473。

坚执锐，扫清胡臣，克复神京，抚安社稷"①。可见越人对其评价多以此为基调。二是称赞陈氏的同时，欲从其历史功绩中汲取启发者，这一点尤其体现在越南近代精英阶层的叙述之中。如阮朝《重修兴道王祠碑》中即附记，"臣遭时致位，奉命董戎，深惟局势之不同，幸赖庙谟而仅济；间尝泛藤江以东下，循乐山而北征；访风景之崇阿，肃清高之遗像。九原难口，无由重订夫兵书；四境未平，尚欲乞灵于匣剑。慨夫栋宇就落，俎豆无光，特命鸠工，用表鸿烈，河山此地，厥惟废兴显晦之有时，今昔何人，想见轻重安危之所系，爰纪于石，以视不忘"②。又如《山居杂述》中称赏陈氏《檄将士文》一篇激励将士奋勇杀敌，有言曰，"后之人臣，有能以公之教服膺而勿失，则何至以社稷与人，为人之臣仆，而遗千万世之羞！余读史至此，未尝不三复叹息，因表而出之"③。意欲通过追述先人之功勋，来为当下之颓势寻找解决之方。与此相似的追述，还有阮尚贤、潘佩珠等越南近代民族主义运动家，徐方宇指出，潘佩珠有关越南国史以及兴道王陈国峻的论述，已经转变为"将传统史学或汉文学的历史线性叙事纳入民族—国家的结构框架之中，以服务于当下抗法斗争的需要"④。

此外，陈国峻通过抗击外敌，成功加强了安南的国家认同。三次抗战，自始至终，陈氏都是强烈的主战派，并有《檄将士文》等名篇传世，其文有曰："当此之时，我家臣主就缚，虽欲肆其娱乐乎？尔等

---

① 〔越〕佚名：《陈朝兴道王祠记》，越南国家图书馆藏手抄本，汉喃古籍文献典藏数位化计划，编号 R.473。

② 〔越〕佚名：《野史》"重修兴道王祠碑"，孙逊等编：《越南汉文小说集成》第 14 册，第 329—330 页。

③ 〔越〕佚名：《山居杂述》卷 1《兴道王教忠书》，孙逊等编：《越南汉文小说集成》第 17 册，第 161 页。

④ 徐方宇：《越南汉文学中的"兴道大王"形象及其与陈兴道信仰的互动》，《外国文学评论》2020 年第 2 期。

当以厝火积薪为虞，以惩羹吹齑为杰，训尔士卒，习尔弓刀，使人人
逢蒙，家家后羿，枭猾虏之头于阙下，腐云南之肉于藁街……今历撰
诸家兵法为一书，汝等当专习是书，无或暴弃。何则？蒙古乃不共戴
天之仇，汝等既恬然不以雪耻除凶为念，而又不教士卒，是倒戈迎降，
空拳受敌，使平虏之后，万世遗羞，尚何面目立于天地覆载之间？"①
诚如惠特莫尔教授所言，"蒙元入侵之际，兴道王之檄文，以及陈朝上
下被迫改换的衣装等等，都显示了他们作为安南人的认同已被强化"②。
陈国峻通过檄将士文所致力于实现的，正是当时安南内部凌散的国家
认同。在此期间，安南先后有多位王公贵族率眷投降，亦有不少文武
之臣内附于元，甚至在一些笔记小说中更记载了当时安南国王亦有降
元之意，而陈国峻则坚决以之为忤，主张"头可断，贼不可降"③。这些
因素，在越人看来，最终保障了安南抗元战争的胜利。陈国峻去世后，
其不仅在身后变成了越南历代不断祭祀的历史人物，在民间神怪故事
中，陈氏亦不绝于册，如张国用追述"陈破元兵，获乌马儿等，所俘
神将号范颜者有妖术，刀斧不能伤，及见兴道大王，乃服法"④，或成
为保佑安南国运昌盛的福神。"千秋享祀，凡有国家大政必祷之，咸有
显应，百官庶民有晚生者，皆来求嗣……至今历朝加封。"⑤ 直到20世
纪，越南人对于陈国峻的评价亦未发生大的转变，相反，如前所述，

---

① 〔越〕佚名：《听闻异录》"陈兴道大王记"，孙逊等编：《越南汉文小说集成》第12册，
　　第254—256页。
② 参见 John. K. Whitmore, "Ngo (Chinese) Communities and Montane-Littoral Conflict in Dai
　　Viet, ca. 1400-1600", Asia Major. 27. part 2 (2012): 53-85。
③ 〔越〕佚名：《听闻异录》"陈兴道大王记"，孙逊等编：《越南汉文小说集成》第12册，
　　第254—256页。
④ 〔越〕张国用：《公暇记闻》"征奇"，孙逊等编：《越南汉文小说集成》第17册，第79页。
⑤ 〔越〕佚名：《陈朝兴道王祠记》，越南国家图书馆藏手抄本，汉喃古籍文献典藏数位化计
　　划，编号 R.473。

他的英雄形象在越南抗法、日、美战争中得到了持续的追捧。[1] 直到今天，陈国峻的英雄形象已经镌刻在了越南的国家记忆之中，借由今日国家机器之强化，其影响亦会一直延续下去。

由此可见，在越南文献之中，通过对白藤江等古战场的追思，以及对以陈国峻为代表的越南抗元集体的塑造与记忆强化，越人建立了"重兴事业"在越南历史上的具体规模。它所蕴含的历史记忆，具体表现为安南如何抗击外敌入侵，以及如何在此一过程中巩固国家之独立及其认同。

余　论

由上可见，越南历史文献中有关抗元战争的叙事，陈修和先生于1943年曾指出其中有穿凿附会的现象。[2] 这个判断并非没有依据，但越南文献记述的真实与否并非本文所欲厘清者。王明珂指出，"典范历史知识不一定是最真实的过去；它成为典范乃因其最符合当前之社会现实，或最能反映人们对未来社会现实的期盼"[3]。对存留下来的材料，"不能简单地被视为'客观史实'的载体；正确地说，它们是在人们各种主观情感、偏见，以及社会权力关系下的社会记忆产物"[4]。这也是为什么当我们尝试对比中越史家对同一历史事件的叙述时，实际上很难取得共识。显然，正如葛兆光所言，"任何一个国家的史料，也许都有

---

① 参见 Hoàng Hưng, *Trần Quốc Tuấn và vai trò của ông trong cuộc kháng chiến chống quân Mông Cổ*.NCLS, 1968,số 115,tr. 4-8。

② 参见陈修和：《越南古史及其民族文化之研究》，昆明，1943年，第18页，转引自张明亮：《融合趋密，认知趋远：中越关系70年发展之态势》，《东南亚研究》2020年第6期。

③ 王明珂：《反思史学与史学反思：文本的表相与本相》，上海：上海人民出版社，2019年，第37页。

④ 王明珂：《历史事实、历史记忆与历史心性》，《历史研究》2001年第5期。

自我想象和自我塑造的嫌疑"①。在本文中，笔者认为，越南文献往往有意或无意地通过对本国抗元历史的记忆（胜利退敌、团结抗战、顽抗外寇等）、失忆（多次战败、王公大臣叛国投元、认同凌乱等），"强烈地坚持一种认同，强烈地遗忘一种认同"②。因此，越南文献中的战争记忆特点，或许是其并非执意于记录真实的历史，而是充分利用历史的叙述工具，来塑造与强化其时代所需要的历史记忆，借此凝聚越南国家的意识。而这种倾向，也为近代越南精英阶层从历史素材中建构其民族精神、国家认同提供了充足的养料。"安南对中华文化认受过程有着十分复杂的心理，疏于对越南自主意识形成及其表现形式的深入探讨，就无法理解在'天下同文'的时空环境下，两国士大夫对双方政权之关系的认识与处理所存在的较大差异，从而导致对中越关系史认识的迷思。"③就本文而论，自近代以来，在内忧外患的刺激之下，越南本土精英又如何利用这些历史素材，建构越南的民族精神与国家认同，以及这种努力对中越关系又产生了怎样的影响，尽管已有不少学者就相关问题进行了研究④，但仍有待更为深入的讨论。

---

① 葛兆光：《彼此环绕和交错的历史 ——评夫马进教授主编〈中国东アジア外交交流史の研究〉》，载氏著：《侧看成峰—葛兆光海外学术论著评论集》，北京：中华书局，2020年，第168页。

② 王明珂：《1997年版序言：什么是中国人》，载《华夏边缘：历史记忆与族群认同》，上海：上海人民出版社，2020年，第29—30页。

③ 陈文源：《13—15世纪安南的国家意识与文化取向》，《世界历史》2014年第6期。

④ 参见叶少飞：《20世纪初越南新史学对传统中越关系的解读与重构》，《社会科学战线》2018年第1期；Liam C.Kelley, "From Moral Example to National Hero:The Transformations of Trần Hưng Đạo and the Emergence of Vietnamese Nationalism", in *Modern Asian Studies*, vol.49, No6（2015）, pp.1964-1993.

嘉约翰筹建中国第一家精神病院的过程与争议

苏 精

（台湾云林科技大学）

摘 要：19世纪后期主持广州博济医院的美国传教医生嘉约翰，于1872年倡议建立一家精神病院，以后他又多次建议，都遭遇传教界的反对，包含他所属的美国长老传教会在内。嘉约翰屡次和反对者争论这项建议，却都没能成功说服对方，直到1897年才意外有人大笔捐赠，他得以在广州建立中国第一家精神病院。

关键词：嘉约翰；精神病院；惠爱医院

绪 言

嘉约翰（John Glasgow Kerr, 1824—1901）是美国来华的基督教传教医生，他从1854年抵达中国后，四十七年间在广州致力办理医院为中国人治病、设立医学校培育中国人西医，以及撰写出版中文书报传播医学知识，这些都对中国人的健康有重要的贡献。

相对于这些广为人熟知的活动与成就，比较不彰显的是嘉约翰建立了中国第一家精神病院①，并且自认为这是他生平最耗心力的一

---

① 笔者未见嘉约翰生前以中文称呼此病院的史料，英文则最初称"Asylum for the Insane"，建成后改称"Refuge for the Insane"，本文一律称为精神病院。

项工作。[1] 他这么说自有道理，从 1872 年动念筹办，到 1898 年病院建成开始收治病人，长达二十六年之久，不仅时日迁延而已，其间他屡次遭遇反对和备尝挫折，而反对者并非中国人，却是在华外人与他在美国的同胞，连他所属的在华医药传教会（Medical Missionary Society in China）与美国长老传教会（Board of Foreign Missions of the Presbyterian Church in the U. S. A.）都持续反对[2]，尤其他和母会（美国长老传教会）之间为他可否募款建造精神病院而争议不休，双方各执一词，他甚至连续两年告上母会的上级机构美国长老会总会（General Assembly of the Presbyterian Church in the U. S. A.），结果因母会坚持拥有对属下传教士及其活动的管辖与裁量决定权，嘉约翰不得不屈从于行政权力之下，他却一直不改其志，终于在他人协助下实现收治中国精神病人的初衷。

　　建立中国第一家精神病院已是很有历史意义的事，而嘉约翰个人的慈善襟怀与人道救助之义，以及先后两个传教会考量经营的困难与现实得失之利，义与利两者在超过四分之一世纪的筹建过程中相互冲突激荡不已，其过程可分为四个阶段：第一阶段是 1872—1875 年，嘉约翰向在华医药传教会提议建立精神病院，不料却得而复失；第二阶段是 1888—1892 年，他再度遭到华医药传教会的拒绝，转而直接诉求公众的支持，并和反对者争论；第三阶段是 1892—1894 年，他为募款建院而和母会发生激烈的争议；第四阶段是 1897—1901 年，嘉约翰意

---

[1]　John G. Kerr, *First Report of the First Institution for Insane in China, February, 1898 to August, 1901* (n. d., n. p.), p. 7.

[2]　嘉约翰是美国长老传教会属下的医生，又由在华医药传教会任命主持博济医院。在华医药传教会并不设置专属的医生，只在中国各地建立医院和备办医药器材，并任命原属各传教会的医生主持，但不负担医生薪水，也不干涉医生和原属传教会的关系，即医生薪水由原属传教会负担，医生也继续维持和原属传教会的关系，原属传教会也乐得省下建立和维持医院与器材药品的费用，三方（医生、原属传教会及在华医药传教会）都各得其益。

外获得匿名捐助而实现病院的建设，直到过世为止。本文旨在探讨嘉约翰筹建精神病院每一阶段的曲折过程，以及其中的义利之争。

第一阶段：1872—1875

　　1872 年以前，嘉约翰已在博济医院陆续遇到求诊的精神病人，但直到 1872 年他才有意建立病院专门收治这类病人。在这年的博济医院年报中，负责该院虎门诊所的德国传教士花之安（Ernest Faber），描述当地的精神病人在自己照料下逐渐复原的历程，并建议博济医院建立收容这些病人的设施，提供有益于病人及其亲友的人道救援。[①]

　　嘉约翰读过花之安的描述后，也在同一年的年报长篇申论己见。[②]他说有些人认为中国精神病的人数并不多，其实不然，许多病人都被禁锢在屋内，受到悲惨的对待，他们又常有自杀的倾向，其亲友也特意不让他们与外界接触以免麻烦，因此嘉约翰判断，中国的精神病人到处都有，远多于平日可见的人数。嘉约翰主张，解除这些病人的悲惨境遇和其亲友困扰的唯一可行之道，在于多设类似西方国家的精神病院（asylum for the insane）。他也曾敦促香港和广州热衷赞助善堂与医院的中国富人着手于此，但很可能由于中国向来没有精神病院的缘故，他的敦促没有获得反应，因此他觉得可由在华的外人基督徒率先办理，再向中国人募捐善款，中国人一般都乐于布施给慈善事业行善，他们一旦体认连外人都关切中国的精神病人，应该就会受到影响而给予协助，这是基督教文明可以对中国展现人道关怀的一种力量。

---

① E. Faber, "Report of the Fumun Dispensary for 1872", *Report of the Medical Missionary Society for the Year 1872*, Hong Kong: Printed by De Souza & Co., 1873, pp. 21-22.

② Ibid., pp. 7-19. J. G. Kerr, "Report of the Medical Missionary Society's Hospital, in Canton, for the Year 1872"，特别是第 17—19 页。

　　在具体的做法上，嘉约翰表示不宜一开始就建立如欧美的大规模病院，而是建议在博济医院的空地兴建专用的病房，初期收容少数病人即可，并以可望治愈者为限，等到中国官府愿意捐助并送来病人，再扩大规模办理，另于广州城外觅地兴建，并训练工作需要的中国助手。嘉约翰这些建议似乎有些保守，这很可能是刚开始他对这项新的工作也没有太大把握，同时为了较易争取在华医药传教会的支持，宁可从小规模的尝试开始，并以收容可望治愈的病人为限，希望能在较短时间内显现收治的成果，借以赢得在华医药传教会和中国官民对收治精神病人的信心。

　　1873 年 1 月，在华医药传教会在年会中讨论嘉约翰的建议，决定组织一个包含他在内的五人特别委员会，考虑其可行性及地方士绅有无可能支持等。① 在翌年（1874）的年会中，特别委员会提出正反面都有的报告，年会表决时赞成与反对也同票，经主席罗伯逊（Daniel B. Robertson，英国驻广州总领事）投下赞成票而决议：组织一个常设委员会，会同嘉约翰在经费许可范围内建立容纳 6—8 名精神病人的专用病房。② 会后不久，嘉约翰邀请常设委会的全体委员前往博济医院，实地观察他治疗一名精神病人的情形，作为进一步决策的参考。③

　　事情看来进展顺利，不料却在又一年（1875）的医药传教会年会中情势丕变。由两名英美商人和一名美国长老会传教士组成的常设委员会提出报告，（一致）认为博济医院收治精神病人的措施不可取，因为即使不谈医院将为此增加经费支出，单是嘉约翰的工作负担本已极为沉重，不应在他的双肩上又增添这项新任务；嘉约翰个人的乐观、

① E. Faber, "Report of the Fumun Dispensary for 1872", *Report of the Medical Missionary Society for the Year 1872*, Hong Kong: Printed by De Souza & Co., 1873., p. 5.

② *Report of the Medical Missionary Society for the Year 1873*, Hong Kong: Printed by De Souza & Co., 1874, p. 3.

③ Ibid., p. 27.

勇于任事以及热忱，使得他低估了收治精神病人的慈善事业需要大量的付出才行，他原来已少有余暇休闲娱乐，而全力专注于医疗、教学与著述，并获得很大成就，因此常设委员会不赞成（deprecate）让嘉约翰忙上加忙，承受收治精神病人的责任，何况将来他的继任者也不见得有如他一般的才能、活力和意愿从事于此。①

这些理由冠冕堂皇，也对嘉约翰相当推崇与体贴，表示于理于情都不应也不忍再添加他的工作压力。但是，常设委员会紧接着下一段报告的内容却显示了他们真正的意图：虽说本委员会一致反对设立精神病房，却也一致认为只要经费许可，博济医院应优先建立特等病房，供愿意付出较高费用而获得隐私和较好待遇的病人使用。② 也就是说，常设委员会愿意服务有钱也愿意付钱的病人，而无意办理一定赔钱的精神病人收治工作；那些恭维体贴嘉约翰的一堆文字，只是为了给足他面子，让他难以提出反对意见罢了；至于前文所谓不谈增加医院经费支出的问题，其实正是常设委员会成员心目中的利之所在。委员会的报告获得医药传教会的年会接受，同时通过拨款 400 元，作为建立与普通病房隔离的特等病房费用③，在现实利益的考量下，医药传教会推翻了自己一年前通过设立精神病房的决议。

作为医药传教会任命的医生，嘉约翰只能接受此种得而复失的结果，但他没有忘记中国的精神病人，到 1880 年他创办中文报刊《西医新报》，创刊号的 14 篇文章中就有"论医癫狂症"一文，介绍欧美收治精神病人的设施，也对中国因为没有类似治疗机构，以致许多病人投河或自杀，嘉约翰深觉"亦一大憾事也"④！

---

① *Report of the Medical Missionary Society for the Year 1873*, Hong Kong: Printed by De Souza & Co., 1874, pp. 27-28.

② Ibid., p. 28.

③ Ibid., p. 4.

④ 《万国公报》第 628 卷（1881），叶 252，《论医癫狂症》。这篇文章没有署名作者，但前

第二阶段：1888—1892

经过长期的等待，1888年嘉约翰又有了一次实现心愿的机会。在这年的医药传教会年会中，医院经营委员会（Committee of Management）宣布，明年（1889）将是医药传教会成立50周年，创立精神病院应该是一件很合适的纪念活动，也切合经常有此类病人到博济求诊的实际需要。①

经营委员会宣布后，随即由嘉约翰就此专题报告。他说中国的精神病人比例和其他国家应该相若，不同的是中国的政府与慈善机构都不照顾这类病人，而由病人的亲友自行承担责任，以致情形普遍不良，病况恶化甚至缩短生命，亟须基督教人士予以慈善救助，就如同博济医院为中国开启西式医疗的先河一般，第一家精神病院也将成为此后中国人自行建立同样机构的模范，这件创举若在传教医药会50周年之际付诸实现，更有其意义。嘉约翰在报告中甚至代拟了年会的决议文，要成立一个委员会研议精神病院的组织与经营等事项。果然年会接受他的建议，任命委员会进行研究。②

不料委员会成员对此热情不足，事隔一年没有进展，1889年初举行的医药传教会年会只好决议，委员会任期延长一年继续研究。③1890年1月24日的年会终于有了结果，由英国驻广州总领事阿查理

（接上页）一篇《内科新论》注明选自嘉约翰方才编写印行的《西医新报》，据《教务杂志》（*The Chinese Recorder*）介绍《西医新报》创刊号的内容（vol. 11, no. 6 [Nov.-Dec. 1880], p. 477, "Western Healing" Gazette），共14篇文章，第3篇为《内科新论》（*New Discussion of Internal Diseases*），第12篇即"论医癫狂症"（*Treatment of the Insane*）。

① *Report of the Medical Missionary Society for the Year 1887*, Hong Kong: Printed at the China Mail Office, 1888, p. 6.

② Ibid. pp. 8-9.

③ *Report of the Medical Missionary Society for the Year 1888*, Hong Kong: Printed at the China Mail Office, 1889, p. 8.

（Chaloner G. Alabaster）主持的委员会提出报告：请有兴趣参与的人"另组团体"进行建立精神病院的计划。[①]虽然报告只有如上的一句话，却已明白表示医药传教会无意和精神病人有所关联，也不像前述第一阶段那样先恭维嘉约翰后才表明反对，嘉约翰应该会有些难堪，因为这年他正是医药传教会的会长（President），而且就担任这次年会的主席，会中竟然通过了委员会这项拒绝他多年心愿的决议！

　　嘉约翰再度遭遇挫折后，不像第一阶段那样只是默然接受，期待另一次可能的机会。既然自己担任会长的医药传教会已经无可期待，他决定就由自己行动，直接诉求公众的支持，在医药传教会年会后的一个月内，邀请两名传教士、两名商人和自己组成一个"临时委员会"（provisional committee），由他担任主席，再请一家外国商行担任司库以接受捐款，在 1890 年 2 月 18 日举行第一次会议，并发表由他执笔的公开声明，以在广州或附近筹建一家精神病院为目标，工作项目：第一，出版及流通关于精神病的中文小册，说明其起因与治疗，以激发中国人对这个主题的普遍关注；第二，兴建一家适宜收容中国此类病人的西式建筑，并寻求中外各界的支持；第三，成立组织以管理捐款和收容所的经营。声明中又强调这些工作应是国际性质，如同半世纪前开创的博济医院一般，冀望达成建立中国第一家精神病院的慈善目标，并成为此后中国官民建立同类机构的表率。[②]

　　声明中提到的出版宣传、募款建病院和经营管理组织三件事，除最后一件筹建到相当程度才进行外，出版和募款两件都立即着手办理。在出版方面，嘉约翰在 1890 年刻印名为《优待癫狂》的小册，书名页上有"光绪十六年仲春""德国花之安发刊""羊城仁济大街博济医局

---

① *Report of the Medical Missionary Society for the Year 1889*, Hong Kong: Printed at the China Mail Office, 1890, p. 7.

② *The China Medical Missionary Journal*, vol. 4, no. 2, June 1890, pp. 68-69.

藏板"等字样，内容则包含《创造医馆疗理癫狂》与《优待癫狂》两篇文章，前者说明欧美各国专设病院治疗精神病人的理由，以及精神病院经营管理的原则与实务；后者则是 1884 年花之安出版的《自西徂东》卷一第五章《优待癫狂》内容，被嘉约翰收入《优待癫狂》小册中，但特意删除其中关于 1878 年英国有 64000 多名精神病人的部分。[①]

出版算是比较简单易行的，向人募款却是另一回事。上述的公开声明发布后，第一年（1890）仅仅收到两笔共 207.91 元的捐款，第二年（1891）也不过六笔共 983.63 元，两年合计还不到 1200 元[②]，显然嘉约翰对此很不满意，因此在 1892 年初向母会提出休假一年回美国募款的要求。

募款虽然不理想，还是有人大力支持嘉约翰的计划，纽约布鲁克林（Brooklyn）地方兼有医生、教授与牧师等多重身份的史文格（Edward Payson Thwing），于 1890 年初到东亚游历期间，曾在广州借寓博济医院两个月，还两次协助嘉约翰进行卵巢手术[③]，接着两人偕往上海参加在华传教医生组成的博医会（The Medical Missionary Association of China）年会，史文格在会中宣读论文"西方疗法与中国精神病人"（Western Methods with Insane Chinese），主要在鼓吹嘉约翰的精神病院计划，也获得年会决议祝福。[④] 史文格返美后积极捐助嘉约翰，1891 年他与妻子合捐 200 金圆，再和妻子各自捐 102 金圆与

---

① 〔美〕花之安：《自西徂东》，香港：广东小书会真宝堂，1884 年。《优待癫狂》小册末页的空白篇幅足以容纳删除的字数还有余，这说明嘉约翰是故意删除这部分内容，有可能他不想让中国读者知道，发达的英国竟有如此多的精神病人数。

② *First Report of the Refuge for the Insane in China, 1898-1901* (n. p., n. d.), p. 26.

③ E. P. Thwing, "Observations in the Orient", *The Brooklyn Medical Journal*, vol. 4, no. 6 (June 1890), pp. 428-430.

④ E. P. Thwing, "Western Methods with Insane Chinese," *The China Medical Missionary Journal*, vol. 4, no. 2 (June 1890), pp. 205-207, 210.

127.8 元，又为此向人募得 334.96 元，合计他与妻子捐助及代募所得846 元，占这年嘉约翰所收捐款的 86%；1892 年史文格又代募 491.91元捐款，占这年嘉约翰所收捐款 871.91 元的 56.4%。[①]1892 年史文格的儿子（Edward Waite Thwing）与女儿（Gertrude Thwing）都成为长老传教会广东客家传教士，他与妻子送子女到职后，在广州沙面租房居住八个多月，不幸于 1893 年 5 月因病在当地过世[②]，嘉约翰的计划也痛失到当时为止最热心的一位支持者。

　　虽然有史文格生前为嘉约翰的计划大力宣扬并募款，《英国医学期刊》（*The British Medical Journal*）还至少三次刊登这项消息，并列出以 5000 英镑建筑费作为募款目标[③]，同时却也有人不以为然，在毗邻广州的佛山主持英国循道传教会（Wesleyan Missionary Society）医院的传教医生云仁（Charles Wenyon），便投书刊登于 1891 年 6 月间的《英国医学期刊》表达异议，认为中国人生活并不紧张，因此精神病人数不及欧美多，而且中国精神病人通常有家族亲戚不错的照料；云仁又认为精神病院应由中国人自行办理，香港华人就建有一家此种病院，他几次前往参观都空无病人，因此广州并不亟须新建一家。云仁进一步表示，中国人普遍认为天主教与基督教传教士建立孤儿院有不良意图，若再建立精神病院只会使中国人的疑虑更深，因此云仁期盼传教界不要被建立精神病院的宣传迷惑，而给予支持或有所关联，这将可能危及传教士与在华外人的安全。[④]云仁这篇投书稍后于 1891 年 12 月

[①]　*First Report of the Refuge for the Insane in China, 1898-1901*, p. 26.

[②]　"Death of Dr. E. P. Thwing", *The North China Daily News*, 18 May 1893, p. 443.

[③]　*The British Medical Journal*, 10 May 1890, p. 1111. "Western Medicine in China"; 15 November 1890, p. 1157, "The First Insane Asylum in China"; 30 May 1891, pp. 1207-1208, "Insane Asylum in China".

[④]　Ibid., 12 September 1891, p. 626, "Asylum for the Insane in Canton."

由中国的《博医会报》转载。①

云仁认为不亟须甚至不必要由在华外人建立精神病院的警告，非常不利于正殷切期盼各界赞助的嘉约翰，尤其这样的主张出自他的专业同行，又接连在英国和中国的两种医学专业期刊发表反对文章，后果势必相当严重，于是嘉约翰立即在下一期的《博医会报》上反驳，指责云仁的论调是任意揣测和误导，并提出 5 个问题要求云仁回答：1. 所谓中国精神病人不多，究竟是多少？ 2. 姑且说中国精神病人比例少至欧美的五分之一，但中国人口众多，广东已达两千万，需要多少家病院，全中国又需要多少家？ 3. 请说明所谓香港华人精神病院（东华医院）的历史及华人医生治疗病人的情形；4. 云仁是否认为东华医院为模范病院？ 5. 若应由中国人自办病院，请问将等到何年何日？主持经营的合格中国医生又从何而来？②

云仁在下一期的《博医会报》回应嘉约翰的质疑，并没有逐条说明，而是以许多篇幅讨论中国精神病人数的问题，强调先表示为数很多的嘉约翰应该自己提出数据，才能取信于人，岂可反过来要求质疑反对的人举证；其次，云仁明确表示自己并不认同东华医院及华人医生处理精神病人的方式；最后，云仁以自己二十七年的实务经验，坚持传教士办理精神病院绝对是传播福音的阻力而非助力，传教士的首要任务在传播福音，而精神病人并非传教的好对象，传教士不必为极少数的精神病人而牺牲向大多数正常人传播福音的时间。③

令人惊讶的是云仁的回应刊出后，嘉约翰竟然没有再次辩论，难道他接受了云仁的说法为是？这是很不可能的，这等于嘉约翰承认自己错误，应该放弃精神病院的筹建计划。原来是刊登云仁回应的《博

---

① *The China Medical Missionary Journal*, vol. 5, no. 4 (December 1891), pp. 255-256.

② Ibid., vol. 6, no. 1 (March 1892), p. 60.

③ Ibid., vol. 6, no. 2 (June 1892), pp. 135-137.

医会报》于 1892 年 6 月出版前，嘉约翰已经从广州经香港乘船取道上海，先于 5 月 12 日离开中国放洋返美^①，行前没有能及时见到云仁的回应。

第三阶段：1892—1894

第三阶段的时间很短，从 1892 年嘉约翰返美到 1894 年再度来华，前后不过两年，却是波折横生，他费尽心力不惜和自己所属的长老传教会争论不休，盼能获准为精神病院募款，但双方各自坚持己见，嘉约翰的希望也落空。

（一）向传教会申请募款

嘉约翰这趟返美是休假并为精神病院募款，行前收到长老传教会的秘书伊林伍（Frank F. Ellinwood）通知，理事会同意他休假，但不明白精神病院是怎么一回事，希望广州布道站会有说明。^②嘉约翰回信表示，自己关于精神病院的作为都曾获得布道站的同意，又说此次回美募款对象不限于长老教会，而是不分教派的所有基督徒，他相信理事会不至于反对这种超越教派的募款方式；他又说自己刚刚买进 2.5 英亩（15.2 亩）的土地，位于离布道站只有十分钟路程的珠江南岸，足够作为一家小型示范性的精神病院之用。^③

回到美国后，嘉约翰于 1892 年 8 月 30 日写信给伊林伍，附上请求理事会核批的募款建议书，说明他因常有精神病人求诊，却无法收

---

① *The China Medical Missionary Journal*, vol. 5, no. 4 (December 1891), p. 143.
② BFMPC/CH [Presbyterian Church in the U. S. A., Board of Foreign Missions Archive], vol. 72, no. 49, F. F. Ellinwood to J. G. Kerr, 8 March 1892.
③ BFMPC/CH, vol. 28, no. 30, J. G. Kerr to F. F. Ellinwood, Canton, 27 April 1892.

容他们进一般病房，深感有急迫的责任救助那些精神病人，因此决定在美国募款于广州建立专用病院，目标最少为五万元，嘉约翰列举 7 点募款建院的理由：1. 耶稣在世时为人治病，就包含精神疾病者在内；2. 医治精神病人是传教医生的直接职责，但向来遭人漠视；3. 基督教文明已有治疗和善待精神病患的方法，各国政府、团体与个人均不惜花费致力于此；4. 在中国尚无此种良法，若基督教慈善不着手进行，中国精神病人将无从受惠；5. 在中国大都会区建立一家精神病院，可对中国官民示范基督教文明如何善待悲惨无助的这类病人；6. 中国精神病人向来受到各种恶劣甚至致死的对待；7. 中国基督徒中也有精神病人，教会有责任照料他们。在 7 点理由中，第 1—3 点表明救助精神病人本是传教医生的分内事，第 4—6 点是在中国建立精神病院的必要性，第 7 点则兼具本分与必要性，嘉约翰期盼这些分内事与必要性的说辞能获得理事会的认可，他并重申募款对象主要是有钱的个人，不分教派和国别。①

　　1892 年 10 月 3 日的理事会议讨论嘉约翰的募款建议书，没有达成明确的决议，这是因为同时另有类似的案件有待一并决议，除嘉约翰的精神病院外，也是广州布道站的女传教医生赖马西（Mary West Niles）要建立学校收容和教育盲眼女孩，还有其他地方的传教士建议收容麻风病人，理事会一并交由中国委员会和秘书处研究后再说。②

　　伊林伍写信将理事会的处理情形转告嘉约翰，顺带提及两个重要的观点：照顾精神病人的工作属性与募款的来源与后果。伊林伍写道：

　　　　传教会的工作并非人道救济，传教会对于慈善救济最多只能

①　BFMPC/CH, vol. 28, no. 4, J. G. Kerr to F. F. Ellinwood, Seville, Ohio, 30 August 1892.
②　BFMPC/CH, vol. 72, no. 104, F. F. Ellinwood to J. G. Kerr, 6 October 1892.

辅助性略为涉及，照顾社会中无助者的工作虽然重要，传教会必须更有远见地将经费和人力投注在可能造福他者的人们身上，这样会比将钱花在不能进一步影响他者的人身上更为明智。如果要花同样多的钱，一名健壮而学习传教的男生比一名盲眼或麻风男孩是较好的投资。

你的目标是从富有的人们中募得大笔的捐款，对富有的人而言这只是锦上添花多捐一些而已，但是因为你熟悉的都是长老会内的人，就本会长期以来的经验显示，那些多捐的一些其实都是会捐给本会的，结果本会就因此而减少了收入。①

各传教会的秘书都是德高望重或经验丰富之士，名为秘书，绝不只是秉笔待命而已，实际上他们就是各传教会的领导人，不但掌理传教会的日常工作，在理事会讨论与决策时有很大的影响力，伊林伍也不例外，他提示嘉约翰的这两点正是接下来的争论中理事会坚持的原则：首先，传播福音不是慈善救济，传教会必须选择从事有利传教的工作，精神病人并非选项之一；其次，嘉约翰的募款对象与传教会同出一源，他的募款若有成果，将导致传教会获得的捐款减少。

1892 年 11 月 7 日的理事会议终于有了结果，中国委员会和秘书处的研究报告获得理事会接受，也形成决议：

关于嘉约翰医生 1892 年 8 月 30 日来信要求理事会同意他募款于广州建立精神病院一节，理事会虽然了解嘉约翰医生建议所募款项限于不致影响本会正常工作者，但是鉴于不论有无理事会直接或间接的赞同，嘉约翰医生所募者都将来自目前本传教会工

① BFMPC/CH, vol. 72, no. 104, F. F. Ellinwood to J. G. Kerr, 6 October 1892.

作所需的捐款，因此理事会不便核可此项募款。①

这项决议文并未涉及传教与慈善的区别，以及应否照顾精神病人的问题，只谈嘉约翰的募款将导致传教会所得的捐款减少，因此不便同意他的要求。伊林伍随即分别通知嘉约翰与广州布道站这项结果，给嘉约翰的信除了检附决议文，只简短表示传教会已经彻底深入讨论过此事，也期勉嘉约翰今后继续在岗位上努力奉献。②至于伊林伍给广州布道站的信则大为不同，因为理事会的决议还有对赖马西女医生建立学校收容和教育盲女等事，伊林伍给布道站的是较长完整的决议文，并且针对嘉、赖两人的行为大加评论，认为有些人偏离传教工作的主轴，重视人道性的工作，只知道有可怜的盲女需要救助，或者认为广州欠缺精神病院，应该及时建立，或者觉得应该要对麻风病人与孤儿等人提供协助；伊林伍表示这是理事会长期以来的困扰，理事会也一直努力于将这部拯救世人的传教列车稳定保持在轨道上，避免断电或各种枝节问题，盲女学校或精神病院等人道工作有其价值，但毕竟不同于拯救灵魂的传教大业等。③

嘉约翰不服理事会的决议，还质疑传教会能否限制自己在休假期间的活动。伊林伍回信引述另一位秘书的话："只要你领有休假津贴，显示你是在传教会雇用之下，就得受传教会的限制。"④嘉约翰又要求和秘书当面讨论，也因此前往纽约面谈，但没能改变既定的结果，他仍不打算就此作罢，向一些牧师和其他人请教意见后，更坚定认为自己

① BFMPC/CH, vol. 72, no. 124, F. F. Ellinwood to Canton Mission, 9 November 1892; Ibid., vol. 73, no. 54, John Gillespie to the Canton Mission, 13 June 1893.
② BFMPC/CH, vol. 72, no. 122, F. F. Ellinwood to J. G. Kerr, 9 November 1892.
③ BFMPC/CH, vol. 72, no. 124, F. F. Ellinwood to Canton Mission, 9 November 1892.
④ BFMPC/CH, vol. 72, no. 126, F. F. Ellinwood to J. G. Kerr, 16 November 1892.

救助中国精神病人的计划是上帝的旨意，完全在传教医生当为的范围之内，而且符合《圣经》中的教训，不少他请教的人都认为理事会的限制是错误的，他还说美国的长老会岂不也花费数百万元经营人道救助的事业？他没有举例是什么事业，但显然是指设在纽约、费城等五个大城市的长老会医院之类，他又表明若传教会愿意接手他筹划中的精神病院，他将乐见其事。[①] 传教会当然不会接手他的计划，他也不愿放弃，于是决定使出向长老会美国总会申诉的非常手段。

（二）初次向总会申诉

长老会美国总会是美国长老传教会的上级机构，也是美国长老会的最高组织，每年 5 月间举行年会，议程中包含由审判法庭处理教会内部的申诉案件。1893 年的年会在首都华盛顿特区举行，嘉约翰提出的申诉案，排在 5 月 30 日进行审理，法庭判决中指出嘉约翰在广州的传教绩效，也认同他医治精神病人的心愿，但法庭同样承认传教会拥有裁量的权力，可以决定所属传教士回到美国期间涉及传教的各项作为，防止这些作为有碍传教会的正常工作；法庭建议传教会在坚持既定政策的原则下，如果嘉约翰的募款建议获得广州布道站的赞同，他也保证不会曲意滥用捐款，则传教会可以采取"宽容的差别待遇"（generous discrimination）给予可能的协助，透过咨商和监督，同意这项募款活动。[②]

总会法庭如此裁判有些模棱两可，既承认传教会有决定传教士作为的裁量权，又建议只要嘉约翰获得布道站同意，并保证不滥用捐款，传教会可予以特别宽容同意他募款。这很容易导致争议双方"断章取

---

①   BFMPC/CH, vol. 28, no. 15, J. G. Kerr to F. F. Ellinwood, Columbus, Ohio, 1 February 1893.

②   *Minutes of the General Assembly of the Presbyterian Church in the United States of America*, new series, vol. 56, A.D. 1893 (Philadelphia, 1893), pp. 137-138.

义"，只看到对自己有利的部分，嘉约翰正是如此，裁判一经结束，人在现场的他就兴奋地写信到纽约，向传教会的另一位秘书纪理斯璧（John Gillespie）报告申诉案获得通过的"好"消息，还认为理事会必将依照裁判给他"宽容的差别待遇"，因此要求延长休假六个月或更长，以便进行募款；至于获得广州布道站的赞同一节，嘉约翰认为信函一来一往就得三个月，实在旷日废时，他也难以想象布道站的同工们会反对精神病院及为此募款，因此要求理事会变通办理，在下一次的理事会中就决议同意他募款。①

嘉约翰高兴得太早了。纪理斯璧回信说，理事会尚未收到总会裁决本案的文件，但同意延长他的休假三个月，至于获得布道站同意是必要的条件，无法通融便宜行事。②一个星期后，总会文件送达传教会，纪理斯璧即写信分送嘉约翰和广州布道站，其中给布道站的信长达 1500 余字，原原本本交代本案的来龙去脉，要求布道站尽快就此达成决议后回报。③

1893 年 8 月底，嘉约翰收到布道站同意他建立精神病院的决议，马上写信给纪理斯璧："我认为现在我已经完全获得授权，可以进行募款了，这是我写这封信的目的。"④结果是嘉约翰又一次高兴得太早了。纪理斯璧回信说："我亲爱的嘉约翰先生，秘书处实在无意让已经饱受长期耽搁的您再多等一会儿，但是理事会可还没有做成最后的决定呢！"⑤原来嘉约翰只注意布道站同意的决议，却忘了先前理事会在给他和布道站的信中都说明，布道站回报的决议将是理事会做成最后决

① BFMPC/CH, vol. 28, no. 32, J. G. Kerr to J. Gillespie, Washington, D. C., 30 May 1893. 当时伊林伍正在华盛顿特区参加这次年会，所以嘉约翰写给在纽约留守传教会的纪理斯璧。
② BFMPC/CH, vol. 73, no. 52, J. Gillespie to J. G. Kerr, 7 June 1893.
③ BFMPC/CH, vol. 73, no. 54, J. Gillespie to Canton Mission, 13 June 1893.
④ BFMPC/CH, vol. 28, no. 32, J. G. Kerr to J. Gillespie, Manchester, Ohio, 31 August 1893.
⑤ BFMPC/CH, vol. 73, no. 60, J. Gillespie to J. G. Kerr, 7 September 1893.

定的重要参考文件；经纪理斯璧提醒后，他虽然不太服气地自认为都已符合总会裁判的条件，可以放手迈步前行了，但还是愿意再等待。①

秘书处对布道站的同意决议是相当不满的，因为决议内容看来有些类似前述总会的裁判，并非明确的是或否，而是附加了两个条件：1. 未来精神病院的经营与布道站无关；2. 病院的经费不可来自原来要给传教会的捐款。伊林伍回复布道站的信中，以指责的语气说两个条件根本不可能履行，因为精神病院一旦进行，嘉约翰至少要费五年功夫筹钱，这意味传教会至少得"养"他五年，活生生的前车之鉴就是同属广州布道站的哈巴安德（Andrew P. Happer），过去两年专门筹设"格致书院"（The Christian College），照领传教士薪水而不做其他传教工作，两年下来募款所得却还不到 10 元；即使嘉约翰募款顺利，接下来建筑、组织、雇用帮手等，势必又占满他的时间和心力，病院的管理委员会势必也会选任布道站的传教士，以上这些怎么可能和布道站无关，又怎么可能不用到传教会的钱？②

1893 年 9 月 18 日理事会议对本案进行冗长的讨论，据伊林伍于隔日写信向嘉约翰描述，会中充斥着比上述伊林伍个人观点更为负面的看法，出席的约二十名理事都本着传教为重的责任感，反对建立精神病院的念头，也怀疑广州布道站并非真心赞同，才会附加不切实际的条件，何况先前已有在华医药传教会和个别传教医生的反对；不过，理事们觉得最应该考虑的还是传教事业繁重而资源有限，必须集中于直接传教的工作，以拯救灵魂为首要，所以理事会无法同意"直接抵触此种信念和政策的举动"，伊林伍又说，自己先已料到这种结果，"真希望没有发生过这样的争议"。③

---

① BFMPC/CH, vol. 28, no. 32, J. G. Kerr to J. Gillespie, Seville, 11 September 1893.

② BFMPC/CH, vol. 73, no. 64, F. F. Ellinwood to B. C. Henry, 16 September 1893.

③ BFMPC/CH, vol. 73, no. 65, F. F. Ellinwood to J. C. Kerr, 19 September 1893.

　　嘉约翰对理事会的再次决定还是不服气，也再次提出抗议：1. 既然秘书处、中国委员会及理事会都重新审慎而冗长地讨论他的问题，为何不给身为当事人的他有机会在会中陈述意见？ 2. 既然布道站表示赞同，他已符合总会裁判所提的条件，即具有筹建精神病院的权利，何以理事会又强予抹煞？①

　　理事会没有答复嘉约翰的第一点抗议，可能理事会觉得是否让他在会议中陈述意见的决定本来就操之在己，所以无须答复。但对于第二点，理事会以很长的决议文答复，还引用总会判决内容全文后详予解释，重点在于理事会拥有充分的裁量权，以防可能扭曲滥用的募款活动，至于嘉约翰念兹在兹的布道站赞同决议一节，理事会认为模糊空泛，根本不能具体实现，何况布道站并非一致通过，而且反对精神病院者大有人在，除已知的在华医药传教会、中国商人，其他传教会的医生（云仁）外，还有理事会成员中的两位熟悉中国事务的退休传教士，甚至两名广州布道站传教士也新近来信反对，其中之一还在稍前布道站决议时投赞同票；在这些情况下，理事会必须行使裁量权阻止一些无关直接传教的工作。②

　　嘉约翰依旧无法接受理事会长篇大论的决议，但他在 1893 年 12 月底回复上述决议的信中，只就理事会一再施展权力，排除属下传教士本于基督教文明的人道义助中国之举，表示深切的遗憾③，并没有如过去较强烈的言辞，表面上他似乎已经无奈地接受现实的压力而放弃抗争，其实不然。

---

① BFMPC/CH, vol. 28, no. 91, J. G. Kerr to F. F. Ellinwood, Seville, 23 October 1893.

② BFMPC/CH, vol. 73, no. 103, F. F. Ellinwood to J. C. Kerr, 20 December 1893.

③ BFMPC/CH, vol. 28, no. 115, J. G. Kerr to F. F. Ellinwood, Granville, Ohio, 26 December 1893.

（三）再度向总会申诉

1894 年 1 月下旬，嘉约翰前往纽约，顺道前往传教会拜访伊林伍未遇；伊林伍得知后还以为他是因即将来华而礼貌性辞行，于是立刻写信祝他一路顺风。① 不料到 3 月间伊林伍却听说他仍在美国，以匿名方式撰写并印刷一份八页的"声明"（statement），背着传教会私自在各教会间分发，也准备再度向总会提出申诉；伊林伍就此写信给广州传教士香便文（Benjamin C. Henry），要他打听广州外人对嘉约翰的这些行动有何反应，伊林伍相当不以为然地说："这样年复一年的斗下去，太糟糕了。（It is too bad to keep up this year-after-year fight.）"②

伊林伍同时写信给嘉约翰询问"声明"的事，嘉约翰才寄了一份给伊林伍，另一份给纪理斯璧，他也说将寄给理事会每位成员一份，同时承认"声明"是准备作为再度向总会申诉用的，他说自己不得不再次申诉，因为除了总会，他再也找不到有谁可以判定理事会于 1893 年 9 月 18 日决议中的问题。③ 他的"声明"全名为"关于外国传教会的理事会与精神病院的声明"（The Board of Foreign Mission and The Asylum for Insane: A Statement），没有作者署名，但有他的住址，内容重点在胪列 1893 年 9 月 18 日理事会的决议文，以及他对决议文的形成与内容的反驳批评。在决议文的形成方面，他指责理事会故意不邀请他到场陈述或至少旁听，只由理事会以"秘密会议"（secret session）的形式达成"单方面"（ex-parte）的决议；他对内容的批评反驳更多，例如决议文表示广州布道站只以"笼统的"（general）文句赞同精神病院，嘉约翰则针锋相对地反驳说，布道站是"全面而明确的"（full and

---

① BFMPC/CH, vol. 73, no. 114, F. F. Ellinwood to J. C. Kerr, 24 January 1894.

② BFMPC/CH, vol. 73, no. 133, F. F. Ellinwood to B. C. Henry, 21 March 1894.

③ BFMPC/CH, vol. 28, part 2, no. 20, J. G. Kerr to F. F. Ellinwood, Columbus, 23 March 1894.

decided）赞同等。①

1894 年 5 月 17 日起，美国总会在纽约州的萨拉托加泉（Saratoga Springs）举行年会，嘉约翰虽提申诉，却未如去年一样亲自出席，而是在一个月前的 4 月中启程回到中国任所。他的申诉由年会的国外传教委员会（Standing Committee on Foreign Missions）承办，并没有转送审判法庭处理，国外传教委员会将讨论的结果向年会报告并获得通过，要点如下：

虽然嘉约翰控诉自己所属的传教会未遵照去年总会裁判规定，只要条件符合即应授权自己募款，但报告中认定去年总会的规定并非如嘉约翰所言，而是交由传教会自行裁量决定；而传教会已决定无法赞同嘉约翰建议的精神病院，又经过反复考虑，均未改变其决定，况且嘉约翰既已回到中国，无论如何都已无法在美国进行募款活动，因此报告认为应尊重传教会的决定。②

这次总会处置嘉约翰申诉案的文字，比去年的模棱两可要简明扼要得多，先明确指出他对去年裁判的内容认知有误，再说明传教会是经过再三考虑后才坚持决定，因此做成应予尊重的结论。从 1892 年 8 月 30 日嘉约翰最初向传教会提出募款建议书开始，历经一年九个月的纷扰不快，他与母会之间为人道慈善与现实功利而对立的争议终告结束，他对于结果当然不满意，在广州收到伊林伍转来的总会决定后，嘉约翰失望与气愤交织地写下有些讽刺的回应：

理事会甘于将自己反对属下传教士奉献于最无助的人们一事

① 这份声明可见于以下两处：（1）BFMPC/CH, vol. 28, no. 89；（2）BFMPC/CH, vol. 28, part 2, no. 65a。

② *Minutes of the General Assembly of the Presbyterian Church in the United States of America, new series,* vol. 56, A.D. 1894 (Philadelphia, 1893), p. 149.

留在历史的记载中，历史也会毫无疑问地将长老会置于落后基督教慈善一百年之地，当有人立意开创中国的精神病院时，听来奇怪的是美国长老传教会却使尽全力，阻挡在异教徒国家建立此种人道性质的机构。[①]

嘉约翰在美休假期间，除了印发前述的"声明"，至少又出版了两种宣传精神病院的传单[②]，因此知道他这项计划的人不少，可是连续两年向总会申诉不但失利，又经年会纪录及报章杂志报道，这十分不利嘉约翰的计划与声誉，最明显的不良影响反映在人们对精神病院的捐款上，1892 年还有 871.91 元，其中超过半数（491.91 元）是前文述及最支持他的史文格所捐和代募；1893 年由于他和理事会的争议以及史文格过世的缘故，捐款竟然分文未得；1894 年有四笔，合计也只有 91.82 元；1895 年更少，仅有两笔共 70.6 元而已，而捐款人姓名显示是在美国与澳大利亚的广东人；到 1896 年又是分文未得。[③]面对如此冷淡无情的现实遭遇，建设精神病院似乎成为遥不可及的奢望，当初为筹建病院而组成的临时委员会也告解散，嘉约翰个人无疑是相当难堪的，但经过这两年的争议折磨，他当仁不让的满腔义气也只能强忍按捺在胸中。

第四阶段：1897—1901

"山重水复疑无路，柳暗花明又一村"，借以形容嘉约翰筹建精神

---

① BFMPC/CH, vol. 28, pt. 2, no. 65, J. G. Kerr to F. F. Ellinwood, Canton, 20 August 1894.

② *First Report of the Refuge for the Insane in China, 1898-1901*, pp. 5-6.

③ *First Report of the Refuge for the Insane in China, 1898-1901*, p. 26. 两名广东人的捐款者为 Pat Hin, Portland, Oregon 与 Fong Lang, Geraldton, West Australia. 前者生平待考，捐 56.6 元；后者为西澳大利亚事业有成的中国杂货商人与长老会基督徒，捐 14 元。

病院的曲折过程却很贴切。他这个心愿从 1872 年起遭逢一次又一次的阻碍，到 1894 年休假期满再度来华后已濒临破灭的边缘，却意想不到在 1897 年得以获得生机而重回筹建之路，并终底于成。

原来是一位在远东服务的传教医生退休，路经广州时造访博济医院，听嘉约翰讲述精神病院的心愿，受到感动而捐出自己的积蓄 6668.19 元，供嘉约翰于 1897 年兴建精神病院，而且为善不欲人知、坚持匿名。[①] 在这笔捐款以前，嘉约翰历年所收含利息在内，合计不过 2394.41 元，只是这位匿名医生所捐的三分之一多些；这笔捐款的重要性不仅在于让嘉约翰实现建设精神病院的梦想，而且连同以这笔款起造的二层大楼，双双成为唤起人们善心的醒目标竿，中外捐款随之接踵而至，到 1901 年嘉约翰过世前的将近五年间，又收到捐款及利息 5780.4 元，虽然都是小额捐款，较多的只有一位华人遗孀所捐的 500 元[②]，但至少已脱离以前那种似有还无的困境，足以维持病院的经营了。

嘉约翰接着又以捐款兴建了第二栋大楼，以及填平洼地与建造围墙，他决定初期的病院规模不必太大，就以两栋大楼、二十四间病房，容纳五十名病人为计划目标，还得训练一批助手对待这些特殊的病人，他认为病人在脱离虐待、忽视、受亲友激怒等不良环境后，需要长期才能有效恢复正常，给予病人亲切而小心的照护、舒适的住宿、愉悦的环境、美好的食物、适量的户外运动等卫生措施，可望改善他们的身体与精神状态。[③] 这些条件是以往中国这类病人不可能有的待遇，也

① *The China Medical Missionary Journal*, vol. 12, no. 4 (December 1898), pp. 177-179. J. G. Kerr, "The 'Refuge for the Insane' Canton", *First Report of the Refuge for the Insane in China, 1898-1901*, pp. 3, 8, 26.

② *First Report of the Refuge for the Insane in China, 1898-1901*, p. 28.

③ *First Report of the Refuge for the Insane in China, 1898-1901*, p. 3.

是嘉约翰人道精神的具体展现。

1898 年 2 月间，精神病院收容第一位病人，同一年内共收容 13 人；1899 年再收 36 人，1900 年又收 51 人，三年合计 100 人。其中 20 人康复，13 人病情改善后离院，10 人没有改善，也有 11 人过世，1900 年结束时有 41 人仍留院治疗中。在这 100 人中，男性 70 人、女性 30 人。[1]病人入院并非免费，多数人得自付餐费，只有付不起的穷人才有免费优待，嘉约翰在精神病院第一次报告中表示，40 银元可支持一名穷苦病人全年所需，也期望捐款者参考这个数目支持病院。[2]这第一次报告包含 1898 年 2 月至 1901 年 8 月的内容，三年半内共收治 135 名病人，他又选择有相当特色的 7 名病人予以较详细的报道，如男、女第一位病人、警察、官员、天主教徒等，还附有这些人的照片，这种做法和博济医院以及当时中国各基督教医院的年报相同，都是为了对公众展现医疗的成果，希望能吸引公众的注意和支持，尤其是捐款支持。

精神病院开业以后，嘉约翰仍继续在博济医院的工作，但是他和共同主持博济的医生关约翰（John M. Swan）彼此相处不睦，常有冲突[3]，1884 年来华的关约翰本是协助嘉约翰经营博济的资浅医生，从协助而共同主持，更企图单独主持，1899 年 1 月 18 日在华医药传教会召

---

① *First Report of the Refuge for the Insane in China, 1898-1901*, p. 3.

② *First Report of the Refuge for the Insane in China, 1898-1901*, p. 8.

③ 嘉约翰与关约翰两人经常写信给秘书指责对方的不是，嘉约翰的信例如 BFMPC/CH, vol. 38, no. 22, J. G. Kerr to F. F. Ellinwood, Canton, 16 February 1897；Ibid., no. 77, 20 December 1898。关约翰的信例如 Ibid., vol. 32, pt. 2, no. 4, J. M. Swan to F. F. Ellinwood, Canton, 20 January 1896; Ibid., no. 15, 7 February 1896。布道站至少有三名传教士向秘书报道嘉、关两人不和：Ibid., vol. 28, pt. 2, no. 30, Harriett Noyes to F. F. Ellinwood, Canton, 23 April 1894；Ibid., vol. 28, no. 31, M. W. Niles to F. F. Ellinwood, Canton, 23 April 1894；Ibid., vol. 43, no. 32, Henry V. Noyes to F. F. Ellinwood, Canton, 17 March 1902。这三名传教士都同情嘉约翰。

开年会，通过关约翰一人是博济医院主持医生的决议，即排除了共同主持的嘉约翰，他不接受此种屈辱而当场宣布辞离博济[①]，从此专注于自己创办的精神病院，至 1901 年 8 月 10 日过世，当时距精神病院开始收容病人为三年六个月，也结束了他四十七年在华传教医生的生活。

结　语

　　嘉约翰从 1872 年提议设立精神病院，二十六年后病院才于 1898 年建成开始收治病人。1893 年 6 月他在美国焦急等待理事会决定时曾说："我生命中损失一年可不是一桩小事。"[②] 一年已经如此，二十六年更是漫长的等待，何况其间他经常和同是传教界的反对者争议并忍受挫折，这段超过四分之一世纪的时间不但漫长，而且煎熬，更印证了精神病院确是他生平最耗心力的一项工作。

　　他和争议的对方（在华医药传教会、其他传教医生，及他所属的美国长老传教会）的论点其实都没有错，只是出发点不同，考虑的重点也不同。他从原则性的"义"出发，认为中国精神病人多而缺乏人道慈善的对待，应由基督教传教士率先作为中国人的示范，以改善精神病人的不幸处境；争议的对方则从现实性的"利"出发，主张传教事业并非人道工作，必须集中有限的资源进行直接的传教事工，以拯救中国人的灵魂为先。

　　与他争论的人们都没有否认精神病人应该救助，但他们都无意偏

[①] BFMPC/CH, vol. 42, pt.1, no. 12, J. M. Swan to F. F. Ellinwood, Canton, 27 January 1899; Ibid., vol. 51, Annual Report of the Canton Mission for the Year 1899, "Dr. Kerr's Report"; *Report of the Medical Missionary Society in China for the Year 1898* (Hong Kong: Printed at the China Mail Office, 1899), p. 8.

[②] BFMPC/CH, vol. 28, no. 54, J. G. Kerr to J. Gillespie, Seville, Ohio, 10 June 1893.

离自己本分的传教主轴；嘉约翰则认为人道救助精神病人是当为而且可为的事，这些病人的悲惨生活是自己日常眼见所及与心之所系，他义不容辞，还强调耶稣为人治病并未排除精神病人。只是嘉约翰这些论调与执着态度少有知音，他也只能长期等待下去，所幸终于出现认同他观点的匿名传教医生大笔捐款，他才能赶在生命的最后几年间实现义助中国精神病人的心愿，结果也写下近代中国精神病医学事业的第一章。

广州传教士那夏礼（Henry V. Noyes）向伊林伍报道嘉约翰过世的消息时，表示他刚听到当地两名中国人的谈话，一人问道："为何所有中国人都如此爱嘉约翰医生？"另一人回答："因为嘉约翰医生爱中国人。"① 在嘉约翰对中国人的爱中，精神病院肯定是非常重要的部分，而中国人对他的爱中，精神病院同样也是重要的因素。

———————

① BFMPC/CH, vol. 42, no. 48, H. V. Noyes to F. F. Ellinwood, Canton, 14 August 1901.

岭南文化研究

乾隆五十三年戎圩《重建粤东会馆碑记》所见之清代西江贸易

麦思杰

（暨南大学中国文化史籍研究所）

摘　要：广西戎圩是清代西江贸易的重要枢纽，其既是粤东商人西进贩米贸易的转运市场，亦是木材、药材贸易的集散地。本文以乾隆五十三年戎圩的《重建粤东会馆碑记》为主要文献，解读清代西江贸易机制研究中若干被学界所忽略的问题。

关键词：戎圩；粤东会馆；西江贸易

一、序　　言

明清时期，西江是华南地区贸易的重要航道。广西的谷米、木材、山货等大宗商品沿西江源源不断销往广东，与此同时，广东的食盐则逆流而上，运抵广西各地销售。来自珠江三角洲的商人在转运贸易中扮演了极为重要的角色，但关于清代西江贸易机制的许多问题，目前仍没有得到充分和深入的讨论。事实上，粤东商人在广西各地兴建了大量的粤东会馆。这些会馆中现仍存有大量的重修及捐款题名碑记，这些碑记深刻反映了当时各圩市商业发展的水平及转运贸易的情况，具有极高的史料价值，是研究清代西江贸易状况的重要文献。

在 20 世纪 80 年代的太平天国研究调查，是对粤东会馆碑文最早的抄录整理，这些碑刻收录于《太平天国在广西调查资料全编》之中。

但囿于当时条件所限，编者只收录了若干粤东会馆的碑文，且大部分碑文为选抄。近年来，随着新史学的发展，学界重新注意到粤东会馆现存碑刻的学术价值，如唐凌的《广西商业会馆系统碑刻资料集》^①，对各地会馆的碑刻均作了较为系统的整理，为相关的研究奠定了较好的资料基础。同时，亦有一些学者已经利用相关碑刻展开研究，如唐晓涛的《18世纪西江中游的客商与乡村社会》、宾长初的《清代西江流域圩镇商业的个案考察——以广西大乌圩为对象》，但总体而言，相关的研究仍处于起步阶段，许多碑刻仍没有得到深入研究。

在有清一代，戎圩是西江中上游地区最大的圩市，西江流域一直流传着"一戎二乌三江口"的说法。戎圩粤东会馆位于梧州市龙圩区沿江路，创建于明末，原为关夫子祠。清康熙年间，改为会馆。戎圩粤东会馆在康熙五十三年（1714）及乾隆五十三年（1788）分别有两次大规模的重修。康熙的重修碑记没有存留下来，现保存完整的为乾隆五十三年的《重建粤东会馆碑记》。《重建粤东会馆碑记》实际上分为《重建戎城会馆碑记》与《重建粤东会馆题名碑记》两部分。《重建戎城会馆碑记》高166厘米，宽83厘米；《题名碑记》又分为两通，每通各高166厘米，宽166厘米，因原有的抄录有一些瑕疵，故笔者对其进行重新抄录，并对这两通碑刻加以解读，以供方家指正。

二、《重建戎城会馆碑记》所见之商人群体

关于粤东会馆背后商人群体的构成，一直以来都是清代西江贸易研究的难点。学界对此多语焉不详，只笼统将其称为广东商人或粤东商

① 唐凌、熊昌琨：《广西商业会馆系统碑刻资料集》，桂林：广西师范大学出版社，2014年，第71页。

人，并不能区分其内部的差异。事实上，在西江中上游地区从事贸易的粤东商人，往往会根据籍贯形成不同的群体，其中最重要的是顺德籍与南海籍商人。但粤东商人籍贯的问题，又因其在入广西籍而变得难以辨析。在广西经营贸易的粤东商人，为了获取科举考试的资格，往往会在当地入籍。如在南宁入籍的顺德商人，其在捐款时就会标注为南宁商号。因此，我们很难在题名碑记中直接分辨商人群体的籍贯。

对于这一问题，我们可以从几个方面加以考证。首先，研究者可以留意会馆重建碑记的撰文者。一般而言，会馆在创建或重修时，往往会请本籍的官员撰写碑记。其次，对题名碑中捐款商号（人）前的地名表述展开比堪。最后，与会馆内或者其他粤东会馆的碑刻互证。

关于乾隆末年戎圩粤东商人的籍贯问题，我们首先考察《重建戎城会馆碑记》的作者，该文是顺德籍官员温汝适。温氏为清乾嘉年间的著名学者，乾隆末年任翰林院编修。关于温汝适的生平，光绪《广州府志》有以下记载：

> 温汝适，字篑坡，龙山人。质颖异，九龄解作史论。年十六领乾隆庚寅乡荐，甲辰成进士，改庶常，授编修。丁丑入直上书房，擢赞善，再擢洗马侍讲侍读，转左右庶子，迁国子祭酒太仆少卿通政使。历典广西、四川、山东乡试，督学陕甘，寻升副都御史。己巳，监临京兆试临场条陈，降补太仆寺，卿旋复副都御史。癸酉，擢兵部右侍郎。甲戌，以母老南贵，未几丁忧，哀毁成疾。及痛闻仁宗睿皇帝升遐，扶疾就道，兼程而进，卒于江西吉安舟次。[1]

---

[1]　光绪《广州府志》卷133，爱如生中国基本古籍库。

乾隆五十三年（1788），粤东会馆重修时，温氏适逢担任戊申科广西乡试副主考，故在桂的粤东商人就请温氏为会馆撰写碑文。温氏在《碑记》就提到：

> 予方奉简命粤西典试，而皇华听指，不履苍梧，揭晓之后，乡友谒于桂林，重以为请。予念戎为稻麦渊薮，两粤关焉，兹所营建，犹为敦本，又亲戚宗族，往来戎者甚重，未敢视同秦越也，奚不避不敏，书之俾勒于珠江之后。

温氏的这段表述，十分值得玩味。乡试揭晓之后，很多乡友到桂林拜谒温汝适，说明在戎圩或西江上谋生的许多粤东商人已经在广西入籍，故很多粤商子弟实际上是在广西参加乡试。同时，温氏又提及自己的亲戚宗族往来戎圩者甚多，这从侧面提醒我们，戎圩的商人群体极有可能以顺德籍商人为主。

关于这一猜测，我们可以在《重建粤东会馆题名碑记》做进一步的印证。《题名碑记》的最后一部分为大值簿捐款题名，上面记录的是来往水客的捐款。里面最值得注意的现象是，除顺德以外的水客捐款，基本以州县名署之，如横州大源号、南宁慎德号、南海万兴号，而顺德客商的捐款，除少数商号署名顺德外，大部分商号的籍贯均具体到乡镇，如大良两益号、龙山陈文兼、黄连梁昌盛、太平圩温大隆、龙江胜昌号、石龙安德号。这一情况说明，来往戎圩从事贸易的客商以顺德商人为最多。

在此基础上，我们不妨将其与桂平江口的粤东会馆再作一简单比较。江口粤东会馆创建于乾隆五十六年（1791），两馆重修和创建的时间只相差三年。学界以往在研究清代西江贸易时，多借用民间广为流传"一戎二乌三江口"的说法展开讨论。这一观念使学者往往以为苍梧戎圩、平南大乌、桂平江口三圩之间贸易来往密切，共同组成了西江中上游地区的商业贸易网络。但实际上，江口与戎圩之间的关联度并不紧密。在戎圩粤东会馆的捐款名列中，来自江口的捐款甚少。造成这一情况的原因在于，江口圩的商人主要来自南海。

江口粤东会馆的《创建粤东会馆序》由南海籍官员、翰林院庶吉士冯成修撰写①，而江口会馆创建最大的捐款就是来自南海九江的万福，捐银达一百四十四两之多。此外，江口商人主要来自南海的另外一个例证为桂平大宣圩的《奉爵阁部堂福大人饬禁妄扳碑记》《奉两广部堂福公宪饬禁供应碑记》《奉宪加禁抽买铺贩谷米短价派累枭肆拢碑记》《奉督宪行潘宪永禁派抽阻挠接济碑记》等五通碑记。这五通碑记刻立的时间为乾隆五十五年至五十八年（1790—1793），内容均是南海籍商人刘懿彰、周魁国状告在桂平被棍衿派抽事宜。这些细节从不同侧面证明，桂平地区的商人群体主要由南海商人构成。

上述的细节从不同角度证明，在清代乾隆末年，西江中上游的市场主要可能被顺德与南海两大商人群体分割。下游戎圩的商人主要以顺德商人为主，而中游江口的商人则以南海商人为主。

三、《重建粤东会馆题名碑记》

粤东会馆为戎圩贸易的管理机构，本部分拟透过对《重建粤东会馆题名碑记》的解读，并结合相关史料对清代西江贸易的机制展开分析。

1.戎圩商业的发展

戎圩粤东会馆的创建、重修与明清时期西江贸易的发展有着密切

---

① 饶仁坤、陈仁华编：《太平天国在广西调查资料全编》，南宁：广西人民出版社，1989年，第433页。

关系。在崇祯《梧州府志》中，关于戎圩的记载亦只有寥寥数语："戎圩，长洲相对。"① 对于戎圩商业的情况，亦无相关具体的记载。但粤东商人大规模来梧州府一带谋生，基本始于明末。崇祯《梧州府志》如是记载：

> 惟东省接壤尤众，专事生息，什一而出，什九而归。中之人家，数十金之产，无不立折而尽。充兵戍衙役、急即逃去，多翁源人。习文移恃刀笔，为官府吏书，仰机利而食遍于郡邑，多高明人。盐商、木客、列肆、当垆，多新（会）、顺（德）、南海人。②

从文献可见，在明末已有大量的粤东商人至梧州地区谋生，其中从事商业贸易的就是新会、顺德、南海人。因此，粤东商人至戎圩从事商业贸易活动，大体应该在明后期。大量粤东商人的到来，使戎圩的商业不断发展。至乾隆年间，《梧州府志》关于戎圩商业情况如是记载：

> 戎圩，城西南二十里，居民铺舍繁盛，滨江通商往来。③

这段材料的描述，足以证明清代戎圩的繁荣。而戎圩商业发展的最重要阶段，大约是在乾隆的中后期。在粤东会馆内，现仍存有一块《粤东会馆甲申年创造坝头碑记》。该碑立于乾隆二十九年（1764），记录了当时会馆重修码头的过程及捐款情况。根据统计，该碑的捐款数额为一百六十四两，而乾隆五十三年重修会馆的捐款数额则达到了29400元。捐款数额的剧增，在一定程度上证明了乾隆中后期是戎圩

---

① 崇祯《梧州府志》（第一册）卷 1，南宁：广西人民出版社，2013 年，第 117 页。
② 崇祯《梧州府志》（第一册）卷 2，南宁：广西人民出版社，2013 年，第 133 页。
③ 乾隆《梧州府志》卷 24，爱如生中国基本古籍库。

商业的重要时期。

在戎圩商业发展的过程中，粤东商人如何在当地获得兴建修建店铺的土地，是我们必须关注的另一重要问题。购置土地，最重要的是户籍登记与承担赋税的问题。在广西的粤东商人，因没有户籍而无法缴纳赋税。因此，粤东商人只有解决了赋税缴纳的问题，才能获得兴建店铺的土地。在清初以后，在梧州地区的商人最重要就是通过购买贫民田皮以获得土地。同治《苍梧县志》有以下记载：

> 按：梧城外铺舍，自顺治八年听民复业，贫民无力建造，富者代之，谓之上架，原有地者为下架，计舍取租，上架主之议分，下架以地租并纳粮。戎圩亦然。[①]

从文献可知，当时梧州城廓和戎圩的贫民将田地租于富人，贫民为下架，拥有土地的所有权，而富人为上架负责兴建、经营铺舍。下架的贫民负责向官府纳粮缴税。清初在梧州府的粤东商人基本通过这一方式兴建了店铺，此为戎圩繁荣的重要基础。

2. 会馆的祭祀神明

根据《重建戎圩会馆记》记载，粤东会馆的主神为关夫子（即关帝）。时至今日，关帝仍然是戎圩粤东会馆祭祀的主神。值得注意的是，在《题名碑记》中的第一部分里，提及会馆的建制，除了武圣殿外，还包括天后宫，这说明天后是粤东会馆的陪祀神明。笔者分析，作为财神，关帝主要是管理圩市贸易，而天后则是为来往客商所祭祀，保佑舟楫平安。如果再对西江流域其他的粤东会馆作简略考察，我们不难发现，各处祭祀的神明虽有所差异，但关帝和天后基本都会位列

---

① 同治《苍梧县志》（上册）卷6，苍梧县志编纂委员会办公室（内部资料），第346页。

其上。

关于神明祭祀的内容，《题名碑记》的第一部分尤为值得注意。会馆的两个神殿的所需物品分别由 16 个行会、3 个堂会、7 个商人以及 4 个埠头认捐。其中，16 个行会分别是恩会、豆豉行、豆行、布行、烟丝行、银行、磨坊行、药材行、青蒟行、铜器行、皮袋行、油行、耆英会、杂货行、皮行、钛钉行，3 个堂分别是永昌堂、三多堂、百福堂，6 个商人分别是林胜源、谢德亮、吕光口、邹必运、李杰富、石嘉能，4 个埠头分别是黄连埠、九江埠、甘竹埠以及安澜埠。

关于这些认捐的行会或商号，有几个值得注意的地方。其一，能捐神宫物资的，不是一般的商人，而是行会、巨贾，或者与戎圩来往密切的埠头。笔者认为 16 个行会和 3 个堂会，应该是粤东会馆的值事。其中，百福堂为当年的重建值事，又从侧面印证了这一点。这 19 个会堂是控制戎圩不同行业的组织。此外，需要关注的是，在上述的行会中，唯独没有米业的行会，但米业又是戎圩最大宗的贸易。笔者推测，恩会就是米业的行会。同时，从这些行会认捐的排名，我们又可以看出当时戎圩贸易交易额的次序。除了米粮外，依次有豆豉、布匹、豆、烟丝等行业。在《太平天国在广西调查资料全编》中，很多口述者声称戎圩除米粮外，另一重要的行业为面坊，其主要供应是市场为百色、南宁等地。[①] 但在认捐行会的名列中，磨坊行排在较为靠后的位置。这一情况说明，磨坊行业的迅速发展最早也是在嘉庆道光以后。

其二，四个认捐的埠头黄连、九江、安澜以及甘竹，与戎圩共同组成西江贸易的其中一个商业网络。黄连埠、甘竹埠地处顺德，九江地处南海，安澜地处贵港，甘竹地处北流。这四个埠头中，一个位于

---

① 饶仁坤、陈仁华编：《太平天国在广西调查资料全编》，南宁：广西人民出版社，1989年，第 39 页。

上游，三个位于下游，而戎圩则是连接四个圩市以及佛山的贸易枢纽。佛山是这个市场网络的中心市场，而九江、黄连、安澜、甘竹和戎圩则组成了下级市场。这是西江贸易的众多贸易网络的其中一个，而大安、江口或者府江的平乐，亦相应会有自身的贸易网络。

3. 戎圩与梧州的经济关系

戎圩与梧州的贸易关系，是《粤东会馆题名碑记》的重要内容。在《题名碑记》中，梧州商号的捐款单独列出。在该列中，共有 176 家梧州的商号捐款，总额为 502 元。而在戎圩本地的坐商捐款名列中，共有 458 家商铺捐款，捐款的总额为银洋 4131 元，中元 33 元，白银 30.12 两。

在清代，与戎圩有经济往来的店铺，在梧州的店铺中应为绝大部分。因此，两者比较，我们不难推断戎圩的商业规模比梧州城要大一倍多。当时，梧州的商业主要集中在城一带，商业空间有限。梧州的商业实际上是到清末开埠以及民国拆除城墙之后才发展成西江流域最大的商业中心。在清末，梧州地区一直流传着一首诗，亦证明了戎圩商业比梧州城繁荣：

> 交易戎圩占上游，各江土地尽流通。
>
> 任杀百货能消聚，买卖公平账易收。
>
> 大石根前旋水湾，筏簰泊处客情兵。
>
> 日斜谷准才减价，水艇如梭密往还。
>
> 日中为市闹纷纷，趁圩人至密集云。
>
> 蛙螺山味兼鸡鸭，采买回梧已夕熏。[①]

---

① 饶仁坤、陈仁华编：《太平天国在广西调查资料全编》，南宁：广西人民出版社，1989 年，第 40 页。

该诗充分说明清代梧州到戎圩采买的情形。笔者推测，诗中所说的采买，并非是一般民众到戎圩赶集，而是梧州城的商家到戎圩批量采买回梧销售。因此，梧州在当时是戎圩的下级市场。

　　4. 西江的贸易路线

　　在《重建粤东会馆题名碑记》的最后一部分，为不同筏大值簿的捐款。在西江沿岸，因滩浅沙多，船只很难直接停靠在码头，故在岸边要设置船筏以供来往船只停靠。这些筏同时也可以作为临时仓库，供来往水客存放货物。一般而言，一个筏意味着一个码头，每个码头停靠的船都会固定来自几个地方，或者是运送同样的货物。不同码头相应都由不同的行会后者商贾控制。

　　在《题名碑记》中，一共有13个船筏，分别是其源筏、广益号、其合筏、人和筏、广源筏、富源筏、义和号、美成筏、施德盛、温义隆、天利筏、诚信筏、源盛筏。这意味着，乾隆末年的戎圩共有13个码头，这13个码头的大值簿捐款，就是乾隆末年和戎圩有贸易来往的商号。

　　其源筏大值簿共有87个商号捐款，共计420元，商船主要来自南宁地区；广益号大值簿共有47个商号捐款，共计白银225.88两、银元59元，商船主要来自来宾、象州地区；其合筏大值簿共有51个商号捐款，共计银元317元、白银11两，商船主要来自迁江地区；人和筏共有55个商号捐款，共计323元，商船主要来自横州地区；广源筏共有71个商号捐款，合计315.4元，商船主要来自贵县及大乌；富源筏共有25个商号捐款，合计177元，商船来源比较复杂，有安澜、运江、藤县等地；美成号大值簿共有51个商号捐款，合计银元166元、白银1两，商船主要来自柳州、象州；施德盛筏大值簿共有35个商号捐款，合计130元，商船主要来及柳州地区；温义隆大值簿共有37个商号捐款，合计银元112元、白银10两，商船主要来及南海太平以及顺德地区；天利筏大值簿共有19个商号捐款，合计112元，商船来

源地为安澜、番禺；诚信筏大值薄共有 42 个商号捐款，共计银元 113
元、白银 1 两，商船主要来自员山、员冈；源盛筏大值薄共有 21 个商
号捐款，合计银元 83 元、白银 10 两，商船主要来自安澜、北流。上
述 13 个筏，合计共有 568 个商号捐款。换而言之，乾隆末年在西江上
与戎圩发生直接经济关系的商号约 568 个。

如果将《题名碑记》中捐款的水客与乾隆《粤东会馆甲申年创造
坝头碑记》中的捐款水客相比，我们就不难发现与戎圩相关的贸易线
路发生了显著的变化。在甲申碑中，只有柳州水客的捐款，而无南宁
水客的记载。而在乾隆五十三年的《题名碑记》中，来自南宁地区商
船的捐款数额为各地之最。所以，不难判断，乾隆三十年开始，南宁
地区的贸易进入了迅速发展的阶段，至乾隆末年，其在戎圩上游最大
的交易来往地。

四、结   语

清代是西江贸易发展的重要阶段。在现今所存留的粤东会馆内，
保存着大量的碑刻，这些碑刻深刻地反映了清代不同时期贸易状况及
贸易机制。笔者以为，对这些碑刻的解读，既需要对碑文的内容作深
入的解读，同时也要对捐款题名的数额作细致的梳理。只有在这个基
础上，才能对清代西江贸易的发展脉络有宏观的把握。

附：重建粤东会馆碑记

重建粤东会馆碑记
重建戎墟会馆记
苍梧为粤西之东境，离县二十里，有巨镇焉，盖古戎城也。其地

面临大江，左右高山环境，峯连翠叠，数十里而不绝，上接两江：一自南宁而下，一自柳州而下，皆会于戎，水至此流而不驶，故为货贿之所聚云，吾东人货于是者，禅镇扬帆，往返才数日，盖虽客省，东人观之，不啻桑梓矣。国家重农务本，户口殷繁，而西省田畴广美，人民勤动性成，中岁谷人辄有余，转输络绎于戎，为东省赖。故客于戎者，四方接轸，而莫盛于广人；集于戎者，百货连檐，而莫多于稻子。凡两粤相资，此为重地。权衡斗甬之属，上宪尤留心焉。虽通邑大都，广墟雄镇，未足比也，地故有关夫子祠，享一墟香火，亦吾东人之所建也，康熙五十三年，更祠为会馆。珠江郑公，首捐重赀为倡，并撰文记之详矣，夫声气相依，固人情所乐，而期会有所，则众志益兴，会馆成，我东人岁时习礼其中，展恭敬之情，序乡邻之谊，戎镇愈以增重也，岂顾问哉，语不云乎，变本而加厉，踵事而增华，自康熙之季至今七十余年，舟艘渐湮，黝垩非昔，雕甍倚槛，未叹飘零，破瓦危垣，鼓愁风雨，以物华人杰之候，为增高继长之谋，会馆之修，亦何容已，乾隆乙巳之秋，值事一倡，众情咸悦，不浃旬而签题数千金，前后客艘所签又数千，于是拓旧基，辟新局，工匠极一时之选，材石收两省之良，自经始至落成，再周寒暑。计工二万九千四百有奇，各料之费三之，盖力则集腋成裘，而功乃积薪在后者也，既竣，谋镌诸石，遗书京师，属予为记，予方奉简命粤西典试，而皇华听指，不履苍梧，揭晓之后，乡友谒予于桂林，重以为请。予念戎为稻麦渊薮，两粤关焉，兹所营建，犹为敦本，又亲戚宗族，往来戎者甚众，未敢视同秦越也，奚不避不敏，书之俾勒于珠江之后。

赐进士出身、诰授奉直大夫、翰林院编修、戎申科广西试副主考、前内阁撰文中书舍人、充内延三通馆纂修官、武英殿分核、文津阁详校官、加七级、顺德温汝适敬撰并书乾隆五十三年，岁次戊申仲冬吉且立。

重建粤东会馆题名碑记

承 恩会喜认 二圣銮舆二座 天后宫雕花神楼一座 西纱神帐一堂 工金壹千伍百两

荳鼓行喜认 武圣殿雕花神楼一座 西纱神帐一堂 锡满堂光一对 锡大宫灯一对

黄连埠喜认 二圣殿前图屏一副 助工金柒拾大员

九江埠喜认 武圣殿前锡香案一副 香案枱壹张 助工金壹百两正

布行喜认 二圣殿珐琅宫扇二对 助工金壹百大员

安澜埠喜认 二圣殿前铜八宝一副 头门大灯笼一对 锦绣彩门架壹架

永昌堂喜认 武圣殿铜博古炉一座

甘竹埠喜认 武圣殿镶玻璃锡香案一副 香案枱一张 红绒楣图一条

荳行喜认 二圣殿前红缎锦绣彩壹堂 雕花敕亭一座 助工金叁拾员

烟丝行喜认 二圣殿红绒锦绣日照二把 铜博古炉瓶一副 炉座一张 助工金式拾四大员

银行喜认 二圣殿雕花香亭一座 铜炉瓶一副 助工金叁拾大员

禅山林胜源喜认 二圣万象豪光二面 助工金伍大员

三多堂喜认 天后宫前锡香案一副 香案楣一副 长明灯壹盏

重建值事百福堂喜认 二圣殿红绒楣图二条

磨房行喜认 武圣殿前长明灯一盏 铜博古炉瓶一副 炉座壹张

药材行喜认 天后宫红缎绣长旛一对

青蒴行喜认 武圣殿前锡香案一副 香案楣一张

铜器行喜认 二圣殿大铜锣一对

皮袋行喜认 二圣殿大铜头锣一对

谢德亮 吕光□ 邹必运 喜认 天后宫前铜香炉一个

油行喜认 二圣殿前铜吊炉二对

耆英会喜认 二圣殿龙凤银金冠二顶

杂货行喜认 二圣殿前锡宫灯二盏

龙山李杰富喜认 天后锦绣裙一条 助工金叁大员

皮行助工金肆大员

石厂陈嘉能叁大员

钛钉行一两六钱

乡进士出身署理协镇广西梧州府右营水师守 府加三级建邑李充光喜助工金式拾两正

茹廷湘助工金捌拾叁大员 隆兴当助工金柒拾五大员 永裕当助工金陆拾大员 义益当助工金陆拾大员 广裕当助工金陆拾大员 兰松馆助工金五拾肆大员 其合筏助工金五拾壹大员 容江馆助工金五拾壹大员 李义和助工金肆拾五大员 永裕馆助工金肆拾叁大员 仁盛店助工金肆拾叁大员 耀明店助工金肆拾壹员半 温锡龄助工金肆拾大员 李赞襄助工金肆拾大员 愈益店助工金肆拾大员 源昌当助工金肆拾大员 天利筏助工金叁拾陆大员 诚信筏助工金叁拾五大员 会昌馆助工金叁拾五大员 罗昌盛助工金叁拾五大员 聚和店助工金叁拾五大员 梅德丰助工金叁拾肆大员 广益店助工金叁拾肆大员 棉花行助工金叁拾式大员 今昌行助工金叁拾式大员 □□□□□□□□□□ □□□□□□□□□□ □□□□□□□□□□□ □□□□□□□□□□ □□□□□□□□□□ □□□□□□□□□ □□□□□□□□□ 广胜店助工金叁拾□□□ 黄逢源助工金式拾捌大员 新会萧穗堂助工金式拾捌大员 新会国学欧阳图南助工金式拾捌员 新会欧阳忍乐助工金式拾捌员 杏林堂助工金式拾柒大员 施德盛助工金

式拾陆大员 陈信和助工金式拾陆大员 宝兴店助工金式拾五员半 人和筏助工金式拾五大员 怀安堂助工金式拾式大员 天聚店助工金式拾式大员 邓泰来助工金式拾式大员 怡合店助工金式拾壹大员 冼遂丰助工金式拾壹大员 柳府黄元昌助工金式拾壹大员 温恒新助工金式拾壹大员 鹤邑同垫谷船助工金式拾大员 茹源合助工金壹拾捌大员 邓昌筏助工金壹拾捌大员 陈之合助工金壹拾捌大员 新会欧阳愈琳助工金拾捌大员 裕聚店助工金壹拾柒大员 泰兴店助工金壹拾柒大员 成泰店助工金壹拾柒大员 麦达店助工金壹拾柒大员 丽益店助工金壹拾柒大员 英华店助工金壹拾柒大员 集成筏助工金壹拾柒大员 何友合助工金拾陆大员半 温泗隆助工金壹拾陆大员 怡盛店助工金壹拾陆大员 柯宝隆助工金壹拾陆大员 广和店助工金壹拾陆大员 邓悦和助工金壹拾陆大员 泗盛店助工金壹拾陆大员 同和店助工金壹拾伍大员 广兴店助工金拾伍大员半 洪兴店助工金拾伍大员半 □□□□工金壹拾伍大员 □□□□□金壹拾伍大员 □□□□□金壹拾伍大员 □□□□□金壹拾伍大员 □□□□□金壹拾伍大员 □□□□□金壹拾伍大员 □□□□□□壹拾肆大员 □□□□□□壹拾肆大员 □□□□□□壹拾肆大员 □□□□□□壹拾肆大员 邓功鸣助工金壹拾肆大员 得盛店助工金壹拾肆大员 郭万隆助工金壹拾叁大员 梅怡丰助工金壹拾式员半 利兴店助工金拾式大员半 广聚店助工金拾式员叁钱 李盛店助工金壹拾式大员 易千和助工金壹拾式大员 福兴店助工金壹拾式大员

　　成合馆助工金壹拾式大员 谢全兴助工金壹拾式大员 邵两盛助工金壹拾式大员 刘锦隆助工金拾壹员式钱

　　怡兴店 冼遂隆 已上助工金拾壹员式钱

　　国学欧阳慎恕 麦祖佳 裕安堂 经昌店 谢源店 梁裕昌 义益店 永信店 升源筏 丽源店 已上助工金拾叁大员

　　利昌店 区桐店 梁茂馨 何华聚 已上助工金壹拾大员半

大昌堂敬送 龙山金紫胜会 石厂陈以忠 裕升店 荣合店 悦合店 邝万和 太盛店 邵聚盛 邵义盛 邵万德 邵合盛 邵又盛 厚兴店 愈盛店 陈功芳 周 胜合 美成店 利源筏 万利筏 佑隆店 欧昌馆 李成源 义兴店 德源店 已上助 工金壹拾大员

温道谦 萧和盛 裕信店 邝万升 欧阳三盛 梁远昌 欧阳日利 何日昌 英合店 已上助工金九大员

梁广隆 冯万丰 卢其昌 已上工金八大员半

梅永丰 罗同胜 美合店 万昌店 会盛店 祥隆筏 千合店 源生筏 谢德 举 梁远兴 麦和店 已上工金八大员

新会萧原康 高兴馆 已上工金七员半

萧达相 助工金七员二钱

陈富令 利成店 李大有 冯恒信 黄闻兴 刘义和 西源筏 怡和筏 东源 筏 欧阳广信 顺邑梁宁伦 顺邑潘云从 已上助工金柒大员

康西益 何珍元 邓和附 茹怡和 生和店 其盛店 三成店 长来店 已上工 金六大员半

华隆店 刘昌盛 梁合店 庞公才 已上工金六员弎钱

麦全店 恒聚店 邵裔荣 邵达荣 范盛店 阜昌店 茹三合 杨永合 谭必 成 欧阳允 和顺店 兆昌店 万盛店 刘成店 广聚店 欧盛店 源益筏 客盛店 顺邑潘扬举 顺邑李应求 已上助工金六大员

何隆店 冯昌兴 余三德 温焕明 聚昌店 招贤章 萧升店 卢永胜 华盛 店 同益店 裕源店 已上助工金伍大员半

同兴店 助工金伍员弎钱

兴合店 邵裕才 悦胜店 茹广店 邵信盛 易奇斌 冯鸿盛 薛源茂 何裕 和 吕彬之 黄正源 欧齐光 聚顺店 谢立拔 宏美店 卢利就 卢宏源 甘广盛 元福店 钊合筏 粤隆店 义利店 合昌店 闻合店 劳广合 白秀芳 白胜利 长 益筏 严章元 张廷纶 合隆店 九字号 已上助工金伍大员

昌聚店 邵秀盛 永兴店 梁荣兴 已上助工金四大员半

新聚店 工金四大员弍钱

大恒馆 温义友 永合店 区广仁 刘三元 何锦昌 林廷宗 任义源 罗 耀
永元店 悦和店 苏悦源 源和店 今来店 曾万兴 冯美成 伦英修 石厂吕清显
诚利店 聂文合 聚兴筏 已上工金四大员

何珍玮 忠合店 李公昌 谢功敕 已上助金叁员半

泗源店 助工金叁员三钱

谢功高 冯千盛 源顺店 茹美鸿 胜源店 以上工金叁员三钱

明德馆 如合店 怡珍店 茹镜堂 梁怡益 何逮千 怡合店 黎永源 龙同
合 万聚店 公盛店 万生店 潘广隆 西成店 李友良 以义店 林长利 永合店
李成合 唐成禹 李遇发 卢瑞源 陈天华 同盛店 生和店 永盛店 生合店 苏
长利 华利店 伍永和 聚成店 潘三隆 延兰店成有店 谢明店 李就源 义恒
馆 明丰店 罗合店 麦隆店 黄永聚 怀德堂 潘全有 茂盛店 邓功显 朱义利
刘超琰 老贤胜 许泰胜 黄珺琪 陆广声 已上工金叁大员

东莞信官林木华 千来店 孔亮高敬送 黄信聚 罗九华 谢德佑 声名居 明
心馆 合昌店 茹采耀 黎廷纪 梁意合 黄絧南 泰来店 甘上镇 合盛店 古天
源 罗德荣 石厂陈廷爵 砖□黄志耀 冯兴店 伍永昌 义源店 南盛店 天德店
已上助工金弍大员

西就店 助工金□□□□□

黎见参 劳祥崇 苏达昌 苏达仕 已上助工金□□□□□

罗芳来 升合店 九江曾燕明 徐裔 新会欧阳存璞 已上助工金□□□□□

薛遂玉 林信昌 茹合店 黎聚店 冯合店 李建良 遂益店 美益店 邝遂
合 已上助工金壹两

周怡员 助工金一员□□

郭德祥 三和店 黄西琼 卢成就 董兴源 梁全盛 戴激合 利盛店 胡绍
三 区有贤 何朝华林有店 莫合源 古文盛 林昌店 区远合 邵合益 太有店

梁聚合 邓儒宗 奕源店 黎云合 何孔观 仁荣日 苏捷华 罗广成 梁信成 禙礼新 何兴顺 莫显明 萧源聚 麦祖侃 黎桂举 黎文□ 王照万 黄西合 钟信兴 合兴店 裕丰店 邓又隆 广茂店 义合店 来新店 义成店 广丰店 胡维杰 高满兰 明源店 同胜店 陈瑞华 梁储标 萧饶显 关显荣 高成店 九江关蕃宗 九江翔表 九江梁孔瑞 九江全和店 顺邑梁厚和 顺邑梁厚恢 山货行东源筏 山货行西源筏 山货行源生筏 山货行怡和筏 义恒筏 悦和筏 杨敏焕 梁宝云 梁宝兴 余卓观 莫利合 升利店 广合店 □和店 梁聚合 罗成店 泰丰店 已上助工金壹大员

梁瑞明 卢熙宇 林肇宗 麦纯书 谭燕升 萧渭光 潘和万 已上工金壹大员

陈延俊 谢德丰 关湛云 黄东广 邓功晟 周植之 欧阳瞻泗 □学茹璘耀 冯志广 李朝杰 黄升培 梁泽干 欧阳成瑞 谭英豪 唐若柱 □学欧阳鹏侣 梁瞻广 欧阳愈德 萧自天 萧贤述 李斐君 冯仁惠 茹珍耀 梁开弼 高则昌 江茂运 吴宗碧 罗抱聪 邵世祥 梁世珍 邓必君 许仁科 已上助工金壹中员

南隆店 工金壹中员

宏顺店 工金三钱二分

梧州喜认工金芳名列

米筏行喜助工金叁拾大员 梧厂银行助工金式拾大员 三裕当助工金壹拾式大员 恒昌当助工金壹拾式大员 公和当助工金壹拾式大员 通裕当助工金壹拾式大员 联昌当助工金壹拾式大员 寅昌筏助工金壹拾式大员 温源合当助工金壹拾大员 冯天成当助工金壹拾大员 谢富合筏助工金壹拾大员 梁东利助工金陆大员 陆岐昌助工金陆大员 友成筏助工金陆大员 经隆店助工金陆大员 西昌店助工金陆大员 冯大经助工金陆大员 谭源来助工金陆大员 源丰店助工金陆大员 皮行信众助工金陆大员 陈盛店助工金五员半 李义和助工金五大员 英聚隆助工金五大员 英聚兴助工金五大员 区源和助工金肆大员 梁杏源助工金肆大员 广德店助工金肆大员 汇益店助工金肆大员 英天华助工金肆大员 义成店助工金肆

大员 劳怡合助工金叁大员 区源利助工金叁大员

　　关广和 丁纶聚 聚源店 聚兴店 胡纶兴 名盛店 协隆店 金源店 岑源店 容和筏 已上助工金叁大员

　　谢合泰 助工金式大员半

　　广全筏 何联兴 陈远信 南阜店 梁芸源 黎合隆 曹联盛 陆广和 黄源兴 冯永隆 陈永兴 李会同 何义源 朱日和 宝昌店 保宁堂 黎广隆 义隆店 黄凫足 元馨店 童大和 梁二合麦建升 黄富新 李怡昌 黎胜隆 李元生 吴三得 聚利店 张悦和 张牲和 吴广和 罗广昌丁三聚 冯又新 又经店 黎德和 朱日兴 李利盛 叶日盛 岑泰兴 遂隆店 黄广合 邓岐山 叶德名 万聚店 丽昌店 锦昌店 马裕昌 洪茂店 陈兴店 成源店 陈悦和 浩盛店 天和店 永盛店 盈利店 茂兴店 盈隆店 陈永合 忠兴店 天盛店 长源店 吉聚店 施聚盛 施兴利 李广盛 潘大盛 麦昌盛 谢洪合 泰昌店 冯万德 冯义昌 何和合 芳源店 杏济堂 潘聚禄 陈德隆 万隆店 岑源兴 敬合店 以上助工金式大员

　　唐元兴 义至店 梁悦昌 龙荣聚 梁全兴 有昌店 何成利 兴和店 左远闻 左品店 简顺隆冯工成 何捷魁 刘和茂 聚来店 梁全店 悦兴店 华合店 吴正隆 永□店 元升馆 陈永聚 冯宝源 联升馆 曹南兴 扬名居 聚隆店 易源店 永升店 □□顺 正□店 胡广富 茂盛店 黎连新 龙荣昌 苏盛昌 耆英会 欧华昌 胡兴店 冯佑和 大合店 邵永泰 运昌店 合昌店 恒昌店 联昌店 行昌店 义昌店 怡昌店 兴昌店 宏昌店 明昌店 已上助工金一大员

　　重建粤东会馆题名碑记
　　其源筏大值簿
　　横州大源号喜助工金肆拾叁员 南宁慎德号喜助工金式拾壹员 南宁维利号喜助工金式拾大员 南宁宁远号喜助工金式拾大员 南宁吉隆号喜助工金式拾大员 南宁隆昌号喜助工金拾伍大员 南宁胜隆号喜助工金

拾伍大员 横州华昌号喜助工金拾伍大员 横州美源号喜助工金拾伍大员 横州公昌号喜助工金拾壹大员 贵县泗合号喜助工金壹拾大员 南海区丽章喜助工金壹拾大员 贵县泗和号喜助工金壹拾大员 横州美玉号喜助工金壹拾大员 平塘宏丰号喜助工金壹拾大员 横州陈德华喜助工金壹拾大员 南宁裕合号喜助工金壹拾大员 南宁泰德号喜助工金壹拾大员 归顺州梁同顺助工金捌大员 南乡裕合号喜助工金捌大员 三水禤达魁喜助工金捌大员 梧州同兴筏喜助工金捌大员 平塘同昌号助工金七大员

南宁广胜号 横州灵昌号 贵县同昌号 平马忠元号 贵县忠昌号 横州树德号 龙州劳屡中 南宁和合记 已上助工金六大员

横州南兴号 工金伍大员 龙州德昌号 助工金五大员

百色悦源号 大良两益号 南宁维吉号 陈村欧廷标 横州友合号 陈村俊记 横州美隆号 横州天合号 横州西兴号 顺德潘昭彤 龙州人和号 横州泗昌号 已上工金四大员

灵邑岁贡生刘秋涯 田州广益号 横州益记 顺德杨孟柔 横州千和号 南宁永义号 禅山兴记 平马永昌号 新墟义丰号 灵山茂昌号 新会欧阳尚成 横□和兴号 顺邑金炎思 龙州杏林堂 已上工金叁大员

藤县明兴号 蒲庙美合号 鹤山吕广源 鹤山吕焕泰 龙州德恒号 南海万兴号 永淳泰昌号 顺德欧义利 思明府冼文元 思明府联昌号南宁何正合 新邑欧阳显遥 南宁义昌号 横州梁天和 永淳广益号 禅山隆兴号 南乡富昌号 新墟三全号 灵山裕兴号 南宁茂盈号 顺邑薛国昌 南宁三全号 横州瑞和号 已上工金弍大员

顺德怡联号 石龙悦来号 浔州怡兴号 龙山李沛廷 新会李茂源 已上工金壹大员

广益号大值簿

来宾大湾又就昌助工金壹拾陆两伍钱 大湾钟利盛助工金壹拾陆两正 来宾大湾周怡顺助工金壹拾伍两正 大湾埠东盛号助工金拾肆两肆钱

运江利合号助工金壹拾式两正 大湾埠恒裕号助工金拾壹两伍钱 来宾□
界义合当喜助工金拾壹两壹钱 仁义万新号喜助工金壹拾壹两 香山何澄
怀助工金拾两零八分 大湾埠元贞号助工金壹拾两正 象州永盈号喜助工
金壹拾两正 仁义正昌号喜助工金壹拾两正 良江全兴号喜助工金壹拾两
正 武宣陈悦盛喜助工金壹拾两正 来宾人和当喜助工金壹拾两正 来宾
大湾又盛号喜助工金柒两式钱 柳府瑞源号喜助工金柒两式钱 仁义永昌
号喜助工金柒两式钱 良江永盛号喜助工金柒两式钱 顺德刘德初喜助
工金柒两式钱 运江盈昌号喜助工金捌大员 仁义泰昌号喜助工金捌大员
运江陈义丰喜助工金伍两正 罗定冯广兴喜助工金伍两正 南邑王元隆喜
助工金陆大员 武宣庙王墟信隆号喜助工金肆两式钱 运江同孚号喜助工
金肆两壹钱 桐木恒昌号喜助工金肆两正

运江怡益号工金五大员

象州生盛号 来宾王聚盛 柳府叶和兴 南海梁渐升 香山李恒占 顺邑
欧阳松秀 柳府泰益号 已上工金四大员

南海李静熙 顺德李琼南 融县三隆号 龙山黎仁修 象州华昌号 禅山
陈永昌 黄连吴开华 已上工金□大员

龙山陈文兼 来宾王正昌 南海李世韬 和埠黄万新 已上工金壹大员

其合筏大值簿

迁江吴安盛助工金肆十肆大员 迁江中和当助工金壹拾伍大员 迁
江中孚当助工金壹拾伍大员 禅山长义号喜助工金壹拾两正 迁江明聚号
助工金壹拾壹大员 迁江吴北盛助工金壹拾壹大员 西南福聚号助工金壹
拾壹大员 迁江原聚号喜助工金壹拾大员 龙江源兴号喜助工金壹拾大员
迁江忠聚号喜助工金壹拾大员 南邑信绅彭士达助工金壹拾大员 迁江裕
元当喜助工金壹拾大员 西南汇隆号喜助工金壹拾大员 迁江吴长丰喜助
工金捌大员 迁江裕昌号喜助工金捌大员 黄连梁昌盛喜助工金陆大员
黄连义平当喜助工金陆大员 来宾庞天号喜助工金陆大员 迁江源昌号喜

助工金陆大员 迁江德昌号喜助工金陆大员 顺邑老明辉喜助工金陆大员

迁江西盛号 迁江锦元号 贵县锦和号 罗定奕昌号 已上助工金陆大员

迁江中盛号 工金五大员

迁江怡盛号 迁江辛兴号 砚州李芳源 龙江同昌号 都城严维兴 已上工金四大员

迁江黄恒盛 迁江张舜选 迁江辛义盛 柳州利源号 黄连梁恒裕 黄连梁志明 已上工金叁大员

横州新墟成昌号 迁江忠源号 宝家永兴号 迁江聚和号 迁江全兴号 广平林满盛 渔涝信利号 渔涝永昌号 黄连林元炳 已上工金式大员

罗定生和堂 工金一两

信宜麦泰顺 罗定恒彰号 迁江区恒昌 渔涝大和号 已上工金壹大员

人和筏大值簿

陈村昌利号喜助工金式拾大员 横州叶恒盛喜助工金拾式大员 横州泰合号喜助工金壹拾大员 横州李怡合喜助工金壹拾大员 横州茂隆号喜助工金壹拾大员 新邑信绅欧阳昭扬助工金拾大员 顺邑梁信上喜助工金壹拾大员 广西庆远府天河县加三级纪录五次灵山张所述 助工金四大员 顺邑张伟能助工金壹拾大员 柳州信绅昌珖助工金捌大员 柳州欧阳荣盛喜助工金捌大员 横州盈和号喜助工金捌大员 桂平永昌号喜助工金捌大员 桂平卢益源喜助工金捌大员

横州昌合号 横州五福号 已上助工金八大员

横州杨三德 柳州尹日隆 贵县聚德堂 柳州聚兴号 贵县梁生源 桂平明升号 桂平大昌号 横州三兴号 大黄江刘远利 横州忠盛号 横州郑合号 大黄江李结昌 横州郑合号 大黄江李结昌 横州成德号 桂平聚源号 横州信绅简居智 融县欧阳元盛 已上助工金六大员

南邑李士通 谢德华 谢德发 已上工金伍大员

广远义盛号 横州信和号 横州南乡立成号 贵县远盛号 贵县广茂号

横州三合号 已上工金四大员

　柳州合昌号　石嘴利昌号　沙溪香山欧阳遂隆　庆远和记　贵县李同聚
蒲庙周正利　下湾益昌号 已上工金叁大员

　开建张荣利　横州南乡合丰号　横州刘广悦　罗定成裕号　罗定孙广新
新会邓礼光 已上工金弍大员

　本埠杜圣俸二大员

　广源筏大值簿

　平南同昌当喜助工金拾陆大员　都城日兴号喜助工金拾肆大员　南卫
所恒源号喜助工金壹拾大员　贵县朱锦昌喜助工金壹拾大员　禅山万有号
喜助工金捌大员　都城洪兴号喜助工金陆大员　贵县林宝昌喜助工金陆大
员　贵县长盛号喜助工金陆大员　大冲墟广信当喜助工金陆大员　禅山容
永昌行喜助工金陆大员　大乌墟广德行喜助工金陆大员　顺德龙山周辉岐
喜助工金陆大员　大乌墟大成当喜助工金陆大员　贵县木梓墟忠和号助工
金伍大员　贵县吴大昌喜助工金伍大员　贵县源和号喜助工金伍大员

　大乌义成号　贵县恒昌号　顺德龙山左拔良 已上助工金五大员

　禅山□全号 工金四员四钱

　大乌德新号　南邑陆国昌　大乌叶吉昌　德庆兴隆号　平南明心号　平南
信昌号　大乌源昌号　都城公义号　平南裕和号　南宁全福号　大乌业源号　都
城以义号　都城镇利号　贵县源隆号　贵县林宝合　贵县锦隆号　贵县吴广
昌　江门富隆号　江门万记　番禺员□刘锦千　平南广仁当　柳州伍昌号　丹竹
开源当　番禺大石何丽天 已上工金四大员

　番邑员□崔积相　江隆源号　顺邑龙山黎星合　南邑江翘泰　大黄江公
和号　龙江李万似　□□□□伍维礼　大黄江润兴号　番邑崔润斯　禅山安利
号　大乌东成号　南海万源号　番禺员冈高德刚　丹竹广来号　顺邑永和号　禅
山怡聚号　大乌曾志昌　番邑王聚千　番禺卫乎邦　德庆何锦胜　大乌高昌号
大乌怡昌号　大乌大来号　番禺大石何显和　丹竹孙泗隆已上工金三大员

南海□□谢乔可 南海黎港 黎邦翰 已上工金二大员

富源筏大值簿

南邑运济谷船 麦尚志 劳天寿等助工金伍拾大员 安澜埠富孟隆助工金式拾大员 安澜埠欧隆号助工金式拾大员 材逢升助工金壹拾大员 南邑麦富千喜助工金陆大员 卢连意喜助工金陆大员　北流周永昌喜助工金伍大员

陈万朝工金五员 叶建亮工金五员 吴有郎工金四员 安澜德隆号工金四员 郑世福工金四员 梁荣滔工金四员 梁长贵工金四员 南邑黄则图 南邑周日新各工金三大员 彭忠信工金式员 梁国茂工金式员 梁万富工金式员 黄腾魁工金式员 黄腾科工金式员 黄腾江工金式员 周世德工金式员 杜应显工金式员 梁国科工金式员 梁升富工金式员 黄胜光工金式员 杜应朝工金式员

义和号大值簿

藤县三聚筏喜助工金拾伍大员 藤县同益筏喜助工金拾壹大员 甘竹李利益喜助工金壹拾大员 运江全利号喜助工金壹拾大员 桐木信利号喜助工金壹拾大员 运江利和号喜助工金壹拾大员 桐木游浩昌喜助工金壹拾大员 运江广利号喜助工金壹拾大员　运江怡兴号喜助工金壹拾大员 桐木永兴号喜助工金捌大员 桐木长源号喜助工金捌大员 运江三和号喜助工金陆大员 运江李和号喜助工金陆大员 桐木杜信益喜助工金陆大员 运江和利号喜助工金陆大员 藤县来聚筏喜助工金陆大员

运江广全号 麻子陈厚和 已上工金五大员

运江陈芳齐 运江正和号 小榄埠三盛号 已上工金肆大员

武宣美利号 桐木运兴号 运江黄明德 已上助工金式大员

美成号大值簿

柳州正隆号喜助工金陆大员 柳州广当号喜助工金伍大员 柳州同合号喜助工金伍大员 柳州华龙号喜助工金伍大员 桂平三隆号喜助工金伍大员 古宜曾广昌喜助工金肆大员 新会苏明伦喜助工金肆大员 牛岭天

和号喜助工金肆大员 武宣三益号喜助工金肆大员 柳州盈信号喜助工金肆大员　怀镇丰源号喜助工金叁大员 柳州林源益喜助工金叁大员

桂平胡三源 白沙容泰号 古宣曾义和 武宣广义号 古宣义合号 武宣容泰丰 桂平万隆号 武宣源丰号 象州广源号 武宣隆亿号 象州巨丰号 武宣聚丰号 牛岭太成号 桂平彭宏昌 牛岭邝三合 桂平庞恒兴 柳州就昌号 石龙游三和 象州又新号 象州黄厚昌 象州容成聚 融县东来号 柳州华盛号 柳州天富号 桂平维昌号 桂平李和号 下湾日升号 桂平胡益三 大良合兴号 大良佑成号 柳州白沙有隆号 桂平姚璧号 象州周□源 桂平姚怡隆 武宣唐正昌 武宣钟广益 中庆伍锦丰 柳州源隆号 已上助工金叁大员

南海卢定□ 助工金壹两正

施德盛筏大值簿

柳州黄有成喜助工金拾壹大员 柳州唐连昌喜助工金壹拾大员 柳州安盛号喜助工金陆大员 陈村天成号喜助工金伍大员

柳州唐千盛 柳州苏西成 庆远同盛号 柳州唐义利 陈村源合号 江门南盛号 柳州胡广强 已上助工金伍大员

柳州永和号 工金四大员

柳州黄长盛 柳州黄义成 柳州黄永胜 柳州益丰号 柳州仁聚号 新会黄泽亮 怀远邝万全 桂平全盛号 江门广源酱园 柳州广隆号 雒容永盛号 柳府伍有昌 江门牲成号 已上助工金叁大员

柳州合源号 怀远河滂号 新会黄应朝 三水欧朝锠 广远黄金盛 和睦林茂源 怀远宾盛号 □山埠严信合 □山埠植利合 柳州唐和合 已上助工金弍大员

温义隆大值簿

永安州信绅陈本奕助工金壹拾两 太平墟广义当喜助工金捌大员 顺德龙山温本纲喜助工金捌大员 顺德龙山信绅温锡荫助工金捌大员 九江

关炽道喜助工金陆大员　藤县贡生石持坚敬送工金伍大员　顺德龙山温锡蕃助工金肆大员　高明黄拨尚喜助工金肆大员　三眼堡邓和聚喜助工金叁大员

三眼堡邓市隆喜助工金叁大员　太平墟合隆号喜助工金叁大员　三眼堡邓聚利喜助工金叁大员　三眼堡邓远兴喜助工金叁大员　太平墟合记喜助工金叁大员　顺德龙山何肇琦喜助工金叁大员

龙江胜昌号　顺德龙江温启俭　太平墟温大隆　顺德区时佳　人和墟昌盛号　太平墟温广隆　太平墟广泰号 已上工金叁大员

藤县信绅朱标敬送　大乌源盛号　本镇萧沧显　永安州袁天香　波塘冯义和

西南陈义利　三眼堡邓源和　横江墟新利号　太平墟何泗和 已上工金式大员

三眼堡邓和利　三眼堡邓成昌　三眼堡林全树　三眼堡邓升聚　三眼堡邓元合　藤县冯遂源 已上工金壹大员

天利筏大值簿

安澜埠侯广信助工金式拾伍大员　番邑侯槐莊喜助工金拾伍大员　番邑侯玉成喜助工金壹拾大员　　北流大源号喜助工金陆大员　云塘吴维誉喜助工金陆大员　佛山吴利源喜助工金伍大员　彭士恒喜助工金肆大员　周世升喜助工金肆大员　黄翰明喜助工金肆大员　陈国章喜助工金肆大员　陈朝贵喜助工金肆大员　梁国连助工金肆大员　梁兆龙工金肆员　佛山兴记工金叁员 陈会能工金叁员

卜滔达工金叁员　卜滔进工金式员　梁贤惠工金式员

安澜信绅黄乐山　　安澜李尚勤 已上工金式大员

诚信筏大值簿

平南武林贡生梁如松助工金拾大员　平南武林廪生梁如栢助工金捌大员　平南武林庠生梁如冈助工金陆大员　新邑容和儒喜助工金伍大员

南宁源记喜助工金伍大员

　　石龙安足号 新邑刘士元 南宁合记　南宁合源号 江门泉馨号已上工金伍大员

　　员山梁瑞兴工金四大员 南邑张显廷 蒲庙新利号 江门盈茂号 省城天成号

　　南宁维源号 石龙粤中号 蒲庙周奕利 已上助工金叁大员

　　江门吕中和 江门锦隆号 石龙正昌号 石龙恒茂号 □建广益号 新邑富盈号 工金二大员

　　岑溪曾一赞 员山梁迪和 大石何珙生 南宁广泗号 员冈刘成德 员冈刘迪滔 员冈梁胜球 员冈崔积有 大石林京元 员山梁建和 员山刘耀升 员冈梁远昌 员冈陈德开 南宁义兴号 南宁瑞昌号 员冈熙长 员冈高悦则 员山陈鸣翰 已上助工金一大员

　　源盛筏大值簿

　　安澜埠西兴号喜助工金式拾大员 南邑信绅黄士敬喜助工金壹拾两 安澜埠容启仁喜助工金拾壹大员 安澜埠侯乔海助工金捌大员 南邑信绅罗昌伍助工金伍大员 北流陈兴号喜助工金肆大员 北流中和号喜助工金叁大员 北流阜昌号喜助工金叁大员 北流义同号喜助工金叁大员

　　古宜三兴号 安澜埠李胜昌 安澜埠罗广元 古宜曾广泰 北流周瑞隆 柳州天和号 安澜埠李连文 北流梁正号 北流文才号 禅山隆合号 省城卢会丰 已上助工金叁大员

　　庆远宝源号 助工金式大员

岭南名士梁九图与十二石山斋题咏论析

刘晓亮

（广东开放大学文化与传播学院）

摘　要： 岭南名士梁九图于衡岳归来后建十二石山斋，请人作《十二石山斋图》，并索人题咏，亦有慕名题赠者，历时四年，梁九图将各种题赠辑为《十二石山斋丛录》一书。这长达四年的酬唱，体现出了古代士人雅集的风流传承。这些题赠并非着眼于梁九图诗文本身的造诣，却都将梁九图推为岭南风雅的继承人；因梁九图本人嗜石，又拟其为苏轼、倪瓒等的继承者。

关键词： 岭南风雅；梁九图；十二石山斋；题咏

名士雅集，渊源有自。历史上有名的西汉梁孝王的西园雅集、曹魏邺下之游、西晋石崇的金谷园雅集、西晋王羲之等人的兰亭雅集、中唐白居易等人的香山九老会、北宋驸马都尉王诜领衔的西园雅集等等，不仅吸引着一代代文人墨客的向往，促使他们以诗文书画各种文艺样式来书写、描画这些风雅图景，也刺激着后世士人竞相模仿。"夫风雅以梁园为称首，尚矣……文学之士，曳长裾，飞广袖，相与游曜华之宫，集忘忧之馆，酒酣作乐，授简抽豪，……何其盛欤！后世骚人才子，若子美、太白客游于梁，往往登台怀古，慷慨歌呼。"①汉时的梁园，惹得唐时的李白、杜甫"慷慨歌呼"。梁九图作为当时的岭

---

① （明）宋荦：《梁园风雅序》，（明）赵彦复选，（明）汪元范校，清康熙陆廷灿刻本《梁园风雅》。

南名士，与之交往者颇多，也多是文人墨客，彼此如前世之雅集一样，共同构筑起一幅风雅图景，不仅在当时产生了深远影响，直到今天也仍令人回望无限。

梁氏族人因经济基础和文化条件，故由梁蔼如开始在松桂里一带构建"梁园"。梁氏族人又多嗜石，其中尤以梁九图为代表。他所构建的十二石山斋，不仅是梁氏族人的栖息之地，也成了当时佛山、岭南地域文士墨客竞相访谒的聚集地，构成了所谓的"地域文学社群"。梁九图喜石，曾建十二石山斋，且特意在十二石山斋建成之后，请人作斋画，并请多人题记；另还有很多与梁九图有交者，或往来十二石山斋而有题壁之举，或就梁九图之《十二石山斋图》寄诗——以梁九图为"首领"，共同构就了一幅绚丽多彩的令今人翘首的风雅图。

一、十二石山斋的创建与《十二石山斋图》

1. 十二石山斋的创建

十二石山斋的创建，缘于梁九图的衡湘之行。道光甲辰（1844）春，梁九图"自衡湘归，道经清远，购得蜡石十二，色皆纯黄，……因仿坡公壶中九华法，以七星岩石盘贮水蓄于庭前，颇惬素癖，并颜所居曰'十二石山斋'"[①]。有关十二石山斋的历史、构成、方位等，梁九图等人所作斋记已基本交代清楚，如梁九图交代了十二石山斋的位置、渊源，其记曰：

　　十二石山斋在石云山之西，距先大夫祠庙仅百数武，而虫雷

[①]（清）梁九图撰：《十二石山斋诗话》卷 7，《广州大典》影印本，广州：广州出版社，2005 年，第 568 页。

峰峙其东，十八墼（墩）①亘其南，汾江界其北。故为程湟溱太守
蓺山之堂，太守殁归诸宋梅墅内史，内史殁归诸黄芝山户曹，户
曹殁乃归诸余。二百年来，宅四易主矣。②

石云山"在大基铺对岸河边，峭石林立，奇兀可喜"③。先大夫祠
庙指的是梁九图父梁玉成家庙。据吴荃选所作《梁氏刺史家庙记》知，
梁玉成之家庙建于咸丰二年（1852）④，故可知梁九图所谓"先大夫祠
庙"，应为咸丰二年所建家庙前身。十二石山斋原为康熙时程可则故
宅"蓺山草堂"，经宋梅墅、黄芝山而至梁九图，"宅四易主"。

陈勤胜则介绍了十二石山斋的构成，以及十二石的形状，其记曰：

余邑梁福草先生构斋于禅山，为觞咏地，斋中庋书万卷。右
为梅花草堂，前对紫藤馆，一览亭⑤在其西。庭下列石十二者，
踏地耸出，小则架以盆盎，或峙或卧，或坐如人，立如兽蹲，奇
态异状，错杂竹阴树影。⑥

① 按十八墩是一个统称，"在田心书院及观音庙左右，论者以田边观音庙由莺冈发脉，过万
真观分府衙门，而庙为莲花形，其十八墩为十八罗汉，以护卫观音云"。十八墩具体位
置，见冼宝榦纂，佛山市图书馆整理：《（民国）佛山忠义乡志》卷十，长沙：岳麓书社，
2017年，第393—394页。
② （清）梁九图：《十二石山斋记》，（清）梁九图撰：《十二石山斋丛录》卷1，《广州大典》
影印本，广州：广州出版社，2005年，第4页。
③ 冼宝榦纂，佛山市图书馆整理：《（民国）佛山忠义乡志》卷1，第46页。
④ 吴荃选：《梁氏刺史家庙记》，冼宝榦纂，佛山市图书馆整理：《（民国）佛山忠义乡志》
卷9，第349页。
⑤ 按王建玲《梁园》作"一揽亭"。按欧阳错《十二石山斋记》云："西建亭焉，颜曰一览，
汾江诸景可收之几席。"可知确为一览亭。梁九图撰：《十二石山斋丛录》卷4，《广州大
典》影印本，第44页。
⑥ 陈勤胜：《十二石山斋记》，梁九图撰：《十二石山斋丛录》卷1，《广州大典》影印本，第
10页。

由此记可知，十二石山斋与梅花草堂、紫藤馆、一览亭共同构成了梁九图的栖息之地。十二石的形状各异，引人入胜。

黄培芳（1778—1859）则交代了十二石山斋的位置、创建机缘，并非常准确地指出了梁九图之用意，其记曰：

> 斋在禅山潘涌之侧，北界汾江，东峙石云，乃程海日戢山草堂故址也。十二石者，道光甲辰春，福草薄游衡湘归，购得蜡石十有二，欹磊珂，杰出天然。爰琢七星岩石为盘，蓄水列贮于庭，意仿东坡壶中九华也。①

苏轼曾作有《壶中九华诗》，据题下小引："湖口人李正臣蓄石九峰，玲珑宛转若窗棂然。予欲以百金买之，与仇池石为偶。方南迁，未暇也。名之曰壶中丸华，且以诗纪之。"② 知苏轼亦嗜石。黄培芳所指出的梁九图"意仿东坡壶中九华"，也多为后文所论诸家十二石山斋题咏所本，可见梁九图确是有意模仿昔贤。

2.《十二石山斋图》的绘制

十二石山斋建成后，梁九图特意请人绘制了《十二石山斋图》，这也是有意追慕昔贤。据《十二石山斋丛录》所载可知，绘图者有苏六朋、易景陶、梁汉、罗天池四人。

苏六朋（1791—1862）③，字枕琴，别署枕琴居士、枕琴道人、枕

---

① 黄培芳：《十二石山斋记》，梁九图撰：《十二石山斋丛录》卷7，《广州大典》影印本，第79页。

② （宋）苏轼著，（清）冯应榴辑注，黄任轲、朱怀春校点：《苏轼诗集合注》，上海：上海古籍出版社，2001年，第1935—1936页。

③ 按《广东画人录》在介绍苏六朋时说："生、卒年月未有确实记载。他传世的作品最早的年款是清道光五年（1825），最晚的年款是光绪元年（1875），因此他生活于嘉庆、咸丰间。"谢文勇编：《广东画人录》，广州：岭南美术出版社，1985年，第127页。

琴道士、怎道人、怎叔、阿琴、阿朋、南水村人、南水村佬、南水渔人、南水渔郎、南溪渔隐、南溪渔者、溪南渔叟、山樵渔郎、罗浮布衣、罗浮山樵、罗浮道人、浮山樵者、浮山阿朋、七百三十峰散人、第七洞天樵子、七十二洞天散人、石楼吟叟、石楼仙客、逍遥道士、云裳道人、梦香生等别号。勒流南水村人。苏奕舒子。寓居罗浮、广州等地①。今存世作品有200多件，顺德市博物馆、广东省博物馆、广州美术馆、广州博物馆等均有藏其画，但没有著录《十二石山斋图》。

易景陶，字君山。清乾隆间鹤山人。善画人物，风格近李孔修。行笔简练，不喜用线勾轮廓，连画带彩形象数笔即成，别有意趣。广州美术馆藏有他款署"辛丑"，即乾隆四十六年（1781）的山水画，和"壬寅"即乾隆四十七年（1782）的人物。②

梁汉，生卒年不详，字云津，"工画山水花卉，诗亦情词婉转"③。

罗天池（1805—？），字六湖，一字泩湖，别署伯池、泩湖子、宝澄堂主人，钤印有"伯子六湖"，广东新会人。著名书画家、鉴藏家。梁九图《石圃闲谈》载："曹云西尝绘倪迂《十石斋图卷》，清微淡远，为世所宝。泩湖观察追师其意，绘《十二石山斋图》见赠，笔法潇洒，逸趣横生，如出云西之手。"④

以上四人所作《十二石山斋图》皆已无存，但据黎耀宗的《十二石山斋记》，约略可知其所画内容：

　　余按其图，斋之左为梅花草堂，花时巡檐索笑，如置身香雪

①　顺德市博物馆编：《顺德书画人物录》，第59页。按有关苏六朋的绘画创作，另可参陈滢：《岭南花鸟画流变：1368～1949》，上海：上海古籍出版社，2004年，第240—244页。
②　谢文勇编：《广东画人录》，第134页。
③　梁九图辑：《十二石山斋诗话》卷四，《广州大典》影印本，第510页。
④　梁九图撰：《十二石山斋丛录》卷八，《广州大典》影印本，第98页。

海中；西则一览亭，倚阑远眺，心目俱开；对面为紫藤馆，每当
清风徐来，绿云满地，闭门觅句，昼静如年。①

由黎耀宗的记载可见，此图类似于古代文士的读书图、书斋图，满纸
透露出斋主梁九图的那份恬淡和自适，其境地有如殷仲堪的"荆门昼
掩，闲庭晏然"②。

二、十二石山斋题咏概况

符葆森曾说："（梁九图）所居十二石山斋，海内名人，题咏殆
遍。"③十二石山斋建成于道光甲辰（1844），《十二石山斋丛录》刊刻
于道光戊申（1848）九月，4 年时间，包括梁九图主动向人索题，以
及友朋寄赠的题诗，共有 119 人次参与了这次题咏。为了清晰展示其
题咏的概况，特统计如下：

表一　梁九图十二石山斋题咏统计表

卷数	序号	姓名	字号	文体	题目
卷一	1	吴梯	秋航	七律	十二石斋山人书索斋记仆断此久 矣重违其意诗以代文
	2	陈勤胜	拙补	记	十二石山斋记
	3	瑞麟	振堂	七绝	题福草先生山斋
	4	石宗汉	芷叔	五律二首	寄题十二石斋

① 梁九图撰：《十二石山斋丛录》卷五，《广州大典》影印本，第 61 页。

② 余嘉锡撰，周祖谟、余淑宜整理：《世说新语笺疏》，北京：中华书局，1983 年，第
544 页。

③ 符葆森：《寄心庵诗话》，（清）符葆森辑：《国朝正雅集》卷八十五，清咸丰六年（1856）
京师半亩园刻本。

卷数	序号	姓名	字号	文体	题目
卷一	5	吴弥光	朴园	七律	题十二石山斋
	6	陈体元	焕岩	歌行	题十二石斋图
	7	黄镜湖	秋帆	七绝四首	寄题十二石山斋
	8	杨荣	蕭香	七绝三首	十二石山斋
卷二	1	邵甲名	丹畦	七绝	题十二石山斋
	2	赖恩爵	德卿	七律	题十二石山斋
	3	温承悌	秋瀛	歌行	题十二石山斋图
	4	李宗简	文川	词	木兰花慢·题十二石山斋
	5	张玉堂	翰生	歌行	题福草先生山斋
	6	李长荣	紫蕭	五律	题十二石山斋
				骈文	十二石山斋图序（集选骈体）
	7	麦芬	绿畦	七绝	十二石山斋口占
	8	何星垣	竹溪	五律二首	十二石山斋诗赠梁子
	9	谭元龙	卧楼	赋	十二石山斋赋
	10	胡际云	锦堂	七绝二首	十二石山斋诗并序
	11	莫以枋	文舆	七绝	过十二石斋留题
	12	黄文玉	镜石	七律	寄题十二石山斋
	13	释成果	宝树	歌行	题十二石山斋
卷三	1	张维屏	南山	记	十二石山斋记
	2	吴筠	竹庵	五律	访福草先生题其斋壁
	3	陈文瑞	云史	七绝二首	过十二石山斋观石
	4	林泽芳	芝园	七绝三首	题十二石山斋
	5	潘世清	泷东	七排	题十二石山斋呈福草先生
	6	邓伯庸	巽庵	五古	寄题十二石山斋
	7	廖亮祖	伯雪	七古	张道士为福草先生索题十二石斋图

续表

卷数	序号	姓名	字号	文体	题目
卷三	8	岑清泰	铁君	七绝五首	十二石山斋诗并序
	9	杨鲲	南池	七绝	题福草先生十二石山斋
	10	陈淦	丽生	七绝	题十二石山斋
	11	唐金华	羽阶	七古	题十二石山斋图
	12	何同济	仁绪	七律	十二石山斋
	13	黄承谦	益斋	五古	题十二石山斋图
	14	苏六朋	枕琴	七古	为福草先生绘《十二石山斋图》并系以诗
	15	颜薰	紫虚	七绝三首	题十二石山斋图
	16	罗静安	绮阁	七绝	题福草先生山斋
卷四	1	吉泰	晓岩	七律	题福草先生十二石山斋
	2	熊景星	笛江	五律	题十二石山斋
	3	单子廉	小泉	五排	题十二石山斋图用王阮亭米海岳研山歌韵
	4	欧阳锴	双南	记	十二石山斋记
	5	何钟英	兰皋	七绝二首	题十二石山斋
	6	黄瑞图	子刚	七绝	春雨初霁访福草先生观石
	7	梁国琏	漱皆	七绝	题十二石山斋图
	8	何澄镜	秋农	五古	题十二石山斋图
	9	吴尚懋	桐谷	七律	过十二石斋留题
	10	李欣荣	陶村	七排	题十二石山斋用退之山石韵
	11	谈子粲	肖岩	七绝	题十二石山斋
	12	张永坚	云根	五古	题十二石山斋图
卷五	1	徐广缙	仲升	七律	题十二石山斋用东坡壶中九华韵
	2	鲍俊	逸卿	七绝	十二石山斋诗
	3	吴林光	芀泠	七绝	题十二石山斋壁

卷数	序号	姓名	字号	文体	题目
卷五	4	谭楷	谷山	七古	十二石山斋诗为福草先生赋
	5	叶常春	筠亭	七律	过福草先生山斋留题
	6	罗文俊	萝邨	七绝二首	题十二石山斋
	7	何仁镜	小范	七绝八首	福草梁子新得蜡石十二，即以名斋，其地程湟溱先生故宅也，时余官罗定，千里索诗，因成八绝句录寄
	8	关景泰	星池	七绝	题十二石山斋
	9	陈宜兰[1]	鹤俦		题十二石山斋
	10	任本皋	小韦	七绝	过福草山斋观石
	11	李有祺	寿石	七排	题十二石山斋图并序
	12	陈汝砺	子锋	七绝四首	十二石山斋漫兴
	13	简苓	仙泉	五古	题十二石山斋图次东坡答王晋卿以诗借观仇池石诗韵
	14	吴重源	渊海	五古	福草以《十二石斋图》索题率赋
	15	黎耀宗	烟篷	记	十二石山斋记
				七古	题十二石山斋图
卷六	1	马荣椿	小琴	五排	题十二石山斋图呈福草先生
	2	吴炳南	星侪	记	十二石山斋记
				歌行	十二石山斋歌
	3	杜游	洛川	歌行	题十二石山斋图
	4	徐同善	竹君	七绝二首	题福草先生十二石山斋图
	5	易景陶	君山	五古	为福草画《十二石斋图》并赠以诗
	6	温训	伊初	题跋	题十二石山斋图
	7	陈璞	古樵	七绝三首	丁未冬归自罗浮题福草十二石山斋
	8	陈莹达	韫堂	五古	寄题十二石斋简福草先生

卷数	序号	姓名	字号	文体	题目
卷六	9	梁廷枏	章冉	词	夏初临·题十二石斋图
	10	何廷旋	蜗庐	七绝	寄题十二石山斋
	11	潘绍经	汉石	五古	十二石山斋诗为福草先生赋
	12	何天衢	亨斋	七古	题十二石山斋图
	13	何惠祁	宋吾	七绝二首	访福草先生不遇题其斋壁
	14	曾钊	勉士	记	十二石山斋记
	15	招成材	梦泉	七绝二首	十二石山斋诗
	16	吴时敏	卧庐	七律	题十二石山斋
	17	任其芬	霞邨	七绝	题十二石山斋
	18	温子颢	筼栖	词	贺新凉·题十二石山斋
	19	钟应元	蕙楼	五律	题十二石山斋
	20	陈澧	兰甫	铭	十二石斋铭
卷七	1	李可琼	石泉	七古	题十二石斋图
	2	黄培芳	香石	记	十二石山斋记
				五律	题十二石山斋
	3	杨方教	觉亭	五律	寄题十二石山斋
	4	彭树梅[2]	五岭		题十二石山斋
	5	三多	尧臣	七绝	题福草比部十二石山斋图
	6	李征霭	孟夔	七古	福草索题十二石斋图率赋
	7	周子祥	灵椒	七绝四首	题十二石斋图步福草先生原韵
	8	曾照	晓山	五律	寄题十二石山斋
	9	李联湘	莘林	七绝二首	十二石山斋题壁
	10	梁汉	云津	七绝	过家福草山斋为绘斋图留赠
	11	谭锡朋	百峰	七律	题十二石山斋图
	12	释纯谦	涉川	七排	题梁福草先生十二山斋图

续表

卷数	序号	姓名	字号	文体	题目
卷八	1	刘潜蛟	雨湖	五绝四首	春晓过梁六山斋信宿而去
	2	陈殿槐	梦生	七绝	题十二石山斋
	3	欧阳溟	鲲池	歌行	十二石斋诗为福草先生赋
	4	杨翾羽	南村	七绝五首	过福草先生山斋留题
	5	谭莹	玉生	记	十二石山斋记
				词	小重山·题十二石山斋
	6	严显	时甫	歌行	福草以《十二石山斋图》索题率赋
	7	罗天池	泩湖	跋	十二石山斋图跋
	8	梁日初	介眉	颂	十二石山斋颂
	9	胡斯錞	和轩	五律	题十二石山斋用香石舍人韵
	10	马仪清	芸湖	七古	题十二石山斋图
	11	曹为霖	雨村	七绝四首	过十二石山斋偶成
	12	卢小娥	红笺	七绝	题十二石山斋图呈福草先生
	13	李慧卿	晴霞	五律	寄题十二石山斋
卷九	1	符葆森	南樵	记	十二石山斋记
	2	陆孙鼎	药珊	七律	题十二石山斋
	3	李国龙[3]	跃门		题十二石山斋
	4	石梦冠	冠云	七古	题十二石山斋图
	5	萧思谏	榄轩	七律	题十二石山斋图用东坡壶中九华韵
	6	丁熙	桂裳	词	壶中天·题十二石山斋
	7	何时秋	泛槎	五古	寄题福草十二石山斋
	8	邵坚	心根	七绝三首	十二石山斋诗
	9	陈维桢	玉樵	七绝	过福草山斋留题
	10	梁今荣	圣褒	七绝	题十二石山斋图

1. 按《十二石山斋丛录》录《石圃闲谈》载陈官兰题梁九图斋只一联："有时雨过呼奚童，洗出苔花寸寸碧。"梁九图撰：《十二石山斋丛录》卷5，《广州大典》影印本，第56页。

2. 按《十二石山斋丛录》录《石圃闲谈》载彭五岭题梁九图斋只一联，云："隐隐风雨飘忽来，旋觉烟翠粉可摘。"梁九图撰：《十二石山斋丛录》卷7，《广州大典》影印本，第83页。

3. 按《十二石山斋丛录》录《石圃闲谈》载李国龙题梁九图斋只一联，云："五日经营王宰画，九华宛转大苏诗。"梁九图撰：《十二石山斋丛录》卷9，《广州大典》影印本，第105页。

由以上统计表，我们可以看出：

1. 从题赠人的身份（籍贯）来看，籍贯上以岭南为主，其中又以佛山居多，但也有江都（今江苏扬州）符葆森（1814—1863）这样的邑外之人；大部分为文人墨客，但也有释纯谦、释成果、张永坚（道士）三个方外之人；大部分为男性，但也有卢小娥、李慧卿等闺秀。

2. 从题赠之作的体裁来看，大体上分诗、词、文三类，诗又可分五绝、七绝、五律、七律、五排、七排、五古、七古，其中以七绝最多，共42题87首；文又可分跋、赋、记、铭、颂，其中以记最多，共9篇；词共5阕，词牌分别为木兰花慢、夏初临、贺新凉、小重山、壶中天。

3. 从题赠的性质来看，有梁九图的主动索题，如吴梯《十二石斋山人书索斋记，仆断此久矣，重违其意，诗以代文》、何仁镜《福草梁子新得蜡石十二，即以名斋，其地程湟溁先生故宅也，时余官罗定，千里索诗，因成八绝句录寄》、吴重源《福草以〈十二石斋图〉索题率赋》、李征霨《福草索题〈十二石斋图〉率赋》、严显《福草以〈十二石山斋图〉索题率赋》；有梁九图托人索题，如廖亮祖《张道士为福草先生索题十二石斋图》、黎耀宗《十二石山斋记》①、曾钊《十二石山斋记》②；有些是访谒梁九图十二石山斋时顺便题赠，如李联湝

---

① 黎《记》载："因榜其所居曰'十二石山斋'，潢成画册，征诗以纪，介其同邑何小范广文索记于余。"梁九图撰：《十二石山斋丛录》卷5，《广州大典》影印本，第61页。

② 曾《记》载："今年春，汾江梁君福草介舍弟惺斋示《十二石山斋图》索记。"梁九图撰：《十二石山斋丛录》卷6，《广州大典》影印本，第76页。

《十二石山斋题壁》、叶常春《过福草先生山斋留题》等，但大部分是寄赠。

4. 从题赠的对象来看，主要分为题十二石山斋和题《十二石山斋图》。

从文体学的角度来看，经过明代许学夷等人的辨体之作，清人对文体的认识愈发明晰，文体的发展至清代时也已经十分完备了。上表中所列文体（体裁）已无甚新意，但李长荣所作《十二石山斋图序》却十分特殊。

李长荣（1813—1877），字子黼、子虎、紫黼，少字文炳，号子虎居士，斋号柳堂、深柳书堂，广东南海茅洲乡人，世居广州。清代岭南著名文人。编撰有《柳堂师友诗录》《寿苏集》《茅洲诗话》《柳堂诗话》《海东诗话》等。① 其所作《十二石山斋图序》，题下注云："集《选》，骈体。"意思是这是一篇骈文，而且是集自《文选》。古人有集诗、集词之作，如宋末文天祥有《集杜诗》、清末梁启超有集宋词为联等。李长荣集《文选》而为梁九图之《十二石山斋图》作骈文，其文体上的创见十分特色，更可见李长荣的才气。原文较长，此节录一部分，以见出此文之"奇"：

十二石山斋图序

李长荣

历十二之延祚班固《西都赋》，规万世而大摹张衡《东京赋》。画地成图任昉《为萧扬州荐士表》，因山为障左思《蜀都赋》。瞻栋宇而兴慕任昉《王文宪集序》，顾石室而回轮张协《七命》。崔巍峦居何晏《景福殿赋》，南岳之幽居者也颜延之《陶徵士诔》。论者云扬雄《羽猎赋》：梁生适越赵

---

① 程中山：《岭南人文图说之七十三 —— 李长荣》，《学术研究》2010 年第 1 期。

至《与嵇茂齐书》，高山景行魏文帝《与钟大理书》，所谓伊人陆机《汉高祖功臣颂》，不亦重乎潘岳《藉田赋》？邈彼绝域孙绰《游天台山赋》，少曾远游宋玉《登徒子好色赋》，南翔衡阳张衡《西京赋》，西浮七泽谢朓《拜中军记室辞随王笺》。指苍梧之迢递嵇康《琴赋》，集洞庭而淹留左思《吴都赋》。栖志云阿王僧达《祭颜光禄文》，姿绝伦之妙态傅仲武《舞赋》；凝思幽谷孙绰《游天台山赋》，思假物以托心嵇康《琴赋》。于是乎崇山矗矗司马相如《上林赋》，神山峨峨张衡《西京赋》；名载于山经左思《吴都赋》，结而为山岳左思《魏都赋》。弥山跨谷司马相如《上林赋》，背山临溪繁钦《与魏文帝笺》，览山川之体势班固《西都赋》，穷山海之奥秘潘岳《西征赋》。屹山崿以纡郁王延寿《鲁灵光殿赋》，出山岫之潜穴曹植《七启》。积成山岳陆机《豪士赋》，勒铭山阿张载《剑阁铭》。状若崇山嵇康《琴赋》，全积如山木华《海赋》，然后知众山之迤逦也吴质《答东阿王书》。①

三、十二石山斋题咏所建构的风雅图景

有学者在分析晚明士人对园林的艺术设计时指出："作为'城市山林'的园林，是晚明士人艺术生活设计的一个重要主题。园林构筑的初衷，是为士人寄托心志、抒其襟怀。园林代表了城居文人向往自然、超凡脱俗的一种境界追求，故也成为士人群体自然观念与社会感受的另一种表现形式。"② 梁九图及其族人不惜花大力气所营造的"梁园"，以及像梁九图这样主动邀人绘斋图、题诗文，其目的正是追求"自然、超凡脱俗"。按诸众品题诗文，我们也会发现，品题者所书写的也正

---

① 梁九图撰：《十二石山斋丛录》卷二，《广州大典》影印本，第19—20页。
② 吴鹏：《燕闲清赏：晚明士人生活与书法生态》，北京：中华书局，2020年，第46页。

符合梁九图的心理追求，并且，大家都较为一致的将梁九图推向当时的风雅"盟主"。这次历时近四年的题咏，也便成了当时社会发展的一个缩影，构建了一幅风雅图景。

在笔者看来，梁九图及十二石山斋题咏所建构的风雅图景包含两层内涵。按照今天的文学史叙述现实，梁九图的诗文成就，在道咸时的文坛上并不起眼。陈永正主编的《岭南文学史》，于"嘉庆、道光间诗文"，所论名家有李黼平、谭敬昭、黄培芳等，看不到梁九图的影子①。潘飞声《在山泉诗话》亦云："道咸间，张南山、黄香石两先生以诗文坛坫盛岭南，门下多才，时同载酒。……张、黄归道山后，则骚坛文宴咸推柳堂。"② 也未提及梁九图。但我们看十二石山斋题咏，却发现时人一致将梁九图推为当时的"风月主持"，认为他是清初岭南诸老风流的继承和发扬者，这也便是梁九图等建构的风雅图景的第一层内涵。我们看：

> 风月主持苏学士，亭台金碧李将军。——吴弥光《题十二石山斋》③
>
> 石膑人去风流在，论诗吾更羡君家。——黄镜湖《寄题十二石山斋》④
>
> 程文海后梁鸿继，我贺山亭得主人。——杨荣《十二石山斋》⑤

---

① 具体参陈永正主编：《岭南文学史》第八章"嘉庆、道光间诗文"，广州：广东高等教育出版社，1993年，第418—459页。
② 潘飞声撰：《在山泉诗话》卷一，张寅彭选辑，吴忱、杨焄点校：《清诗话三编》第十册，上海：上海古籍出版社，2014年，第6878页。按：柳堂即李长荣。
③ 梁九图撰：《十二石山斋丛录》卷1，《广州大典》影印本，第12页。
④ 梁九图撰：《十二石山斋丛录》卷1，《广州大典》影印本，第15页。
⑤ 梁九图撰：《十二石山斋丛录》卷1，《广州大典》影印本，第15页。

昔有石瞿今石圃，天留胜地住诗人。——邵甲名《题十二石山斋》①

莫道骚坛无嗣响，岭南风雅又推梁。——胡际云《十二石山斋诗》②

况是诗人留故居，文藻风流应继起。——释成果《题十二石山斋》③

山人韵事继诸老。——单子廉《题十二石山斋图用王阮亭米海岳研山歌韵》④

远接石瞿脉。——张永坚《题十二石山斋图》⑤

戴山故址今久湮，百八年后君替人。石瞿石圃远相接，大雅支手同扶轮。——何天衢《题十二石山斋图》⑥

闻道重开李杜坛，几人锦绣镂心肝。入门谁是风骚主，借问新诗刊未刊。⑦

此间旧是诗人宅，一瓣香传海日佳。——招成材《十二石山斋诗》⑧

诗如湟溱一派新。——石梦冠《题十二石山斋图》⑨

① 梁九图撰：《十二石山斋丛录》卷2，《广州大典》影印本，第16页。按：梁九图亦有"石圃居士"之号。

② 梁九图撰：《十二石山斋丛录》卷2，《广州大典》影印本，第27页。按：胡际云于最后一句下加注："前有药亭，今得先生。"药亭，梁佩兰（1632—1708）号。

③ 梁九图撰：《十二石山斋丛录》卷2，《广州大典》影印本，第27页。

④ 梁九图撰：《十二石山斋丛录》卷4，《广州大典》影印本，第43页。

⑤ 梁九图撰：《十二石山斋丛录》卷4，《广州大典》影印本，第49页。

⑥ 梁九图撰：《十二石山斋丛录》卷6，《广州大典》影印本，第75页。

⑦ 梁九图撰：《十二石山斋丛录》卷6，《广州大典》影印本，第76页。

⑧ 梁九图撰：《十二石山斋丛录》卷6，《广州大典》影印本，第77页。按：程可则有《海日堂诗文集》。

⑨ 梁九图撰：《十二石山斋丛录》卷9，《广州大典》影印本，第105页。

　　臞仙去久，待君重主吟社。——丁熙《壶中天·题十二石山斋》①

以上都认为梁九图是程可则、梁佩兰等清初诸老的继承人。但细细品读这些题诗会发现，其实众品题者并未着眼于梁九图的诗文创作。以上诸作也并非酬赠诗的应景之话，而是真正把梁九图当作岭南风雅的继承者和振起者来看待和期许。黎耀宗所作《十二石山斋记》说得更为明白："其地实国初程湟溱先生故宅，二百年来，风流阒寂，先燄后燄，初地传灯，冥冥中若留此席以相待。宜乎梁君署石户，订石交；盟铁石心，得松石意；诗联石鼎，话续石林；收石砚以为田，扫石床而点笔；漱石传其雅谑，裂石发其新声；写竹石之槎枒，搜金石于秦汉，诚足为药洲、仙湖后添一诗料。"②

《佛山忠义乡志》在《风土志》里编入"名流故宅"，志文前加按语云：

　　《大清一统志》有名流故宅一类附古迹后，吾乡人文自康雍至乾嘉，代有继起，如程周量、汪鹿冈、黎二樵诸贤流寓佛山，先后提倡风雅，文酒风流极一时之盛。其结庐故址尚有可稽，爰仿《一统志》例，特立此门。以往还、投赠诸作附，庶工部草堂、晦庵鹿洞同兹景仰云。③

名人故宅如杜甫草堂、朱熹白鹿洞等，具有后人所景仰的人文因素。以此较诸梁九图的十二石山斋及其题咏，便可见梁九图所追求的"提

---

① 梁九图撰：《十二石山斋丛录》卷9，《广州大典》影印本，第106页。
② 梁九图撰：《十二石山斋丛录》卷5，《广州大典》影印本，第61页。
③ 冼宝榦纂，佛山市图书馆整理：《（民国）佛山忠义乡志》卷10《风土志二》，第395页。

倡风雅"。所以，李长荣也正是将十二石山斋及其主人推扬到了"绕树陶潜屋，浣花工部堂"①的高度。

　　梁九图的十二石山斋及其题咏所建构的风雅图景的第二层内涵指向梁九图个人的风雅追求——对石的嗜好。对他的这个嗜好，他在自作《十二石山斋记》中曾采用主客问答的形式予以说明：

　　　　客有过余而言者，曰："吾见世之贵者，高爵厚禄，出拥八驷，前呼而后随，入则姣妾环立，争妍斗冶，笙歌筵宴，自暮达旦。吾见世之富者，求田问舍，以遗子孙，高其仓庾，壮其栋宇。今吾子栽花莳竹，咿唔吟讽，庭罗众石，寂对神怡，摩挲抚弄，若有所得，抑何怪也？"余曰："唯唯否否。吾闻米氏元章之于石也，呼为兄矣；邝子湛若之于石也，易以妾矣。余石十二而峰峦陂塘，溪涧瀑布，峻坂峭壁，岩壑磴道，诸体悉备。览于庭，则湖山胜概毕在目前，省登蹑之劳，极游邀之趣。余自乐此，客无诮焉。"②

　　上面所论梁九图继承清初诸老风流乃是题咏者的期待，而对石的嗜好，则是梁九图的本性。因梁九图能文、擅丹青，所以，很多题咏者自然将这一嗜石"风雅"追溯至苏轼、米芾、倪瓒：

　　　　千古传人一家聚，王元章又米元章。——瑞麟《题福草先生山斋》③

---

① 梁九图撰：《十二石山斋丛录》卷2，《广州大典》影印本，第19页。

② 梁九图撰：《十二石山斋丛录》卷1，《广州大典》影印本，第4页。

③ 梁九图撰：《十二石山斋丛录》卷1，《广州大典》影印本，第11页。按：王元章指王冕，用来代指梁九章，瑞麟于此诗有注："云裳刺史工画梅，深得王冕笔意。"

倪迂狮子林，坡老仇池石。公能兼二妙，胜境喜独辟。——
邓伯庸《寄题十二石山斋》①

好石如颠米，能文似大苏。——熊景星《题十二石山斋》②

衡阳不与襄阳隔，袖底携归学米颠。——鲍俊《十二石山斋
诗》③

米家书画仇池穴，都与诗人作正供。——吴林光《题十二石
山斋壁》④

共夸苏米后，梁子读书堂。——黄培芳《题十二石山斋》⑤

紫藤架外石槎枒，十二玲珑写米家。——陈殿槐《题十二石
山斋》⑥

梁九图虽能文，但相较于苏轼，仅得一个"似"字。虽亦能书、画，
但较之于米芾、倪瓒，则相去甚远。所以，我们看到众题咏者认同梁
九图的嗜石是一种学前人风雅。不过，能够追慕、承袭昔人风雅已属
难能可贵、不同寻常，毕竟，建造一个私家园林所费不菲，一般文士
墨客只能羡慕这份风雅。

我们看吴荃选访谒黎简故宅后吟到"岭海吟坛余此席，宋元画本
待传薪"⑦，陈樾访黎简故宅后感慨"自从比户诗人去，寥落宗风近百

① 梁九图撰：《十二石山斋丛录》卷3，《广州大典》影印本，第35页。
② 梁九图撰：《十二石山斋丛录》卷4，《广州大典》影印本，第41页。
③ 梁九图撰：《十二石山斋丛录》卷5，《广州大典》影印本，第52页。
④ 梁九图撰：《十二石山斋丛录》卷5，《广州大典》影印本，第52页。
⑤ 梁九图撰：《十二石山斋丛录》卷7，《广州大典》影印本，第80页。
⑥ 梁九图撰：《十二石山斋丛录》卷8，《广州大典》影印本，第91页。
⑦ 吴荃选：《读〈鹿冈集〉后并序》，冼宝榦纂，佛山市图书馆整理：《（民国）佛山忠义乡
志》卷10《风土志二》，第402页。

年"①，都是对岭南风雅重振的一种期许。梁九图能够将这份源自清初诸老，乃至传统中国的风雅继承下来，并且用自己的力量（经济实力、文士气质）使之发扬光大，使我们今人在阅读当年的诗文时、徜徉于今日的十二石山斋中，也能够品味到那股穿透历史的风雅的味道。

---

① 陈樾：《秋官坊黎二樵先生故宅》，冼宝榦纂，佛山市图书馆整理：《（民国）佛山忠义乡志》卷 10《风土志二》，第 403 页。

书评·书序

千秋说赵普
——张其凡教授著《赵普传》新版代序[①]

王瑞来

（四川大学讲座教授、日本学习院大学东洋文化研究所）

　　摘　要： 北宋开国、准开国皇帝太祖、太宗两朝施策行事，作为祖宗法，奠定了宋朝的政治基础，特别是在这两朝开始形成的士大夫政治，极大地影响了此后的政治生态，引导了中国历史的走向。考察宋初两朝的历史，赵普这一重要人物难以回避。已故宋史研究大家张其凡教授的《赵普评传》，实际上是以赵普为主线的宋初两朝简史。本书不仅仅停留于政治史的论述，经济、军事、文化均有涉及，堪称 20 世纪研究赵普以及宋初历史的最高水准之作。《赵普评传》（北京出版社，1991 年）问世 30 年来，相关问题的研究以及对宋代历史的理解，尽管伴随着时代发展，又有新的认识和延伸，但这部里程碑式的精彩著作所具有的深度与广度，以及构筑的研究基础，依然具有很大启示意义和参考价值。重读这部精深之作，笔者既有会心的学术认同，也有借题发挥，用著者之杯酒，浇胸中块垒，阐发个人之历史认知。

　　关键词： 赵普；太祖；太宗；士大夫政治；张其凡；赵普评传

---

① 　张其凡教授著《赵普评传》将由商务印书馆易名为《赵普传》，纳入《传记丛书》出版。

一

俯瞰北宋初期历史，从"陈桥兵变，黄袍加身"，到"杯酒释兵权"；从"烛影斧声"到"金匮之盟"，对一些影响历史进程的重大事件都有直接或间接参与，难脱干系的那就是赵普。围绕着赵普，还有许多诸如"雪夜定策""半部《论语》治天下"等逸事与传说。研究北宋前期历史，绝对绕不过赵普这个有故事的人物。

五代后期，常年混迹于地方州县和军阀幕府的赵普，对社会现实有着切身的了解。而胥吏和幕僚的生涯，又让他磨砺出出色的行政才能，并且积累了丰富的政治经验。这一切经历所积蓄的能量，当他与赵匡胤兄弟风云际会之后，便极大地释放出来。

当事者迷，距离过近，有时反而像老花眼一样，看不清历史。当拉开距离，登高望远，则往往可以洞若观火。对宋初的一些事件也是如此。比如陈桥兵变，赵普绝对是主谋的角色。五代以来骄兵悍将拥立主帅成为一种惯常行为，后周太祖郭威还是被扯黄旗加身，像是出于仓促的突发事变，而赵匡胤披上的则是预先准备好的黄袍。以防这样的故伎重演的"杯酒释兵权"，也是在赵普极力劝说下发生的戏剧性事件。导致宋太祖壮年而亡的"烛影斧声之谜"，表面上看好似与赵普没有关系，但他怂恿和协助太祖剪除打击太宗势力，而导致兄弟二人关系恶化，则不能不说是导致事件突发的一个不近不远的促因。太宗即位已经几年之后，炮制"金匮之盟"，以证实太宗继位的合法性为交易，失势的赵普咸鱼翻身，又两度出任宰相。

从结识到进入幕府，赵普便与赵匡胤兄弟一家结下一生不解之缘。其中既有如鱼得水的亲密，也有疙疙瘩瘩的恩怨。赵匡胤之母杜太后视赵普为宗亲，赵匡胤兄弟雪夜突访赵宅，围坐火炉，吃着烤肉，商讨确定了先南后北的统一战略。其间对赵普之妻以大嫂相称，君臣关系其乐融融。北宋建立，赵普从以枢密直学士的身份实际主政，到担任宰相走向前台，无论统一事业，还是内政建设，都发挥了主导性的决策作用。

不过，赵普十多年主政，其中又单独担任宰相十年，"以天下为己任，故为政专事"①。"堂帖之行，与诏敕无二。"②过重的相权，终于与皇权发生冲突。年长太祖几岁的赵普，不光拥有很大权力，足智多谋，还与枢密使等有势力的军政要人结有姻亲关系。这些都不能不让一直未从五代废立阴影中走出的赵匡胤猜忌，并且专断的行政又遭受了政敌的攻击。诸种合力的作用，被罢免宰相。在太宗朝，赵普尽管又两度短期为相，由于曾有的旧怨，已难以如昔日之专权，更多的是成为太宗优待老臣和稳定政治的一种象征性存在。

继五代之后，没有成为短命的第六代，在创建和巩固宋王朝的过程中，赵普发挥了极为重要的作用。乃至宋太祖如此说："朕与卿平祸乱以取天下，所创法度，子孙若能谨守，虽百世可也。"③这句话除了表明赵普在宋朝"祖宗法"形成过程中所起到的作用，其实还客观地显示了赵普是开宋代君臣共治的先行者。一百多年后，再造宋朝的中兴之主宋高宗也如是称赞赵普："唐末五季藩镇之乱，普能消于谈笑间。如国初十节度，非普谋，亦孰能制？辅佐太祖，可谓社稷功臣矣。"④尽管宋高宗的称赞有着感慨南宋当时武将跋扈的现实背景，但也点明了赵普的主要贡献。

还有在宋朝消失之后更远的历史观察，由元入明的陈桱在他的

① （宋）吕中：《大类编皇朝大事记讲义》卷2，张其凡、白晓霞整理，上海：上海人民出版社，2014年，第58页。按，"专事"，《四库全书》文渊阁本作"专决"。
② （宋）曾巩著，王瑞来校：《隆平集》卷4《赵普传》，北京：中华书局，2012年，第145页。
③ （宋）李心传撰，胡坤点校：《建炎以来系年要录》卷61"绍兴二年十二月癸巳"条，北京：中华书局，2013年，第1211页。
④ 同上书。

《通鉴续编》卷二就记载了赵普在"杯酒释兵权"等一系列削弱武人势力的行动中的作用。在平定了宋初李筠、李重进的叛乱之后,宋太祖忧虑地向赵普发问:"天下自唐季以来,数十年间,帝王凡易十姓,兵革不息,苍生涂地,其故何也?吾欲息天下之兵,为国家建长久之计,其道何如?"于是,宋太祖的发问便引出了赵普总结历史与现实的经验教训,巩固新兴政权的策略:"唐季以来,战斗不息,国家不安者,其故非他,节镇太重,君弱臣强而已矣。今所以治之,无他奇巧也,惟稍夺其权,制其钱谷,收其精兵,则天下自安矣。"①

这一策略成为"杯酒释兵权"行动的认识前提。不过,当赵普主张具体行动时,宋太祖又碍于情面。"普数言于上,请授以他职,上不许。普乘间即言之,上曰:'彼等必不吾叛,卿何忧?'普曰:'臣亦不忧其叛也。然熟观数人者,皆非统御才,恐不能制伏其下。苟不能制伏其下,则军伍间万一有作孽者,彼临时亦不得自由耳。'"②赵普最后的这番话让宋太祖痛下决心,于是就有了后来那场戏剧性的"杯酒释兵权"。

在"杯酒释兵权"之后,赵普对位高权重的武将的抑制也是不遗余力。赵普比宋太祖年长,所以尽管有君臣之分,说起话来有时也很直接。比如他反对让有势力的武将,同时又是赵光义岳父的符彦卿掌管禁军,宋太祖说:"朕待彦卿厚,彦卿岂负朕耶?"对此,赵普冷冷地回答了一句:"陛下何以能负周世宗?"噎得宋太祖一句话也说不出。③

---

① (宋)司马光著,邓广铭、张希清点校:《涑水记闻》卷1,北京:中华书局,1989年,第11页。

② (宋)李焘,上海师范大学古籍整理研究所、华东师范大学古籍整理研究所点校:《续资治通鉴长编》卷2"建隆二年七月戊辰"条,北京:中华书局,2004年,第49页。

③ (元)脱脱等:《宋史》卷250《石守信传》,北京:中华书局,1985年,第8809页。

　　"杯酒释兵权"只是消除武人势力潜在威胁的第一步，赵普此后又有了进一步的抑武行动，《通鉴续编》记载道："赵普请设通判于诸州，凡军民之政，皆统治之，事得专达，与长吏均礼。大州或置二员，又令节镇所领支郡，皆直隶京师，得自奏事，不属诸藩。于是，节度使之权始轻矣。"①

　　其实除了上述贡献，赵普还有一个潜在的贡献被强调得不够。宋仁宗在位四十年，有人夸张地说是中国历史上最好的四十年。宋仁宗被宋人称为"百事不会，只会做官家"②的皇帝。他的无为而治，给了士大夫们驰骋政坛、充分发挥才智的广阔空间。

　　"与士大夫治天下"的君臣共治，其实始源于赵普时代对皇权的塑形。

　　这首先体现在从行政上限制皇权。《宋史·赵普传》记载道："尝奏荐某人为某官，太祖不用。普明日复奏其人，亦不用。明日，普又以其人奏，太祖怒，碎裂奏牍掷地，普颜色不变，跪而拾之以归。他日补缀旧纸，复奏如初。太祖乃悟，卒用其人。又有群臣当迁官，太祖素恶其人，不与。普坚以为请，太祖怒曰：'朕固不为迁官，卿若之何？'普曰：'刑以惩恶，赏以酬功，古今通道也。且刑赏天下之刑赏，非陛下之刑赏，岂得以喜怒专之。'太祖怒甚，起，普亦随之。太祖入宫，普立于宫门，久之不去，竟得俞允。"③这件事，尽管逆鳞，但却扭转了太祖的意志。

　　对皇权的塑形还体现在从制度上的制约。南宋杨万里曾在奏疏中引述了一件为宋人所津津乐道的赵普逸事："太祖皇帝尝令后苑造一薰笼，数日不至。帝怒责左右，对以事下尚书省，尚书省下本部，本

① （元）陈桱：《通鉴续编》卷2，元至正二十二年序刊本。
② （宋）施德操：《北窗炙輠录》卷上，《文渊阁四库全书》本。
③ 《宋史》卷256《赵普传》，北京：中华书局，1985年，第8940页。

部下本寺，本寺下本局覆奏，又得旨，依方下制造，乃进御，以经历诸处故也。帝怒问宰相赵普曰：'我在民间时，用数十钱可买一薰笼，今为天子，乃数日不得，何也？'普曰：'此是自来条贯，不为陛下设，乃为陛下子孙设。使后代子孙，若非理制造奢侈之物，破坏钱物，以经诸处行遗，须有台谏理会，此条贯深意也。'太祖大喜曰：'此条贯极妙。'"①皇帝和皇权就是这样被士大夫们装进了制度的笼子里。

对皇权的塑形还体现在从道理上的教谕。有一个有名的逸话。宋太祖曾问宰相赵普："天下何物最大？"大概宋太祖本心是希望赵普回答"陛下最大"，但赵普却回答说："道理最大。"面对这样令人哭笑不得的回答，宋太祖什么也说不出，只好连连称善。到了南宋，一个州学教授向宋孝宗讲了这段逸话，并说"夫知道理为大，则必不以私意而是公中"。于是，宋孝宗回答说"固不当任私意"。"不任私意"，就必然被束缚于为君之道的规范之中。后来，宰相留正就这段史实议论道："天下惟道理最大，故有以万乘之尊而屈于匹夫之一言。以四海之富而不得以私于其亲与故者。"②赵普说"道理最大"，就等于是说还有高于至高无上的天子的重要东西存在。赵普说的道理后来被理学家上升为天理的理论高度。

---

① （宋）杨万里：《诚斋集》卷69《轮对札子》，辛更儒笺校本，北京：中华书局，2007年，第2947—2948页。
② （宋）佚名：《皇宋中与两朝圣政》辑校卷47"乾道五年三月戊午"条载："明州州学教授郑耕道进对，奏：太祖皇帝尝问赵普曰：'天下何物最大？'对曰：'道理最大。'太祖皇帝屡称善。夫知道理为大，则必不以私意而失公中。上曰：'固不当任私意。'臣留正等曰：天下惟道理最大，故有以万乘之尊而屈于匹夫之一言，以四海之富而不得以私于其亲与故者。若不顾道理，则曰：'予无乐乎为君，惟予言而莫予违也，私意又安得不肆？'寿皇圣帝因臣下论道理最大，乃以一言蔽之曰：'固不当任私意。'呜呼！尽之矣。"孔学辑校本，北京：中华书局，2019年，第1059页。

对皇权的塑形，在太宗朝我们依然可以观察到。一个最明显的例子就是赵普欲对宋太宗宠爱的不法妖人侯莫陈利用治罪，宋太宗求情说："岂有万乘之主不能庇一人乎？"赵普回答："陛下不诛，则乱天下法，法可惜，此一竖子，何足惜哉！"太宗不得已，只好"命赐死"。① 在法律与皇权的天平上，在士大夫们看来，显然法律要重于皇权。法律是士大夫用来压倒皇权的主要武器之一。在法律的背后，则有道理支持着。一纳入法律的规范，皇权便显得软弱无力了。因此，才会出现"万乘之主不能庇一人"的事态。

没有经历过正常的帝王教育，凭借武力和篡夺取得天下的开国皇帝，登基之后几乎都经历了从军人到政治家的角色转化。在这一过程中，像赵普这样的士大夫们通过各种形式为皇帝"补课"，最终将皇帝纳入君道的范围之中。

然而包括宋太祖和宋高宗在内，历来对赵普都强调他在太祖朝的政治作用，而对他在太宗朝的政治贡献则揭示得不多。唐末五代以来虽然是武人纵横的天下，但行政管理还需文人。因此，武人跋扈的表象之下，潜行的崇文之风一直未衰。北宋建立，王朝的政策取向又是重文轻武。宋太祖不仅说过"今之武臣欲尽令读书，贵知为治之道"② 的话，更是具体说"宰相须用读书人"③。他让胥吏出身的赵普独相十年，显然他把赵普是视为读书人的，这从宋太祖说的另一句话也可以证明。钱俶行贿赵普十罐瓜子金，刚好被来访的宋太祖看见，赵普很尴尬，宋太祖慨叹地说了句："受之无妨，彼谓国家事皆由汝书生尔。"④ 书生和读书人是同一概念。

---

① （宋）李焘：《续资治通鉴长编》卷29"端拱元年三月乙亥"条。
② （宋）李焘：《续资治通鉴长编》《长编》卷3"建隆三年二月壬寅"条。
③ （宋）李焘：《续资治通鉴长编》《长编》卷7"乾德四年五月乙亥"条。
④ 《宋史》卷256《赵普传》。

在崇文风潮大盛的背景之下，北征屡屡败北，武功不竞的宋太宗转向内政。在位期间，不仅组织编纂了宋初三大书《太平御览》《太平广记》《文苑英华》，还做了一件在客观上改变了中国历史的大事。这就是扩大科举取士的规模。隋朝发轫的科举，历唐迄止宋初，虽一直延续不断，但不过如涓涓细流，每科取士人数很少，荣誉意义大于实际效果。这种状况到宋初也未改变，太祖朝取士最多的一次也不过三十余人。太宗即位伊始，既是为了笼络士人，也是实际行政需要，第一次开科取士，就达到一百多人。此后规模不断扩大，在赵普去世的淳化三年那一年，取士人数多达一千三百多人。持续十多年的大规模开科取士，很快让科举出身的官僚取代了武人、贰臣等旧有势力，占据了从中央到地方的政治舞台。到了太宗后期，其中的出类拔萃之辈已经攀升到政治的制高点，李沆、寇准等人都进入到政治中枢，成为能够决策的执政。士大夫史无前例地成为政治的全面主宰。

"满朝朱紫贵，尽是读书人。"① 科举规模的扩大，不仅促进了社会流动，带动了全社会的向学，更是造就了影响此后中国历史的士大夫政治。"与士大夫治天下"的权力共享，极大地激发了士大夫们以天下为己任的责任感。他们通过对先秦思想资源发掘阐释，独立意识被前所未有地焕发出来，树立起"为天地立心，为生民立命，为往圣继绝学，为万事开太平"的雄心壮志，"正心，诚意，格物，致知，修身，齐家，治国，平天下"，拥有着超越政治的全方位担当意识。从此，士大夫政治贯穿两宋，无论是唐宋变革、宋元变革、元明清转型，还是江山鼎革、王朝易族，社会虽然不断在发展变化，但士大夫政治及其精神，已经像遗传基因一样根植于读书人的意识之中，在各个时代都在发挥着作用。

---

① （宋）张端义：《贵耳集》卷 2，《丛书集成初编》本，北京：中华书局，1985 年。

赵普晚年已经欣慰地看到了士大夫政治之花的早春绽放。其实不仅仅是见证者，赵普应当是造就者之一。他两朝三度为相所实施的政策导向，对士大夫政治的形成起到极大的催化作用。我们以后视的结果论，赵普纵贯两朝政治活动的深刻意义，很值得深入挖掘。

二

关于赵普，尽管无论前贤还是后学，都有相当数量的研究积累。不过在众多的研究成果之中，最全面、最有深度的论著，在我看来，舍张其凡先生的《赵普评传》而无他。我用了两个"最"字来评价此书，并无私情在内。我觉得此著实膺此评。

在研究五代禁军的基础上，进而研究宋初政治史，似乎是顺理成章的进路。然而切入点很多，为何选择了赵普？从前面所述可知，这是一个把宋初两朝都系于一身的重要人物。从赵普切入，许多重要问题皆可迎刃而解。由此我钦佩其凡教授的敏锐切要。

反复品读，首先令我惊叹的是其凡教授史料搜罗之广和研读之深。从书后所附"引用书目"可知，援引典籍近200种，正史稗乘、笔记方志、类书文集，时代亘贯宋元明清，相关史料网罗殆尽。要知道这是在30多年前，那时没有数据库，全靠手工操作，一本本地翻检，抄录卡片，才能达到今天鼠标一点，结果即现的程度。除了典籍援引之外，此著的撰写，据书后所列，"主要参考书目"也达100余种，就是说，把迄止写作之时的研究论著几乎全部搜集在案了，不像是时下有些论著所附参考书目只是炫博做样子。行文之中，对既有研究结论的引述、分析、首肯、批驳，往往而在。可见在研究写作之际，无论是典籍史料，还是研究论著，都经过了其凡教授的反复咀嚼，呈现在书中的是充分消化的结果。这样的准备作业，决定了本书是在很高起点的起跳。

由于对相关典籍史料以及研究论著有比较全面的触及，还使本书有了另一个用途，就像是一个根据多种版本和他校资料精心整理的古籍一样，读者握有此编，便等于掌握了关于赵普即宋初历史研究的全部资料线索，这种综合典籍史料以及研究论著的工具书作用，目前的各种数据库还难以取代。

说此书全面还不仅是指对史料和论著的引用，主要是就内容而言。此书题为《赵普评传》，实际上是以赵普为主线的宋初两朝简史，并且不仅仅停留于政治史的论述，经济、军事、文化均有涉及。由于是全面论述，有时只是论述那个时代的政策实施、制度建设以及事件经纬、人事变化，主人公赵普会暂时消失踪影。不过，著者往往会笔锋一转，让主线浮出，把所述与赵普联系起来。若即若离的写法，显见张力，很见匠心。

说有深度，不仅是在于对既有研究成果的分析利用，站在前人的肩膀上起跳，更是对不少问题有着著者本人的独到研究。把自己的研究成果与心得熔铸于书中，就不是一种停留在表层的肤浅叙述了。关于赵普，著者本身就有着深厚的研究积累，早在 20 世纪 80 年代初，就发表过《赵普早年事迹考辨》①《赵普的家世》②《赵普著述考》③《"半部论语治天下"探索》④等论文。对于书中详尽论述的太宗征辽，其实也是在《从高梁河之败到雍熙北征》⑤论文基础上的深化，而对宋初的内政建设，著者的《宋初中书事权初探》⑥和《三司台谏中书事权 —— 宋

① 张其凡：《赵普早年事迹考辨》，《安徽师大学报》1981 年第 3 期。
② 张其凡：《赵普的家世》，《华南师范大学学报》1982 年第 2 期。
③ 张其凡：《赵普著述考》，《暨南学报》1983 年第 4 期。
④ 张其凡：《"半部论语治天下"探索》，《学林漫录》第十集，1985 年。
⑤ 张其凡：《从高梁河之败到雍熙北征》，《华南师范大学学报》1983 年第 3 期。
⑥ 张其凡：《宋初中书事权初探》，《华南师范大学学报》1986 年第 2 期。

初中书事权再探》^①则构成了本书的研究基础。支撑太宗朝全面论述的，则是著者的《宋太宗论》^②。因此说，这部著作是其凡教授长期研究积累的产物。

在我看来，《赵普评传》，完全可以称为 20 世纪研究赵普以及宋初历史的最高水准之作。我将评价仅迄止于 20 世纪，是想说在此著问世 30 年来，相关问题的研究以及对宋代历史的理解，又伴随着时代发展，有了新的认识和延伸。30 年前的这部精彩的著作，今天读来，尽管依然趣味盎然，价值不减，但从用语到行文，读来会有一种隔世之感。并且对有些问题的认识，尚有进一步探讨的余地。

比如对于饶有争议的"半部论语治天下"之说，其凡教授是持否定态度的。前人或以"半部论语治天下"来形容赵普文化水准之低，那么史籍还记载后来被称为"圣相"的进士出身的佼佼者李沆，也把《论语》奉为行政之圭臬，又如何解释？《论语》在宋初流行，或许反映了五代乱世以来正统经学跟士人的疏离，还折射了文化下移的趋向。与艰深的其他经书相比较，通俗的《论语》更容易被人们所接受。《论语》的流行现象，还反映了这部语录体经书地位的上升。如果再从政治的视点观察，从乱世到治世，《论语》中强调"使民以时"的民本思想和注重礼制的秩序诉求，都会被当时的政治家奉为信条。所以说，如果我们从真伪纠缠的怪圈中跳出，从历史逻辑中寻求其思想史的价值，还是会产生另一种认知的。这种认知无疑也在一定意义上说接近了历史真实。

过去的吏跟官不同，也往往是世代相袭。州县胥吏出身的赵普，无疑没有过习举业的经历，因此也不会接受过系统的儒学训练，他对

---

① 张其凡：《三司台谏中书事权——宋初中书事权再探》，《暨南学报》1987 年第 3 期。
② 张其凡：《宋太宗论》，《历史研究》1987 年第 2 期。

《论语》的领悟，跟当时的普通人不会有太大的差距。他决策施政，往往是根据亲身实践、体验与对《论语》等常见经典的朴素理解。正因为如此，他或许更少一些观念的束缚，比如在太宗后期，有人以诸葛亮相蜀数十年不赦之事为例，劝太宗不要大赦，赵普则提出了反对意见说："圣朝开创以来，具存彝训。三年郊祀，即覃恩宥，所谓其仁如天，尧舜之道。刘备，何足师法？"赵普的意见，以本朝自他以来创行的祖宗法和儒学思想为依据，认为偏据一方的刘备不足师法，这就让太宗不得不听从了赵普的意见。这一逸事，可以看作是赵普"半部论语治天下"的具体案例。

三

从 80 年代初与其凡教授相识相知，我们对宋代政治史有着相当接近的认知。我的"相权论"与"皇权论"也得到了其凡教授的首肯。在 1987 年同一年，不约而同，他在《历史研究》发表了《宋太宗论》，我则在《社会科学战线》发表了《略论宋太宗》①。在至今网上尚在流传的其凡教授关于宋代君臣共治的文章，还有以"友人王瑞来先生"的称呼来对我的观点的介绍。②作为学术往事，前面提及的其凡教授的《"半部论语治天下"探索》一文，还是我在中华书局担任《学林漫录》编辑时约稿刊发的。

不过，对宋初的历史以及对宋代，乃至此后中国政治史的整体认识，我在寓居东瀛之后，包括接受日本学者的研究启发，有了一定的变化，"士大夫政治"成为我观察宋代以及宋代以后政治史的一个重

---

① 王瑞来：《略论宋太宗》，《社会科学战线》1987 年第 4 期。
② 张其凡：《"皇帝与士大夫共治天下"试析》，《暨南学报》2001 年第 6 期。

要视角。关于这一点，从本文前面围绕着赵普的论述可以概见。尽管我的认识有了一定的变化或深化，但不能否认的是，包括其凡教授的《赵普评传》在内的很多既有研究成果，都构成了我的研究基础和起跳的基石。我以北宋第三代皇帝真宗朝为主撰写的《宰相故事 —— 士大夫政治下的权力场》①，其实是以新的认知，对其凡教授《赵普评传》的续说。

不仅学术观点相近，对历史研究的理念我们也比较一致，都认为人是社会历史的主角，历史研究应当直指人心。正因为如此，不仅《赵普评传》和《宰相故事》在以历史人物为中心这一点上写法一致，又是不约而同，他有《宋代人物论稿》②，我有《知人论世 —— 宋代人物考述》③。

在治学方式上，我与其凡教授也比较接近，我们都下笨功夫，亲染雌黄，整理古籍，从中挖掘第一手史料，来构筑自己的研究基础。而不是走捷径，炒第二手资料。当然，聪明的学者，利用第二手资料，可以做到"新翻杨柳枝"。这样高屋建瓴的宏观博论，颇能博得关注。当然，这种研究路径亦无可轩轾，但除了拥有思辨意义之外，在史料发掘上并无开拓贡献。没有辛勤的史料发掘作业，研究的原野不会开阔，"新翻杨柳枝"也花样无多，无源之水终会干涸。对此，其凡教授与我皆所不取。万丈高楼，终究还要从地起。

其凡教授与我的史学研究，都是从翻书做卡片这样手工操作的时代走来。现在进入大数据时代，各种文献数据库、电子版的存在，已经让史料搜集作业省却很多气力。新科技的工具帮助人脑记忆和贮存了很多资料，电脑代替了我们博闻强记，无须皓首，亦可穷经。然而，

① 王瑞来：《宰相故事 —— 士大夫政治下的权力场》，北京：中华书局，2010 年。
② 张其凡：《宋代人物论稿》，上海：上海人民出版社，2009 年。
③ 王瑞来：《知人论世 —— 宋代人物考述》，太原：山西教育出版社，2015 年。

大数据时代向文史研究者提出了更高的要求，手工时代全靠辛勤爬疏取得的成果，在今天已不显功力，纯粹资料排比考证也不具有太多的学术含金量。对考证的选题更需要有一个价值评估，对史料的运用更要求显示思辨功夫，要有思想灌注其中。

在文史研究领域，除了少数走捷径的人，其实多数学者还都是力图依赖自己收集的第一手资料来进行研究。这条路径虽然辛苦，但无疑是正确而扎实的，而一些转引利用二手资料进行的研究，尽管会不乏新见，但也往往会出现前人用错了，转述者也跟着用错了的状况。而像其凡教授这样，从文献解读出发，建立的研究根基，引发的问题意识，就不大可能会出现这样的状况。

观察思考其凡教授的研究道路，对大数据时代今天的文史研究，也很有启示意义。其凡教授以手工操作为主，拥有自己的研究资料库，这是农耕时代的谷仓。今天的学者可以驱使各种数据库和电子版，这是工业时代的集装箱。大同而小异，后者更有非一人努力的智力充实。然而，能否做出成就，还不仅仅在于掌握资料的多少。无论是手工操作，还是利用数据库，都需要史料解读能力的基本训练。在这样扎实的功底基础上，更要从史料中走出来。沉溺于史料，缺乏归纳和演绎，难以点石成金。其凡教授的研究给予我们的启示则是从宏观着眼，从微观入手，运用具体的史料，展开宏观的思辨。最终，研究成果让人感受到思想的力量。没有思想的学术成果，或许有一些资料意义，构筑了一定的研究基础，但难以成为大厦，甚至都算不上一座独立的家屋。

学者的学术成果，量与质都需要。但缺乏质的量再多，学术贡献也甚微。优秀的学者一定是既有坚实基础，又有宏阔的视野。宏微相济，方能博大精深。学问做久了，学者便成为匠人。做学问的方法已经圆熟，各种技巧的运用也可以得心应手。然而，停留于匠人做器，没有思想灌注其中，学术成果便难以升华。人类是靠思想站立的，学术也是依赖思想才拥有生命力。唯有思想的光彩，方能打动人、启迪人。时文总会过时，思想传诸久远。读其凡教授的研究著作，较之细致的考证，精彩的行文，更能予人启示的，就是灌注其中的思想。思想之树常青。三十多年之后，重读《赵普评传》，我以为其主要价值，在于反映有其凡教授对宋代历史的认识。这种认识，不是再多的史料堆砌能够构筑的。一个长期从事研究的学者，如果对自己的研究领域，没有一个基本认识，没有若干条主线贯穿其中，没有属于自己的那一份理论建构，就事论事，从空论到空论，或者是从史料到史料，都难以产出有深度的研究成果。其凡教授的研究道路，给人启示良多。

在已出版的纪念其凡教授的文集中，我着重讲述的是个人交谊。[①]在此则专述学缘。感谢张夫人和编辑朱绛先生给了我这个一浇胸中块垒的机会。

本文前半部是我对其凡教授赵普论的续说，后半部是我对其凡教授这部著作的认识。作为研究宋初历史和重要历史人物的《赵普评传》，长期以来湮没在书籍的汪洋之中，不大为人所瞩目。在此，我郑重地推介，这是一部堪称经典之作。借此，可以清楚造极华夏民族文化的赵宋是如何创立并发展的，而初学者则借此可以入门。

"昔人已乘黄鹤去，此地空余黄鹤楼。"《赵普评传》业已定格，其凡教授无法加笔修订的这部杰出著作，延续着他的学术生命。缅怀故友，忝为代序。

---

① 王瑞来：《天堂也有宋史——遥祭其凡》，载曾育荣、刘广丰主编：《张其凡先生纪念文集》，武汉：长江出版社，2019年，第8—10页。

文史教育探索

集贤院与唐代的藏书制度

李芳瑶

（暨南大学中国文化史籍研究所）

  摘　要：本文以集贤院为中心，讨论了唐代藏书制度建立的过程，提出了唐前期可能一度存在国家图籍散乱的状态，叙述了玄宗开元年间重建内府文馆的过程，最后阐述了集贤院保存图籍、入进缮写、分类编目的图籍管理制度。

  关键字：藏书；丽正书院；集贤院

  在唐王朝所实现的各项文治武功中，书籍数量的极大增长以及建立"经史子集"四部藏书制度是唐朝文化辉煌的代表。了解唐代的藏书制度可以更深入地体会中国古代文化成就，是中国古代史教学中不可忽视的问题。唐高宗之后唐代内府图籍曾经散乱和流失，其中大量藏书可能一度迁往洛阳，所以开元时期重整图籍的工作是在洛阳的乾元殿开始。在整理完乾元殿藏书之后，玄宗在曾经居住的东宫丽正殿正式建立书院，唐代图籍的管理制度和秩序重新恢复。

一、唐前期图籍混乱

  每一个朝代最为重要的图籍收藏主体，都是当朝的国家藏书系统。唐代国家藏书系统分为秘书省和文馆藏书，即所谓的"秘阁"和"内府"，其余史馆、国子监、东宫崇文馆亦有相当规模的藏书，但不如以上两个系统数量庞大。秘书省藏书是汉代以来的传统①，其收藏不为皇帝专享，朝臣亦可借阅②；文馆藏书位于宫禁之中，为皇帝享用，故称为内府。韩愈云："秘书，御府也。天子犹以为外且远，不得朝夕视，始更聚书集贤殿。"③秘书省是主管藏书的职责部门，负责组织书籍的缮写，以及对秘阁和文馆的藏书进行编目。名义上文馆藏书也应由秘书省管理，然而文馆直接服务于皇帝，藏书规格和人事规模为秘书省无法比拟。

唐初所存隋朝藏书十不一二，武德、贞观年间，经令狐德棻、魏徵、虞世南等诸位秘书监的努力，国家图籍才渐具规模④。此时唐代中央政府的图籍主要收藏于秘书省和弘文馆之中，弘文馆尤其得到太宗的重视，《唐会要》卷64"弘文馆"载："武德九年（626）九月，太宗初即位，大阐文教，于弘文殿聚四部群书二十余万卷，于殿侧置弘文馆。"⑤秘书省则犹如闲职部门，韦述在《两京新记》中评论秘书省：

> 省内本统经史及太史历象之□，后并为别曹，唯主写书贮掌勘校而已。自是门可张罗，迥无统摄官属，望虽清雅，而实非

---

① （唐）李林甫等撰，陈仲夫点校：《唐六典》卷9"集贤殿书院"条称，"自汉延熹至今，皆秘书掌图籍，而禁中之书时或有焉"。北京：中华书局，1992年，第279页。

② 唐代宗大历之后管理趋严，王溥撰：《唐会要》卷65"秘书省"载，大历十四年（779）九月二十七日敕："秘书省书阁内书，自今后不得辄供诸司及官人等。每月两衙及雨风，委秘书郎、典书等同检校，递相搜出，仍旧封闭。"上海：上海古籍出版社，2006年，第1329页。

③ （唐）韩愈撰，马其昶校注，马茂元整理：《韩昌黎文集校注》卷4《送郑十校理序》，上海：上海古籍出版社，1987年，第288页。

④ （唐）令狐德棻、魏徵、虞世南、颜师古等秘书省官皆致力于完善国家图籍收藏，并对国家藏书编纂目录。最终体现为《隋书·经籍志》。王重民认为《隋书·经籍志》主要依据隋代最后一次编目成果《大业正御书目录》，参考王重民：《中国目录学史论丛》，北京：中华书局，1984年，第89页。

⑤ 《唐会要》卷64，第1316页。

要剧。权贵子弟及好利夸侈者，率不好此职。流俗以监为宰相病
坊；少监为给事中、中书舍人病坊；丞及著作郎为尚书郎病坊；
秘书郎及著作佐郎为监察御史病坊。言从职不任繁剧者，当改入
此省。[①]

弘文馆在太宗之后疏于管理。通过一些史料可知，高宗时期文馆图籍
已经开始散乱。《新唐书·褚无量传》载："初，内府旧书自高宗时
藏宫中，甲乙从倒，无量建请缮录补第，以广秘籍。"[②]韦述《集贤注
记》中的记载也可以与之印证，他于玄宗时入文馆工作，所见的唐前
期藏书只有"贞观、永徽、乾封、总章、咸亨"几个年号[③]，即唐前
期图籍入藏仅到高宗咸亨时期。

　　推测高宗时期文馆藏书散乱原因，可能在于高宗本身并不重视弘
文馆，咸亨以后又频繁来往于长安洛阳两都之间[④]，文馆图籍不仅没有
新的入进，而且管理疏失。此后，武则天为远离李唐皇室传统势力中
心，以洛阳为都城施行各项文化、宗教和政治措施，很可能把长安图
籍也带到了洛阳。圣历二年（699），武则天诏修《三教珠英》，"乃
引文学之士李峤、阎朝隐、徐彦伯、张说、宋之问、崔湜、富嘉谟
等二十六人，分门撰集，成一千三百卷，上之"[⑤]。唐前期的类书编撰

---

① （唐）韦述撰，辛德勇辑校：《两京新记辑校》卷1，北京：中华书局，2020年，第63—
　64页。

② 《新唐书》卷200，北京：中华书局，1975年，第5685页。

③ （南宋）孙逢吉撰：《职官分纪》卷15，《影印四库全书文渊阁本》，北京：中华书局，
　1988年，第378页。

④ 具体可参考《资治通鉴》卷202、203的相关记载，北京：中华书局，1975年，第
　6366—6442页。

⑤ 《旧唐书》卷78《张行成传》，第2707页。（南宋）晁公武撰，孙猛校正：《郡斋读书
　志》卷20"珠英学士集"条载参与修《三教珠英》者四十七人，上海：上海古籍出版社，
　1990年，第1059页。

如《艺文类聚》《文馆词林》等皆以弘文馆藏书为基础，《三教珠英》也必然效仿。《旧唐书·经籍志》著录《三教珠英》1313卷，卷帙更胜于此前诸种类书，需要引用和参考的文献规模必定不小。《旧唐书·张行成传》载："以昌宗丑声闻于外，欲以美事掩其迹，乃诏昌宗撰《三教珠英》于内。"① 《资治通鉴》卷206此条记载为"太后欲掩其迹，乃命易之、昌宗与文学之士李峤等修《三教珠英》于内殿"②，可知"内"即"内殿"。《资治通鉴》卷201胡三省注："乾元殿，洛阳宫正殿也。"③ 如果此内殿即为洛阳宫乾元殿，则编纂《三教珠英》时参考的图籍都存放其中，那么褚无量的工作从乾元殿开始则可以得到解释。开元三年（715），玄宗委请褚无量、马怀素帮助整理图籍。《旧唐书·经籍志》载："左散骑常侍褚无量、马怀素侍宴，言及经籍。玄宗曰：'内库皆是太宗、高宗先代旧书，常令宫人主掌，所有残缺，未遑补缉，篇卷错乱，难于检阅。卿试为朕整比之。'"④ 对于褚无量的工作，《职官分纪》进一步说明："开元五年（717），始有制于东京乾元殿之东廊排写四库书。右散骑常侍、崇文馆学士、舒国公褚无量充使检校。"⑤ 开元七年（719），玄宗下诏："今丽正殿写四库书，各于本库每部别为目录，……其《三教珠英》既有缺落，宜依书目随次修补。"⑥ 可见褚无量整理的图籍与《三教珠英》有很大联系。进一步推测，在玄宗开元时期，弘文馆人员凋零，大量藏书都已经被迁到东都乾元殿，褚无量如果要整理内府藏书只能从乾元殿开始。

---

① 《旧唐书》卷78，第2707页。
② 《资治通鉴》卷206，第6546页。
③ 《资治通鉴》卷201，第6344页。
④ 《旧唐书》卷46，北京：中华书局，1975年，第1962页。
⑤ 《职官分纪》卷15，第378页。
⑥ （宋）王钦若等编：《册府元龟》卷608"学校"部"目录"，中华书局，1989年，第1869页。

与褚无量同时，同受玄宗委命的马怀素负责秘书省藏书的整理和编目。《新唐书·马怀素传》载马怀素开元六年去世后，秘书省编目"人人意自出，无所统一，逾年不成"，褚无量于是奏请玄宗"修撰有条，宜得大儒综治"[①]。元行冲此前就协助马怀素[②]，又得到褚无量的支持，全权负责秘书省编目工作。

二、集贤院建立

褚无量所负责的乾元殿图籍整理是对武周政治影响的最后收尾。开元六年（718），褚无量的工作有所小成，玄宗十分满意，《玉海》卷27"唐乾元殿观书"条记载："开元六年（718）八月十四日，制令中书门下及文武百官入乾元殿，就东廊观书。内库出绢绫分赐褚无量及四库官有差。"[③]此后，玄宗将唐朝政府的政治中心重新转向长安，将有着文化代表意义的图籍收藏也带回长安。《职官分纪》记载：

> 其冬，车驾入京。其乾元殿书籍，始令于京大内东宫之丽正殿安置。秘书官并为修书学士。丽正殿检校官以丽正殿直学士为名。

东宫是玄宗为太子时期的居住之地，玄宗将乾元殿藏书安置于自己曾经居住的丽正殿，设置修书学士继续缮写图籍，可见玄宗对内府藏书

---

① 《新唐书》卷199，第5681—5682页。
② 《旧唐书·韦述传》载："秘书监马怀素受诏编次图书，乃奏用左散骑常侍元行冲、左庶子齐澣、秘书少监王珣、卫尉少卿吴兢并述等二十六人，同于秘阁详录四部书。"《旧唐书》卷102，第3183页。
③ 《玉海》卷52，第989页。

的重视。

开元六年到开元十年（722）间，丽正殿藏书的管理者出现了几次变化，丽正书院也完成了职能的转变。褚无量回到长安后仍然负责书院工作，继续缮写图籍，增加丽正书院的藏书规模。开元八年（720），褚无量逝世于长安，"临终遗言，以丽正写书未毕为恨"①，元行冲继承书院工作。"春（正月），（元）行冲代知丽正殿事。始取秘书学士入丽正校勘，通前二十人。自此秘书事罢，两处学士，合而为一。"②元行冲不仅同时管理秘书省和丽正书院，还继承了此前马怀素、褚无量的职责，为玄宗侍讲经史，"（玄宗）特令行冲撰御所注《孝经》疏义，列于学官"③，可知元行冲当时作为儒学权威的学术地位。开元八年五月，元行冲奏张悱以福昌县令为丽正判官，参修撰事，欲推荐张悱为下一任修书使。开元九年（721）春，元行冲撰成《群书四部录》200 卷，是对秘书省和文馆藏书的总目录。之后，玄宗却以"衰老"为名罢元行冲知丽正殿校写书事。据《旧唐书》本传，元行冲一直到开元十七年（729）才去世，"衰老"显然并非罢事的真实理由。

元行冲被罢之后，执掌书院的是著名的"燕赵大手笔"、玄宗朝文治的最大功臣宰相张说。早在玄宗为太子时，张说就在《上东宫请讲学启》中呈请"博采文士，旌求硕学，表正九经，刊考三史"，"引进文儒，详观古典，商略前载，讨论得失"。④玄宗即位伊始，尚未有这种文治需求，此后国力日盛，张说继姚崇宋璟为相，他早期为玄宗规划的文化蓝图方得到采用。开元九年张说拜相，说明玄宗接受

① 《文苑英华》卷896，苏颋《赠礼部尚书褚公神道碑》，北京：中华书局，1966年，第4717页。
② 《职官分纪》卷15，第376页。
③ 《旧唐书》卷102，第3178页。
④ （唐）张说撰：《张燕公集》卷17，上海：上海古籍出版社，1992年，第128页。

了张说的政策。推行文化政策需要凭依的人才和机构，丽正书院是当时宫廷最重要的藏书所在，且汇集了一批优秀的学士从事整理图籍和编撰目录的工作，为此，元行冲不得不从丽正书院让位退场。[①] 开元十年，玄宗先在东都洛阳设立了书院的分支机构，"春，车驾幸东都，始移书院于明福门外中书省之北，仍以丽正为名"，"九月诏张燕公都知丽正殿修书"[②]，秘书监徐坚为副，张悱改充知图书括访异书使。开元十一年，"始于大明宫光顺门外创造书院，依旧谓之丽正书院"。至此，长安洛阳两京都有了"丽正书院"，仍以"丽正"为名，实际上院址已经与原来（洛阳乾元殿，长安东宫丽正殿）不同。开元十三年（725），丽正书院更名：

> 诏改集仙殿为集贤殿，改丽正书院为集贤书院。以中书令张说、右散骑常侍徐坚并为集贤学士，说知院事。自余并以旧官为学士及侍讲学士等，集贤院学士之名始于此矣。[③]

在张说的协助下，玄宗以集贤院为舞台，正式拉开开元文化事业的序幕。

---

① 桂罗敏曾在《唐开元间大修史书与儒家魁首定位：〈群书目录〉未得褒奖原因探讨》一文中，就《群书四部录》在成书之后未得褒奖说明开元九年前后的政治文化背景。他认为当时被起用的张说为了夺取在经学方面的领袖地位、获得儒家魁首的声望而多处逼迫元行冲退出政坛。颇能说明张说与元行冲之争的实质。（《学术月刊》1999 年第 4 期，第 89—94 页。）

② 《职官分纪》引韦述《集贤注记》。

③ 《职官分纪》引韦述《集贤注记》。开元二十四年（736），张九龄知院时在长安南内兴庆宫建集贤院。开元二十八年（740），玄宗又在华清宫建集贤院。故盛唐时期共有"丽正书院"两处，"集贤书院"四处。

三、藏书职能

收藏和管理图书典籍是集贤书院的基本职责，可进一步细分为以下诸项：

（一）保管前代图书。韦述从开元五年就入秘书省协助整理藏书，历任丽正学士、集贤院学士，他在《集贤注记》中记述了唐代文馆所藏的梁、陈、北周及隋朝等各朝藏书：

> 其中杂有梁、陈、周及隋代古书，梁代有大同、大通年所写书，卷末有校书沈长文、孟宝荣署记。陈代有太建、至德年所写书卷，权端、胡琛、李真、戚邕、虞综等校。皆用短幅黄牒纸，文字拙恶，书尾者名微位卑，多不审定。齐、周书纸墨亦劣，或用后魏时字，"自反"为"归"，"文子"为"字"，欠画加点，应三反四。又无当时名辈书记。隋代旧书最为丽好，率用广陵麻纸缮写，皆代萧子云书，书体研妙可爱。有秘书郎柳调、崔君儒、明余庆、窦威、长孙威德等署纪，学士孔德绍、彭季彰、李文博、袁公直等勘校。青赤二色琉璃轴，五色绮带，纐竹帙，紫玄黄表上织成有"御正""御副"等字。但年岁渐久，纸色稍黑，赤轴变为黄矣。[1]

韦述本身亦为藏书家，家中收藏图籍达到两万卷，故对藏书的署名、用纸、书法、装帧等细节着意描述，留下了关于唐朝官府藏书的珍贵记载。

---

[1] 《职官分纪》卷15 "集贤院四库书"，第378页。

　　（二）写进新书。上文已述，唐朝中央政府系统性的进书工作可能在高宗以后中断。中宗继位后下令搜扩图书，在上官婉儿的主持下，一度振兴文馆[①]。可惜中宗时期政治变动频仍，对文馆的管理不仅难以坚持，其中的珍贵图籍还由于贵戚的觊觎和掠夺蒙受了更为巨大的损失。睿宗时期再次下令在长安范围内搜捡图籍，当时政局未稳，储宫未定，图籍未遑整理。玄宗时首先让褚无量和马怀素清点了秘书省和文馆所存图籍，以此为基础写进新书。《册府元龟》卷50记载：“（开元七年）五月，丽正殿写四库书。敕秘书、昭文、礼部、国子监、太常寺及诸司官人百官等家，就借写之。”[②]《旧唐书·经籍志序》记载此事：“至七年，诏公卿士庶之家，所有异书，官借缮写。”唐朝国家藏书因此极大扩充，至开元十九年冬，“集贤院四库书总八万九千卷。经库一万三千七百五十三，史库二万六千八百二十，子库二万一千五百四十八，集库一万七千九百六十九”。一直到天宝十四载，“四库续写又一万六千八百三十二卷”[③]。

　　（三）分类管理。中国图书分类管理渊源久远，早在魏晋南北朝时期就已形成四部分类法，但尚未固定为“经史子集”四类。唐朝官府藏书规定“经史子集”四部顺序，此后作为历代公私藏书的固定制度保存到清代。经由韦述《集贤注记》，我们知晓唐代四部藏书是通过不同的颜色装帧来实现的：

　　　　置院之后，新写书又多于前，皆分别部类，装饰华丽。经库

---

① 张说正好为中宗时期的文馆学士，他在《唐昭容上官氏文集序》中赞文馆之恢复多得上官婉儿之力：“自则天久视之后，中宗景龙之际，十数年间，六合清谧。内峻图书之府，外辟修文之馆。搜英猎俊，野无遗才。”张说撰《张燕公集》卷16，上海：上海古籍出版社，1992年，第122页。
② 《册府元龟》卷50，第531页。
③ 《旧唐书》卷46，第1962页。

用白牙木书轴，赤黄晕带；史库用碧牙木书轴，青晕带；子库用
紫檀木书轴，紫晕带；集库用绿牙木书轴，绯晕带；图书用紫檀
木书大轴，绿晕交心带。籖帙：经库用黄牙锦花织竹书帙，红牙
籖；史库红晕锦花织竹帙，绿碧牙籖；子库，碧牙籖；集库，绯
晕锦花织竹帙，白牙籖。又有红色绿牙轴装。集库缺本书，白牙
黄花轴，绿装。经库副本，其书帙悉以紫轴绫绿，草绿方丈绫
为里。①

以上是对开元新进图书的管理，此前的旧书又有区分，"隋代青黄二
色琉璃轴，贞观时紫白二檀木轴，咸亨年平头漆书轴，紫檀云花轴，
紫檀忭头轴，白檀通身轴，仰心轴"。所有图籍"轴一十七种，带则
兼有红色、紫、绿、绀、素缝帛五色，凡十八种"，"朱蜡染架，皆以
油帕覆之"，"每朝去帕拂尘，灿然锦绣，夺人目矣"。②

（四）编写目录。元行冲兼领秘书和内府文馆两大藏书之所方便，
完成隋唐时期最大规模的藏书目录《群书四部录》200卷，共著录书
51852卷。《群书四部录》完成后多年，仍是皇朝宫廷藏书主要的标
准目录，北宋太平兴国九年（984），宋太宗下诏："三馆所有书籍以
开元四部目比较，据见阙者持行搜访。"③ 此"开元四部目"指的就是
《群书四部录》。参与编《群书四部录》的学士毋煚另撰《古今书录》
40卷，说明了《群书四部录》以秘书省藏书为编目基础，"新集记贞
观之前"，将太宗时期藏书全部收入；"近书采长安之上，神龙已来
未录"，对于高宗和武后时期的藏书仅录其新增者，中宗之后入藏书
未收入。毋煚《古今书录》主要关注高宗之后新进书，即"永徽新

① 《职官分纪》卷15"集贤院四库书"，第378页。
② 《职官分纪》卷15"集贤院四库书"，第378页。
③ （清）徐松撰：《宋会要辑稿》"崇儒"四之一六，北京：中华书局，1957年，第2238页。

集，神龙近书，则释而附也"。①《古今书录》又成为《旧唐书·经籍志》的基础。

（五）书画收藏。书画等艺术品的收集和管理与一般图籍稍有不同。《唐会要》卷三五"书法"记述："开元六年正月三日，命整治御府古今工书钟、王等真迹，得一千五百一十卷。"②又下令搜访书画，充实文馆。开元十年（722）十二月，张怀充搜访书画使，天宝中，徐浩任采访书画使。玄宗可能还严格命令得到中宗时内府流出藏品的收藏者须上奏进献，"（岐）王初不陈奏，后惧，乃焚之。时薛少保与岐王范、石泉公王方庆家所蓄图画，皆归于天府"③。《法书要录》卷四收录有韦述《叙书录》一篇，这篇文字无起承转合，似乎是某篇更长文章的节录，研究者推测此文是《集贤注记》关于法书的部分记载，被张彦远节录收于《法书要录》中。④《叙书录》记载了韦述所见集贤院的法书收藏，其中一些为贞观时期的内府收藏，开元时玄宗重新获得藏于集贤院，如二王真迹：

> （贞观）右军之迹，凡得真行二百九十纸，装为七十卷。草书二千纸，装为八十卷。小王及张芝等，亦各随多少，勒为卷帙。以"贞观"字为印，印缝及卷之首尾。其草迹，又令河南真书小字帖纸影之。其古本，亦有是梁、隋官本者。梁则满骞、徐僧权、沈炽文、朱异。隋则江总、姚察等署记其后。太宗又令魏、褚等卷下更署名记其后。……开元五年，敕陆元悌、魏哲、刘怀信等检校换褾，分一卷为两卷，总见在有八十卷。余并坠失。元悌等

---

① 《新唐书》卷46，第1965页。
② 《唐会要》卷35，第754页。
③ 《历代名画记》卷1，第10页。
④ 余绍宋：《书画书录解题》卷6，北京：北京图书馆出版社，2003年，第382页。

又削去前代名贤押署之迹，惟以己之名氏代焉。上自书"开元"二字为印，以印记之。右军书凡一百三十卷，小王二十八卷。张芝、张昶书各一卷。右军真行书唯有《黄庭》、《告誓》等四卷存焉。萧令（嵩）寻奏滑州人家藏右军扇上真书《宣示》（即《告誓》）及小王行书《白骑遂》等二卷。敕命滑州给驿赍书本赴京。其书扇有贞观旧褾，织成题字。奉进，上书本留内，赐绢一百匹以遣之，竟亦不问得书所由。①

据韦述的记载，太宗时单是王羲之的书迹就有楷书、行书 70 卷，草书 80 卷。开元五年整理内府图籍时，只得法书八十卷，"余并坠失"。经过集贤士人多年搜集整理，到开元十六年（728）时，集贤院法书一共 150 卷。考虑到其中还有陆元悌、魏哲、刘怀信等人换褾时，"分一卷为两卷"，实际保有数量须打折扣。②尽管如此，唐朝文馆书画收藏仍由此大备，张彦远将太宗、玄宗视为唐代书画艺术史的两个盛世，即："贞观、开元之代，自古盛时，天子神圣而多才，士人精博而好艺，购求至宝，归之如云，故内府图书谓之大备。"③

结　语

本文梳理了唐朝国家藏书制度建立的过程，尤其指出唐前期国家藏书制度并不稳定的状态。开元年间，唐王朝历经武周革命及之后

① 《法书要录》卷 4，第 165—166 页。
② 徐浩在《古迹记》中亦记载集贤院的法书收藏数量："玄宗开元五年（717）十一月五日，收缀大小二王真迹，得一百五十八卷。"《法书要录》卷 3，第 121 页。按：开元五年玄宗才令褚无量整理内府图籍，应以开元十五年为是。
③ 《历代名画记》卷 2，第 57 页。

的中宗睿宗宫廷斗争的混乱政局，新即位的玄宗政治上着力模仿太宗的贞观治世，在文化上亦颇有作为。集贤院是玄宗阐设文教的代表机构，它初始于褚无量整理乾元殿图籍，经过元行冲和张说的励精图治，至正式获名集贤殿书院，终成为唐朝政府的文化中心。在这过程中集贤书院逐步恢复毁隳已久的典籍和书画收藏，并建立起一套包括保存、缮写、分类、编目等程序的国家藏书管理体系。开元二十三年（735），侍中裴耀卿入书院观书，叹曰："圣人好文，书籍之盛事，自古未有。朝宰充使，学徒云集，观象设教，尽在是矣。"[①] 所赞叹的正是开元盛世图景中最为光辉灿烂的一笔。虽然此后唐朝中央政府经历了安史之乱等战乱破坏，但藏书制度基本维持，直到文宗、宣宗时期仍有图书入进，唐朝的国家藏书制度也对后世各朝产生了深远影响。

---

① （唐）刘肃撰，许德楠、李鼎霞点校：《大唐新语》卷 1，北京：中华书局，1984 年，第 11 页。

后　记

　　暨南大学文学院中国文化史籍研究所经教育部批准，成立于1984年。1990年，研究所第二任所长常绍温先生创办了学术刊物《历史文献与传统文化》，著名宋史专家、研究所首任所长陈乐素先生亲自题写了书名，创刊号交由广东人民出版社出版。其后研究所历任所长毛庆耆、张其凡、张玉春、刘正刚诸位教授，基本上坚持每年出版一期。至2020年，所刊一共公开出版了25辑，先后由广东人民出版社、江西教育出版社、南方出版社、兰州大学出版社、华文出版社、暨南大学出版社、齐鲁书社、安徽师范大学出版社等出版，在此向以上出版社表示深深的谢意！刊名有两期改为《古文献与传统文化》，有两期则以会议论文集的形式出版，其余均使用《历史文献与传统文化》。在以往25辑所刊出版过程中，本所历任所领导和全所老师耗费了大量心血，从而保证了所刊的正常出版。而全国高校古委会对本所的大力支持，暨南大学高水平大学建设经费的资助，也是所刊出版的重要保证。

　　为进一步提升《历史文献与传统文化》的学术质量和影响，本所同仁继承和发扬前辈们的精神，共同努力办好所刊。经商议，我们决定从2021年第26辑开始将所刊改为半年刊，交由商务印书馆出版。在此我们向商务印书馆执行董事顾青先生和商务印书馆表示衷心的感谢！也感谢商务印书馆王希和贺茹两位老师的支持与辛勤付出！从第26辑开始，本所所刊也将为中国知网收录。

　　因出版形式的改变，出版社要求组建编辑委员会。在全所同仁的努力下，本刊邀请到学界 23 位知名专家担任编委会委员，在此感谢各位专家的惠允以及给予本刊的支持与指导！

《历史文献与传统文化》第 26 辑的出版，得到中华文化港澳台及海外传承传播省部共建协同创新中心的经费支持。同时，暨南大学校董柯荣卿先生从他向学校捐献的潮州文化研究基金首笔经费中拨出专门的款项，用于资助所刊的出版，在此表示衷心的感谢！

祝愿《历史文献与传统文化》在中国文化史籍研究所全体同仁的齐心努力下，在全国高校古委会的指导和暨南大学文学院的直接领导下，能够更上一层楼！

陈广恩

2021 年 11 月 22 日

《历史文献与传统文化》征稿启事

　　《历史文献与传统文化》是由暨南大学中国文化史籍研究所主办的学术集刊，创刊于 1990 年，由研究所第二任所长、著名宋史专家常绍温先生（本所首任所长陈乐素先生的夫人）创办，广东人民出版社出版。刊名由陈乐素先生题写。至 2020 年，在历届所长和全所同仁的努力下，《历史文献与传统文化》一共公开出版了 25 辑。从第 26 辑开始，本刊改为半年刊，由商务印书馆出版。

　　常先生在创刊号的序言《弘扬祖国优秀文化传统进行专题探索》里指出："中华民族有着悠久的历史和灿烂的文化。我国古代文化是人类文化史上的瑰宝，是祖先留给我们的宝贵文化遗产。而历史文献是中国文明的重要组成部分和文明发展程度的历史标志。我国的历史典籍浩如烟海，整理和研究现存的历史典籍，对于研究我国的历史文化，总结我们民族在社会发展的各阶段从社会经济基础到上层建筑各个领域的成就和历史经验，有着重要价值和现实意义。"明确提出本刊的办刊宗旨：整理和研究历史文献，弘扬中华传统文化。这一宗旨正切合 2017 年以来党中央实施的国家战略任务，于此亦可见常先生拳拳爱国之心及其对中华文化的热爱！

　　从第 26 辑起，本刊拟开设文献考辨、专题研究、学人访谈、读史札记、岭南文化研究、研究综述、书评以及稀见文献等栏目，敬希海内外学者惠赐大作。来稿具体要求如下：

　　（一）来稿须为原创首发，请勿一稿多投，字数一般不超过 3 万字。请附中文摘要和关键词，同时请提供英文题目、关键词。

（二）本刊为简体横排。注释采用脚注格式，每页重新编号。具体注释格式和体例，以《历史研究》注释为准。

（三）稿件的写作语言为中文，外文稿件请译为中文。

（四）本刊编辑部对来稿有权进行技术性处理和适当的文字修改，将不另行知会作者。如需保留修改权，务请在来稿中说明。

（五）本刊采用同行专家匿名审稿制度，审稿周期为三个月。投稿后三个月未有答复者，作者可自行处理稿件。

（六）来稿请于附件内详细写明作者的姓名、单位、学历、职称、研究方向、地址、邮编、邮箱、手机号码等。

（七）编辑部邮箱为：orichc@jnu.edu.cn。来稿请在邮件标题中注明：《历史文献与传统文化》投稿。

（八）本集刊为半年刊，欢迎随时赐稿。本刊不收取任何形式的版面费、审稿费等费用。来稿一经刊出，即赠送样刊两册，并酌付稿酬。

欢迎学林同道惠赐大作！

《历史文献与传统文化》编辑部